Emmanuel Anati

Höhlenmalerei

Emmanuel Anati

Höhlenmalerei

Albatros

Titel der Originalausgabe:
Il museo immaginario della preistoria

Aus dem Italienischen übersetzt von Dorette Deutsch

Das graphische Layout der schematischen Darstellungen
dieses Werkes wurde erstellt vom Verlag Jaca Book
in Zusammenarbeit mit Andrea Dué

Die Deutsche Bibliothek – CIP-Einheitsaufnahme
Ein Titeldatensatz für diese Publikation ist bei
der Deutschen Bibliothek erhältlich.

Titel der deutschen Originalausgabe:
Höhlenmalerei

Benziger Verlag, Düsseldorf und Zürich

Albatros Verlag, Düsseldorf

Umschlagmotiv: Hauptmann & Kampa, München, unter Verwendung
eines Fotos von N. Cirani.
Prähistorische afrikanische Felskunst: Ausschnitt aus einer großen
bebilderten Wand, auf der sich zahlreiche Werke überlagern, die von Künstlern
verschiedener Stilrichtungen in einem Zeitraum von Jahrtausenden
geschaffen wurden. Fundort: Kolo (Tansania).
ISBN 3-491-96060-6

INHALT

Vorbemerkung

Dieses Buch zur Höhlenmalerei und Felskunst bietet einen Überblick über die 40 000 Jahre umfassende Geschichte der Stammeskunst, von den Anfängen bis zu jüngeren Stämmen wie den Beduinen, den Buschmännern oder den australischen Aborigines, die bis heute Felskunst hervorbringen. Wie der Leser selbst feststellen wird, kann das Attribut «primitiv», das häufig in der Literatur für diese Kunst benutzt wird, als konventioneller Begriff durchaus verwendet werden, doch hinter diesem Wort «primitiv» erscheint ein ungeheurer Reichtum des Denkens und der Phantasie, sowie ein Sinn für Ästhetik. Für den *Homo sapiens* gab es nämlich von Anfang an eine Kultur im wahrsten Sinne, und noch heute kann diese Kunst der Stammesvölker für unsere gebildete und zivilisierte Gesellschaft lehrreich sein.

Zur Beschreibung der Inhalte dieser künstlerischen Werke werden im folgenden keine Debatten über stilistische und chronologische Probleme geführt, weil solche Auseinandersetzungen vor allem die Spezialisten interessieren und einem allgemeinen Werk wie diesem nicht dienlich sind.

Die Maße der Figuren und weitere Daten wurden absichtlich nicht berücksichtigt, da deren Behandlung über den Band hinausgehen würde. Wer weitere Informationen über technische Details wünscht, kann sich mit dem CCSP (Centro Camuno di Studi Preistorici, 25044 Capo di Ponte, Brescia, Italien) in Verbindung setzen. Die Zeichnungen wurden manchmal bewußt vereinfacht, um ihren wesentlichen Charakter hervorzuheben.

Die fotografische Dokumentation ist weitgehend in den Archiven (WARA) einsehbar und steht im CCSP den interessierten Forschern zur Verfügung.

Der vorliegende Band ist der Anfang einer neuen Art von Forschung mit einer verheißungsvollen Zukunft. Wir sind uns möglicher Versäumnisse bewußt. Deshalb sei bereits jetzt denjenigen gedankt, die Gedanken, Verbesserungen und Aktualisierungen für die nächste Auflage äußern möchten.

I. Vorwort

Beim Betreten einer Höhle, deren Wände mit jahrtausendealten Malereien bedeckt sind, gewinnt man den Eindruck, in eine großartige imaginäre Welt einzutreten. Die Bilder rufen Ereignisse wach, mythische oder reale, und sie offenbaren die Wünsche und Ängste jener Menschen, die sich solche Stätten zum Ort ihrer Botschaft erwählten. Noch heute vermittelt uns die Bilderwelt der prähistorischen Felskunst eine unbeschreiblich sakrale Bedeutung, und für die Mentalität der westlichen Welt sind die Orte der Höhlenmalerei am ehesten den Kathedralen vergleichbar, die in den letzten tausend Jahren auf den Plätzen großer Städte errichtet wurden. Diese Bilderhöhlen sind früheste Orte geistiger Sammlung, an denen Erinnerung und Identität zelebriert wurde. Es sind «Kathedralen der Wüste».

Auf dem Planeten Erde gibt es viele solcher unbekannter Kathedralen. An unzähligen Stellen hat der Mensch sie geschaffen, und noch bevor er sie aus Steinquadern zu bauen verstand, hat er sie an Orten hervorgebracht, die ihm die Natur zwischen Felsen darbot, denen zuvor nur die Zeit ihre Spuren eingeprägt hatte.

Die neueren Kathedralen unterscheiden sich jedoch grundlegend von denen der Urzeit. Die heutigen befinden sich an Plätzen inmitten der Städte. Heilige Orte früherer Zeiten hingegen waren an abgelegenen Stellen entstanden, wo die Verbindung von Mensch und Raum ganz persönlich und ohne jede Öffentlichkeit vollzogen wurde. An solchen Orten, die häufig verborgen, in Wüsten, auf Bergketten oder in anderen schwer zugänglichen Gebieten errichtet wurden, war der Mensch tiefen inneren Erfahrungen ausgesetzt. Mittels Formen, Zeichen und Farben hat er versucht, mit dem Felsen, dem Wasser, der Sonne und sogar mit der gesamten Natur in einen Dialog einzutreten, um die Botschaften der ihn umgebenden Welt in all ihren vielfältigen Aspekten, Formen, Zeichen und Farben zu verstehen. Und so hat der Mensch auch versucht, seine Botschaften dem Felsen, dem Wasser, der Sonne, ja der gesamten Natur aufzutragen.

Seit Jahrtausenden hat der Geist des Menschen auf Zehntausenden von Felsoberflächen aller Kontinente seine Spuren hinterlassen. Sie sind der sichtbare Ausdruck einer alles mitreißenden Explosion künstlerischer Kreativität. Doch dieses immense Erbe vieler Jahrtausende ist unbeweglich und kann weder in einem noch in tausend Museen untergebracht werden. Es muß dort bleiben, wo es geschaffen wurde, und ohnmächtig verfolgen wir, wie allmählich die Farben und Bilder verblassen, wie dieses grandioseste Zeugnis, das vergangene Generationen uns überliefert haben, unaufhaltsam abblättert und zerstört wird. Den «Zahn der Zeit», der daran nagt, können wir nicht aufhalten. Aber wir können dieses Erbe erforschen und weitergeben, bevor es zu spät ist. Wir haben keine Zeit mehr zu verlieren.

Abgesehen von einigen wenigen bekannten heiligen Orten in gut zugänglichen Gebieten ist dieses Erbe weitgehend unbekannt. Unsere heutige Kultur hat es noch nicht wiederentdeckt, und die städtischen, rationalen und pragmatischen Hochkulturen der letzten zwei Jahrtausende brauchten es allem Anschein nach

nicht zur Verwirklichung ihrer von Funktionalität und Effizienz geprägten Orientierung.
Doch die Wiederentdeckung hat bereits begonnen. Schon jetzt können die Archive über zwanzig Millionen Darstellungen dokumentieren. Es ist ein Erbe der gesamten Menschheit und zugleich für jeden Menschen ein grandioser Reichtum, der nun wieder Teil des Bewußtseins und der kulturellen Überlieferung aller wird. Menschen werden davon angezogen und empfinden ein Bedürfnis danach – so wie jedes Kind seinen eigenen Vater kennen muß, oder, wenn es ihn nicht kennt, zutiefst an diesem Mangel leidet. Doch allein um nur die wichtigsten Fundorte zu beschreiben und zu illustrieren, würden hundert Bände nicht ausreichen. Was also kann ein einzelner Band ausrichten, abgesehen von dem Versuch, grundlegende Kenntnisse zu vermitteln und einige Beispiele aufzuzeigen? Doch gerade das wäre immerhin eine erste Stufe zu jenem «imaginären Museum der Urgeschichte» [so der Titel der italienischen Originalausgabe], das als solches nie verwirklicht werden kann.
Nachdem Eugene einen Tag im Archiv verbracht hatte, betrat er mein Arbeitszimmer und sagte: «Es gibt überhaupt nichts mehr zu entdecken. Alles, was ich malen wollte, ist schon vor Tausenden von Jahren entstanden. Was also bleibt uns Künstlern heute noch zu schaffen übrig?» – Ein paar Tage später kam Jean in mein Arbeitszimmer, nachdem er ebenfalls einen Tag im Archiv zugebracht hatte. Er war begeistert und sagte: «Jetzt habe ich verstanden, was ich tun werde. Noch nie im Leben hatte ich so viele Ideen. Ich habe vieles gesehen, wiedergefunden, entdeckt. Ich kann mich an die Arbeit machen. Ich habe etwas zu sagen. Und mein Publikum ist mir sicher, denn es trägt das, was ich sagen werde, bereits in sich.»
Zwei Künstler, zwei Wiederentdeckungen der prähistorischen Kunst, am Schreibtisch, im Archiv. Zu schön wäre es, Sie nun alle in die Wüsten und Gebirge der fünf Kontinente zu begleiten, um mit Ihnen die «Kathedralen der Frühgeschichte» zu besichtigen. Aber die Fotos, die Zeichnungen, die Schriften sind die einzigen Zeugnisse, die alle erreichen können. Und deshalb ist es wichtig, daß diese Dokumente endlich in die Bibliotheken, in die Schulen und Bücherregale gelangen.

1. Höhle von Lascaux, Dordogne, Frankreich. Darstellung aus dem Magdalénien, Jungpaläolithikum. Ein Bison lädt eine ichthyophallische Gestalt mit Vogelgesicht auf seine Hörner. Beide Bilderschriften sind von Ideogrammen begleitet: auf dem Bison sieht man einen Pfeil, der das Tier jedoch nicht durchbohrt, wie mehrfach fälschlicherweise behauptet wurde, sondern ihm als ergänzendes Logo beigegeben ist. Neben der anthropomorphen Gestalt steht eine Standarte mit Vogelemblem. Unter beiden Bilderschriften befindet sich ein sog. Bâtonnet-Zeichen, das die Beziehung zwischen beiden angibt. Auf der linken Seite sieht man ein Rhinozeros mit einer Reihe von sechs paarweise angeordneten Punkten unter dem Schwanz (aus: E. Anati, 1995, S. 83).

II. Einführung

Bevor der Mensch an verschiedenen Orten des Planeten die Schrift erfunden hat, war die bildende Kunst seine hauptsächliche Methode, um etwas im Gedächtnis zu behalten, um Kenntnisse und Botschaften zu übermitteln – und bis heute ist sie für die schriftlosen Völker das wichtigste Mittel zur Aufzeichnung ihrer Geschichte geblieben.

Vor etwa zehn Jahren bat mich Sante Bagnoli, Verleger der «Jaca Books», um ein Buch über die weltweite Höhlenmalerei und Felskunst [im folgenden meist abgekürzt als «Felskunst» bezeichnet]. Sieben Jahre lang hatte ich mich mit der Felskunst auf der arabischen Halbinsel befaßt und in vier Bänden nur einen kleinen Teil davon veröffentlicht; dreißig Jahre lang hatte ich die Felskunst im Valcamonica, einem kleinen Tal in den Lombardischen Alpen, erforscht und einen minimalen Teil in einem knappen Dutzend Bücher publiziert. Die Vorstellung jedoch, die Felskunst in einem einzigen Band zusammenzufassen, kam mir aus verschiedenen Gründen als unerreichbares Ziel vor. Vor allem hielt ich es für unmöglich, die vielfältigen Inhalte einer Kunst, die Kultur war und ist, die Glaubensformen, Denkweisen, Hoffnungen, Ängste und Zweifel ausdrückt, die die gesamte Seelenwelt widerspiegelt und die bahnbrechende Kraft der menschlichen Vorstellungswelt und Kreativität enthüllt, in einem Werk darzustellen, dessen Medium allein das gedruckte Papier ist. Mit der Vorstellung eines analytischen Werkes vor Augen, das mehr schlecht als recht in einer Bibliothek zwischen lauter Monographien über die großen Fundorte – das Valcamonica in Italien, das Har Karkom in Israel, das Maasai Escarpment in Tansania oder Kakadu in Australien – Platz gefunden hätte, bereitete mir der Gedanke einer enzyklopädischen Zusammenfassung Unbehagen. Wie sollte man eine zwangsläufig subjektive Auswahl treffen, die der Bildkunst der menschlichen Spezies aus 40 000 Jahren gerecht werden könnte?

Zudem stellt die Höhlenmalerei und Felskunst das umfassendste und bedeutendste Archiv der Menschheitsgeschichte vor der Schrift dar. Der Öffentlichkeit sind die Inhalte noch unbekannt, die laufenden Studien fügen überdies täglich neue Daten hinzu, und viele Fragen, die in den kontinuierlich geführten wissenschaftlichen Debatten aufgeworfen wurden, sind noch unbeantwortet. Keine Gesamtdarstellung der weltweiten Felskunst kann vollständig sein und die Leser angemessen über das enorme Spektrum der Inhalte informieren. Ebensowenig kann sie erschöpfend über die derzeitige Forschungsleistung weniger meist allein arbeitende Wissenschaftler Auskunft geben, die der Menschheit ein paar Jahrtausende ihrer Geschichte zurückgeben wollen. Die Forschung auf diesem Gebiet befindet sich zwar in einem großen Aufschwung, aber zu einer Synthese ist sie vielleicht noch gar nicht in der Lage.

Zehn Jahre lang hatte ich die Gegenargumente des Verlegers Bagnoli im Ohr: Die Forschung, solange sie sich als solche begreift, wird niemals eine endgültige Synthese liefern können, aber auch in der Zwischenzeit will der Forscher sich doch mitteilen. – 1989 war in verschiedenen Sprachen mein Buch über «Die Ursprünge der Kunst» erschienen. «Und danach?» fragte Bagnoli. «Was ist nach den ältesten Phasen der künstlerischen Kreativität geschehen? Diese Frage stellt sich jeder, der dein Buch gelesen hat. Zwischen diesem ersten Kapitel der Geschichte der Kunst und dem letzten, der Kunst der Hochkulturen, klafft eine Lücke.»

An einem Sonntag im Sommer, in meinem Arbeitszimmer im «Centro Camuno di Studi Preistorici» im Valcamonica, kamen wir wieder darauf zu sprechen, und Bagnoli kam auf die Idee, ich solle ein Buch über ein «imaginäres Museum» schreiben. «Du triffst eine persönliche Auswahl», sagte er, «die ganze Welt wird ohnehin niemals in diesem Buch Platz finden; aber jene Winkel ihrer Kontinente, wo du gearbeitet hast, wo du Erfahrungen gesammelt, die du erforscht hast, könnten doch deinen Lesern, den imaginären Besuchern dieses Museums, zumindest eine Vorstellung vermitteln und ein paar Anregungen geben.»

Ich war noch nicht ganz überzeugt, machte mich aber an die Arbeit. Mit großem Zögern übergebe ich nun meinem Freund Bagnoli dieses Manuskript. Ich bin mir dessen bewußt, daß es sich nur um einen ersten Aufriß handelt, der der Felskunst noch nicht voll gerecht werden kann und daher in folgenden Editionen weiterentwickelt werden müßte.

Doch dieses Buch hat vor allem mir selbst geholfen, weil es mich dazu gezwungen hat, eine Synthese zu entwerfen, umfassende Probleme auf wenigen Seiten darzustellen und derzeit nicht jene Dinge zu äußern, die ich selbst für am wichtigsten halte, sondern vor allem die, die dazu beitragen, ein schematisch zusammenfassendes Gerüst der archäologischen Fakten eines Forschungsgebietes zu erstellen, das sich in den nächsten Jahren noch verstärkt weiterentwickeln wird. Es handelt sich mithin um einige ausgewählte Kapitel aus den ersten 40 000 Jahren der Kunstgeschichte, der Geschichte der Phantasie und der Religion, einer Geschichte der vielfältigen Windungen des menschlichen Geistes. Zu dieser noch ungeschriebenen Geschichte sollen hier summarisch Stichworte geliefert werden.

Dieses Gerüst enthält vorwiegend bislang noch unveröffentlichte chronologische Einleitungen über Stile und Perioden verschiedener bedeutender und grundlegender Komplexe der Felskunst, die hierfür als Beispiele ausgewählt wurden. Die Inhalte, die Botschaften, die Philosophie, die Paradigmen der Sicht- und Denkweisen, die sich in diesen Werken widerspiegeln, werden im Text nur angedeutet und sind späteren Arbeiten vorbehalten. Dieses Buch stellt noch keine Synthese der gesamten Höhlenmalerei und Felskunst dar, sondern lediglich eine kurze Einführung; deshalb hebt es Gebiete hervor, die mir vertrauter sind als andere. Dabei werden auch Aspekte erörtert, die die Phänomenologie der künstlerischen Kreativität betreffen, und schließlich enthält das Buch erste Anmerkungen darüber, wie sich die Vorstellungskraft und das analytische Denken des Menschen in den verschiedenen Epochen entwickelt haben, die den städtischen Hochkulturen vorausgingen.

2. Verbindung von Figuren der Primitiven Jäger. Gobustan, Aserbeidschan. Die Figuren zweier mächtiger, tief eingeritzter Rinder sind einander gegenübergestellt; darüber ein kleines Pferd (aus: I. M. Djafarsade, 1973).

III. Abstraktion, Synthese und Realisation

3. Die Bildersprache des Homo sapiens. *Felsgravierungen in Gobalis, Namibia. Zwei Bilderschriftzeichen stellen eine weibliche Gestalt und einen großen Penis zwischen ihren Beinen dar. Jede der beiden Darstellungen hat eine eigene Bedeutung. Der Körper des Vierfüßlers steht für den Phallus, und der Kopf des Rindes mit herausgestreckter Zunge für die weibliche Gestalt. Zwei verschiedene Teile des Tierkörpers stellen jeweils männlich und weiblich dar; die Einheit von Kopf und Körper bildet daher ein Ganzes. Aus der Synthese dieser Darstellung lassen sich mehrere Betrachtungen ableiten. Verschiedene Teile desselben Tieres können verschiedenes symbolisieren, etwa: Rinderkopf mit herausgestreckter Zunge = weibliche Gestalt; Rind = männliche Gestalt. Welche Botschaft will diese Darstellung vermitteln? Ist es ein Sprichwort oder etwa eine Vorstellung wie «Die Verbindung von Mann und Frau vereint ihre Körper»? Ist es das Umwerben einer Frau durch den Mann oder ein gegenseitiges Umwerben wie «Du bist mein Kopf mit herausgestreckter Zunge» oder «Du bist mein Körper»? Es könnte noch mehr Möglichkeiten geben. Hinter dem Vierfüßler verläuft eine Linie, die sowohl den Penis als auch den Vierfüßler berührt. Gleichzeitig könnte diese Linie als «Bâtonnet» betrachtet werden. Es handelt sich um ein Ideogramm, das in der visuellen Darstellung häufig ein Verb mit der Bedeutung «machen» oder «durchdringen» anzugeben scheint (WARA. 87 EA; aus: E. Anati, 1989a, S. 52).*

Was an Zeugnissen künstlerischer Kreativität von den Ursprüngen aus der Altsteinzeit noch erhalten ist, zeigt uns eine Menschheit mit Interessen, graphischen und ästhetischen Eigenheiten, bevorzugten assoziativen Ideen und nahezu einheitlichen Themen. Erst später läßt sich – je nach Region und dann auch nach Provinz – der Prozeß einer allmählichen stilistischen und thematischen Differenzierung verfolgen, der zudem Unterschiede in kultureller, sprachlicher und ethnischer Sicht widerzuspiegeln scheint. Vom Beginn des Neolithikums an, als die Zubereitung von Nahrungsmitteln begann, setzt sich diese Entwicklung bis zur Gründung Babylons fort. Schließlich kennzeichnet sie die westliche Welt im Metallzeitalter, um sich zu Beginn unseres Jahrhunderts, in anderen Teilen der Welt, noch einmal zu verstärken.

Die Fähigkeit zur Abstraktion, zur Synthese und Idealisierung oder Mythologisierung ist eine Eigenschaft der menschlichen Spezies, die in den Formen des künstlerischen Schaffens Ausdruck finden kann. Der allgemeine Begriff «Kunst» bezeichnet viele Teilbereiche wie bildende Künste, Poesie, Musik und Gesang, Sprachstil, Tanz und Gestik. Ein immenses kreatives Erbe ist in uns, und alles, was wir heute schaffen, ist letztlich die Folge davon. Die Archäologie bringt zwar nur das ans Licht, was sich erhalten hat, doch in diesem Zusammenhang stellt die Felskunst das bedeutendste Zeugnis dar.

Die intellektuellen Bedürfnisse und Fähigkeiten unserer Vorfahren ermöglichten es, Gedankensysteme und Glaubensformen auszubilden, Kunstwerke zu schaffen, sich mittels artikulierter Sprachen zu verständigen, eine Vielzahl von Bräuchen, Gewohnheiten, Moden und Werten hervorzubringen, die in ihrer Gesamtheit die «Kultur» darstellen. Die Kunst des Anfangs vermittelt uns Ideen, Glaubensformen sowie Elemente des Soziallebens jener Menschen, die sie schufen. Sie zeigt uns Geschmack und Sinn für Harmonie, das Bedürfnis nach «Ethik» und «Ästhetik» – und bis heute sind dies ja die Maßstäbe, ein Individuum, eine Gesellschaft, eine Kultur zu bewerten, auch wenn sie notgedrungen subjektiv bleiben.

Das zwingende Bedürfnis, Kunst zu schaffen, eignet der menschlichen Spezies von unserem ersten direkten Vorfahren an, dem *Homo sapiens sapiens,* denn eines seiner Charakteristika war es, graphische Botschaften weiterzugeben bzw. zu empfangen. In Afrika sind die ersten Zeugnisse künstlerischen Schaffens 40 000 Jahre alt. In Asien entstanden die ältesten bekannten Bilder vor 35 000 Jahren, in Europa vor 34 000 Jahren. Die älteste Datierung für Südamerika – in Brasilien – rechnet mit einer Entstehung vor 30 000 Jahren. In Nordamerika begann es wahrscheinlich noch viel früher, auch wenn von dort noch keine derart frühen Daten bekannt sind. Für Australien sind glaubwürdige Daten ermittelt worden, die von einem Alter von 22 000 Jahren ausgehen. Auf jedem Kontinent gibt es aber auch Wissenschaftler und engagierte Hobbyforscher, die zu zeigen versuchen, daß die ersten Spuren von Kunst auf ihrem Gebiet viel älter sind, «die ältesten überhaupt», weshalb man in

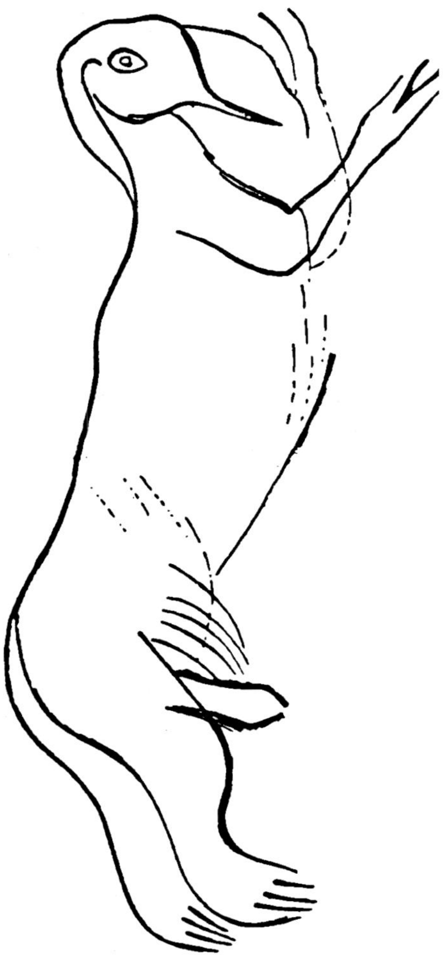

4. Anthropomorphes Wesen aus der Welt der Primitiven Jäger. Die in der Höhle von Altamira (Santander, Spanien) eingeritzte Figur hat die Position eines aufgerichteten Menschen; auch Arme und Geschlechtsmerkmale sind die eines Menschen, der Kopf jedoch ist der eines Vogels, und die Füße sind die eines Bären (Schemazeichnung nach H. Breuil).

der Literatur auf Datierungshypothesen trifft, die noch viel früher sind als die obengenannten. Es ist nicht auszuschließen, daß einige dieser Vorschläge sich als glaubwürdig erweisen, zumal die Anfangsdaten, von denen man heute allgemein ausgeht, sich bereits von denen unterscheiden, die noch vor ein paar Jahren errechnet wurden. Ich nenne hier die gegenwärtig dokumentierten Daten, die sich sicherlich noch verändern werden, wenn archäologische Entdeckungen uns neue Erkenntnisse liefern. Deutlich ist bereits, daß die Ursprünge und die erste Ausbreitung der Kunst mit der Verbreitung des *Homo sapiens* einhergehen, denn nur er trägt die eigenen Traditionen und Errungenschaften mit sich, zu denen auch die Fähigkeit und das Bedürfnis gehören, Kunst zu schaffen.

Aber wie sah die erste Begegnung des Menschen mit dem Zeichen aus? Die Spur eines Tieres oder eines Menschen im Sand, die Kratzer einer Bärenkralle auf der Felswand, der Erdhügel, den das Kaninchen vor seinem Bau aufgehäuft hatte, der schwarze Fleck der Asche an der erloschenen Feuerstelle, die verstreuten Überreste einer aufgegebenen Lagerstelle... diese und Hunderte weiterer Zeichen hatten und haben für den Jäger, den Menschen in der Natur, ganz bestimmte Bedeutungen. Ihre Symbolik, die der Mensch entziffern konnte, gab ihm Hinweise.

Doch für den Menschen des Paläolithikums oder für die Jägerkulturen der heutigen Zeit hat dieser Begriff «Symbol» noch gar keinen Sinn. Eine Spur ist eine Spur, sie ist wirklich, nämlich die Spur von jemandem, der vorbeikam. Je nachdem, wie sie aussieht und wie frisch sie ist, weiß der Mensch, wer hier vorbeigekommen ist und wann es war. Wenn solche Zeichen aber Mittel zum Verstehen einer bestimmten Realität sind, dann können sie auch etwas über diese mitteilen. Also konnten eigene ebenso wie fremde Spuren dazu dienen, Informationen zu übermitteln – der Abdruck der eigenen Hände genauso wie alle weiteren Zeichen.

Zumindest zwei Etappen sind auszumachen: Die erste markiert den Übergang von der Kenntnis dessen, was ein Zeichen, eine Spur, eine offensichtlich vergangene Aktion bedeutet, hin zur Absicht, ein bestimmtes Zeichen auszuführen, um damit eine Botschaft auszusenden. Die zweite Stufe betrifft den Übergang von Zeichen, deren Formen die Natur nachahmen, zu den von Menschen geschaffenen Zeichen, die sowohl die Natur nachahmen als auch erfunden sein können. Wenn wir die Phasen dieser Etappen und die Ursachen ihres Zustandekommens begreifen, könnte das einen Weg eröffnen zum Verständnis, wie Kunst ursprünglich entstanden ist, wobei uns auch deutlich wird, wie willkürlich die übliche Unterscheidung zwischen naturalistischer und abstrakter Kunst ist. Vermutlich hat das Abstrakte für den prähistorischen Menschen gar nicht existiert. Andererseits ist die graphische und figurative Kunst, auch die naturalistischste, immer eine Abstraktion, weil sie die bildliche Darstellung und damit die Verwandlung eines Teils der Realität ist, was visuell, symbolisch oder in Vorstellungen vermittelt werden kann. Was wir als abstrakte Kunst definieren, entsteht oft durch den Grad der Synthese und ist häufig auch von unserer Fähigkeit bzw. Unfähigkeit bedingt, den assoziativen Mechanismus zu erkennen und zu begreifen.

Als das künstlerische Schaffen einsetzte, war die menschliche Spezies in ihren verschiedenen Formen, die dem *Homo sapiens* vorausgingen, bereits vier Millionen Jahre alt. Entdeckungen belegen, daß es in diesen vielen Jahrtausenden bereits zu ersten Versuchen gekommen war, Zeichen für Zahlen zu schaffen, und, noch davor, harmonisch und symmetrisch geformte Werkzeuge herzustellen. Aber dann entstand die Kunst, und es war wie eine Explosion. Wenn man heute die Geschichte des Menschen zurückverfolgt, sein künstlerisches Schaffen wiederentdeckt und analysiert, Lehren und Anregungen daraus zieht, dann kann dies auch der Anlaß zu einem Reifeprozeß sein, zu einer inneren Entwicklung und Bereicherung. Es bedeutet nämlich, die frühen Elemente der Ikonographie und Graphik wiederzuentdecken. Sie sind immer noch Teil der heutigen Kultur, die wir neu erschaffen, denn es sind Zeichen, die noch zu uns gehören, die wir jeden Tag wiederentdecken, weil wir sie in uns tragen. Wenn wir diese archaischen Zeichen beobachten, tauchen sie aus unserem Unbewußten auf. Als «Archetypen» sind sie gleichsam der rote Faden zwischen gestern, heute und morgen. Es sind Elemente, die wir neu entdecken, wenn wir sie sehen. Die erste Reaktion wäre deshalb, sich zu sagen: «Diese Bilder habe ich erfunden... vor zehntausend Jahren». Es ist wie ein ungeheurer Zusammenstoß mit unserem Dasein und eine Bewußtwerdung dessen, was wir wirklich und tief in uns sind. Es bedeutet, die großartige Wiederentdeckung des größten Abenteuers zu erleben, bei dem wir alle, seit Jahrtausenden, die direkten Protagonisten sind. Jeder Mensch und jede Gesellschaft erlangen eine neue Dimension, wenn sie die kulturellen Wurzeln kennenlernen, aus denen sie hervorgegangen sind und die sie dahin geführt haben, wo sie heute stehen.

In dieser Hinsicht stellt der vorliegende Band den Versuch dar, einen Blick zurückzuwerfen, um die Wurzeln neu zu entdecken und neu zu entziffern, indem wir 40 000 Jahre intellektueller Abenteuer des Menschen neu durchwandern. Es geht um das Leben des *Homo sapiens,* seit eine kleine Gruppe von Individuen, wahrscheinlich auf dem afrikanischen Kontinent, den Keim jener intellektuellen Fähigkeiten zeigte, die ihn von da an kennzeichnen. Diese Archetypen unserer Geistestätigkeit wiederzuentdecken, das interessiert nicht nur Archäologen, Anthropologen, Semiologen, Soziologen und Psychologen. Es ist ein offenes Fenster auf versunkene Ursprünge, interessant für alle, die sich Fragen stellen.

5. Tiermetaphern. Hochrelief der Primitiven Jäger. Angles-sur-Anglin, Vienne, Frankreich. Der weibliche Körper rechts ist mit zwei Bisons verbunden, einem darunter und einem darüber. Die Überlagerung scheint beabsichtigt und könnte eine metaphorische Bedeutung haben; ein komplexes Beispiel also für die «Syntax des Aurignacien» (ED, 1978; aus: E. Anati, 1989a, S. 51).

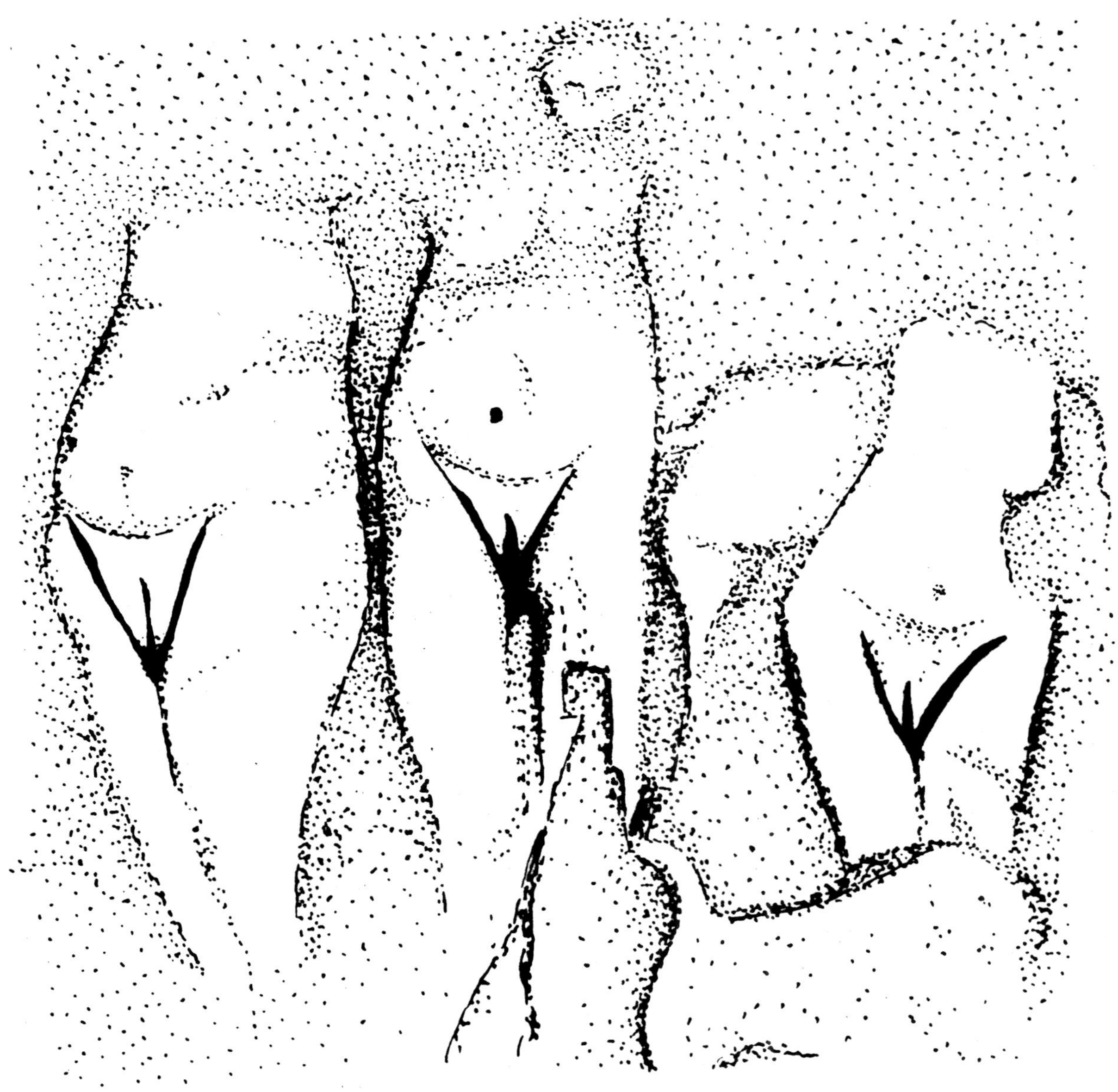

IV. Die Dynamik der Evolution und die Bildkunst

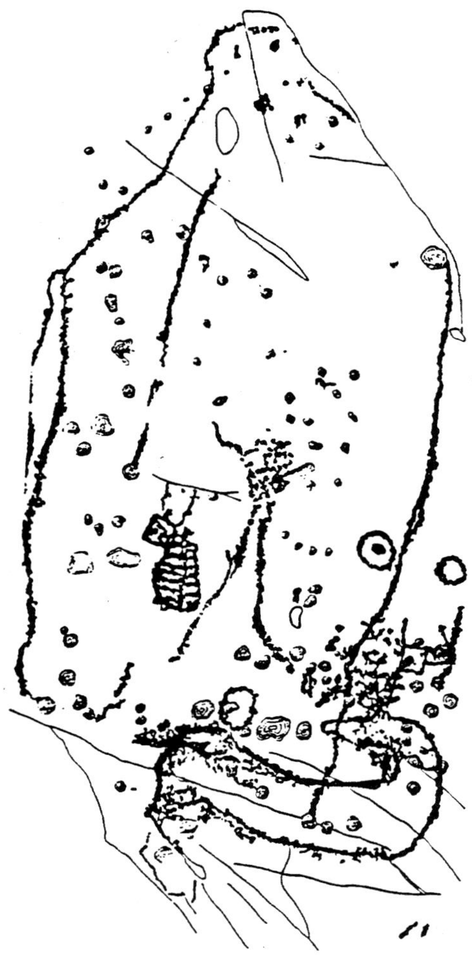

6. Die Geschichte einer Felsoberfläche: Felsgravierungen in Luine, Valcamonica, Italien. Einige der größeren cupules *(«Schälchen»), die mit konzentrischen Linien angegeben sind, könnten die frühesten Spuren eines von Menschenhand geschaffenen Werkes auf dieser Oberfläche sein. Der verletzte Hirsch geht auf das Epipaläolithikum, vor 10 000 Jahren, zurück. Die große anthropomorphe Darstellung, die sich gleich darüber abhebt, wurde in der 2. Hälfte des 4. Jahrtausends v. Chr. eingeritzt. Die Überarbeitung stammt aus der ersten Bronzezeit, Ende des 3. Jahrtausends v. Chr. Die späteren* cupules *stammen aus verschiedenen Epochen, denn sie weisen verschiedene Grade der Zerstörung auf (aus: E. Anati, 1982b, S. 102).*

Völker, die ihren Lebensunterhalt als Jäger und Sammler bestreiten, sind heute im Aussterben begriffen und in die weniger gastlichen Randgebiete der Erde verbannt: in die Wüsten Australiens und ins südliche Afrika, in die tropischen Wälder des Amazonas, ins Kongobecken und in den Südosten Asiens, in die arktischen Tundren Lapplands, in die Chiukatka, nach Alaska und in die Weiten Nordkanadas. Obwohl sie in Gebieten leben, die etwa 20 Prozent der Oberfläche unseres Planeten ausmachen, stellen sie doch weniger als 1 Prozent der Weltbevölkerung dar. Man nimmt an, daß vor 500 Jahren, gegen Ende des 15. Jahrhunderts, als Amerika bereits entdeckt und Australien noch unbekannt war, die Erde noch zu etwa 70 Prozent von Jagdvölkern besiedelt war, die damals über 25 Prozent der Weltbevölkerung ausmachten. Vor 12 000 Jahren, am Ende des Pleistozäns, lebte noch die gesamte Bevölkerung des Globus nach diesem ökonomischen System, das dann nach und nach von einer Wirtschaftsform verdrängt wurde, die auf der Produktion von Nahrungsmitteln beruht.

Die für die Menschheit der ersten 4 Millionen Jahre charakteristische Lebensweise als Jäger und Sammler hat auch die intellektuellen Merkmale der menschlichen Spezies entscheidend mitgeprägt. Sie hat vor etwa 50 000 Jahren ein hohes Maß an Perfektionierung und Effizienz erreicht, als sich unser direkter Vorfahr, der *Homo sapiens sapiens,* verbreitete, den wir im weiteren einfach als *Homo sapiens* bezeichnen werden. Dieser entwickelte eine raffinierte Technologie mit präzisen und effizienten Werkzeugen. Damit verbunden waren geistige Fähigkeiten, eine «Ideologie», die die Wurzel des begrifflichen Denkens in der Vorstellungskraft des modernen Menschen darstellt, sowie eine Fähigkeit zur Synthese und Abstraktion, wodurch er unter anderem auch das Bedürfnis entwickelte, Kunst zu schaffen.

Verschiedene Arten des Wirtschaftssystems und der sozialen Organisation, die auf der Produktion von Nahrungsmitteln beruhen, haben sich in den letzten 12 000 Jahren entwickelt und allmählich immer weitere Kreise gezogen. Die urbanen und zivilisierten Kulturen sind erst in jüngerer Zeit entstanden. Mit Ausnahme weniger sehr früher Fälle wie dem befestigten Stadtzentrum von Jericho, einer urbanen, jedoch noch nicht zivilisierten Kultur, sind die ersten urbanen Hochkulturen etwa 5000 Jahre alt. In den letzten 2000 Jahren fand dieses kulturelle Modell eine so schnelle Verbreitung, daß ihm zu Beginn unseres Jahrhunderts etwa 50 Prozent und 1960 bereits über 75 Prozent der Spezies angehörten.

Für die schriftlosen Völker ist die Kunst der Spiegel ihrer Seele, ihres Geistes und ihres Verstandes, und zugleich eine grundlegende Dokumentation, die uns die Ursprünge der Vorstellungskraft und der Psyche des modernen Menschen verstehen läßt. Wir finden hier Archetypen und Paradigmen, die gleichsam die Wurzeln unseres Daseins bilden und die wir noch tief in uns tragen. Sie sind in unserem Unbewußten gegenwärtig, und neue Forschungen helfen uns, dies bewußtzumachen.

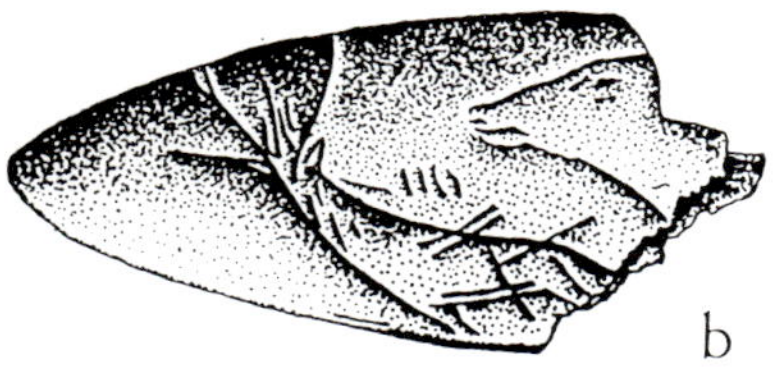

b

7. Paarweise assoziative Verknüpfung von Bilderschriftzeichen und Ideogrammen in einem Fragment eines Gegenstands aus Knochen, aus Lorthet, Hautes Pyrénées, Frankreich. Magdalénien, Jungpaläolithikum. Dargestellt sind die Schnauze eines fleischfressenden Tieres und ein Hirsch im Halbprofil mit verdeckter Schnauze. Die Zeichen dazwischen geben vermutlich Zahlen an, während auf dem Körper des Hirsches paarweise Linien zu sehen sind, die ein Ideogramm für Empfängnis sein könnten (WARA, 88; LB.).

Vorhergehende Seiten:
1. Monte Castillo, Spanien. Zugang zur unterirdischen Welt, in der die Werke des prähistorischen Menschen verborgen sind. Hier gibt es ein System von Höhlen, deren Felsbilder sich an genau determinierten Punkten befinden.

2. Höhle von Santimamiñe, Spanien. Natürliche Form des Felsens mit Vorsprüngen und Verkalkungen in der Form großer Körper. Auf diesen großen natürlichen Flächen haben prähistorische Künstler Rinder und Pferde dargestellt.

3. Rechts: Wandmalerei in der Höhle von Las Chimeneas, Santander, Spanien. Magdalénien, Jungpaläolithikum. Hier wiederholt sich die gleiche Verbindung von Fleischfresser und Hirsch. Die Zeichnung ist derart schematisch, daß sich ihre Bedeutung nur durch die Kenntnis analoger Figuren erfassen läßt. Das oben gezeigte Fragment eines Gegenstands aus Knochen ist dafür ein gutes Beispiel; es wurde in Lorthet, Hautes Pyrénées, Frankreich, gefunden (aus: E. Anati, 1989a, S. 185).

4. Bedeilhac, Frankreich. Felsgravierungen auf dem Boden einer Höhle. Die Wahl der Orte, an denen die Bilder entstanden sowie die Technik der Bebilderung sind durch die natürlichen Formen vorgegeben. Felsvorsprünge, Öffnungen und versteckte Ecken sprachen den prähistorischen Menschen an und waren ihm Anlaß, mit der spirituellen Welt in Verbindung zu treten.

5. Höhle von Covalanas, Spanien. Metaphorische Syntax von Tieren, die sich gegenüberstehen: Pferd und Rind.

6. Höhle von Bedeilhac, Frankreich. Spuren von Tieren auf einer bebilderten Wand, die von Kalkablagerung und Abblätterung beschädigt wurde. Im Lauf von 15 000 Jahren wurden die Bilder teilweise überdeckt. Hinter vielen Wänden dieser Art verbirgt sich ein grandioses Erbe der prähistorischen Kunst, welches die moderne Technik noch nicht vollständig ans Licht bringen konnte. Dies könnte jedoch geschehen, wenn einige heute noch im Stadium des Experiments befindliche Technologien tatsächlich einmal angewandt werden.

Die visuellen Kunstwerke, Felsbilder, Gravierungen und Plastiken, sind das bei weitem wichtigste Zeugnis über die Entwicklung der menschlichen Denkweise in den letzten 40 000 Jahren. Der prähistorische Hausrat, Plaketten, Statuetten und Zierat, umfaßt etwa 100 000 Fundstücke. Die unbewegliche Kunst auf Felsoberflächen weist hingegen allein 20 Millionen Grapheme auf. Aber weitaus umfangreicher ist all das, was an entlegenen Orten jedes Kontinents noch auf seine Entdeckung wartet. In einigen Gebieten der Felskunst findet man eine beeindruckende Zahl von Darstellungen. Allein dieser Umfang wirft zahlreiche Fragen auf. Welche Bedeutung hatte ein Gebiet, wo sich über eine Million Figuren erhalten haben, für diejenigen, die all dies geschaffen haben? Wenn man die geringe Anzahl von Individuen bedenkt, die damals eine Gruppe ausmachten, so muß diese Produktion eine kollektive Anstrengung vieler Generationen erfordert haben. Eine überaus starke Motivation muß vorhanden gewesen sein, um einen Stamm oder eine Gesamtbevölkerung zu veranlassen, Werke dieses Ausmaßes zu vollbringen. Der Vorgang, Grapheme anzuhäufen, muß eine präzise Bedeutung besessen haben, und auch der Ort selbst hatte in den Augen dieser Völker vermutlich seine ganz besonderen Eigenschaften.

Im Gebiet von Bhimbetka bei Bhopal, im indischen Staat Madhya Pradesh, hat der Forscher Wakankar etwa 2000 kleinere Höhlen mit Felszeichnungen entdeckt. Die Fülle der Grapheme wurde auf über eine Million geschätzt, ihre tatsächliche Anzahl ist sicherlich noch höher. Die Zählung der Bilder in drei der Höhlen, die wir als Anfangstest durchgeführt haben, ergab 1250 bzw. 890 und 825 gut erkennbare Figuren. Wenn jede Höhle durchschnittlich 1000 Figuren enthält, ergeben 2000 Höhlen zwei Millionen Figuren. Aber dieses Gebiet wurde erst teilweise erforscht, so daß man die genaue Anzahl der Höhlen noch gar nicht kennt – wahrscheinlich ist sie noch sehr viel größer.

In Lesotho, dem Gebiet der Gebirgskette von Drakensberg, hat Lucas A. Smits in 15 Arbeitsjahren etwa 500 kleine Höhlen mit Zeichnungen katalogisiert. Er schätzte, daß sich die Anzahl der Zeichnungen um eine Million bewegen muß. Da im selben Gebiet etwa 5000 bebilderte Höhlen entdeckt wurden, würde Smits Katalog davon etwa ein Zehntel ausmachen. Im Gebiet des australischen Arnhem wurden 2000 Fundorte angegeben, und die Anzahl der Zeichnungen umfaßt sicherlich über eine Million. In Algerien, in Tassili-n-Ajjer, gibt es einige noch nicht klar umgegrenzte Gebiete mit insgesamt über 400 Fundorten und mehr als 500 000 Figuren. Der israelische Negev und der angrenzende ägyptische Sinai umfassen siebzehn Gebiete mit mehr als 300 Fundorten und mindestens 500 000 Figuren. Die Alpenkette in Frankreich, Italien, der Schweiz und Österreich zählt 16 Gebiete. Eines davon, das Valcamonica in Italien, hat allein 76 Fundorte. Bislang sind hier etwa 300 000 Felszeichnungen bekannt, man geht jedoch von einer deutlich höheren Gesamtzahl aus. Es gibt grandiose und immense Gebiete der Felskunst im russischen Zentralasien und in Sibirien, in China, in Brasilien, in Argentinien, in Südafrika, in Malawi und in mehreren anderen Ländern, die sicherlich einige 100 000 Figuren umfassen. Bislang fehlt nicht nur eine Inventarliste, sondern sogar eine vorläufige Schätzung. Unbeantwortet bleibt auch die Frage, mit welchen weiteren Entdeckungen zu rechnen ist. Mit Sicherheit hält die Zukunft für die Forscher noch einige bemerkenswerte Überraschungen bereit.

Was hat den Menschen, und zwar auf dem gesamten Globus, zu einer künstlerischen Aktivität solchen Ausmaßes veranlaßt? Der ungeheure Umfang der bereits existierenden Dokumentation zeigt die Höhlenmalerei und Felskunst als ein weltweit verbreitetes Phänomen, das quantitativ über 90 Prozent der bekannten prähistorischen Darstellungen ausmacht. Die Felskunst wurde von nicht zivilisierten Völkern geschaffen, sie beginnt mit dem *Homo sapiens* und endet im allgemeinen, wenn die Menschen, die sie schaffen, zu einer Form der Kommunikation über-

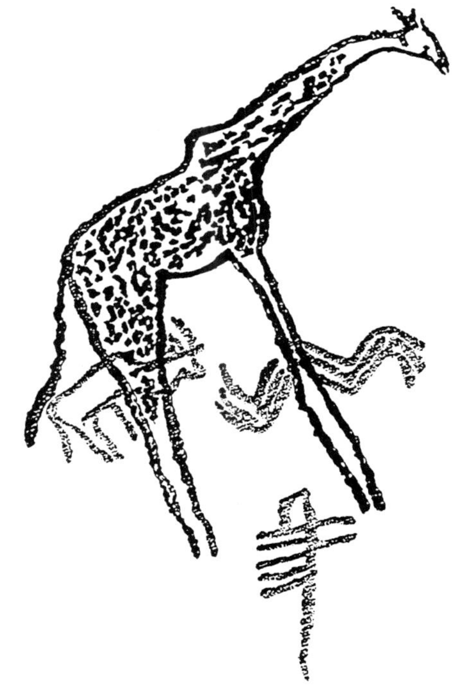

8. Zwei Phasen von Felsgravierungen der Primitiven Jäger, in Rocklands, Pomfret, Südafrika. Die beiden Phasen drücken verschiedene Formen der Annäherung an die Ausdrucksmittel aus. Der spätere Künstler verwendet viel Zeit und Energie darauf, den Körper der Giraffe mit Abdrücken seines Hammers zu verzieren. Der frühere Künstler ritzt einen Vierfüßler, vermutlich ein Kudu, eine Zickzacklinie und ein weiteres Ideogramm aus den hauptsächlichen Linien. Wichtig für den Künstler war die assoziative Verknüpfung von Tier und Ideogramm (Darstellung nach J. & D. Fock, 1984, S. 142).

9. Übergangsphase zwischen Primitiven und Höheren Jägern (Addaura-Höhle, Sizilien). Im oberen Teil ist eine Gruppe maskierter Individuen in Tanzposition dargestellt, angeordnet um zwei Gestalten, die etwas vorführen oder zumindest im Mittelpunkt des Interesses stehen. Vermutlich ist dies die früheste «Szene» in der europäischen Felskunst (Datierung: etwa 10 000 v. Chr.), auf der Menschen im Mittelpunkt stehen. Aus früheren Epochen kennt man vor allem Assoziationen. Dieses Bild ist über eine frühere Darstellung mit Tierfiguren und Zeichen gemalt, die jedoch noch keine Szene erkennen lassen (nach einer Schemazeichnung der Sopraintendenza delle Antichità, Palermo); darunter ein Ausschnitt der Szene.

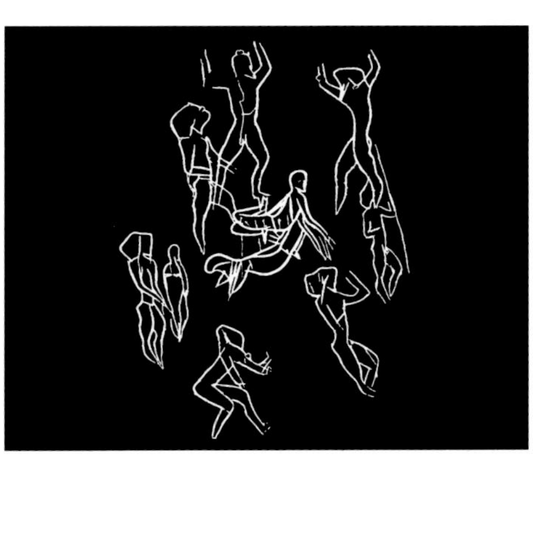

gehen, die wir als Schrift bezeichnen. Die Felskunst stellt das mit Abstand größte Archiv dar, das die Menschheit von Anfang an über ihre eigene Geschichte besitzt. Verschiedene stilistische und inhaltliche Elemente erweisen sich dabei als weltweit konstant, so daß man vier Hauptkategorien der Felskunst mit generell gültigen charakterischen Elementen ausmachen kann.

A. Primitive Jäger: Kunst der Jägerkulturen, die den Gebrauch von Pfeil und Bogen noch nicht kennen.

B. Höhere Jäger: Kunst der Jägerkulturen mit Kenntnis von Pfeil und Bogen.

C. Hirten und Viehzüchter: Kunst der Völker, deren wichtigste dargestellte Ökonomie die Viehzucht ist.

D. Komplexe Ökonomie: Kunst der Völker mit verschiedenen Wirtschaftssystemen, wozu bereits Ackerbau gehört.

Eine solche Gliederung bleibt notwendigerweise schematisch. Wie wir sehen werden, gibt es weitere, zweitrangige Kategorien, etwa wenn die Völker, deren Wirtschaftssystem auf Wildbeute basiert, wiederum eigene Merkmale ausbilden. Zwischenstufen und Gruppen mit verschiedenen Charakteristika gibt es innerhalb jeder Kategorie; diese sind mitunter beachtlich und verlangen weitere Vertiefungen. In Anbetracht des gegenwärtigen Forschungsstandes und angesichts des immensen Materials wird ein Interpretationsansatz notwendig, der sich an den Themen sowie dem Stil orientiert und zugleich die Grenzen der regionalen Definitionen überschreitet.

Eine Reihe von Kriterien basiert auf der Thematik und der Typologie der Darstellungen: Je nach dem Vorhandensein von mehr oder weniger eigentlichen Szenen, von figurativem Stil, der schematisch oder abstrakt sein kann, der Bedeutung, die bestimmten wilden oder domestizierten Tieren beigemessen wird, sowie dem Vorhandensein oder Fehlen gewisser Symbole, die sich als «Leitfossilien» erweisen, ist es möglich, häufig wiederholte und signifikante Elemente auszumachen. Das führte zur Hypothese, daß die Lebensweise universelle Auswirkungen hat: auf die Verhaltens- und Denkweisen, auf die Assoziationsprozesse und infolgedessen auch auf die künstlerischen Ausdrucksformen.

Vor einigen Jahren habe ich im Auftrag der UNESCO versucht, die Gebiete der Felskunst ausfindig zu machen, die von «primärer Bedeutung» sind. Die Liste (BCSP, 21) hat einige der 120 Länder, in denen Felskunst bekannt ist, nicht mit eingeschlossen, während andere Gebiete von herausragender Bedeutung genannt worden sind. Jedes dieser Gebiete kann zahlreiche Fundorte umfassen, wie die frankokantabrische Wandmalerei oder die bemalten Höhlen in Zentraltansania oder in Lesotho. Auf der Grundlage verschiedener Kriterien habe ich 144 Fundorte von grundlegender Bedeutung ausgemacht. Beim Betrachten der Landkarte wird deutlich, daß ihre Verbreitung auf allen Kontinenten nahezu homogen ist. Die Felskunst ist also tatsächlich ein globales Phänomen.

In Europa finden wir sie etwas seltener als in anderen Kontinenten. Dies erklärt sich damit, daß Europa der kleinste Kontinent ist und daß gerade hier die Natur stärker unterworfen wurde als andernorts. In allen bisher registrierten Fällen ist die Felskunst ein Phänomen von Völkern ohne Hochkultur und ohne Städtegründungen. In allen Ländern, sowie in allen Haupt- und Nebengebieten, gibt es Orte mit zahlreichen Funden, die sicherlich eine mit Europa vergleichbare Konzentration der Besiedlung aufweisen, wenngleich es aber insgesamt den Anschein hat, als komme die Felskunst in dicht besiedelten Gebieten seltener vor. Mit Sicherheit gibt es viele Gebiete auf der ganzen Welt, die eigens aufgesucht wurden, um Felskunst zu schaffen und um Akte und Riten auszuführen, von denen häufig jedoch keine Spuren mehr erhalten geblieben sind.

Die Felskunst kennt für jede der obengenannten Kategorien eine eng begrenzte typologische Skala, die innerhalb der vier Kategorien variiert. Jede der Kategorien umfaßt wiederum eine präzise Skala von Typen, Figuren und Gegenständen, die sich innerhalb der Kategorie auf der ganzen Welt wiederholen. Die Felskunst aller vier Kategorien umfaßt im ganzen fünf Typen von wichtigsten Darstellungen. Diese sind: 1. anthropomorph; 2. zoomorph; 3. topographisch; 4. Gebrauchsgegenstände und Waffen; 5. Symbole und Ideogramme. Die am häufigsten anzutreffenden Darstellungsformen folgen diesen fünf Typen. Landschaften sind ebenso selten wie Darstellungen von Pflanzen. In vielen Gruppen fehlen sie ganz, und wenn eines der beiden Themen vorhanden ist, so ist das ein Indiz für einige spezifische Merkmale: In Tansania zum Beispiel hat man eine mehrere tausend Jahre alte Sequenz ausfindig gemacht, wobei alle dort registrierten Pflanzendarstellungen auf eine einzige Phase konzentriert sind, die in das ausgehende Pleistozän oder das beginnende Holozän zurückgeht. Die gesammelten Daten scheinen auf einen Horizont von Sammlern und nicht von Jägern hinzuweisen, auch wenn wir uns in einer Epoche der Jagd und des Sammelns befinden (BCSP, 23).

In jeder der erwähnten Kategorien gibt es Elemente, die wir «Paradigmen» nennen und die sich in der Gesamtheit der Kategorie in allen Teilen der Welt wiederholen. Ebenso gibt es Präferenzen, was die zu dekorierende Oberfläche betrifft: Höhlen, Felsüberhänge, freie Felswände. Sowohl im Innern der Höhle als auch unter freiem Himmel kann die Darstellung horizontal, vertikal, schräg, auf den Boden oder auf die Decke bezogen sein.

Es scheint, daß die Künstler sich immer für eine bestimmte Oberfläche entschieden haben, um auf ihr das Bild oder die Gravierung auszuführen; da sich dies wiederholt, kann man in allen vier Fällen die Merkmale der Formen und die Farben der bevorzugten Oberfläche ausmachen. Eine erste Analyse, eine Beispielsammlung aus fünf Kontinenten, läßt erkennen, daß über 86 Prozent der Bilder und Gravierungen den aufgestellten Kriterien entsprechen. Es gibt jedoch auch Ausnahmen, die nach weiteren Erklärungen verlangen. Bei einem großen Prozentsatz der Fälle scheinen sehr klare Entscheidungen für eine bestimmte Art der Ausführung zugrunde zu liegen, sowohl bei den Bildern und Gravierungen als auch bei den mit kleinem Hammer ausgeführten Punzierungen und den verschiedenen Methoden der Politur. Manche sich wiederholende Elemente scheinen nicht immer mit der jeweiligen Kultur oder deren Verbreitung zusammenzuhängen. In manchen Fällen sind sie vielleicht einfach das Ergebnis eines bestimmten technischen Niveaus oder einer bestimmten Denkweise. Selbst wenn die Stämme keinen Austausch über ihre Techniken pflegten, bleibt es bemerkenswert, daß sie dennoch zu ähnlichen Resultaten gelangten, sogar in sehr weit voneinander entfernten Gebieten, in unterschiedlichem Milieu und auf verschiedenen Kontinenten. Es kann sich also nicht um äußere Einflüsse handeln. Wir müssen vorhandene Übereinstimmungen annehmen, deren Bedeutung wir trotz verschiedener Hypothesen aber noch nicht ganz erklären können.

Die Thematik der Höhlenmalerei und Felskunst ist, wie bereits erwähnt, sehr begrenzt und repetitiv. In Europa, Asien, Afrika, Amerika und Australien zeigt sich die gleiche Figurenskala. In der Mentalität dieser Völker gibt es jedoch auch Aspekte der äußeren Umgebung, des Wirtschaftssystems und des Soziallebens, die nicht zu der figurativen Skala gehören. Die Künstler haben also eine klare Auswahl der darzustellenden Themen getroffen.

Ebenso gibt es Dimensionen, die bevorzugt werden. Zum Beispiel finden sich die großen Tierdarstellungen von mehr als 1,5 oder 2 Metern Höhe fast ausschließlich bei Jägern. Bei den Hirten sind sie lediglich in bestimmten Gruppen, immer in heutigen Wüstengebieten, vorhanden, vor allem in Arabien und dem Saharagebiet; dagegen ist Felskunst bei Völkern mit komplexem Wirtschaftssystem sehr selten. Auf der anderen Seite gibt es Phasen in den Stilbereichen der Primitiven und Höheren Jäger, bei denen sich Tierfiguren von bescheidenem Ausmaß und sogar als Minia-

10. Ein Beispiel für die Syntax der Primitiven Jäger in Altamira. Die Gravierungen zeigen eine Assoziation von Bilderschriftzeichen und Psychogrammen aus dem Aurignacien. Zwei Tierfiguren, eine vertikale und eine horizontale, sind mit zwei Paaren von wiederholten Ideogrammen Mann – Frau verbunden. Darunter ist ein Tier zu erkennen; die geschwungenen Linien scheinen weder ein Bilderschriftzeichen noch ein repetitives Ideogramm zu sein (Darstellung nach H. Breuil).

turdarstellung finden. Man hat ein interessantes Phänomen festgestellt: In den Gruppen, bei denen große Tierfiguren vorkommen, sind Menschendarstellungen äußerst selten; sind die Tierfiguren dagegen kleiner, ist wiederum der Prozentsatz anthropomorpher Figuren deutlich höher. Doch auch für dieses häufig anzutreffende Phänomen fehlt bislang eine zureichende Erklärung.

In allen Gruppen trifft man auf primäre und sekundäre Darstellungen. Wir finden eine Art primärer Auswahl, die grundlegend ist, und wir registrieren zweitrangige Motive, die nebensächlich erscheinen. Außerdem gibt es repetitive Elemente, Symbole, Ideogramme und Grapheme, die die beherrschenden Darstellungen begleiten. Die Annahme, daß in der europäischen Kunst des Paläolithikums Tierfiguren bevorzugt dargestellt sind, erscheint ebenso einfach wie die Schlußfolgerung, daß diese Tiere in der Lebenswelt der Primitiven Jäger besonders bedeutsam waren. Doch im Gegensatz zur gängigen Annahme sind alleinstehende Tierfiguren selten, sie sind fast immer von Symbolen oder Ideogrammen begleitet. Weshalb? Die Darstellungen mit begleitenden Zeichen scheinen ideographische Phrasen zu bilden, die eine Logik widerspiegeln. Es handelt sich um eine visuelle Sprache, die sich in Vorstellungen ausdrückt. Die isolierte Figur hätte in einem solchen Zusammenhang gar keinen Sinn. Die Darstellungen von Tieren erweisen sich bereits aufgrund ihrer Dimensionen als vorherrschend. Aber die Symbole variieren quantitativ und können zahlenmäßig die mit ihnen assoziierten Tiere übertreffen.

In den großen Darstellungen des europäischen Paläolithikums stehen sich oftmals zwei Tierarten gegenüber, der Bison und das Pferd. Innerhalb des ohnehin geläufigen Motivs großformatiger wilder Tiere werden diese beiden durch häufige Wiederholung bevorzugt, und dies verweist auf eine besondere Bedeutung in der Dialektik der Assoziationen. Es mag Unterschiede geben zwischen dem einen Gebiet und dem anderen, aber in der Gesamtheit der frankokantabrischen Wandkunst trifft man auf solche allgemeine Daten. Der französische Wissenschaftler André Leroi-Gourhan hat die Hypothese aufgestellt, daß das Pferd ein männliches Symbol und der Bison ein weibliches Symbol sei und die Gegenüberstellung Pferd – Bison demnach eine Metapher sein könnte. Dies ist sehr gut möglich, auch wenn uns die Interpretation männlich – weiblich heute als etwas verengt erscheint. Doch vielleicht reflektiert unsere Vision einer Menschheit, die auf dem Gegensatzpaar männlich – weiblich beruht, das Weiterbestehen einer Vorstellung dualistischer Schemata, die wir seit Jahrtausenden in uns tragen.

In Tansania, in der Felskunst der Primitiven Jäger, spielen der Elefant und die Giraffe bei den Assoziationen eine ähnliche Rolle wie Pferd und Bison in Europa: sie erscheinen oft zusammen und sind die mit Abstand am häufigsten dargestellten Tiere. Man könnte annehmen, daß sie in der Vorstellung der Primitiven Jäger in Tansania die gleiche Rolle spielen wie das Pferd und der Bison in der europäischen frankokantabrischen Begriffszuordnung – und damit verfügen wir über die Voraussetzungen, ein Paradigma aufzustellen: In der Ikonographie gibt es bevorzugte Tierarten, die in einer dialektischen Beziehung zueinander stehen.

Die Komposition und die Szenen, das heißt die Beziehung zwischen einer Figur und der anderen im gleichen Kontext, enthüllen eine Denkweise, die konzeptionelle Dynamik der Assoziationen. Bei den Höheren Jägern gibt es allgemeine Szenen: Darstellungen der Jagd, des Krieges, des Tanzes oder ähnliches. Bei den Primitiven Jägern scheint es keine wirklich deskriptiven Szenen von Episoden zu geben, weder im europäischen Paläolithikum noch in anderen Komplexen der Felskunst von Primitiven Jägern; und falls es sie dennoch geben sollte, konnte man sie bislang nicht als solche begreifen. Vorhanden sind Assoziationen und Kompositionen, aber keine deskriptiven und erzählenden Szenen: weder in Afrika noch in Asien, weder in Amerika noch in Australien oder einem anderen Teil der Welt. Die Zuordnung zwischen den Graphemen ist eher ideographischer als bildhafter

Natur, wobei es Typen von Assoziationen gibt, die sich gleichen. Das auf eine bestimmte Art und Weise dargestellte Tier spiegelt im Kontext der damit verbundenen Zeichen keine naturalistische Wirklichkeit wider, wie es unserer heutigen Phantasie entsprechen würde. Die Bilder ordnen sich vielmehr auf dem Raum der Felswand in repetitiver Weise zu einer Komposition, die in ihrer Gesamtheit einen Sinn ergeben mußte; sie stellen jedoch keinen Typus der Anordnung im Sinne der allgemeingültigen Sichtweise unserer gegenwärtigen Kultur dar. So scheint es zum Beispiel, daß in der Kunst der Primitiven Jäger, von wenigen Ausnahmen abgesehen, keine Vorstellung von einem Untergrund oder begehbaren Pfad existierte. Die großen Tiere sind auf den Höhlenwänden häufig so dargestellt, als würden sie in der Luft hängen. Das gilt für Europa ebenso wie für Tansania oder Arnhem Land.

Die Assoziationen zwischen Tieren und Symbolen wiederholen sich mit spezifischen Analogien bei allen Primitiven Jägerkulturen, während es bei den Höheren Jägern Elemente von Szenen gibt, die eine völlig verschiedene Mentalität aufweisen; bisweilen ist der Übergang zwischen den beiden ziemlich unberechenbar: plötzlich wird die Praxis unterbrochen, um etwas Neues zu beginnen. Manchmal, in anderen Zusammenhängen, scheint es graduelle Entwicklungen zu geben, so daß wir Übergangsphasen ausmachen können. An einem solchen Prozeß kann man dann ablesen, wie sich der kognitive Mechanismus verändert hat.

Aus der thematischen Analyse ergeben sich Typologien von Figuren und Zeichen: die Grapheme sind gleichsam die den Wörtern eines Satzes vergleichbare «Grammatik» der Felskunst. Isolierte Zeichen sind jedoch selten, ebenso wie in einer Rede einzelne Wörter selten sind. In der prähistorischen Kunst gibt es Ensembles, die das System der Assoziationen widerspiegeln und eine Art Syntax ergeben. Es sind die «Sätze», die aus der Gruppierung oder der Sequenz der Grapheme gebildet werden. Und hier verbirgt sich der Schlüssel zur Entzifferung der Felskunst und zu einer Ideographie, die universelle Charaktere aufweist; in jedem Fall kann eine Reihe konstanter Assoziationen die linguistischen Grenzen überschreiten oder die Voraussetzung ihrer Entstehung sein. Es scheint, als könnte man davon ausgehen, daß archetypische Modelle der Logik existieren. Hierbei handelt es sich um eine Hypothese, die vielversprechende Wege aufzeigt, um zu den Wurzeln des menschlichen Denkens zu gelangen, denn dies wäre die wesentliche Basis, um eines Tages vielleicht nicht nur etwas über die Kunst, sondern mittels der Kunst etwas von den fundamentalen Elementen der kognitiven Dynamik des Menschen zu begreifen. Die Bildkunst ist ein Fenster, das sich auf die versunkene Landschaft des Unbewußten öffnet.

Allzu leicht wäre es, die Ausdrucksmittel, die wir nicht verstehen, im Sinne eines sprachlichen Dialekts aufzufassen und sie somit auf die Ethnie zu beschränken, die sie hervorgebracht hat. Doch es wird immer deutlicher, daß gerade die weltweit geltenden Paradigmen überaus relevant sind.

In der Sahara, in Tansania, im Niltal, im mittleren Orient, im indischen Madhya Pradesh und in Zentralasien finden sind Sequenzen mit mehreren konstanten Faktoren. Die vier obengenannten Kategorien sind in der gleichen chronologischen Ordnung vorhanden: die Primitiven Jäger, die Höheren Jäger, die Viehzüchter und die Gruppen mit gemischter Ökonomie. Aber in Australien ist keine Felskunst der Hirten und Viehzüchter bekannt: sie existiert nämlich nicht. Die australische Sequenz umfaßt auch die Primitiven und die Höheren Jäger nur in bestimmten Gebieten. Die gemischten und komplexen Ökonomien sind erst in letzter Zeit hinzugekommen und nur in wenigen Gebieten. Die Elemente spiegeln nicht nur das Bedürfnis derjenigen wider, die ein kleines Stück Feld kultivierten, sondern auch die importierte Ideologie und die durch Überlagerungen ausgelöste Verwirrung, die auf traumatische Art und Weise das Gleichgewicht einer begrifflichen Vorstel-

11. Bilderschriftzeichen, Ideogramme und Psychogramme (La Pileta, Spanien). Dieses dunkelbraune Bilderschriftzeichen stellt ein Pferd dar. Auf seinem Körper wird ein Ideogramm zehnmal wiederholt. Es besteht aus zwei parallelen Linien und wird als «Lippen» interpretiert – es hat die Bedeutung von «weiblich». Die Zeichen wurden zu verschiedenen Zeiten und in unterschiedlichen Farbtönen ausgeführt: rot, braun und schwarz. Das Ideogramm bleibt trotzdem unverändert. Über dem Pferd erscheint ein Psychogramm: ein Dreieck, das Strahlen aussendet; es könnte von einem anderen Künstler hinzugefügt worden sein. Hinter diesem relativ einfachen Bild scheint sich eine lange und komplexe Geschichte zu verbergen (aus: E. Anati, 1989a, S. 164).

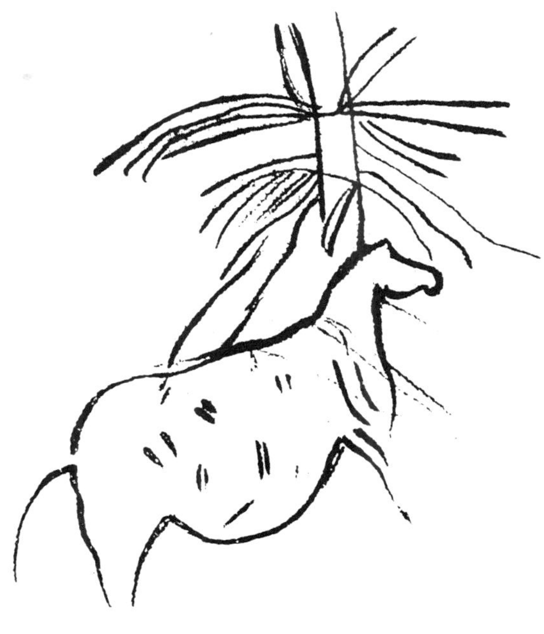

12. Felsbilder der Höheren Jäger aus dem Gebiet der spanischen Levante. Dargestellt sind zwei anthropo-zoomorphe Figuren mit Waffen und Werkzeugen. Mindestens sechs Interpretationen sind möglich: als Tiere maskierte Gestalten; Stiere mit anthropomorphen Körpern; Totemgeister mit menschlichem Leib und Stierköpfen; Jäger und Gejagter in Symbiose, in dialektischer Beziehung zu ihren Waffen; mystische Helden; zwei Marionetten, eine davon mit Geschlechtsmerkmalen, die andere mit Schwanz. Es wären noch weitere Interpretationen möglich. Man erkennt daran die offensichtliche Schwierigkeit, prähistorische Kunst zu entziffern, wenn ein genauer Schlüssel der «Übersetzung» fehlt (aus: A. Beltrán, 1980, S. 42).

lungswelt und einer Dialektik zwischen Mensch und Natur, das bereits eine dauerhafte Stabilität erreicht zu haben schien, durcheinandergebracht hat. Hier sind die Daten durch die historischen Kenntnisse zwar erhärtet, aber wie viele Veränderungen, wie viele thematische und stilistische Variationen haben sich im künstlerischen Schaffen aller Kontinente in Zeitabschnitten ereignet, von denen es weder schriftliche Zeugnisse noch direkte mündliche Überlieferungen gibt?

Die wichtigsten Felslandschaften in Südafrika zeigen in ihrer Sequenz wenige Werke der Primitiven Jäger. Diese tauchen häufiger im Norden, in Namibia, in Simbabwe und in Tansania auf; aber die große Expansion des künstlerischen Schaffens auf dem Gebiet, das bislang als die dichteste Felskunstzone gilt, scheint von den ersten Höheren Jägern zwischen 15 000 und 13 000 geschaffen worden zu sein und hat, mit geringfügigen Veränderungen, die gleichen visuellen Ausdrucksmittel bis in unser Jahrhundert beibehalten. Nicht nur Hirten, Viehzüchter und Kulturen mit gemischter Ökonomie, vor allem Hirten und Viehzüchter kuschitischen und kilotischen Ursprungs, stoßen hierhin vor, sondern auch aus Arabien stammende Völker. Mindestens zwei Hauptwellen dieser Einfälle können ausgemacht werden, deren Daten uns bekannt sind, weil sie in historische Zeiten fallen. Schließlich gehören die Felskunst schaffenden Gruppen mit gemischter Ökonomie ausschließlich den Stämmen der Bantu-Sprache an, die es seit weniger als 2000 Jahren gibt. Die Felskunst zeigt uns den Übergang der Hirtenvölker zu den ersten Bauern an, jedoch existiert auf weiten Gebieten des Territoriums die Lebensweise der Höheren Jäger weiter.

In der Sequenz der Felskunst Tansanias treffen wir auf Elemente einer «vegetarischen» Kultur, deren Ökonomie auf der Ernte von Früchten gründet, und zwar in einem Zeitalter der Primitiven Jäger. Es stellt sich die Frage, ob dies die Existenz von Völkern widerspiegelt, die hindurchzogen und dann wieder verschwanden, oder ob es das Ergebnis von Veränderungen der Ernährungsgewohnheiten ein und derselben Bevölkerung ist. Vergleichbare Phänomene finden wir auch an anderen Orten: zum Beispiel gibt es stilistische Horizonte, die auf eine vorwiegend vegetarische Ernährungsweise deuten in der algerischen Sahara, im Gebiet des Flusses Pecos in Texas und auf der Halbinsel Baja California in Mexiko. Hier stellt sich überall dieselbe Frage.

Es gibt Ikonographien, die eine komplexe Ökonomie widerspiegeln, das heißt von Produzenten der Nahrung, von Ackerbauern, deren Arbeitselement das Feld ist; aber nicht immer zeigt dies den Beginn einer neuen Ära an. In der Wüste des Zentral-Negev zeigen Felsgravierungen aus römisch-byzantinischer Zeit die Darstellung eines Pflugs und noch weitere charakteristische Momente der komplexen Ökonomie. Aber in der darauffolgenden islamischen Zeit stellen die Bilder wieder Merkmale des Hirtendaseins dar. Stilistisch würde man von einer Fortsetzung der Eisenzeit sprechen, während die römisch-byzantinische Episode als fremdes Element entstand, andauerte und wieder verschwand. Ähnliche Phänomene sind nicht ungewöhnlich. Durch die Kunst entdecken wir Kapitel der Geschichte: einer Geschichte, die nicht so einfach und so linear ist, wie man sie häufig darstellen möchte.

Wir treffen auf Elemente, durch die wir uns Vorstellungen von jener Geschichte machen können, welche die Produktion dieser Kunst bestimmt hat: all das, was mit den Menschen, mit ihrer Kultur und im Zusammenhang mit ihren Erlebnissen geschah. Die Anfänge einer Methodologie für komparative Studien und für eine umfassende Analyse der Höhlenmalerei und Felskunst zeichnen sich ab.

Lokale Elemente treten immer dann häufiger auf, wenn sich die Verhältnisse verkomplizieren, vor allem bei den Horizonten des komplexen Wirtschaftssystems. Hier gibt es vor allem universelle Paradigmen, natürlich mit Varianten und mit Elementen, die noch nach einer Erklärung verlangen. Sicher gibt es in Europa keine

Figuren von Lamas und in Chile keine Känguruhs, aber im Überblick sieht man das Tier als Darstellung unter einem allgemeinen Kriterium und nicht als Spezies. Die Spezies ist immer lokal bedingt. Wir entdecken also, daß es weltweit gültige kulturelle Horizonte gibt: der Beweis dafür sind die gleichen Symbole, stilisierte Vulven, Bâtonnet- oder Arbolet-Zeichen usw., die wir in der Kunst der Primitiven Jäger im frankokantabrischen Gebiet in Europa, im Maasai Escarpment in Tansania sowie im argentinischen Patagonien finden.

Die Kunst der Primitiven Jäger verfügt über Merkmale, denen wir durchaus weltweite Geltung zusprechen können. Dagegen weist die Kunst der Höheren Jäger bereits weitaus mehr lokale Kennzeichen auf, auch wenn sie zahlreiche globale Paradigmen beibehält. Der Turm zu Babel entstand erst, als das Zeitalter der Jagd und des Sammelns beendet war. Die Kunst, wie vielleicht auch andere Aspekte des Menschen, wird dann immer provinzieller und immer mehr von Nebensächlichkeiten bestimmt. Die Felsbildgruppen, die unserer heutigen Kultur nahe sind, werden immer besser verständlich, während uns die anderer Weltregionen immer exotischer erscheinen.

Man fragt sich also, welche Konstanten verschiedene Völker aller Kontinente nicht nur veranlaßt haben, mit den gleichen Techniken, der gleichen Thematik, den gleichen Symbolen und Assoziationen visuelle Kunst zu produzieren, sondern auch analoge Prozesse bei den stilistischen und typologischen Veränderungen zu befolgen. Hierzu wurden verschiedene Hypothesen aufgestellt, und manche Forscher bestehen weiterhin darauf, daß direkte und wiederholte Kontakte zwischen den Völkern auch über große Distanzen hinweg möglich waren. Andere Autoren sind von Phänomenen der «Resonanz» und der «Telepathie» ausgegangen, während wieder andere, zu denen ich mich selbst zähle, annehmen, daß solche Phänomene ein Resultat gemeinsamer ursprünglicher Wurzeln sein könnten.

Im frühen Steinzeitalter entdeckt man den Beginn einer Menschheit mit einheitlichen Interessen und stilistischen Gewohnheiten, gemeinsamen assoziativen Ideen und thematischen Vorlieben. Doch danach wird – je nach Region und dann auch nach Provinz – eine graduelle stilistische und thematische Differenzierung erfolgen, die auch kulturelle, sprachliche und ethnische Verschiedenheiten widerspiegelt. Zu Beginn der neolithischen Zeit schließlich, als die Produktion von Nahrungsmitteln beginnt, wird eine babylonische Verschiedenheit der Identitäten erreicht. Ein Prozeß der kulturellen Differenzierung setzt ein, und seither schreitet die kulturelle Evolution immer schneller voran und greift immer weiter um sich. Wahrscheinlich haben äußere und innere Faktoren dazu beigetragen: Auf der einen Seite gibt es die Erfahrungen der verschiedenen Gruppen, Begegnungen, Faktoren wie Bevölkerungsdichte, Sozialleben, Verwendung der verfügbaren Ressourcen; auf der anderen Seite die verschiedenen Bedingungen des Ökosystems, des Klimas, der Vegetation, der Umwelt, der Tierarten und Nutzpflanzen, der Landschaft. All das hat zu einer Verschiedenheit geführt, die aber dennoch auf gemeinsame Wurzeln zurückgeht. Mit der Zeit treten die Unterschiede in der Kunst immer stärker hervor, und verschiedene Gruppen neigen dazu, ihre eigenen thematischen und stilistischen Aspekte zu entwickeln.

In diesem Kapitel wurden Feststellungen getroffen und Hypothesen aufgestellt. Ebenso wurde der Versuch unternommen, die prähistorische Kunst nicht mehr als eine Reihe zusammenhangloser provinzieller Phänomene zu betrachten, sondern als ein einziges großes Thema, das global anzugehen ist. Im Hinblick auf die regionalen Analysen, die wir im Verlauf des Buches getrennt für die verschiedenen Kontinente versuchen werden, scheinen uns diese Vorbemerkungen nützlich. Wie werden später sehen, wie viele Konstanten sich zeigen, wir werden aber ebenfalls sehen, daß es nicht wenige Ausnahmen gibt.

V. Kriterien der Bewertung

Eines der Hauptprobleme in der Fachliteratur zur prähistorischen Kunst, insbesondere zur Höhlenmalerei und Felskunst, besteht in der großen Verschiedenheit der Informationen, die von den zahlreichen Autoren geliefert werden. Von einer Region zur anderen, und häufig auch von einem Autor zum anderen, zeigen sich nicht nur Unterschiede in der Problemstellung, sondern auch im Grad der Information, in der Datensammlung und Kommunikation. Es ist nicht nur der objektive Mangel an ausreichenden Informationen, der die Vermittlung der Kenntnisse einschränkt; offensichtlich gibt es auch unterschiedliche Stufen der Information, ja sogar Ungewißheiten, die es manchen vielleicht ratsam erscheinen lassen, im vagen zu bleiben, ähnlich wie es in manchen Ländern ein gewisses Widerstreben gibt, exakte Daten mitzuteilen.

Die Schaffung eines weltweiten Archivs der frühgeschichtlichen Kunst könnte ein ausgezeichnetes Mittel der Bildung und der Forschung werden. Die größte Schwierigkeit hierbei besteht darin, einheitliche Bewertungskriterien zu schaffen, um aus verschiedenen Quellen den gleichen Datentypus zu erhalten. Eine erste Synthese zu versuchen ist zwar eine aufregende, jedoch auch eine ziemlich undankbare Aufgabe.

Es gibt durchaus regionale Eigenheiten. Während es in manchen Ländern ein lebhaftes Interesse gibt, die eigenen Kenntnisse mitzuteilen, über die Funde zu informieren und ebenfalls Informationen aus dem Ausland zu erhalten, scheint es andernorts vielen zu widerstreben, das eigene kulturelle Erbe zu veröffentlichen und es zu einem allgemeinen Kulturgut werden zu lassen. Häufig ist es Unsicherheit, die manche Forscher davon abhält, ihr Wissen mitzuteilen und Funde zu veröffentlichen. Sie bleiben bei Begriffen wie «vorläufig» oder «provisorischer Rechenschaftsbericht» und verhindern dadurch, daß ihr Werk für eine umfassendere Synthese verwendet werden kann. Ein weiterer Aspekt, der Divergenzen hervorruft, ist der wissenschaftliche Umgang der einzelnen Forscher mit dem Gegenstand ihrer Forschung. Einige haben die Angewohnheit, pedantisch Details aufzuzählen und darüber andere Daten zu vergessen. Ein typisches und leider häufiges Beispiel ist die minutiöse Beschreibung jeder Darstellung, während man Angaben zur Dimension, zu Assoziationen, zur Stratigraphie oder zu anderen grundlegenden Daten schlichtweg außer acht läßt. Solche Beschreibungen sind oftmals nicht nur für vergleichende Forschungen unbrauchbar, sie ermöglichen auch kein Verständnis des untersuchten Gegenstands. Aus verschiedenen Gründen weigern sich einige Forscher auch, die Lage des Fundorts anzugeben; ihre Entdeckungen können dann noch nicht einmal in die Verteilungskarte aufgenommen werden. Manche Beschreibungen wiederum haben mehr mit Mathematik als mit Archäologie zu tun; sie enthalten zwar die Maße jedes Pünktchens oder Strichs, vergessen aber eine adäquate Beschreibung des Ganzen und schaffen keinen Bezug zwischen den gelieferten Daten und einer chronologischen und kulturellen Sichtweise, die

daraus folgen müßte. Doch trotz allem entstehen immer mehr Forschungsarbeiten auf hohem Niveau, die einen großen Teil der wichtigen Daten liefern. Aber auch in diesen glücklichen Fällen ist die Information aus zweiter Hand keine wirkliche Alternative zur direkten Kenntnis und zur persönlich am Fundort vorgenommenen systematischen Sammlung von Daten. Das aber kann, bei Zehntausenden von Fundorten weltweit, von einem Forscher allein nicht bewältigt werden, so daß man zwangsläufig den Untersuchungen anderer vertrauen und sich auf diese stützen muß, um Forschung und Kenntnisstand voranzutreiben.
Ein weiteres Problem bei der Beschäftigung mit prähistorischer Kunst besteht in den Bewertungskriterien, die von Region zu Region beträchtlich variieren und sich auf Art und Qualität der weitergegebenen Informationen auswirken. Daten, die für einen Forscher wichtig sind, können für einen anderen irrelevant sein. Dem einen mag der monumentale Charakter eines Fundorts bedeutsam erscheinen, und er wird sich darauf beschränken, nur das zu beschreiben, was «noch wichtiger» ist. Ein anderer Forscher wird vielleicht nur die leicht erkennbaren Figuren beschreiben, die für gewöhnlich die zuletzt entstandenen sind, und er wird dafür die Beschreibung weniger deutlicher Darstellungen vernachlässigen, sei es, weil sie schlecht erhalten sind, er sie nicht bemerkt hat oder aus einem anderen Grund. Ein dritter dagegen könnte meinen, daß nur die frühesten Phasen die wichtigsten sind, so daß er sich um die späteren gar nicht kümmern muß.
In manchen Ländern legt man großen Wert darauf, die Felskunst jener Orte hervorzuheben, an denen eine sakrale Tradition aufrechterhalten wurde. Häufig soll damit bewiesen werden, wie alt solche Traditionen sind, wohingegen Fundorte, die aufgrund der Felskunst ebenso bedeutend sind, aber keine Tradition als Kultort besitzen, einfach ignoriert werden.
Orte, die aufgrund ihrer gut erreichbaren Lage in der Nähe befahrbarer Straßen berühmt wurden, lassen vergessen, daß es in derselben Region noch zahlreiche weitere Fundorte gibt, deren Felskunst ebenso wichtig und womöglich besser erhalten ist. Nur durch die Überprüfung an Ort und Stelle lassen sich die wirklichen Dimensionen einer Felsbildzone erkennen. Die genannten objektiven Schwierigkeiten zeigen, wie hilfreich es ist, möglichst auf Informationen aus erster Hand zurückzugreifen, die direkt vor Ort gesammelt wurden.
Dieser erklärende Hinweis scheint notwendig im Blick auf die Untersuchung je nach Region, die in den einzelnen Kapiteln folgt. Analysen von Regionen der verschiedenen Kontinente werden sich mit Zusammenfassungen zu den jeweiligen Gebieten abwechseln. Ich habe dabei versucht, mich vor allem auf die Gebiete zu konzentrieren, die ich persönlich erforscht habe. Ich habe jedoch noch nicht alle erwähnten Fundorte besucht, so daß ich mich verschiedentlich auf Informationen aus zweiter Hand verlassen mußte. Ebenso muß erwähnt werden, daß die Entdeckungen weltweit jedes Jahr zunehmen, so daß die vorliegende Synthese nicht erschöpfend sein kann und von Fall zu Fall aktualisiert werden muß.
Eines der größten Probleme beim Versuch, ein globales Verständnis des Phänomens Kunst zu erlangen, ist die Heterogenität der verfügbaren Informationen. Die einzige Möglichkeit, wie meiner Ansicht nach die Forschung vorangetrieben werden kann, um die Sammlung der Daten ebenso wie ihre Verbreitung und Verwendung zu erleichtern, bestünde darin, eine generelle Methode der Inventarisierung und Analyse aufzustellen, wozu auch eine gemeinsame Terminologie gehören müßte. Wenn es den Forschern in den verschiedenen Teilen der Welt gelänge, miteinander auf der Grundlage ähnlicher Kriterien ins Gespräch zu kommen, indem sie die gleiche Methodologie und die gleiche Nomenklatur anwenden, könnte dies dazu beitragen, die Kommunikation und die Verwendung der Informationen zu erleichtern. Man könnte so die bessere und schnellere Entwicklung dieser leidenschaftlich betriebenen Disziplin zur systematischen Erforschung der prähistori-

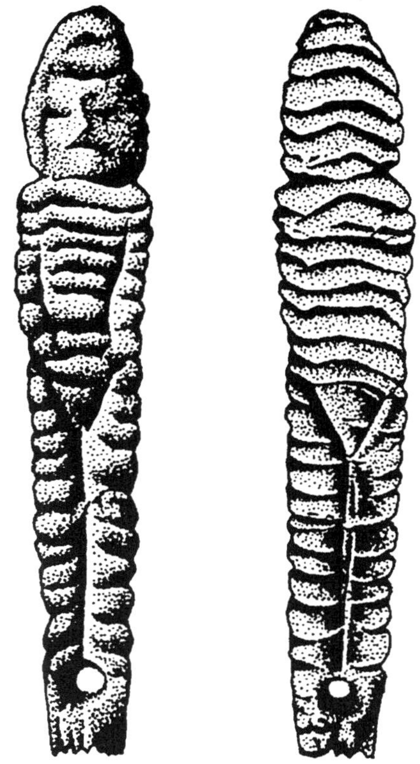

13. Zeichnung, die die beiden Seiten einer weiblichen Figur aus Elfenbein zeigt (Mal'ta, Sibirien), mit einem Durchbruch für einen Anhänger und 27 Kerben, vor etwa 30 000 Jahren entstanden. Die ersten 5 Stufen sind auf dem Kopf, im Genitalbereich finden sich die Kerben 14 bis 17. Man nimmt an, daß die Statuette, als Anhänger eines Mädchens, an den Monatszyklus erinnern sollte (WARA. 88; HMCD).

14. Folgende Seite: Felsgravierung der letzten Höheren Jäger (Tamgali, Kasachstan). Ein menschliches Wesen mit Schwanz steht neben einem schwanzlosen Tier mit Hörnern, welches sein Ideogramm darzustellen scheint und seine Identität angibt. Das «Gesicht» des Wesens wird von den Augen angedeutet sowie einem «Eulen»-Zeichen, das Nase und Augenbrauenbögen darstellt; es ist von zwei großen konzentrischen Scheiben und zahlreichen Punkten umgeben, die Worte, Ideen oder Gedanken auszuströmen scheinen, so als ob sie aus dem Kopf heraustreten (aus: E. Anati, 1989a, S. 220).

schen Kunst gewährleisten, – einer Disziplin, die trotz ihrer langen Geschichte gerade ihre ersten Schritte tut (s. die Verzeichnisse A: Rock-Art Almanach; B: Work Inventary of Rock Art).
Außer den Daten, die den jeweiligen Forscher selbst interessieren, müßte eine Reihe von Informationen gesammelt werden, auf die man sich als minimal und unverzichtbar einigen würde. Die regionale Untersuchung, das Inventarium, der Vergleich zwischen verschiedenen Fundorten, die Erforschung von Modellen zum Verständnis der dynamischen Entwicklung auf jedem Kontinent sind ein obligatorischer Schritt, um jedem Fundort, jedem Gebiet, jedem einzelnen Studienobjekt Substanz und Bedeutung zu verleihen und dazu beizutragen, es in einen historischen und kulturellen Kontext einzuordnen, was für die lokale Geschichte ebenso nützlich ist wie für ein umfassendes Verständnis der allgemeinen Phänomenologie.
Die regionale Analyse stützt sich auf die Einteilung der Welt in acht große Regionen, wie sie im Projekt WARA für das Weltarchiv der Felskunst genannt werden. Sie entsprechen der international gültigen Einteilung von Kulturgütern:

ASIEN (ausgenommen den Vorderen Orient). Nach Westen begrenzt von der Wasserscheide des Ural, dem Kaspischen Meer und den Grenzen zwischen Iran und der ehemaligen Sowjetunion, Afghanistan und Pakistan.

ASIEN / VORDERER ORIENT. Von den oben erwähnten Grenzen des Iran bis zur Grenzlinie entlang des Kaukasus zwischen dem Kaspischen und dem Schwarzen Meer. Begrenzt nach Westen von der Meerenge der Dardanellen und dem Suezkanal.

NORDAFRIKA. Begrenzt im Süden von den südlichen Grenzen Nigerias, der Zentralafrikanischen Republik, Tschad, Sudan, Äthiopien/Eritrea und Somalia.

SÜDAFRIKA. Südlich der obengenannten Grenzen.

EUROPA. Begrenzt von den geographischen Grenzen des Kontinents.

NORDAMERIKA. Begrenzt nach Süden von der Grenze zwischen den USA und Mexiko.

LATEINAMERIKA. Südlich der obengenannten Grenzen.

OZEANIEN. Begrenzt von den geographischen Grenzen des Kontinents. Umfaßt Australien, Neuguinea, Neuseeland und die Pazifischen Inseln, vom Archipelag der Philippinen bis 50 Kilometer vor der amerikanischen Küste.

Stjørdalen
Nord Bohu
Vancouver-Insel
Lake of the Woods-Region
Columbia-Plateau
Writing-on-Stone
Boyne Valley
Argyll und Galloway
Nord Sjaellan
Columbia-Fluß
Dinwoody
Peterborough
Totes Gebirge
Barrier Canyon
Großes Becken
Mesa Verde
Carschenna
Höhle von Altamira
Périgord-Grotte
Coso-Gebirgs-kette
Mogollon Mountains
F
Pontevedra
Valcamonica
Monte Bego
Foz Coa
Tajo-Tal
Teruel und Castellon
Porto Badisco
Nieder-kalifor-nien
Seminole Canyon, Valverde und Pecos
La Pileta
Sierra Nevada
Monte Pellegri
Region um Caborca
Region um Djelfa
Hoher Atlas
Kanarische Inseln
Sierra San Francisco
Gebiet um Monterrey
Wadi Draag
C
Tadrart Acacus
Höhle von Borbon
Makteir
Hoggar-Massiv
Südl. Tassili
Tibesti
Hawaii-Inseln
Adrar des Iforas
Air-Massiv
Ennedi-Massiv
Orinoco
Pará
Caqueta
Ecuador
D
Sao Raimundo Nonato
Region um Quibala-Galangae
Piauí
Purus
G
Toro Muerto
Rio Grande
Brandberg
Serranopolis
Lagoa Santa
Humahuaca
Arica-Gebirgskette
Ambargasta und Sumampa
Sierra de Cordoba
Region um den Jacui-Fluß
Region um den Limari-Fluß
Cuyo
Kap-Provinz
Osterinsel
Rio Pinturas

Pegtymel
Alta
Region um Koubala
Onegasee
Angara
Mittlere Lena
Mugur-Surgul
Obere Lena
Mittl. Angara
Balaban
Tom
Karakol
Südlicher Baikalsee
Wüste Gobi
Unteres Amurbecken
E
Höhle von Kapova
Karashat
A
Kugart
Karatau-Gebirge
Tamgali
Helan Shan
Höhle von Magoura
Gobustan
Sary-Arka
Pamir
Hakkari
Monti Gueghamia
Kandir
Hindukush
Karakorum-Pass
Negev-Wüste
Jawa
Wadi Sirhan
Sinai
B
Östl. Wüste
Region um Wadi Halfa
Dschebel Akhdar
Dalhami
Darfur
Bhimbekta
Rajpur
Raigarh
Malipo-Yunnan
Zoujiang
Hindupur
Sri Lanka
Region um Harar
Elgon
Bukoba
Massai-Steilstufe
Region um Dezda
Matopos-Hügelland
Drakensberge
H
MacCluer-Golf
San Cristobal
Kakadu-Nationalpark
Kimberley
Katherine
Region um Laura
Pilbara
Ayers Rock Uluru
Mount William
Koonalda-Grotte
Hügel von Panarmitee
Hunter Valley
Mont Cameroon West
Hastings
Süd Canterbury und Nord Atoga
Hauptfundorte mit Felskunst
Wichtige Gebiete mit Fundorten

VI. Asien

15. Felsgravierung in Pegtymel, Ostsibirien, die eine weibliche Gestalt mit einem Pilz auf dem Kopf zeigt. Man nimmt an, daß es sich um einen Fliegenpilz handelt, der in Asien als Halluzinogen verwendet wurde. Dieses Werk stammt von einem Volk mit gemischtem Wirtschaftssystem (aus: N. N. Dikov, BCSP 17, 1979).

Diese Region besitzt zahlreiche über das gesamte Gebiet verteilte Fundorte mit Felskunst. Die wichtigsten bekannten Ansammlungen prähistorischer Kunst, größtenteils handelt es sich um Felskunst, befinden sich in drei großen Ländern: in Indien, im ehemals sowjetischen Teil Asiens und in China. Weitere Orte der Felskunst, die bislang noch nicht genügend erforscht sind, um eine Synthese aufzustellen, liegen im asiatischen Südosten. Für Japan sind die Kenntnisse noch auf einige nicht besonders signifikante Felsen und Felsüberhänge mit vermutlich jüngerer Kunst beschränkt. In Malaysia und auf der Halbinsel von Malakka sind sporadische Notizen über Felskunst vorhanden. In Afghanistan sind Fundorte bekannt, während aus Pakistan und Bangladesch derzeit nur Informationen zu den von Randgruppen in historischer Zeit geschaffenen Felsbildern vorliegen.
Vom Norden Sibiriens bis zum Atlantik und Pazifik hat die Menschheit ihre Felsbilder und Gravierungen in Tausenden von Höhlen, an Felsüberhängen und freien Felswänden, entlang der Flußtäler, in Gebirgen, in häufig unwegsamen und unzugänglich erscheinenden Gebieten hinterlassen. Man fragt sich, was Menschen dazu veranlaßt hat, überall die Zeichen ihrer visuellen Kreativität aufzudrücken. Es scheint, als handle es sich hier um eine Art vierter Dimension des Entdeckergeistes, der nicht nur die ihn umgebende Welt entdecken, sondern auch die existentielle Beziehung des Menschen zur Natur und zur Welt begreifen will.
Angesichts kilometerlanger Galerien mit Felsgravierungen und mit Tausenden von Bildern, wie sie in verschiedenen Gebieten der sibirischen Tundra zu finden sind, stellt sich überdies die Frage nach den Künstlern, die diese Werke geschaffen haben. Wahrscheinlich waren es kleine Gruppen, die über Generationen hinweg immer wieder an dieselben Orte zurückkehrten, um hier die gleichen Handlungen zu vollziehen. Außer ihrer Kunst haben sie kaum etwas zurückgelassen, allenfalls ein paar Hüttenböden, Reste von Feuerstellen, einige rudimentäre Werkzeuge. Diese spärlichen Überreste jener Tätigkeiten, die zum wirtschaftlichen und physischen Überleben notwendig waren, stehen im Gegensatz zu ihrer immensen künstlerischen Aktivität. Könnte dies Ausdruck eines generellen Wesenszuges des Menschen sein?
In Asien finden wir die Kunst der Primitiven Jäger vor allem in Sibirien, in allen Tälern der wichtigsten Flüsse, von den Gebirgen Zentralasiens bis zum arktischen Polarkreis. Die ältesten bekannten Komplexe dieser Felskunst liegen im Süden Sibiriens. Es gibt sporadische Funde in Indien, aber bislang nur wenige in anderen Gebieten. Die Kunst der Höheren Jäger ist in ganz Asien verbreitet, überaus dicht im ehemals sowjetischen Zentralasien, in Sibirien und Indien. Die Kunst der Hirten findet sich in Zentralasien, im Süden Sibiriens, in der Mongolei, in China, im Norden Indiens und in Pakistan. Die Felskunst der Völker mit gemischter Ökonomie ist dagegen vor allem in China und im asiatischen Südosten anzutreffen, eine gewisse Anzahl davon auch in Indien und Iran.

ZENTRALINDIEN

16. Schemazeichnung des indischen Forschers V. S. Wakankar. Das Bild stellt die Jagd nach einem Rind mit großen Hörnern dar und wurde von Wakankar der mesolithischen Periode in Bhimbetka (Indien) zugeordnet (aus: M. D. Khare, 1981, Taf. 33).

Wie andere Teile Asiens ist auch der indische Subkontinent überaus reich an Felskunst. Bekannt sind Hunderte von Fundorten, die im wesentlichen auf 37 Gebiete konzentriert sind. Die größte Dichte findet man in den bis heute überwiegend mit Wäldern bedeckten gebirgigen Gebieten des Staates Madhya Pradesh. Bhimbetka, bei Bhopal, umfaßt einige tausend kleiner und großer Höhlen mit Wandmalereien auf einem Gebiet von circa 100 km^2; mit über einer Million Bildern stellt dies weltweit eine der größten Ansammlungen dar. Dieses ungeheure Erbe gestaltet sich in der suggestiven Umgebung tropischer Wälder zu einem natürlichen Museum. Das Gebiet ist noch heute von Affen, Pythons und Tigern bewohnt. In manchen kleineren Höhlen mit prähistorischen Malereien leben heute Eremiten und hinduistische Asketen. Pilger erweisen ihnen die Ehre mit Geschenken, zumeist Nahrungsmitteln. Die Überreste religiöser buddhistischer Kultstätten zeigen, daß die sakrale Funktion dieses Gebietes über die Jahrhunderte fortbesteht, von den Tempeln der prähistorischen Kunst bis zu den Gebeten der heutigen Gurus.

Hier wurde die umfassendste und komplexeste Stratigraphie von Felskunst gefunden, die man bislang aus Asien kennt. Die außergewöhnliche Stilfolge umfaßt etwa zwanzig verschiedene Malereistile, mit zahlreichen Überlagerungen, die eine sukzessive Entstehung erkennen lassen. Die von V. S. Wakankar geleiteten Ausgrabungen in einigen kleineren bemalten Höhlen haben archäologische Schichten mit zahlreichen Funden ans Licht gebracht, darunter auch Gegenstände der Einrichtungskunst. Vorhanden sind hier insbesondere fossile, dekorierte Schalen von

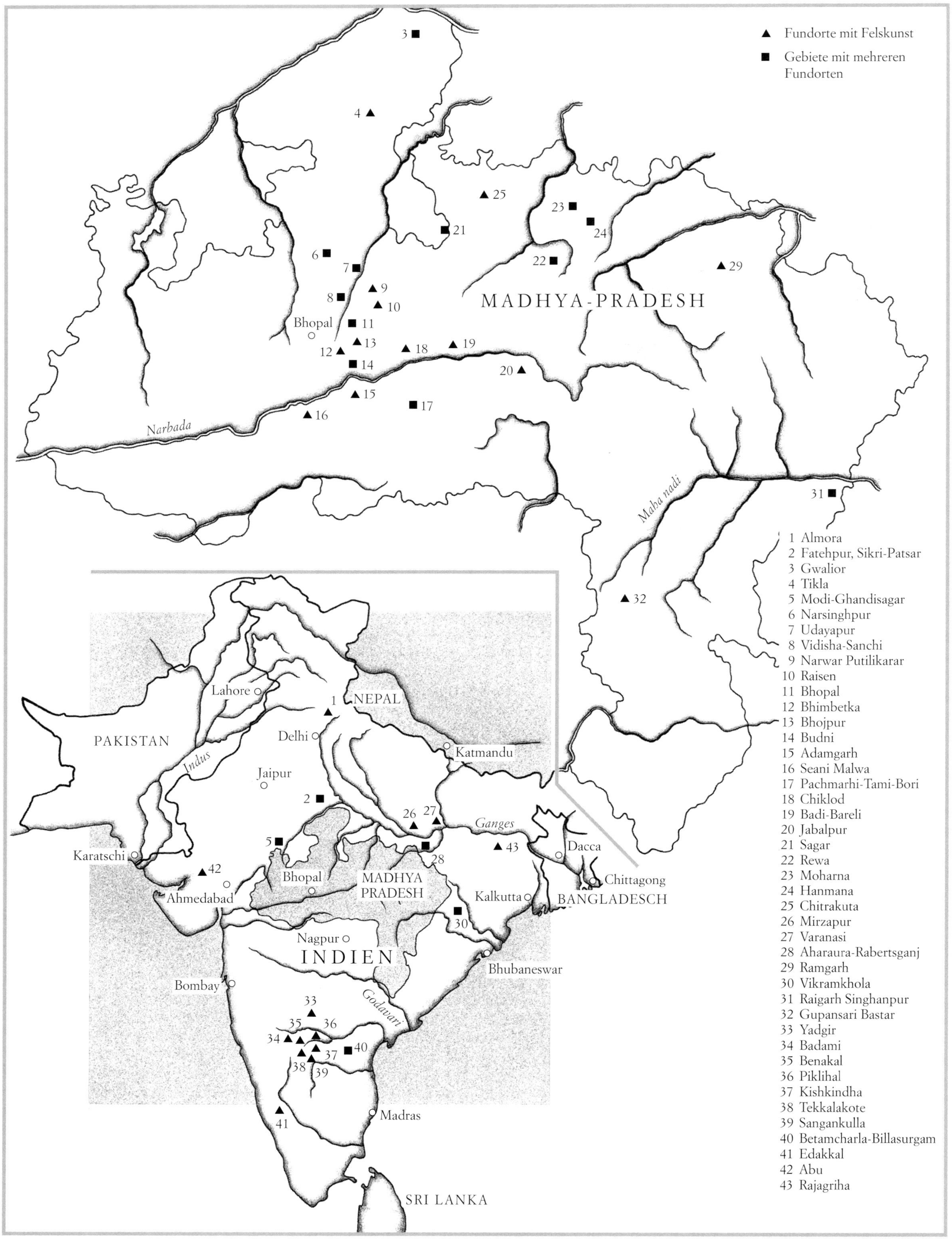
▲ Fundorte mit Felskunst
■ Gebiete mit mehreren Fundorten
MADHYA-PRADESH
Bhopal
Narbada
Maha nadi
PAKISTAN
Indus
Lahore
Delhi
Jaipur
NEPAL
Katmandu
Ganges
Karatschi
Ahmedabad
Bhopal
MADHYA PRADESH
Dacca
Chittagong
Kalkutta
BANGLADESCH
Nagpur
INDIEN
Bombay
Godavari
Bhubaneswar
Madras
SRI LANKA
1 Almora
2 Fatehpur, Sikri-Patsar
3 Gwalior
4 Tikla
5 Modi-Ghandisagar
6 Narsinghpur
7 Udayapur
8 Vidisha-Sanchi
9 Narwar Putilikarar
10 Raisen
11 Bhopal
12 Bhimbetka
13 Bhojpur
14 Budni
15 Adamgarh
16 Seani Malwa
17 Pachmarhi-Tami-Bori
18 Chiklod
19 Badi-Bareli
20 Jabalpur
21 Sagar
22 Rewa
23 Moharna
24 Hanmana
25 Chitrakuta
26 Mirzapur
27 Varanasi
28 Aharaura-Rabertsganj
29 Ramgarh
30 Vikramkhola
31 Raigarh Singhanpur
32 Gupansari Bastar
33 Yadgir
34 Badami
35 Benakal
36 Piklihal
37 Kishkindha
38 Tekkalakote
39 Sangankulla
40 Betamcharla-Billasurgam
41 Edakkal
42 Abu
43 Rajagriha

7. Oben: Shamla Hill bei Bhopal, Indien. Wand mit einer umfassenden Sequenz verschiedener Phasen von Felsbildern, vorwiegend mit Tieren, die von Jägerkulturen, Hirten und Völkern mit gemischtem Wirtschaftssystem geschaffen wurden. In einer jüngeren Periode erkennt man die beabsichtigte Streichung verschiedener Figuren durch die Flotation der Oberfläche hindurch. Zeitlich gesehen umfaßt die Sequenz dieser Wand mindestens 12 000 Jahre, da die ersten Bilder vor dem Mesolithikum und die letzten nach dem Jahr 1000 n. Chr. entstanden sind.

8. Unten: Shamla Hill. Sequenz von Tieren, deren Körper mit Zickzacklinien und Kreuzen geschmückt sind. Diese karikaturistische Technik ist typisch für die Schlußphase der Jägerkulturen. Verschiedene Überlagerungen zeigen, wie lange diese Stilrichtung andauerte. Unter diesen Figuren erkennt man weitere Bilder in homogener Farbe, Ocker oder Rosa. Verschiedene Figuren in schmutzigem Weiß sind dagegen später entstanden.

9, 10, 11. Die natürliche Umgebung von Bhimbetka, Madhya Pradesh, wo in über 500 kleinen Höhlen oder Felsüberhängen Felsbilder erhalten sind. Dieser Ort ist noch heute kultischen Zwecken vorbehalten; auf dem Foto oben sieht man im Vordergrund einen von Menschenhand aufgerichteten Felsen. In der Mitte erkennt man zu Füßen des Laubbaumes einen Felsen mit Aushöhlungen, wo heute noch Milch für die Kobra, Symbol der Fruchtbarkeit, dargebracht wird. Im Hintergrund eine kleine Höhle mit Felsbildern.

12, 13, 14. Bhimbetka. Tausendjährige Traditionen der Bebilderung sind auf dem Foto oben zu sehen. Verschiedene Phasen der Darstellung überlagern sich und verändern sich von Mal zu Mal in Art und Weise, Stil und Motiv. Auf dem Foto oben rechts: Ausschnitt der Darstellung eines Wildschweins, aus dem Mesolithikum. Unten sind in brauner Farbe gemalte Zebus aus mindestens drei Phasen der Hirtenkulturen zu erkennen, die sich mit ockerfarbenen Tierfiguren aus älterer Zeit überlagern, während man oben links eine dunkelbraune Gestalt aus jüngerer Zeit sieht.

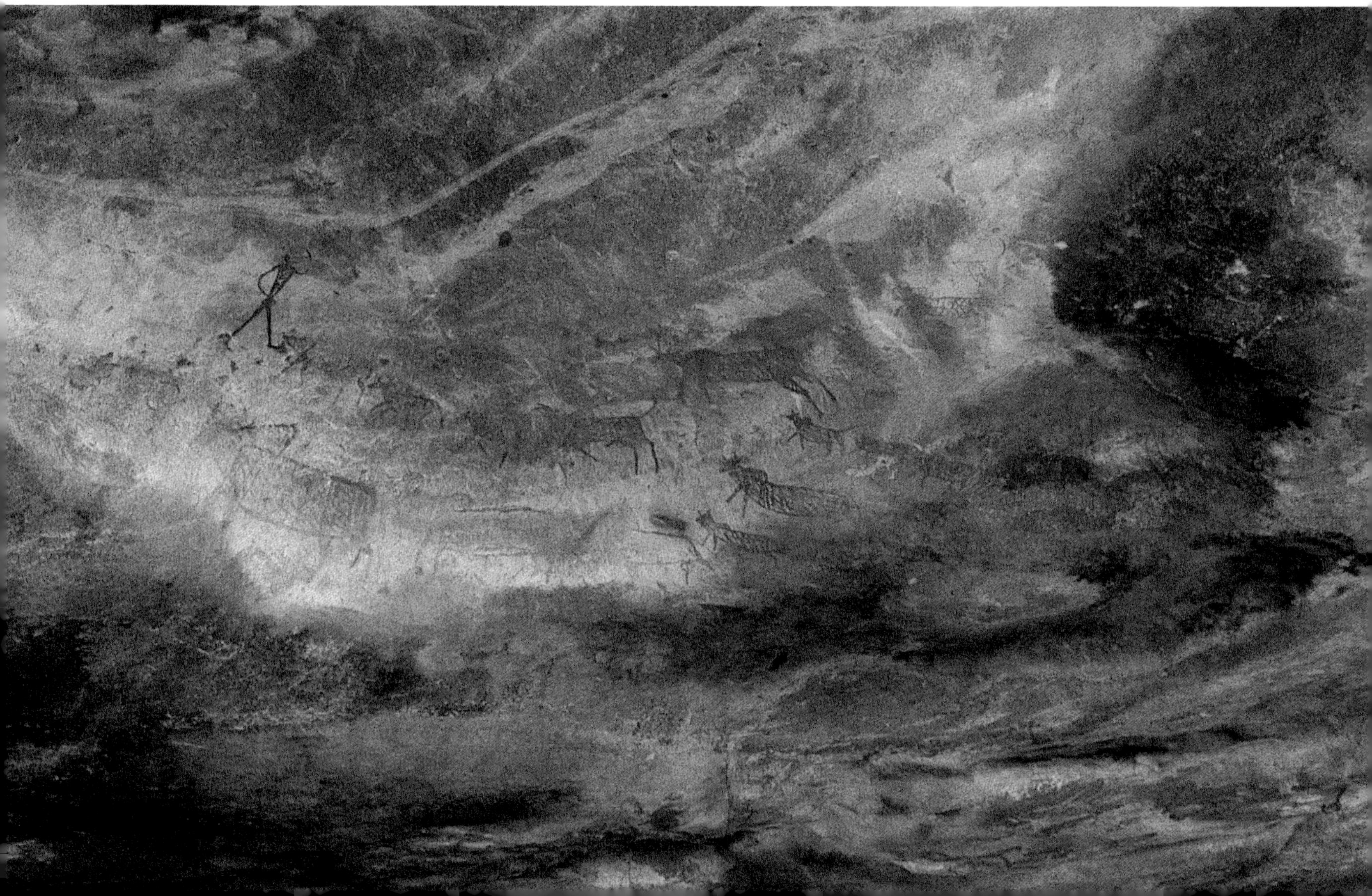

15. Bhimbetka. Großes Wandbild mit zahlreichen Überlagerungen. Am deutlichsten zu erkennen sind Rinder, Ziegen und verschiedene Gestalten der Hirtenkulturen, einige davon aus jüngerer Zeit; darunter, aus früheren Epochen, verblaßte Schatten von Elefanten und anderen großen Tieren.

16. Oben: Bhimbetka. Galoppierende Pferde aus relativ jüngerer Zeit sind mit Handabdrücken übermalt, die vermutlich ebenfalls nicht sehr alt sind.

Straußeneiern mit bildähnlichen Motiven; sie stammen aus Schichten, die von Feuersteinindustrie auf Klingenbasis gekennzeichnet sind und auf das Jungpaläolithikum zurückgehen, das nach der C 14-Methode auf ein Alter von etwa 25 000 Jahren datiert wird.
Die zahlreichen Stile der Felsbilder können in einer Folge von sieben großen Bereichen («Horizonten») zusammengefaßt werden:
I. Primitive Jäger;
II. Jäger und Sammler;
III. Höhere Jäger;
IV. Hirten und Viehzüchter;
V. Gruppen mit gemischter Ökonomie;
VI. Stammeskunst der klassischen und mittelalterlichen Epoche;
VII. Gedenkkunst neueren Datums.

In diesem Wald Zentralindiens existiert ein Archiv aus Zeichen und Bildern, das auf den Wänden unzähliger kleiner Höhlen festgehalten ist und 25 000 Jahre Geschichte bezeugt.

17. Felsbild von Sujanpura (Bhanpura-Chambal, Indien); es zeigt die kreisförmige Anordnung von sieben Bukranien und einer anthropomorphen Gestalt (im unteren Teil der Darstellung) um ein Motiv, das an ein Labyrinth erinnert. Wahrscheinlich haben die sieben Bukranien eine metaphorische Bedeutung. Das Bild ist vermutlich in der Bronzezeit entstanden.

I. *PRIMITIVE JÄGER:* Große Tierfiguren und kleine Menschendarstellungen werden von Ideogrammen und Zickzackzeichnungen begleitet. Vermutlich ist dies die älteste Schicht: monochrome Malereien, in Braun, Rot und Violett. Fragmente bemalter Oberflächen wurden in archäologischen Schichten des Jungpaläolithikums gefunden. Überlagerungen gibt es mit Figuren der zweiten Schicht.

II. *JÄGER UND SAMMLER:* Geometrische, schematische Motive, kleine Menschen- und Tierdarstellungen. Ein Charakteristikum ist die Verwendung der Farbe Grün; häufig an Felsüberhängen mit mikrolithischer Industrie zu finden.

III. *HÖHERE JÄGER:* Verschiedene realistische Stile mit wirklichen Szenen anekdotischen Charakters. Verwendung von Pfeil und Bogen. Dargestellt sind die Jagd und das Aufstellen von Tierfallen, auch für Rinder, wahrscheinlich zu ersten Domestizierungsversuchen. Wakankar (1983) zufolge steht dieser Stil im Zusammenhang mit archäologischen Schichten der Kupferzeit.

IV. *HIRTEN UND VIEHZÜCHTER:* Drei verschiedene, mehr oder weniger gleichzeitige Stile stellen große Herden domestizierter Rinder dar; möglicherweise erstreckt sich dieser Darstellungtypus über eine lange Periode. Dieser Stilbereich weist auf eine neue Bevölkerung mit neuen Gebräuchen hin: Mindestens drei Gruppen von Bevölkerungen, die sich der Viehzucht widmen, gelangen mit großen Herden domestizierter Rinder in das Gebiet. Wahrscheinlich spiegeln solche Malereien die ethnischen Wanderungsbewegungen der Stämme wider, die im Zusammenhang mit den ersten indoiranischen Einfällen im 2. Jahrtausend v. Chr. stehen.

V. *GRUPPEN MIT GEMISCHTER ÖKONOMIE:* Verschiedene Stile hinduistischer und buddhistischer Inspiration, die auf das 1. Jahrtausend v. Chr. zurückgehen. Dargestellt sind Gottheiten, Jagdszenen, Krieg, Viehzucht und soziale Ereignisse. Ein Zusammenhang besteht mit Funden aus der Eisenzeit.

VI. *STAMMESKUNST DER KLASSISCHEN UND MITTELALTERLICHEN EPOCHE:* Zahlreiche Stile der Stammeskunst mit Kriegsszenen, Viehzucht, Jagd, Sammlung von Schädeln, animistischen Riten, wahrscheinlich im Zusammenhang mit nicht-hinduistischen Minderheiten in der klassischen Zeit, im Mittelalter und auch in späteren Perioden.

Vorhergehende Seite:
17. Oben: Bhimbetka. Anekdotische kleine Szene vom Ergreifen eines Gefangenen. Relativ frühe Darstellung, deren Datierung jedoch nicht gesichert ist.
18. Unten: Kleine Höhle von Bhimbetka mit bebilderten Wänden.

VII. *GEDENKKUNST NEUEREN DATUMS:* Die Sequenz schließt mit Figuren ab, die erst in den letzten Jahrhunderten entstanden sind. Sie haben häufig erinnernden Charakter, zeigen Prozessionen, Persönlichkeiten von Rang auf festlich aufgezäumten Elefanten, Kampfszenen, Tänze und räumliche Strukturen, wahrscheinlich Hütten. Diese Stile sind manchmal von Inschriften begleitet.

Ein kurzer Besuch in diesem Archiv relativiert unsere Kenntnisse über die Geschichte der Region. Dies geschieht häufig durch die Felskunst. Eine ideographische Schrift, die Kunst darstellt, oder eine Kunst, die Schrift ist, bringt wie in einem Traum unsere Erinnerung dazu, in andere Zeiten einzutauchen.

18, 19. Darstellungen «trächtiger» Rinder, aus einer höheren Phase von Hirtenstämmen. Man beachte beim unteren Bild, daß das Rind mit einem Elefanten «trächtig» ist. Eine solche Darstellung, die mit einem Fruchtbarkeitskult in Zusammenhang stehen könnte, bezieht sich wahrscheinlich auch auf volkstümliche Mythen und Traditionen. Felsüberhang von Hati Thol (Raisen, Indien).

20. Folgende Seite: Felsüberhang mit Malereien im geheimnisvollen Wald von Bhimbetka.

21. Kleine Höhle mit einer Szene in roter Farbe aus dem indischen Mittelalter, die über eine Darstellung der Hirtenzeit, in Weiß oder heller Farbe, gemalt ist. Man sieht Gestalten zu Pferd; unter den stehenden Gestalten könnte sich ein Kampf abspielen (Bhimbetka, Indien).

22. Adam Garh (Hoshangabad, Indien). Kriegerischer Tanz maskierter Gestalten, die laut Wakankar der Eisenzeit zuzuordnen sind.

23. Folgende Seite: Malerei, vermutlich aus chalkolithischer Zeit, mit einer familiären Szene. Zwei Frauen mit einem Kind im Innern einer Hütte, zusammen mit Gegenständen des täglichen Gebrauchs, von denen einige an der Decke aufgehängt sind (aus dem Gebiet von Lakhajuar, Raisen, Indien).

ZENTRALASIEN UND SIBIRIEN

In den Gebieten und Republiken Zentralasiens und Sibiriens gibt es Zonen der Felskunst von außerordentlicher Bedeutung: In den Tälern der Flüsse Lena, Yenisei und Angara, um den Baikalsee, entlang dem Oberlauf des Flusses Ob, in den Tälern des Amur und des Ussuri an den südöstlichen Grenzen zu China, in Ciukatka, in Kasachstan, Usbekistan, Tadschikistan und der Bergkette des Ural.

In Malta und weiteren Orten am Baikalsee kamen durch archäologische Grabungen auch Funde von Einrichtungskunst im Zusammenhang mit einer Kultur ans Licht, die im Aurignacien entstand und nach der C 14-Methode vor etwa 34 800 Jahren begonnen hat; ihre Tradition setzte sich über 10 Jahrtausende fort. Gefunden wurden anthropomorphe und zoomorphe Statuen sowie Gegenstände aus Stein und Knochen mit eingravierten Tieren und Ideogrammen. Am häufigsten dargestellt ist das Mammut. Bei den Statuen stellt die Mehrzahl fettleibige Frauenkörper dar, daneben finden sich Vögel, Mammuts und Fische. Die Assoziation mittels Ideogrammen ähnelt derjenigen in der Felskunst, während die veristische Darstellung anthropomorpher Statuen stilistische Merkmale von Medaillons (Abramova, 1990) aufweist. In der Kapova-Höhle und in zwei weiteren Höhlen im äußersten Süden des Ural finden sich die einzigen bekannten Malereien des asiatischen Gebiets, die einen typisch frankokantabrischen Stil zeigen; aus der Nähe betrachtet erinnern sie in Machart, Formen und Verwendung der Farben sehr an die Malereien der tiefen Höhlen in Westeuropa. Sie sind sicher dem Pleistozän zuzuordnen, also der Zeit vor über 12 000 Jahren, jedoch gibt es derzeit keine genaueren Daten (Formozov, 1969; Bader, 1971).

In Zentralasien und Sibirien wurden viele Untersuchungen durchgeführt. Vor allem haben die Forschungen und Publikationen von Alexei Okladnikov im Lauf von über vierzig Jahren Dutzende von Gebieten und Tausende von Orten der Felskunst, insbesondere mit Felsgravierungen, bekannt gemacht (Okladnikov, 1974). Dennoch fehlen bislang ein zentraler Ort und eine organische Stratigraphie zum Entschlüsseln der Perioden. Aus den bisher bekannten Daten läßt sich nur ein vorläufiges Schema mit sechs großen Stilbereichen aufstellen:

I. Primitive Jäger;
II. Höhere Jäger;
III. Hirten und Viehzüchter;
IV. Erste Gruppen mit gemischter Ökonomie;
V. Skythen;
VI. Stammeskunst neuerer Zeit.

I. *PRIMITIVE JÄGER:* Bedeutende Ansammlungen mit einer überaus langen Aufeinanderfolge verschiedener Stile finden sich in den Tälern der wichtigsten sibirischen Flüsse. Zu vermuten ist eine Entstehungszeit von vielen tausend Jahren. In den spätesten Phasen dieses Bereichs sind drei stilistisch verschiedene Gebiete zu

24. Felsgravierung aus Saimali Tash. Darstellung einer Tanzzeremonie, die mit dem Sonnenkult in Zusammenhang steht (aus: Ja. A. Sher, 1980, S. 107).

25. Stilisierte Rinder aus protoneolithischer Zeit in Carmish (aus: Ja. A. Sher, 1980, S. 86).

erkennen, die einige Besonderheiten in der Ausführung zeigen, wenngleich sie Themen und Assoziationen konstant beibehalten. In den Hauptlinien sind dies: a) die Täler der großen sibirischen Flüsse, vor allem die Gebiete um die mittleren Läufe; b) der Baikalsee und die Täler der angrenzenden Flüsse; c) das ehemals sowjetische Zentralasien, die Ufer des Kaspischen Meeres und die Bergkette des Kaukasus.

Von den Primitiven Jägern stammen sowohl Malereien als auch Gravierungen und Skulpturen. Diese finden sich in Höhlen, an Felsüberhängen und auf freien Felswänden. Ihr Motiv sind große Tierfiguren in «erstarrter Bewegung», mit Ideogrammen daneben; bei Felsgravierungen ist der Elch das vorherrschende Tier. Okladnikovs Intuition war wahrscheinlich richtig, als er schätzte, daß der größte Teil dieser Ikonographie am Ende des Pleistozäns und zu Beginn des Holozäns entstand, also vor 12 000 bis 10 000 Jahren, als das Mammut bereits ausgestorben war.

II. *HÖHERE JÄGER:* Sie haben eine sehr weite Verbreitung und große Konzentrationen an Tausenden von Orten. Man bemerkt eine graduelle stilistische Differenzierung zwischen dem südlichen Gebiet und Nord- und Mittelsibirien; letzteres zeigt konservativere Merkmale. Häufig wiederkehrendes Motiv ist hier die Jagd. Szenen sind selten, während Assoziationstypen noch fortbestehen, die normalerweise die Primitiven Jäger charakterisieren. Der Stil ist häufig primitiver Tradition, dennoch aber verweisen die Bebilderungen auch schon auf den Gebrauch des Bogens, der ein Leitfossil für die Bereiche der Höheren Jäger darstellt.

Das südliche Gebiet, vor allem Zentralasien, zeigt eine bemerkenswert kreative Fülle mit der Entstehung und Entwicklung verschiedener Stile. Hier sind realistische Szenen und Bewegungsabläufe vorhanden, die außer der Jagd auch soziale und zeremonielle Ereignisse beschreiben. In diesem Zusammenhang entwickeln sich besondere ikonographische Vorstellungen, die auf der Beziehung Mensch – Sonne beruhen, mit Figuren von Sonnengestalten und dem Sonnensymbol des Hirschgeweihs. Der Fundort Tamgali in Kasachstan ist besonders reich an Werken der Bildkunst von großer evozierender Kraft. Ähnliche Felsbilder finden sich, in weniger überragender Ausführung, in verschiedenen Teilen Sibiriens und Chinas, ebenso auf dem nordamerikanischen Kontinent.

III. *HIRTEN UND VIEHZÜCHTER:* Besondere Konzentrationen dieser Gruppe zeigen sich im Süden Sibiriens und in der Mongolei. Einige der Darstellungen

26. Schematische Tierfigur und Ideogramm aus dem Flußtal der Lena. Felsgravierung, vermutlich von Primitiven Jägern (aus: A. P. Okladnikov, 1959, Tafel 38).

27. Beabsichtigte Überlagerung von zwei Tieren. Gravierung beim Fluß Lena (aus: A. P. Okladnikov, 1959, Tafel 20).

28. Felsgravierungen von Sakaci Alian, im Tal des unteren Amur. Tierfiguren aus aufeinanderfolgenden Phasen der Primitiven Jäger (aus: A. P. Okladnikov, 1971, S. 148).

Barentsee
LITAUEN
LETTLAND
ESTLAND
Kem
Ladogasee
St. Petersburg
Minsk
Pripjet
Onegasee
Archangelsk
WEISSRUSSLAND
Wolga
Nördl. Dwina
Petschora
Moskau
Kiew
UKRAINE
Odessa
Dnjepr
R
Donezk
KRIM
Kasan
Perm
Kama
Serow
U
Schwarzes Meer
Krasnodar
Don
Wolga
Belaja
Tawda
Ob
Wolgograd
Ufa
Ufa
Jekaterinburg
(Swerdlowsk)
Tawda
Irtysch
S
Tschernyland
Salavat
Tjumen
Ob
S
Batumi
Wolga
Astrachan
Tscheljabinsk
GEORGIEN
Tiflis
Ural
Tobol
STEPPE VON KIRGISIEN
Machatschkala
Jerewan
Ischim
Omsk
Jenissei
ASERBAIDSCHAN
ARMENIEN
KASACHSTAN
Nowosibirsk
Atschinsk
Krasnojarsk
Baku
Kaspisches Meer
ARALWÜSTE
Aralsee
Barnaul
Bisk
TURKMENISTAN
Urgentsch
Bija
WE
Koppet-Dagh-
Gebirge
USBEKISTAN
Irtysch
ALTAI
Aschchabad
Amu-Darja
Balchaschsee
Syr-Darja
Ili
USBEKISTAN
Samarkand
Dus

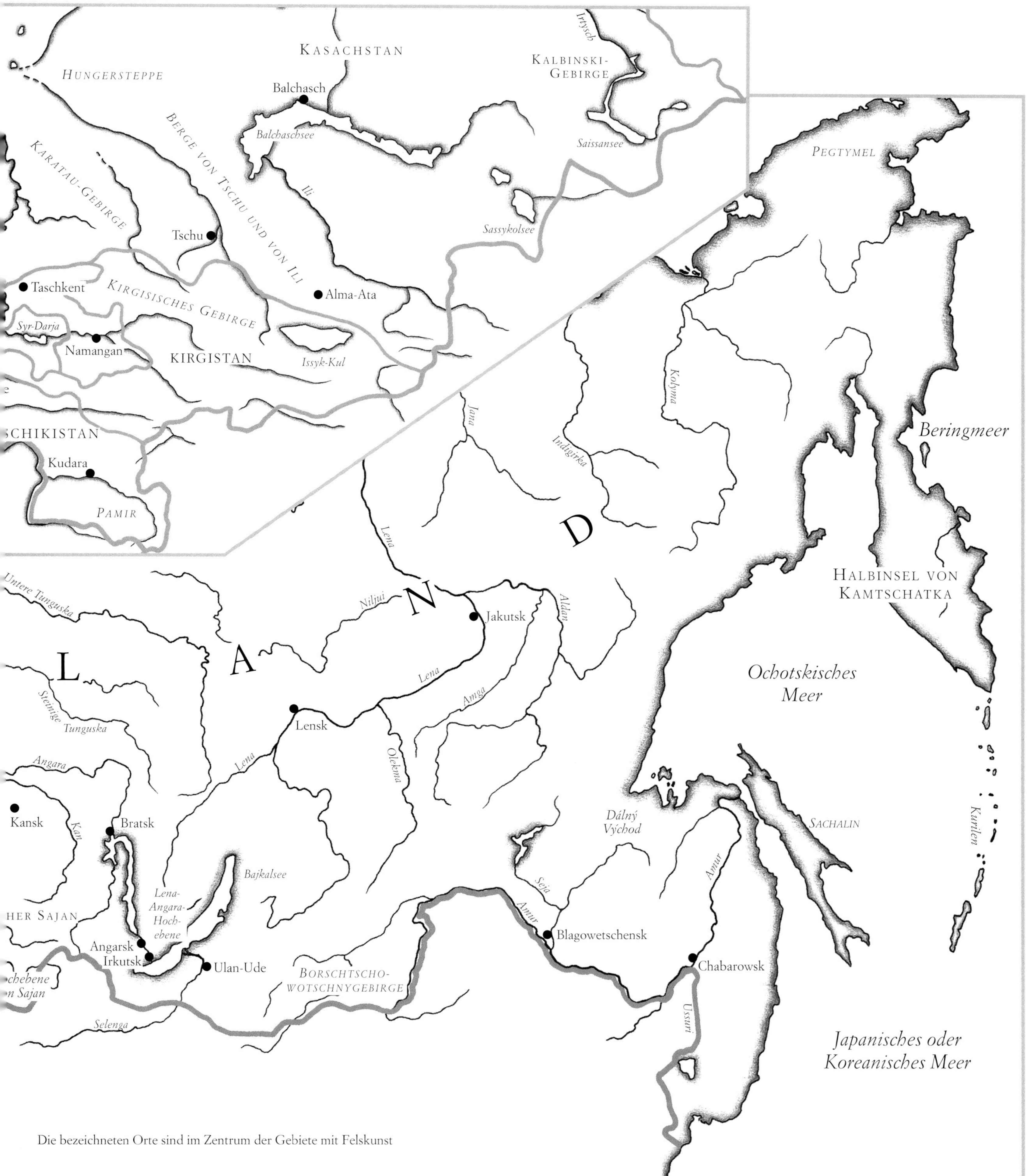

Die bezeichneten Orte sind im Zentrum der Gebiete mit Felskunst

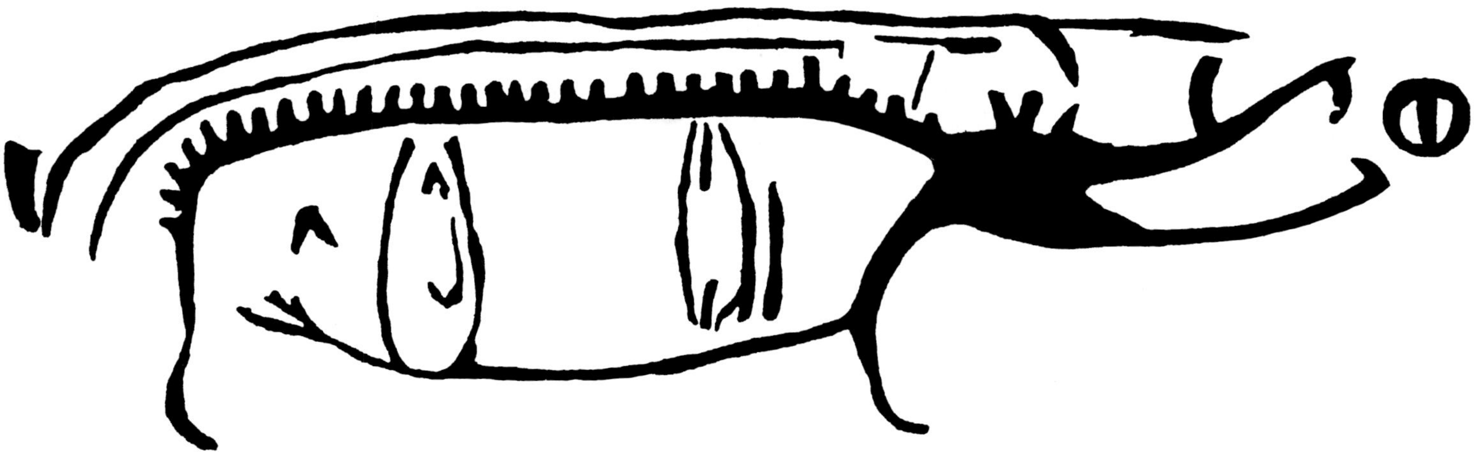

29. Große Tierfigur mit Ideogrammen. Schlußphase der Primitiven Jäger. Flußtal des Lena (aus: A. P. Okladnikov, 1959, Tafel 26).

könnten aus späterer Zeit stammen und bereits in historische Epochen fallen. Für gewöhnlich vorherrschend ist ein wenig bildhafter Stil mit Darstellungen von Haustieren, gelegentlich auch Herden, die von Hirten begleitet sind. Die dargestellte Lebensweise nomadisierender und halbnomadisierender Hirten hat ihren Ursprung wahrscheinlich im Vorderen Orient und entwickelte sich in weiten Gebieten der Steppe, der Tundra und der Halbwüste Kasachstans, im Sinkiang und in der Mongolei, wo sie heute noch existiert.

IV. *ERSTE GRUPPEN MIT GEMISCHTER ÖKONOMIE:*
Es gibt zwei große Zentren für solche Gruppen, mit deutlich verschiedenen Stilen. Das eine befindet sich im Gebiet der Flußtäler von Amur und Ussuri, im äußersten Osten Rußlands an der Grenze zu China; charakteristisch hierfür sind Masken und Menschendarstellungen. Analogien zu Dekorationen auf Keramik und der archäologische Kontext lassen uns diesen Stil der Periode von 5000 bis 2000 v. Chr. zuordnen. Das zweite Zentrum ist Kasachstan, mit möglichen Ausläufern in verschiedene Provinzen Zentralasiens und in die südlichen Republiken. Hier fällt vor allem die Häufigkeit phantastischer Wesen mit menschlichem Körper und sonnenumstrahltem Kopf auf. Diese stellen eine direkte Weiterentwicklung der vorange-

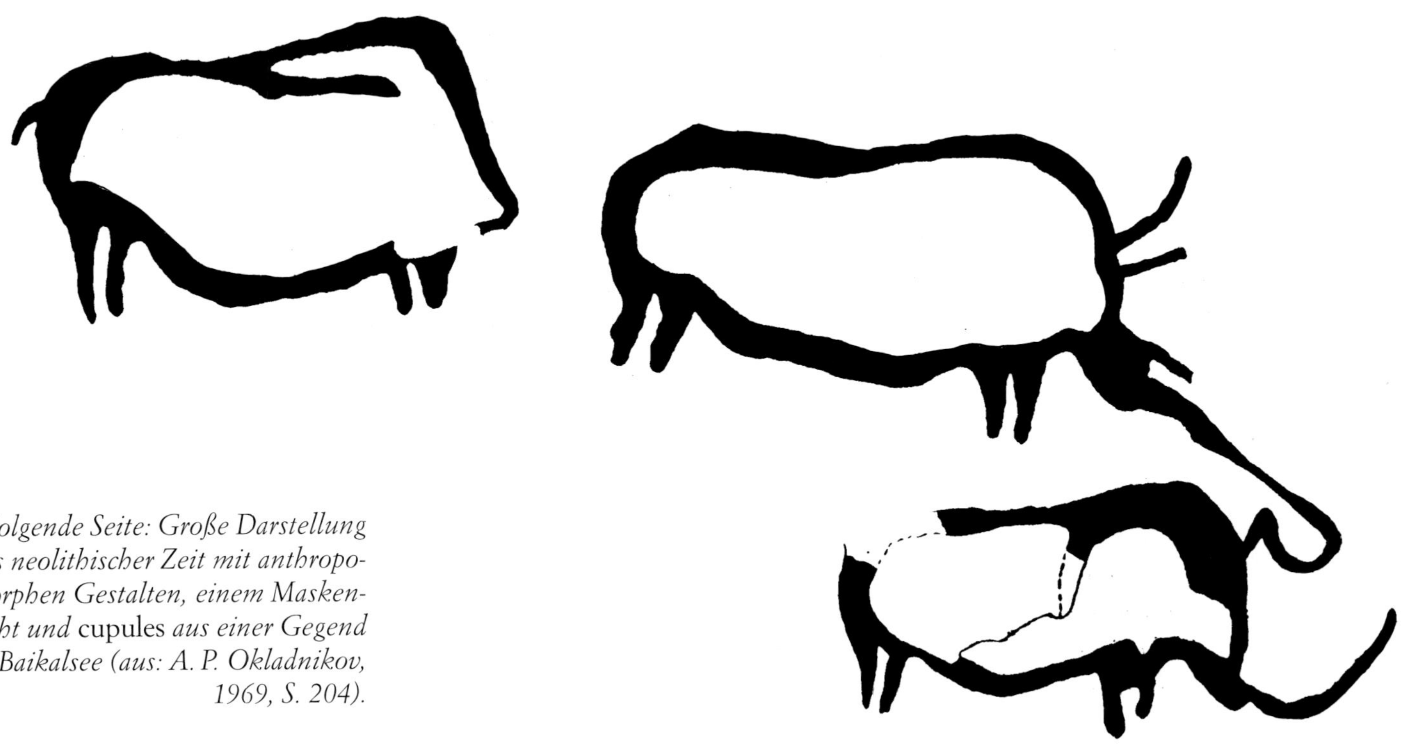

30. In der Schlußphase der Primitiven Jäger erscheinen große schematisierte Tierfiguren, und zwar weniger realistisch als in früheren Phasen. Auf diesen Petroglyphen, von Fundorten in der Mongolei, sieht man drei Tiere, die Okladnikov als Bison, Elefant und Rhinozeros deutet, also Tiere, die in dieser Region gegen Ende des Pleistozäns ausgestorben sind (aus: A. P. Okladnikov, 1981, S. 191).

31. Folgende Seite: Große Darstellung aus neolithischer Zeit mit anthropomorphen Gestalten, einem Maskengesicht und cupules *aus einer Gegend am Baikalsee (aus: A. P. Okladnikov, 1969, S. 204).*

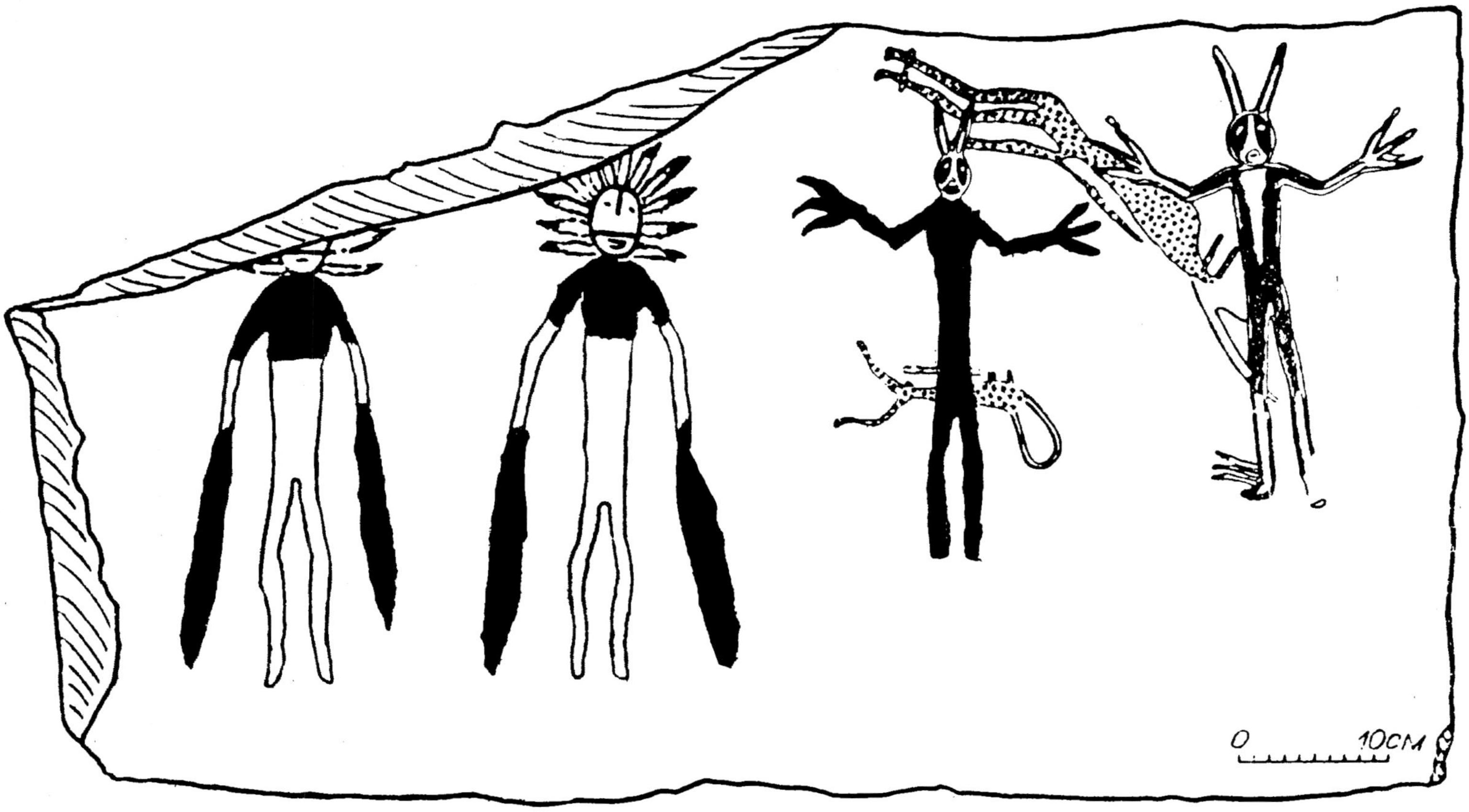

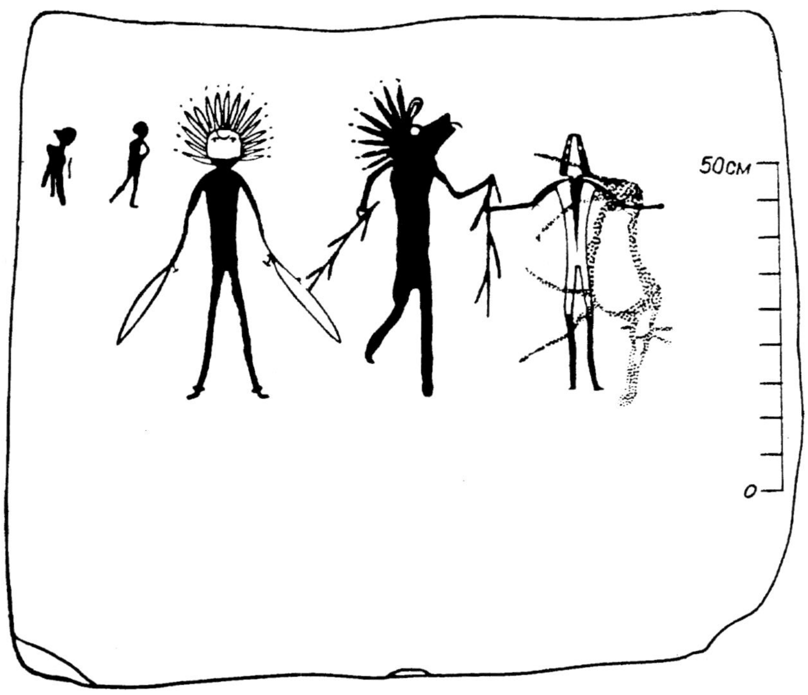

32, 33, 34, 35. Bilder auf modellierten Steintafeln vom «Mann der Gräber» aus chalkolithischer Zeit, im Tal von Karakol, Sibirien. Auf einigen dieser Tafeln erscheinen zuvor punktierte Figuren (mit Pünktchen bezeichnet). Die Bilder, zum Teil mit monströsen anthropo-zoomorphen Wesen, beziehen sich auf Erzählungen aus der Mythologie. Vielleicht sollen Mythen der Vorfahren damit evoziert werden. Bemerkenswert ist die mittlere Tafel. Der «Geist» in der Mitte der Szene scheint der Gestalt zu seiner Rechten ein «Arbôlet» (Symbol der männlichen Energie) zu übergeben, während er sich in deren Richtung bewegt und zugleich den Kopf zu dem mit Federn geschmückten anthropomorphen Wesen zu seiner Linken wendet. Der punktierte Elch auf der rechten Bildseite gehört in eine frühere Phase. Auf der Seite daneben ist ein Ausschnitt der mittleren Tafel zu sehen (aus: B. D. Kubarev, 1988, S. 29, 59, 76, 62).

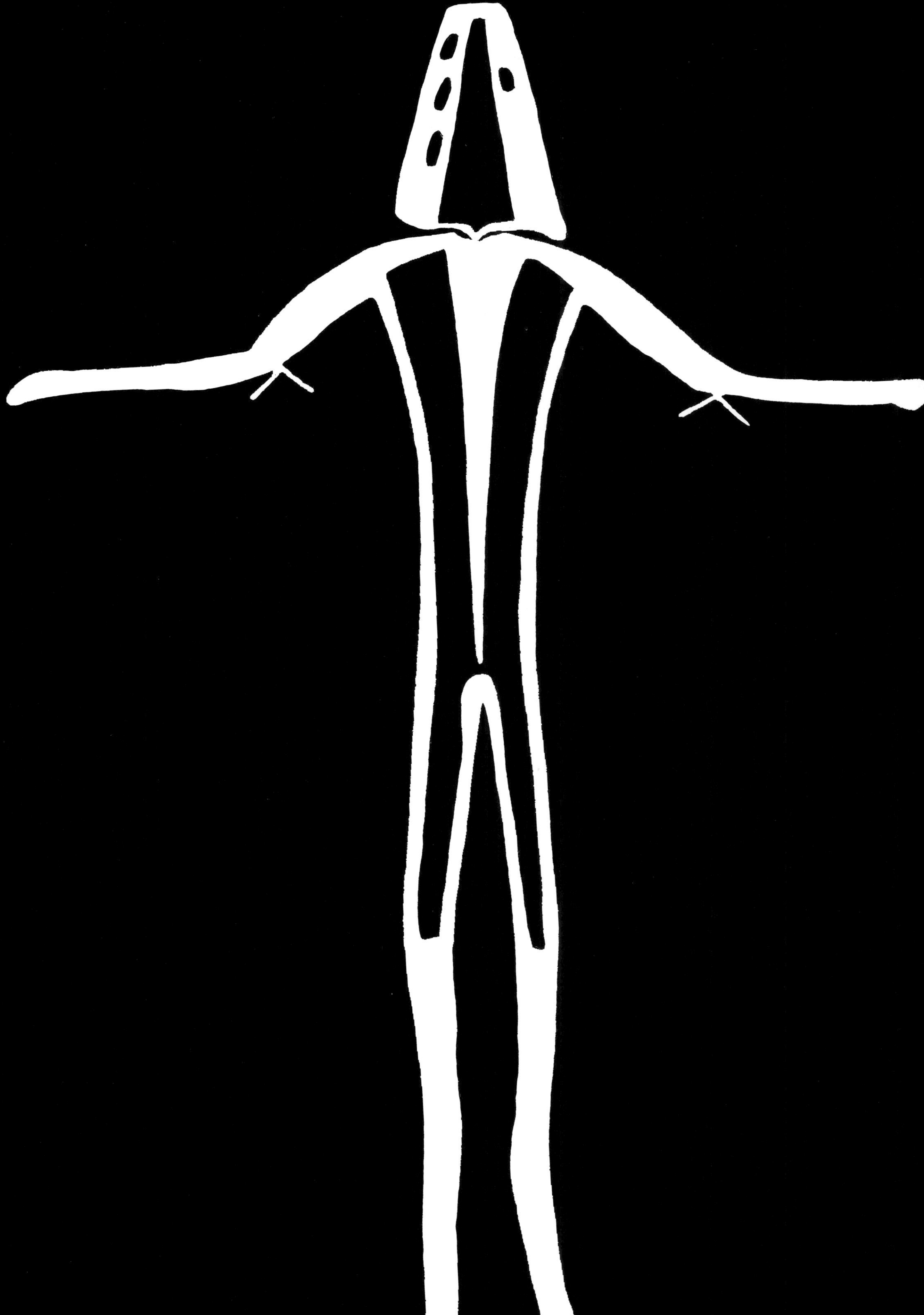

11
13
12
10
9
14
19
20
17(?)
18
15
16

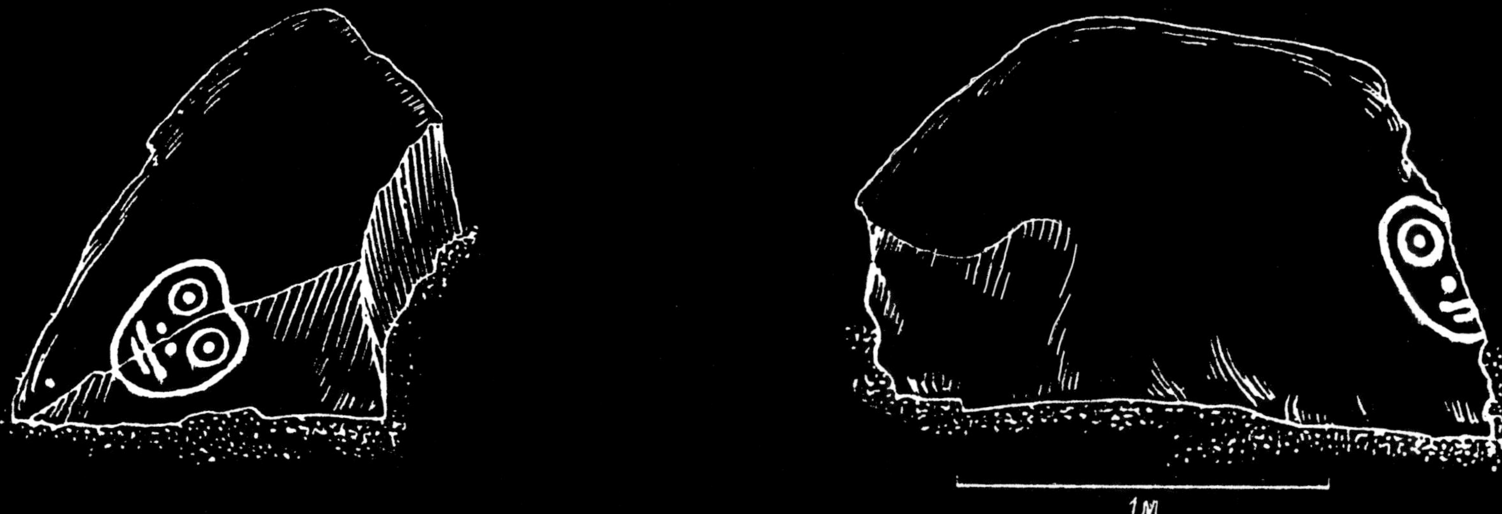
1M

7
6
5
4
3
2
1

37. Charakteristische Felsgravierungen der Schiiten, aus den letzten beiden Jahrtausenden vor Christus (Langassh, Uchastok) (aus: A. P. Okladnikov, 1979, S. 113).

36. Vorhergehende Seite: Große Wandfläche mit maskenartigen Figuren. Oben: Details einiger Masken aus dem Tal des Flusses Amur. Okladnikov, auf den die Schemazeichnung zurückgeht, datiert diese Figuren ins Neolithikum und, da analoge Figuren auf Keramikgefäßen auftauchen, in das 4. bis 3. Jahrtausend v. Chr. Weitere charakteristische Figuren, die diese Bilder begleiten, stellen Schiffsfahrten, Vierfüßler und Vögel dar. Das Relief oben rechts ist eine maskenartige Darstellung, die in einem isolierten Steinblock aufgefunden wurde (aus: A. P. Okladnikov, 1971, Taf. 18).

gangenen Phasen der Höheren Jäger dar, wobei zugleich Neuerungen eingeführt werden, zu denen das Hausrind und wahrscheinlich auch die Bearbeitung von Metall gehören. Dargestellt sind Dolche und Äxte, möglicherweise aus Metall. Man kann davon ausgehen, daß dieser Komplex über einen langen Zeitraum fortbestand und seine volle Entwicklung im Zusammenhang mit der Produktion von Nahrungsmitteln und der Entfaltung des Handels erlebte.

V. *SKYTHEN:* Besonderer Stil, charakterisiert durch raffinierte Figuren von Hirschen mit Geweihen, die sich in Mäander und Spiralen verwandeln und den Darstellungen vergleichbar sind, mit denen die Skythen ihre Gegenstände aus Gold, Silber und Bronze dekorierten. Die Ausgrabungen lassen uns diesen Stil den letzten beiden Jahrtausenden v. Chr. zuweisen. Er kommt in einem sehr weiten Gebiet Zentralasiens, dem südlichen Sibirien, der Mongolei und dem Norden Chinas vor, mit Ausläufern nach Afghanistan, Iran, Irak und Anatolien. Üblicherweise ordnet man diesen Stil den Skythen zu, obwohl er möglicherweise eine Mentalität widerspiegelt, die auch bei anderen Völkern herrschte. Sein Verbreitungsgebiet ist jedenfalls wesentlich größer als das der Skythen.

VI. *STAMMESKUNST AUS HISTORISCHER ZEIT:* Zu dieser Gruppe gehören zahlreiche Stile mit den lokalen Charakteristika verschiedener kultureller Provin-

38. Tanzszene mit einer dichten Gruppe von Frauen im Tal der Lena (aus: A. P. Okladnikov, 1959, Taf. 9).

zen. Einige davon sind Völkern zuzuordnen, deren Namen uns bekannt sind. So gibt es zum Beispiel in der Mongolei und im südlichen Sibirien häufig einen von mongolischen Stämmen geschaffenen Stil mit in der Schlacht kämpfenden Figuren und Wettkämpfen zu Pferd. Ein weiterer Stil, der zudem die häufige Verwendung des Kamels als Lasttier bezeugt, begegnet uns weitläufig von Turkistan bis zum Altai und kann turkistanischen Stämmen, vielleicht in nicht allzu weit zurückliegenden Epochen, zugeordnet werden. Eine besondere Darstellungsform, die vor allem in der Mongolei geläufig ist, zeigt deutliche Bezüge zu buddhistischen Praktiken und Glaubensgewohnheiten. Verschiedene Stile, die vor allem auf kaukasischem Gebiet und entlang der Ufer des Kaspischen Meeres entdeckt wurden, gehen auf Völker derselben Gebiete zurück, von denen wir durch archäologische Ausgrabungen und weitere kulturelle Funde wissen.

Jeder der beschriebenen Bereiche spiegelt eine eigene Lebensweise und geistige Ausrichtung wider. Auch wenn der dargestellten Folge in groben Zügen eine Chronologie zu entsprechen scheint, kann man davon ausgehen, daß die verschieden Gruppen auf dem immensen Gebiet, auf dem sie ihre ikonographischen Botschaften zurückließen, nebeneinander existierten. Daraus entsteht eine Art Mosaik verschiedener Völker, von denen jedes seine eigene Entwicklung und Identität erlebte. In Asien, wie auch in weiten Teilen anderer Kontinente, gibt es jedoch noch viel zu entdecken. Möglicherweise kennen wir erst einen kleinen Teil dessen, was sich an Tausenden von Orten bebildert auf Zehntausenden von Felsoberflächen befindet.

39. Teilweise modellierte Steintafel mit maskenartigen Figuren und Schiffen, in Kalianovka, Tal des Flusses Amur (aus: A. P. Okladnikov, 1971, S. 273).

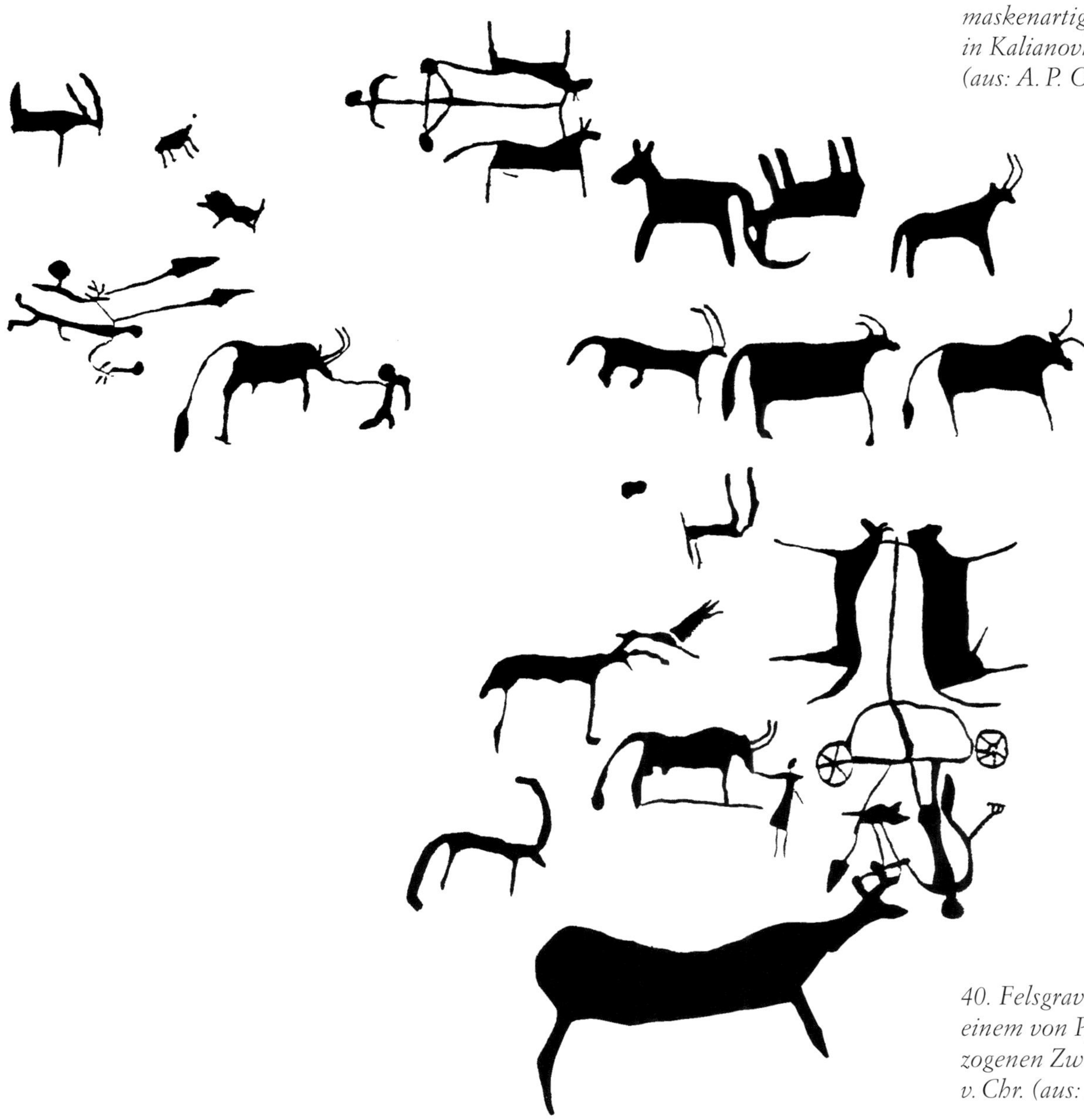

40. Felsgravierungen von Eldigash mit einem von Pferden und Hausrindern gezogenen Zweigespann. 1. Jahrtausend v. Chr. (aus: A. P. Okladnikov, 1979, S. 83).

China

41. Jäger mit offensichtlicher Identifizierung seines Geschlechts mit der Waffe, dem Pfeil. Gravierung in den Bergen von Yinshan, Innere Mongolei (aus: C. Zhao Fu, 1988, S. 44).

42. Oben rechts: Eine ikonographische Sequenz aus den Bergen von Yinshan, Innere Mongolei. Es könnte sich um eine schriftliche Botschaft handeln. Dem dargestellten Gegenstand, einer Maske, folgen Ideogramme (aus: C. Zhao Fu, 1988, S. 46).

43. Alltagsleben eines Fischers. Felsbild von Gongxian, Sichuan, China. Die drei X-förmigen Zeichen, die auf den Körper des Fisches gemalt sind, könnten eine Bedeutung haben, wie sie heute noch geläufig ist: «Riesengroß!» Die Feder auf dem Kopf des Mannes zeigt seinen hohen Status oder seinen Ruf (als Fischer?) an (aus: C. Zhao Fu, 1988, S. 212).

Die chinesische Felskunst war der westlichen Welt so gut wie unbekannt, bis 1986 die ersten Werke von Chen Zhao Fu in europäischen Sprachen veröffentlicht wurden. Dieser Autor stellt uns etwa dreißig Gebiete vor allem im Zentrum und im Nordwesten vor. Heute ist die Untersuchung der Felskunst Chinas voll im Gang und beschäftigt zahlreiche Wissenschaftler. In den letzten zehn Jahren hat China auch in dieser Hinsicht gigantische Schritte vollzogen. Ein internationaler Kongreß und verschiedene kleinere Symposien über die chinesische Felskunst wurden abgehalten; daneben wurden etwa zwanzig Bücher und ein paar hundert Artikel publiziert.

Keiner der bekannten Fundorte ist mit Sicherheit den Primitiven Jägern zuzuordnen. Vorhanden sind einige Darstellungen der Höheren Jäger, und wenige können Völkern zugeschrieben werden, die auf Viehzucht spezialisiert waren. Der größte Teil der bislang bekannten chinesischen Felskunst stammt von Völkern mit gemischter Ökonomie. Diese zeigen eine bemerkenswerte Vielfalt der Stile, sowohl in der Malerei als auch bei den Gravierungen, die zumeist Stammesgruppen von Bauern und Viehzüchtern der letzten fünf oder sechs Jahrtausende zuzuordnen sind.

Die chinesische Volksrepublik, das am dichtesten besiedelte Land der Erde, erstreckt sich über Gebiete, die aufgrund ihrer geographischen Lage Schlüsselzonen der Entwicklung des Menschen darstellen. In China finden sich die ältesten menschlichen Spuren, die auf dem asiatischen Kontinent bekannt sind. In der Höhle von Chou Kou Tien bei Peking haben die anthropischen Schichten außer den Skelettresten und einer Anzahl lithischer Instrumente auch die Überreste einer der ältesten Feuerstellen der Welt zum Vorschein gebracht. Jemand hatte in dieser Höhle vor über einer halben Million Jahren ein Feuer entfacht. Für diese Zeit spricht man noch nicht von Kunst. Soweit wir wissen, ist künstlerische Kreativität als Merkmal dem *Homo sapiens sapiens* vorbehalten, der sich in den letzten 50 000 Jahren auf der ganzen Welt verbreitete.

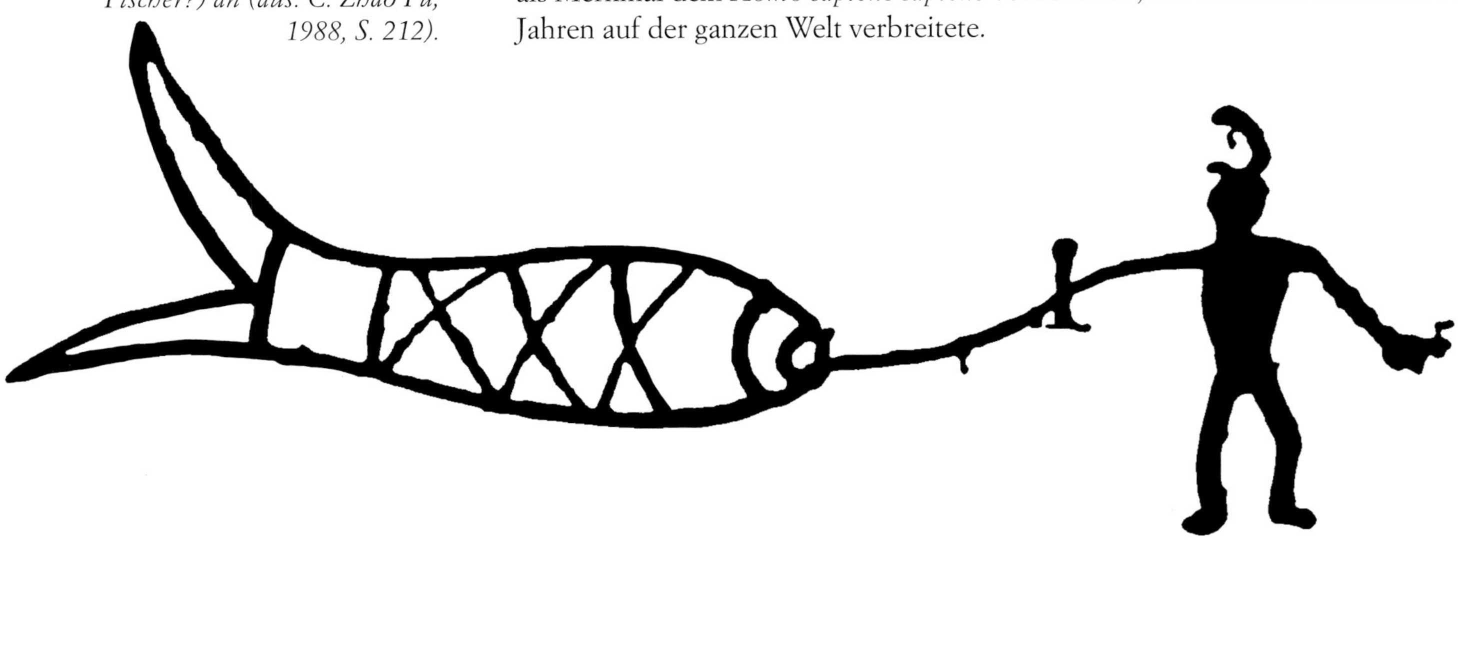

44. *Wulate, Yinshan, Innere Mongolei. Komposition aus Tigern. Felsritzung aus der Periode schiitischen Einflusses (aus: E. Anati, 1994c, S. 41).*

Die Küstenprovinzen und vor allem die großen Täler der Flüsse zum Meer, dem Liao He, dem Huang He und dem Jangtsekiang, in die seit Urzeiten Völker einströmten, gehören bis heute zu den am dichtesten bevölkerten Gebieten. Als Wiege der chinesischen Kultur hat dieses Gebiet Kulturen und Völker absorbiert und ausgesandt, in südlicher und nördlicher Richtung, sogar nach Osten zum Pazifischen Ozean hin. Es ist das reichste und fruchtbarste Gebiet Chinas, aber es ist, nach allem, was wir bislang wissen, arm an Felskunst. Es scheint weltweit ein konstanter Grundsatz zu sein, daß die Hauptkonzentrationen der Felskunst in Regionen liegen, die heute Wüsten oder Halbwüsten sind und die man von daher als peripher oder marginal bezeichnen kann; sie sind durch eine niedrige Quote an Ressourcen für das Überleben oder durch eine unterdurchschnittliche Populationsdichte charakterisiert. Damit entsprechen die Merkmale, nach denen die Felsbilder in China verteilt sind, einem häufig wiederkehrenden Modell.

45. *Eine Szene der Höheren Jäger. Felsgravierung von Wusitaikou, Yinshan-Gebirge, Innere Mongolei. Wildziegen werden von einem Hund angegriffen, der sich im Mittelpunkt der Szene befindet (aus: C. Zhao Fu, 1988, S. 171).*

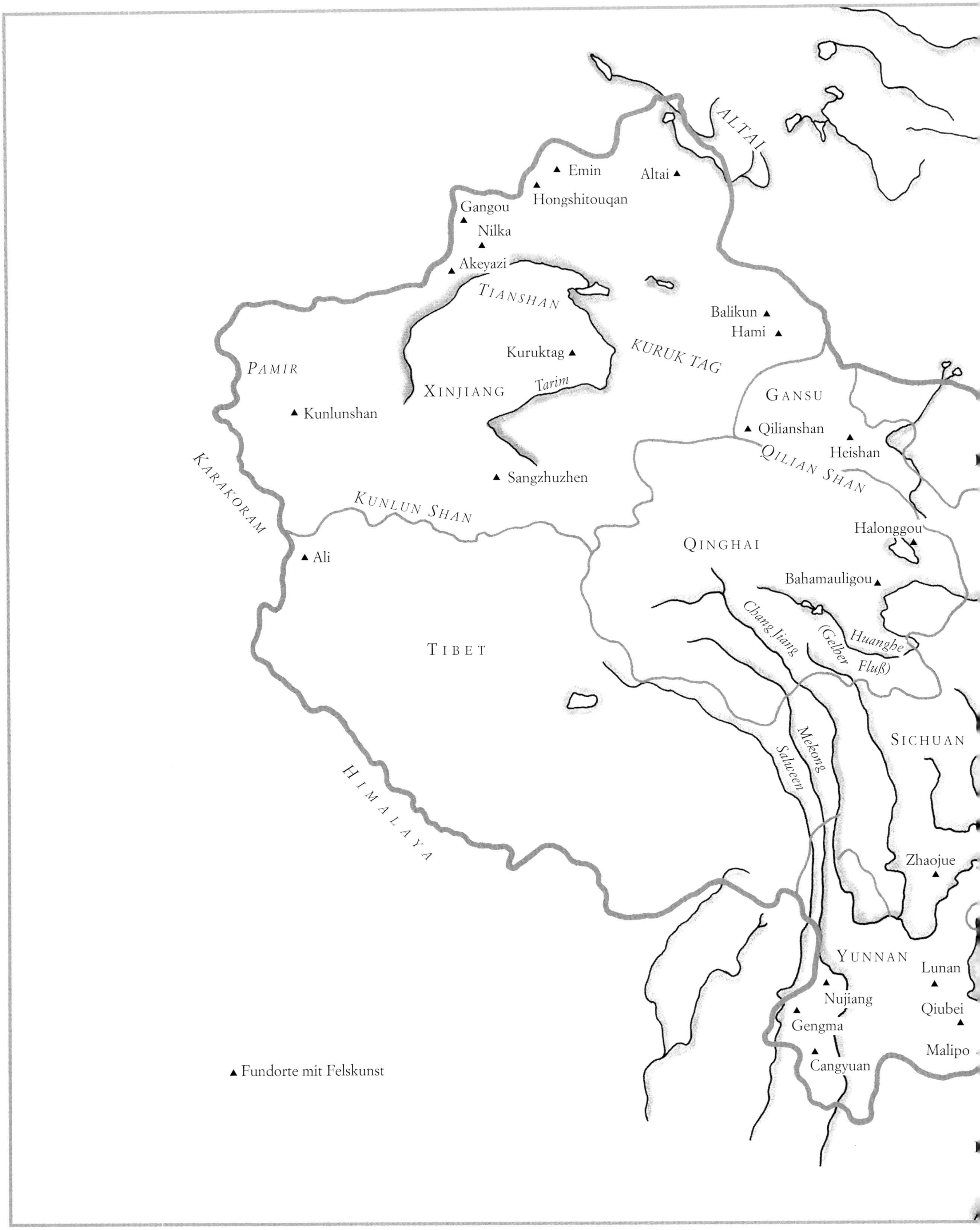

Emin
Altai
ALTAI
Hongshitouqan
Gangou
Nilka
Akeyazi
TIANSHAN
Balikun
Hami
Kuruktag
KURUK TAG
PAMIR
XINJIANG
Tarim
GANSU
Kunlunshan
Qilianshan
Heishan
QILIAN SHAN
KARAKORAM
Sangzhuzhen
KUNLUN SHAN
Halonggou
QINGHAI
Ali
Bahamauligou
Chang Jiang
(Gelber Fluß)
Huanghe
TIBET
SICHUAN
Mekong
Salween
HIMALAYA
Zhaojue
YUNNAN
Lunan
Nujiang
Qiubei
Gengma
Malipo
Cangyuan
Fundorte mit Felskunst

Eerguna
Hinggaan Ling
Heilongjiang
Hailin
Harbin
Changchun
Jilin
Innere Mongolei
Baichahe
Wulanchabu
Schenyang
Fushun
Liaoning
Wulate
Chaoge
Dengkou
Alashan
Shizuishan
Helankou
Qingtongxia
Shan
buwan
Yin Shan
Peking
Tientsin
Dalian
Pjöngjang
Korea
Seoul
Japanisches oder Koreanisches Meer
Bo Hai
Hebei
Taiyüan
Shanxi
Ningxia
Jingyuan
Huang He
Shandong
Qingdao
Tsinan
Jixian
Gelbes Meer
Pusan
Lianyungang
Henan
Jiangsu
Hubei
Anhui
Nanjing
Shanghai
Chang Jiang (Yangtze)
Wuhan
Chongqing
ongxian
Zhejiang
Ostchinesisches Meer
Guizhou
Danzhai
Hunan
Jiangxi
Fujian
anjiang
Hua'an
Taipei
Guangxi
Guangdong
ndeng
Tiandong
Fusui
Daxin
Chongzuo
Guangzhou
Tunglund
zhou
gxiang
Huashan
Hong Kong
Taiwan (Formosa)
Südchinesisches Meer

46. *Historisches Gedächtnis: Feierliche Erinnerung oder frommer Wunsch? Felsgravierungen vom Yinshan-Gebirge, Innere Mongolei, China. Das Viereck bedeutet «Erde» oder «Territorium». Dieselbe Bedeutung gibt es in der alten chinesischen Schrift. Die Botschaft dieser Darstellung ist etwa: «Die vier Clans dieser (unserer) Personen sind das Territorium, während der Clan der Ziege (Viehzüchter) außerhalb steht.» Es könnte auf einen Gegensatz zwischen den Ackerbauern und den Hirten deuten. Chen Zhao Fu deutet die Szene folgendermaßen: «Ein Tanz, vielleicht innerhalb einer Hütte, mit Bezug auf ein Tier außerhalb» (aus: C. Zhao Fu, 1988, S. 178).*

Die Fundorte der Felskunst befinden sich zum größten Teil jenseits der Großen Mauer, wo sich das andere Gesicht Chinas zeigt. Die immensen Gebiete der Wüste Gobi, der Inneren Mongolei, des Tian Shan, des Sinkiang werden durch Tibet und die Gebirgskette des Himalaja im Süden und die sibirischen Steppen im Norden begrenzt. Im Westen grenzen diese Gebiete an die Gebirgsketten des Hindukusch und des Karakorum sowie an die Steppen Kasachstans. Sie bestehen zum größten Teil aus unfruchtbaren, trockenen und halbtrockenen Regionen. Wahrscheinlich befinden sie sich außerhalb der wichtigsten frühgeschichtlichen Völkerwanderungsrouten. Es sind Gebiete, in die sich schwache Stämme flüchteten, die vielleicht aus fruchtbareren Gegenden vertrieben wurden und gar keine andere Wahl hatten.

Die großen Völkerwanderungsrouten der asiatischen Frühgeschichte folgten, soweit es uns bekannt ist, einerseits dem großen Flußtal der Lena und den Tälern Südsibiriens in Richtung Chukatka und zur Beringstraße hin, andererseits dem Ganges-Tal zum Südosten Asiens hin. Zwischen diesen beiden Gebieten mit großem Durchgangsverkehr und beachtlichen Ressourcen, wo Bevölkerungsgruppen aus verschiedenen Richtungen kamen und gingen, befinden sich die kontinentalen Gebiete Chinas. Hier erwartet zukünftige Forscher einiges von dem, was dieser Band andeutet.

Eines der ersten Merkmale, die sich bei der Betrachtung der vorhandenen Dokumentation deutlich zeigen, ist die globale Natur der Felskunst auf dem ganzen chinesischen Gebiet. Zum größten Teil entspricht diese Kunst in ihren Merkmalen den Völkern mit komplexer Ökonomie. Sie wurde von verschiedenen Typen von Menschengruppen geschaffen, die anfingen, Ackerbau – nebenher oder als Hauptbeschäftigung – zu betreiben, oder die zumindest zu der Nahrung produzierenden Gesellschaft gehörten. Es sind verschiedene Werke bekannt, die Hirtenstämmen zuzuordnen sind; ein paar Gebiete zeigen Darstellungen von Ethnien, deren Hauptaktivität die Jagd mit Pfeil und Bogen gewesen sein muß.

Derzeit gibt es kaum Werke von Völkern, die ganz unter den Begriff Primitive Jäger fallen bzw. von Clans, die ohne Kenntnis von Pfeil und Bogen große Tiere jagten. Diese Art der Kunst zeigt überall ganz besondere thematische und stilistische

47. *Erotischer Tanz. Links findet vielleicht ein Umwerben statt. Rechts imitieren Tierfiguren und Menschen mit den Armen den Flug der Vögel. Felsgravierung von Toulin, Yinshan-Gebirge, Innere Mongolei (aus: C. Zhao Fu, 1988, S. 178).*

48. *Helan Shan, Ningxia. Tief eingeritzter Komplex stilisierter Vulven, ein häufiges Motiv der Primitiven Jäger (aus: E. Anati, 1994c, S. 16).*

Merkmale, sowohl hinsichtlich des Assoziationstypus zwischen großen Tierfiguren und Symbolen als auch hinsichtlich der häufig wiederkehrenden Ideogramme. In China scheint sie, wie gesagt, zu fehlen, mit Ausnahme einiger Figuren, die dem Endstadium dieser Kultur zuzuordnen sind. Demnach müßte all das, was wir kennen, aus den letzten 10 000 bis 12 000 Jahren stammen.
Man kann aber durchaus bezweifeln, daß auf diesem Gebiet keine älteren Felskunstwerke existieren; denn diese sind sowohl in Sibirien als auch in Indien vorhanden. Im südlichen Ural, in den Höhlen von Kapova und Ignativa, finden wir Tierfiguren, die denen des europäischen Paläolitikums sehr ähnlich sind, während in Kara-Bom, Malta, in Buriet und weiteren Regionen um den Baikalsee Hausrat in über 30 000 Jahre alten archäologischen Schichten gefunden wurde.

PRIMITIVE JÄGER:

In den Wüstengebieten des Yinshan, wo heute keine wilden Rinderherden mehr leben könnten, scheint die Präsenz von Tierfiguren großer Dimensionen im sog. epipaläolithischen Stil auf ein anderes Klima hinzuweisen als das, in welchem Felskunstdarstellungen damals ausgeführt wurden; dies führt uns wahrscheinlich zum Ende des Pleistozäns oder zum Beginn des Holozäns, also in die Zeit vor 10 000 bis 12 000 Jahren.
Der epipaläolithische Stil ist durch große Tierfiguren charakterisiert, die schematischer und weniger elegant sind als die paläolithischen; sie werden häufig als Beute dargestellt, die von Wurfspießen getroffen ist und Zeichen von Wunden aufweist. Dieser Stil bezeichnet den Beginn der Felskunst in verschiedenen Zonen, zu denen in Europa das Valcamonica im Alpengebiet und der Norden Skandinaviens gehören. Auch im Vorderen Orient, in der Türkei, auf der arabischen Halbinsel, im Negev und Sinai ist dieser Stil bekannt; große Konzentrationen finden sich in den Regionen Zentralasiens und Sibiriens. Dem gleichen Bereich scheinen die ältesten Felsbilder anzugehören, die bislang auf chinesischem Gebiet bekannt sind.

49. Vierfüßler mit Betonung der Hörner, des Schwanzes und des Geschlechts. Stil der Höheren Jäger. Felsgravierung vom Yinshan-Gebirge, Innere Mongolei (aus: C. Zhao Fu, 1988, S. 202).

19. Folgende Seite: Der Gelbe Fluß ist ein Symbol der chinesischen Geschichte: Entlang dieses Flusses sind Epochen und Dynastien entstanden und untergegangen. Sein Wasser hat die erste Landwirtschaft in China ermöglicht, den Reisanbau, die Bewässerungsanlagen. Dem Tal des Gelben Flusses entlang verläuft die Große Chinesische Mauer. In einem alten Sprichwort heißt es, daß die Sonne über dem Gelben Fluß jeden Abend untergeht und jeden Morgen wieder aufgeht, gleichsam als Symbol aller Dynastien und Kulturen, die einander dort ablösten. Dieses Foto zeigt einen Sonnenuntergang in der Nähe der Grenze zwischen der Inneren Mongolei und dem Ningxia, einem Dreh- und Angelpunkt, wo seit jeher die Welt der Han und die Welt der Mongolen aufeinandertreffen.

HÖHERE JÄGER:

Die Kunst der Höheren Jäger, die, wie bereits erwähnt, Pfeil und Bogen benutzten und je nach Gebiet Antilopen, Hirsche oder andere Tiere mittlerer Größe erjagten und in kleinen Gruppen lebten, ist vor allem in den zentralen Provinzen der Inneren Mongolei und im Ningxia bezeugt. Einige dieser Gruppen lassen sich durchaus auf mehrere Jahrtausende zurückführen, aber wahrscheinlich hat der Lebensstil, der sich in dieser Kunst widerspiegelt, auch wesentlich später noch existiert. Während östlich der Großen Mauer Imperien entstanden und sich eine ziemlich verfeinerte Hochkultur entwickelte, bestanden in den trockenen Gebieten wohl noch solche primitive Lebensweisen fort.

HIRTEN UND VIEHZÜCHTER:

Die Kunst der Hirten kommt, in verschiedenen Ausdrucksformen, sowohl in den südlichen Provinzen als auch in der Inneren Mongolei vor, wo sie sich mit der Welt der mongolischen und kasachstanischen Hirten verknüpft und antike Bräuche widerspiegelt, die bis heute existieren. Diese äußere Umgebung, deren erste Zeichen auf die asiatische Expansion der Viehzüchter zur Zeit der Kurgan im 4. Jahrtausend v. Chr., zurückgehen können, erlebte zwei aufeinanderfolgende Wellen von besonderer Intensität: eine erste, als sich skythische Stämme in diesen Gebieten verbreiteten, im späten 1. und im 2. Jahrtausend v. Chr., und später dann eine zweite mit der Ausbreitung des Islam, gegen Ende des 1. und in der 2. Hälfte des 2. Jahrtausends n. Chr. Aus dieser Zeit finden sich auch arabische Inschriften, die das intensive religiöse und soziale Interesse bezeugen, wie es in ganz Asien große Bedeutung hatte und immer noch hat.

GRUPPEN MIT GEMISCHTEM WIRTSCHAFTSSYSTEM:

Der überwiegende Teil der bisherigen Funde stammt von Völkern mit komplexer Ökonomie; in diesem Bereich verfügt die chinesische Felskunst über die wichtigsten Zeugnisse.
Eines der ältesten Phänomene im Norden Chinas zeigt eine Reihe von Darstellungen in einem sehr weiten Gebiet, das vom Ningxia und der Inneren Mongolei bis zu den Pazifikküsten reicht. Hier tauchen maskenartige, anthropomorphe monströse Figuren auf, manchmal mit Hörnern, Ohren oder anderen Tierattributen versehen, häufig auch mit einem Strahlenkranz oder einer Kopfbedeckung. Das auffallendste Element sind zwei große Augen, die häufig rund und zugleich, verglichen mit dem Gesicht, unproportional groß sind. Noch bevor man die Zeugnisse auf chinesischem Gebiet kannte, vermutete man, daß hier ein Volk der Sammler und Jäger oder der ersten Ackerbauern überlieferte anthropo-zoomorphe Geister mit großen allessehenden Augen darstellte und verehrte. Dieses Volk stellte seine beschützenden Abbilder auf dem Gebiet dar, aus dem es die Quelle seines Überlebens bezog. Bereits 1969 erkannte man den möglicherweise zirkumpazifischen Charakter dieser besonderen Darstellungsart und der zugrundeliegenden Vorstellungen (BCSP, Bd. 4). Die russischen Forscher B. A. Frolov und N. K. Timofeeva hatten gerade Felsdarstellungen dieser Art publiziert, und Aleksei Okladnikov hatte ähnliche Figuren auf Keramikvasen erforscht, die aus dem 5. oder 6. Jahrtausend v. Chr. stammen und im Becken des Flusses Amur an der Grenze zwischen Sibirien und China (BCSP, Bd. 4) gefunden wurden. Ähnliche Darstellungen waren kurz zuvor auch in Australien von Robert Edwards entdeckt worden *(Hemisphere,*

50. Darstellung einer Maske aus Helanku, Helan Shan (aus: E. Anati, 1994c, S. 2).

Bd. 12, 1968). Schon lange sind Bilder desselben Typus entlang der westlichen Küste von Britisch-Kolumbien (Kanada) und im Staat Washington (USA) bekannt, für die man einen möglichen asiatischen Ursprung angenommen hatte.

Es ist überaus aufschlußreich, daß nun auch zahlreiche Darstellungen dieser Art aus China bekannt sind. Dies könnte die Theorie über die Verbreitung bestimmter sich darin widerspiegelnder Vorstellungen bestätigen. Es könnte sich um ein ideologisches «Paket» handeln, das mit den gleichen Mitteln der visuellen Ausdruckssprache wiederaufgenommen wurde. Diese Hypothese ist zwar faszinierend, jedoch mahnen die beträchtlichen Entfernungen zwischen Asien, Australien und Nordamerika zur Vorsicht, solange das Phänomen nicht gründlicher in allen Gebieten untersucht ist.

Wir wissen, daß diese Darstellungen in den Flußtälern des Amur im Zusammenhang mit neolithischen Ansiedlungen stehen; die entsprechende Keramik entstand vor 7000 bis 8000 Jahren. Edwards geht von einer ähnlichen Datierung für Australien aus, jedoch ist dort keine Keramik vorhanden, so daß man nicht vom Neolithikum sprechen kann. In Britisch-Kolumbien gibt es derzeit keine möglichen Datierungen, aus dem Kontext läßt sich aber schließen, daß dieser Figurentypus von einem Volk geschaffen wurde, das sich der Ernte, der Jagd und dem Fischfang widmete; auch hier kann man nicht vom Neolithikum sprechen. In China könnte man eine lange Fortdauer des Phänomens annehmen, das etwa zur gleichen Zeit wie im Amurtal begonnen hat.

ENTWICKLUNGEN IN DER PROVINZ:

In der späten Frühgeschichte zeigt die Felskunst Chinas die Entwicklung von Merkmalen, die nur noch für einzelne Provinzen typisch sind. Die Provinzen weisen nämlich zunehmend Unterscheidungsmerkmale und lokale figurative Stile auf. Auch wird bei verschiedenen Stämmen eine Tendenz zur konzeptionellen Autonomie deutlich. An der Felskunst lassen sich die Hauptlinien der Geschichte aus dem Blickwinkel der Nationalitäten an den Randgebieten ablesen – eine Geschichte, die wir bislang hauptsächlich von der anderen Seite her kennen.

Diese Völker störten nicht nur gelegentlich die Ruhe der Imperatoren, sondern sie verfügten auch über ein intensives geistiges Leben. In der Höhlenmalerei und Felskunst stellten sie ihre Tätigkeiten, wichtige Erlebnisse, soziale Ereignisse, übernatürliche Wesen und Aspekte ihres Alltagslebens dar.

Ihre visuelle Sprache, die in den frühesten Zeitabschnitten universelle Merkmale zeigte, wird im Stil und in der Thematik immer persönlicher, was sehr wohl auf einen historischen Prozeß hinweisen kann, in dessen Verlauf sich die verschiedenen Gruppen eine spezifische Identität, besondere Gewohnheiten, Glaubensformen und Verhaltensnormen aneigneten. Dies geschah, als das Wirtschaftssystem immer komplexer wurde, die Völker sich immer mehr voneinander unterschieden und sich auf die verschiedenen Aspekte der Ökonomie spezialisierten: Zu Wildbeute, Jagd und Fischfang kommen nun auch Ackerbau, Viehzucht, Handwerk, Handel oder systematische Tauschgeschäfte hinzu.

Aus den Darstellungen der Felskunst können wir schließlich die Einführung einer immer größeren Zahl von Haustieren ablesen: Hunde, Ziegen, Schafe, Rinder, Schweine, Pferde und Kamele. Aber auch die Entwicklung neuer Technologien zeigt uns die Felskunst, denn ihr umfassendes Archiv des kulturellen Materials der Künstler und ihrer Geschichte umfaßt vielerlei: von Pfeil und Bogen bis zum Wagen mit Rädern, außerdem Musikinstrumente, Trommeln zum Beispiel, große Trinkgefäße sowie die verschiedenen Formen der Hütten und Wohnstätten.

51. Jagdszene: Darstellung eines Wagens mit Speichenrädern, der von zwei Vierfüßlern, vielleicht Pferden, gezogen wird. Das Ganze wird der Zeit der Shang-Dynastie zugeordnet, weil die Darstellung sehr den Orakeln jener Epoche gleicht. Felsgravierung aus dem Yinshan-Gebirge, Innere Mongolei (aus: C. Zhao Fu, 1988, S. 193).

DIE ERSTE SCHRIFT:

Ein bemerkenswerter Aspekt sind die zahlreichen Ideogramme, aus denen schließlich die Schrift hervorging. Dieses Phänomen ist auch im Negev und Sinai sowie in anderen Gebieten festzustellen, wo dem Ideogramm in der Felskunst eine ähnliche Rolle zuzukommen scheint wie den ersten Schriftzeichen. Die heute verfügbare Dokumentation für China ist in diesem Zusammenhang von größtem Interesse. Ohne Erstaunen erkannte Chen Zhao Fu in gewissen Spiralen die gleiche Bedeutung für Donner oder Wolken wie in der chinesischen Schrift von vor etwa 5000 Jahren. So verband er zahlreiche Symbole der Felskunst mit archaischen Ideogrammen; sie bedeuten Himmel, Erde, Fluß, Regen, Wasser, Sonne, Mond, Gras, Feld, Wohnstatt, Berg, Mann, Frau, Bogen, verschiedene Tiere, Gebrauchsgegenstände und verschiedene Werkzeuge sowie Zeichen für Zahlen.
Für China läßt sich bislang noch kein lineares Schema der Aufeinanderfolge der Stile festlegen. Vielmehr hat es den Anschein, daß die verschiedenen Kunststile der Jäger, Hirten und Bauern mehrere Jahrtausende lang nebeneinander existierten (wie es die Tabelle S. 79 aufzeigt).
Die vorgeschlagenen Daten könnten vielleicht noch enger eingegrenzt werden, aber der derzeitige Stand der Untersuchungen legt es nahe, bei den allgemeineren Begriffen zu bleiben. Diese Datierungen stellen Arbeitshypothesen dar, die sicherlich noch detaillierter gefaßt und im Fortgang der Untersuchungen noch präzisiert werden müssen.

52. Hand mit Ideogramm, typisch für die mongolische Periode. Vermutlich aus dem 14. Jh. v. Chr., Gravierung von den Yinshan-Bergen, Innere Mongolei (aus: C. Zhao Fu, 1988, S. 198).

53. Gräberfeld mit Steinkreisen in den Yinshan-Bergen, Innere Mongolei. In diesen Anlagen finden sich häufig Steine, die mit Ideogrammen zur Erinnerung an die Toten bedeckt sind (Foto: EA 19).

20, 21, 22. Der Eingang zum Tal in den Bergen von Helan, einem der dichtesten Felskunstgebiete. Ein kleines Heiligtum ist der Gottheit der Erde geweiht, die in diesem Gebiet bis vor 5000 Jahren verehrt wurde. Die Felsgravierungen zeigen runde und viereckige Masken, die jeweils himmlische und irdische Kräfte darstellen. Die größte Ansammlung von Felskunst findet sich bei einer Quelle mit kristallklarem Wasser.

54. Alltagsszene; wahrscheinlich wird hier ein Fest gefeiert, oder es soll an ein besonderes Ereignis erinnert werden. In der Mitte sieht man ein Dorf mit Pfahlbauten, von dem aus Wege mit verschiedenen Gestalten und Haustieren abzweigen. Bilder von Cangyuan, Yunnan (aus: C. Zhao Fu, 1988, S. 102f.).

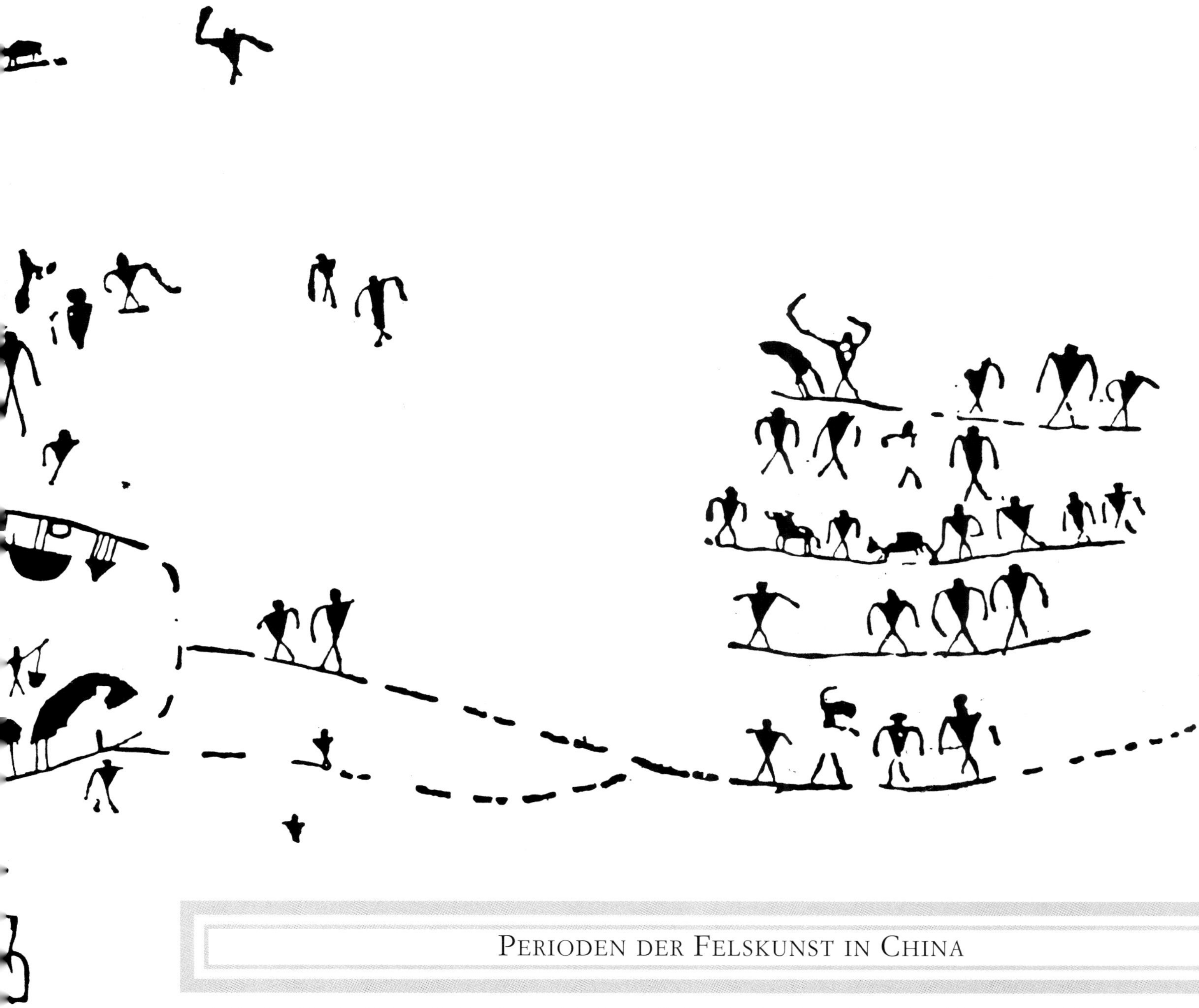

Perioden der Felskunst in China

Horizont	Versuchte Datierung	Periode	Allgemeine Bezeichnung	Vorherrschen-des Milieu	Vorherrschen-des Milieu
Komplexes Wirtschaftssystem	von 8000 bis heute	Metallzeitalter	Kunst der Minderheiten	wie heute	Ackerbauern
Hirten und Viehzüchter	5500–3000	Bronzezeit	Periode der Völkerwanderungen	Grasland und Lichtungen	Verbreitung der halb-nomadisierenden Hirtenkulturen
Maskenförmig	7500–5500	Neolithikum	Amur-Stil	feuchtheiß	Frühe Ackerbauern, Ahnenkult
Höhere Jäger	10 000–6000	Protoneolithikum	Jägerstämme	Wiesen und Wälder	Einfall von Zentralasien
Primitive Jäger	12 000–8000	Epipaläolithikum	Steinzeit	Savanne und Grasland	große Fauna, geringe Bevölkerungsdichte

23, 24, 25. Das mythische Tier auf dem Foto links oben ist eine der größten Figuren des Helan-Gebirges. Von der höchsten Stelle des Gipfels (Bild unten links), sieht man das Panorama (Bild hier oben), das man von diesem Fundort aus hat: das Wadi mündet in das Tal des Gelben Flusses. Seit jeher trafen hier Jägerstämme und nomadisierende Hirten, die in den Bergen lebten, auf die ländliche Bevölkerung des Tales.

26. Folgende Doppelseite: Große eingravierte Figur aus der Inneren Mongolei. Sie stammt von Rinderzüchtern aus der Anfangszeit der Viehzucht. Man könnte von einer Datierung ins 4. Jahrtausend v. Chr. ausgehen.

27, 28, 29. Vorhergehende Doppelseite: Oben links eine Jagdszene mit Hunden. Der Stil des mittleren Teils, in leicht hellerer Ausführung als der Rest, wird der schiitischen Periode zugeordnet und in das späte 2. Jahrtausend v. Chr. datiert. Unten links: Die äußere Umgebung im Tal der Totenmasken. Rechts: viereckige Maske in der Mitte einer natürlichen Form, die an eine laufende Gestalt erinnert; man hält sie für die Gottheit der Erde (Helan-Gebirge, Yuchnan).

30, 31, 32, 33. Oben links: ovale Maske, Symbol der himmlischen Gottheit aus neolithischer Zeit. Oben rechts: Tier im schiitischen Stil aus der Eisenzeit. Rechts und rechte Seite: ein Paar grotesker Masken, die sich auf den Ahnen- und Geisterkult beziehen (Helan-Gebirge, Yuchnan).

34. Seite 88: Paar von beschützenden Geistern. Großformatiges, zweifarbiges Bild von über 2 m Höhe. Ort: Malipo im Yunnan.

55. Maskenartige Darstellung aus neolithischer Zeit (aus: E. Anati, 1994c, S. 1).

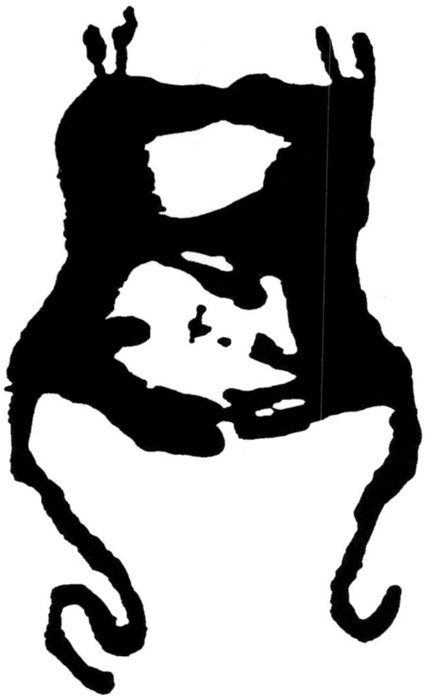

57. Paar von Tieren, die sich gegenüberstehen und die Schnauze reiben, aus der Xiongnu-Periode. Gravierung aus den Yinshan-Bergen, Innere Mongolei (aus: C. Zhao Fu, 1988, S. 195).

Die chinesische Felskunst zeigt uns die parallele Geschichte der Randvölker (nicht Han) und bringt eine neue Dimension all dessen zutage, was wir über die chinesische Geschichte wissen. Von den Urzeiten bis zu den Stammesvölkern, die noch heute ihre Identität in ihrem angestammten Territorium aufrechterhalten, verfügen wir über eine Leitlinie, die sich über mehr als 12 000 Jahre erstreckt und sich parallel zu der anderen Realität Chinas, der Geschichte der Dynastien und Kaiser, entwickelt hat.

ALLGEMEINER ÜBERBLICK ÜBER ASIEN

Diese kurze Zusammenfassung der asiatischen Funde zeigt die Aufeinanderfolge vier großer Stadien: Zunächst die Primitiven Jäger, die ausreichend nur in Sibirien, jedoch mit kleineren Gruppen auch in Indien und Zentralasien vorkommen. Die Vielfalt der Höheren Jäger scheint sodann auf einen großen Aufschwung des künstlerischen Schaffens hinzudeuten, möglicherweise in der ersten Hälfte des Holozäns zwischen 10 000 und 7000 v. Chr. Die Kunst der Hirten und Viehzüchter ist bislang kaum bekannt, sie scheint jedoch eher begrenzt. Die Kunst der Völker mit komplexer Ökonomie schließlich hat jeden Winkel des Kontinents erreicht und setzt sich bis heute in der Stammeskunst vieler Provinzen fort.

56. Vorhergehende Seite: Ideogramme einer der ältesten chinesischen Schriften, der orakelhaften «Jiaguwen»-Schrift aus der Shang-Dynastie, auf Tierknochen oder Schildkrötenpanzer geritzt, 3. Jahrtausend v. Chr. (aus: C. Zhao Fu, 1988, S. 185).

58. Folgende Seite: Aufgereihte Gestalten, wahrscheinlich in Tanzhaltung; dazwischen stehen isolierte Figuren, die vielleicht eine besondere Stellung einnehmen. Die Form der Kopfbedeckung könnte auf den Status der einzelnen Individuen hinweisen. Gravierung in den Heishan-Bergen, Gansu (aus: C. Zhao Fu, 1988, S. 72).

Asien – Provinzen der prähistorischen Kunst – vorherrschende Horizonte

Versuchte Datierung	Zentralasien	Indien	China
35 000	Primitive Jäger	?	?
25 000		Primitive Jäger	
12 000	Höhere Jäger	Jäger und Sammler	Epipaläolithikum
10 000		Höhere Jäger	Höhere Jäger
8000	Hirten und Viehzüchter, gemischtes Wirtschaftssystem		Hirten und Viehzüchter, gemischtes Wirtschaftssystem
7000	Entwickelte Jäger und Späte Masken		Masken
5000	Hirten und Viehzüchter	Hirten und Viehzüchter	
4000	Schiiten Hirten und Viehzüchter		gemischtes Wirtschaftssystem
3000		gemischtes Wirtschaftssystem	Stammeswirtschaft
2000	Stammeskunst	Stammes- und Gedächtniskunst	
1500	historische Stammeskunst		

VII. Vorderer Orient

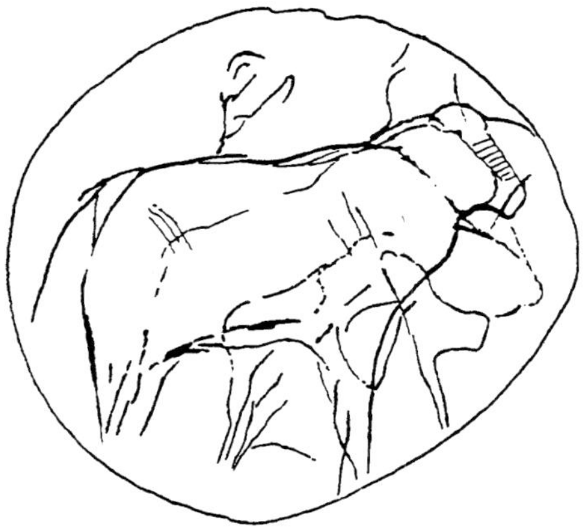

59. Gravierte Schale mit Graphemen der Primitiven Jäger. Öküzluin, Türkei. Das wichtigste Bilderschriftzeichen zeigt ein Rind, das auf der Schnauze ein Ideogramm aus acht Kerben trägt. Zu erkennen sind anthropomorphe Profile, wahrscheinlich von weiblichen Gestalten, dazwischen zwei Gruppen aus drei Linien. Die Darstellung auf einem Gegenstand von nur etwa 5 cm Durchmesser scheint die Überlagerungen nötig zu machen. Entsprechend der assoziativen Syntax des Magdalénien erkennt man Assoziationen von Graphemen, jedoch noch keinen beschreibenden Sinn (aus: E. Anati, 1972a, S. 16).

60. Folgende Seite: Gestalt mit einem seltsamen Instrument in der Hand, bekleidet mit kurzer Tunika und einem spitzen Hut. Ramat Matred, Zentralnegev, Stil II (aus: E. Anati, 1979, S. 40).

Eine große Anzahl von Felsgravierungen und wenige Malereien finden sich verstreut über die Wüsten und Halbwüsten des Vorderen Orients, wo sich Landwirtschaft und seßhaftes Leben nie ganz entwickelten und die kulturelle Evolution anders verlief als in den fruchtbaren Ebenen der großen Flüsse. Die charakteristische Wüstenlage gilt vor allem für zwei der drei wichtigsten Konzentrationen der Felskunst, den Negev-Sinai und Zentralarabien. Das dritte Gebiet von großer Dichte im Südosten Anatoliens ist hingegen eine heiße und felsige Bergregion.

Kleinere Ansammlungen finden sich – jeweils in Wüstengebieten – in Syrien und der jordanischen Hochebene. In den Gebieten des Fruchtbaren Halbmonds sind derzeit keine wichtigen Ansammlungen bekannt.

Der historische Prozeß im Vorderen Orient zeigt eine nahezu konstante geographische Expansion stärkerer und aggressiverer Menschengruppen, die fruchtbare und halbfruchtbare Gebiete besetzten und dabei spätere Abkömmlinge oder schwächere Gruppen in die trockenen Randzonen abdrängten.

Im Paläolithikum, als Jagen und Sammeln die wichtigsten Betätigungen waren und die heutigen Wüsten wahrscheinlich noch über Ressourcen verfügten, finden sich in den Wüstengebieten unzählige Rastplätze im Freien. Dagegen stößt man in den heute fruchtbaren Gebieten auch auf Ansiedlungen in Höhlen und Felsüberhängen, die eine Anhäufung von Höhlenmalerei und Felskunst über die Jahrtausende hin aufweisen, mit einem Durchmesser von vielen Metern. Das bedeutet, daß es bereits damals verschiedene Formen der Seßhaftigkeit gab, je nach fruchtbarer oder trockener Zone. Auch zu jener Zeit gab es in den heutigen Wüstengebieten weniger konstante menschliche Ansiedlungen. Vom Beginn des Neolithikums an wird diese Verschiedenheit in den Modellen der Ansiedlung noch deutlicher als Folge des wachsenden Wertes, den die ersten Erzeuger von Nahrungsmitteln dem fruchtbaren Land beimaßen. Während sich in den fruchtbaren Gebieten Bauern ansiedelten und eine Lebensweise entwickelten, die an ihr Land gebunden war, behielten die Jäger in den trockenen Zonen ihre traditionelle Lebensform bei. Sie dauerte in manchen Gebieten noch an, als die Jagd im Bereich des Fruchtbaren Halbmonds bereits nicht mehr die wichtigste Wirtschaftsaktivität war.

Die ersten Ackerbauern mußten sich den natürlichen Ressourcen ihrer Gebiete anpassen. Ihr Anbau nahm lokale Merkmale an, weil jede Gruppe eigene Vorlieben entwickelte, je nach den besonderen Ressourcen des Gebiets, etwa den wildwachsenden Früchten oder den domestizierbaren Tieren. Die Grenzen der kulturellen Gebiete wurden geographisch gesehen immer enger. Sie charakterisieren die archäologische Landkarte des Vorderen Orients durch Regionalisierung und später Provinzialisierung der kulturellen Modelle. In den trockenen Gebieten nahm die kulturelle Entwicklung einen anderen Verlauf: gleiche natürliche Ressourcen und bewegliche Jägergruppen führten dazu, daß die kulturelle Evolution hier homogener und viel konservativer verlief. Da ausreichende Wasserquellen fehlten oder, von

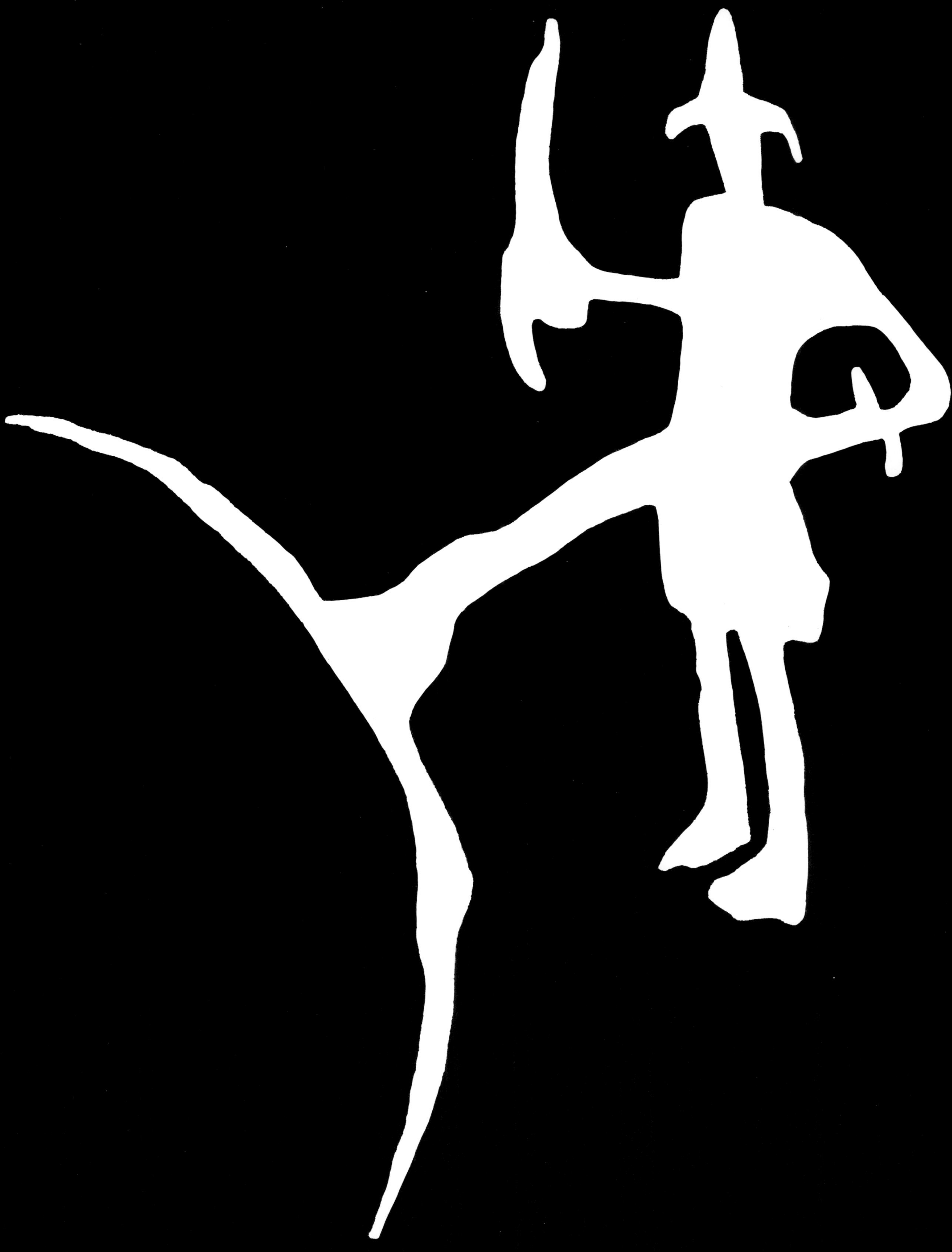

61. Darstellung einer Wildziege mit großen Hörnern, die von zwei Hunden angegriffen wird. Stil III des Negev, neolithische Periode, Wadi Huwara, Sinai (aus: E. Anati, 1979, S. 22).

den Oasen abgesehen, nicht durchweg vorhanden waren, waren diese Menschengruppen gezwungen, sich ständig weiterzubewegen und ganz andere Vorstellungen von Raum und Landbesitz zu entwickeln als die in fruchtbaren Gebieten geltenden. Bis in unsere Zeit hat sich die Tendenz erhalten, daß die fruchtbaren Zonen in verschiedene, kulturell eng umgrenzte Gebiete aufgegliedert sind. Diese zeigen jeweils unterschiedliche Merkmale der Ansiedlung und sogar der Sprache oder des Dialekts sowie zahlreiche lokale kulturelle Eigenarten. Innerhalb dieser kulturellen Gebiete bemerkt man häufig eine Parzellierung des Territoriums unter Familien oder Clans, die ebenfalls eigene Merkmale und spezifische Gewohnheiten beibehalten. Im Gegensatz hierzu gibt es in Wüsten und trockenen Gebieten bis heute weite und bisweilen sogar riesige Gebiete mit einheitlicher Kultur, sozialer Organisation und einheitlichem Wirtschaftssystem, wo verschiedene Gruppen, auch mit verschiedenen ethnischen Wurzeln, nebeneinander existieren können. Sie entwickeln Verhaltensmodelle, die von der gemeinsamen Notwendigkeit diktiert sind, die begrenzten Ressourcen des Territoriums zu nutzen.

Sowohl für Zentralarabien als auch für die Wüsten des Negev-Sinai lehrt uns die Felskunst, daß in fast jedem Zeitabschnitt mehrere Ethnien nebeneinander exi-

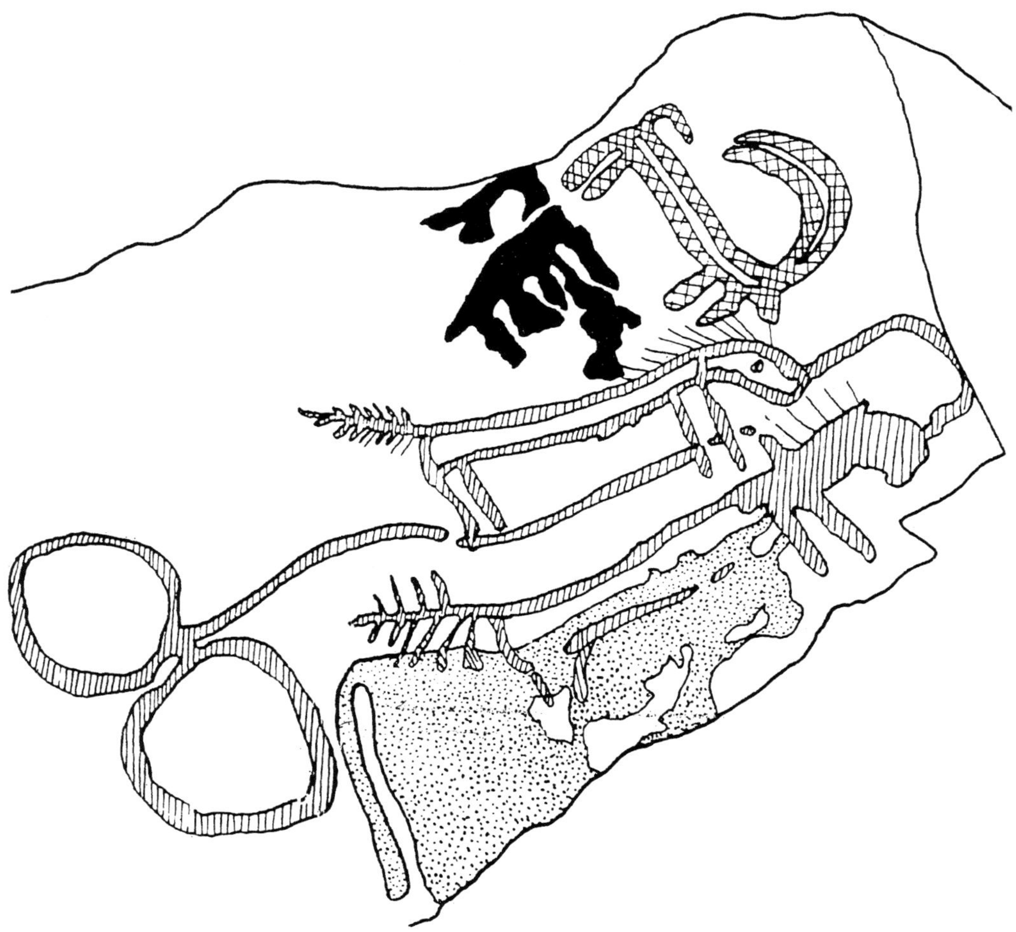

62. Beispiel der Überlagerung von Figuren, auf einem Felsen bei Kadesh Barnea im Norden des Sinai (Länge des Reliefs etwa 65 cm). Unterscheidbar sind vier verschiedene Abstufungen von Patina. Als älteste Figur ist unten ein Rind im Stil III der Felskunst des Negev zu sehen. In der Mitte ist ein zweirädriger Wagen erkennbar, der von zwei Tieren, wahrscheinlich Pferden, gezogen wird (Stil IV-B). Rechts oben ein Steinbock im Stil IV-C. In Schwarz ist eine schematische Tierfigur im Stil VI des Negev dargestellt. Durch zahlreiche ähnliche Sequenzen, mit unterschiedlichen Stufen der Patina und Überlagerungen, konnte man die Entwicklung der Felskunst im Negev und Sinai bestimmen (aus: E. Anati, 1979, S. 20).

stierten, die Felsgravierungen ausführten. Auch sind in jeder der großen Perioden die ökonomischen Grundlagen der verschiedenen Gruppen ziemlich homogen. In der Epoche der Primitiven Jäger zeigen verschiedene Stile, daß Jagen die primäre Tätigkeit war. Es folgt eine mit «Jäger und Hirten» bezeichnete Periode, während der vor allem in Arabien eine große Anzahl verschiedener Stile teilweise nebeneinander existierten. Das läßt auf verschiedene Ethnien im selben Gebiet schließen. Die Felskunst aller drei Hauptgebiete des Vorderen Orients – Zentralarabien, Negev-Sinai und Südostanatolien – zeigt in dieser langen Periode ein Wirtschaftssystem, das in der Jagd und der Aufzucht von Tieren gründet, mit wechselnder Betonung je einer dieser beiden Aktivitäten. In allen drei Hauptgebieten des Vorderen Orients folgen auf diese beiden großen Stile, die der Schrift vorausgingen, dann zwei Schichten, die man als «historisch» bezeichnet: die «gebildete» und die «islamische» Periode. Die unpassende Bezeichnung «gebildet» ist aufgrund von Inschriften gebräuchlich, die sich neben den Felsgravierungen finden, und zwar seit Beginn der hethitischen Inschriften in Anatolien, der protosinaitischen im Sinai und der südsemitischen in Arabien. Dieser Zeitabschnitt spiegelt in den drei obengenannten Zonen das Leben von Menschengruppen wider, die am Rand der großen Reiche und der blühenden Stadtstaaten der fruchtbaren Gebiete lebten und mit jenen kulturelle und kommerzielle Beziehungen unterhielten.

Der Niedergang der gebildeten Periode begann im Augenblick ihrer höchsten Blüte während der römischen und byzantinischen Zeit, als ein großangelegtes Wasserversorgungssystem die Entwicklung der Landwirtschaft und seßhafte Ansiedlungen in trockenen Gebieten ermöglichte, und reichte bis zum Zeitpunkt, als mit dem Aufkommen des Islam die Wüstenvölker ihren großen Aufschwung erlebten. Nach dem 7. Jh. n. Chr. zeigt sich ein deutlicher Rückgang der Inschriften und eine Tendenz zur Schematisierung der Graffiti, die sich nun in großer Fülle und ziemlich überall finden, jedoch nur noch monoton, repetitiv und häufig plump. Diese «Beduinen»-Felskunst, wie wir sie bezeichnen können, charakterisiert sowohl Arabien als auch die Sinai-Halbinsel, während das wichtigste anatolische Gebiet der Felskunst die eigenen kreativen Ressourcen erschöpft zu haben scheint. Trotz dieser weitläufig verbreiteten Modelle besaß wohl jede dieser menschlichen Gruppen ihre eigenen kulturellen und sozialen Traditionen und ihre Glaubensformen, sowie ihr mythologisches und historisches Erbe, das in einem allgemeinen Kontext gemeinsamer Elemente deshalb auch lokale Merkmale aufweist.

Die allgemeine Vorstellung, die man im menschlichen Mosaik der Randgebiete des mittleren Orients von der Felskunst gewinnt, ist weitaus vielfältiger und farbiger, als die Geschichtsschreiber es erwartet hätten. In manchen Epochen wimmelten die Wüsten Arabiens und des Sinai von Stammesgruppen mit verschiedener Herkunft und Gebräuchen, die sich begegneten, Informationen und Kenntnisse austauschten und voneinander lernten. Trotz des trockenen Klimas handelte es sich in solchen Zeitabschnitten dann nicht um Rand-, sondern um Durchgangsgebiete der Kommunikation und des Austauschs zwischen Asien und Afrika, zwischen dem Mittelmeer und dem Roten Meer, zwischen dem Roten Meer und dem Persischen Golf, zwischen den beiden äußersten Punkten des Fruchtbaren Halbmonds.

Tatsächlich zeigt uns das Studium der Felskunst im mittleren Orient eine neue Dimension der Archäologie. Deren Interesse war immer so stark auf die großen urbanen Zentren konzentriert, daß sie die «andere Seite der Medaille» außer acht ließ, nämlich die Wüste mit ihrer fundamentalen Bedeutung im Gleichgewicht zwischen grünem und sandigem Gebiet, zwischen den Bewohnern der fruchtbaren Zonen und den Menschen der Wüste. Dabei ist es dieses Gleichgewicht, das die eigentliche Grundlage jener historischen Dynamik bildet, die in den letzten 6000 Jahren die Ereignisse in dieser Region charakterisiert.

63. Anthropomorphe Figur und Tiergestalt im Stil I, auf die Decke eines kleinen Felsüberhangs gemalt, in Bir Suwer im Süden von Eilat. In der Mitte zwei Tierfiguren im Stil III, mit sehr klarer Patina (aus: E. Anati, 1979, S. 34).

FELSKUNST UND ARCHÄOLOGIE

64. Über die Doppelseite: Bebilderter Felsen im Wadi Advat, mit einer Reihe von Tieren im Stil II; auf der rechten Seite überlagern sich drei Figuren im Stil IV-C. Man beachte die verstreute Anordnung der Tiere. Unten rechts ein Ausschnitt der großen Komposition (aus: E. Anati, 1979, S. 36f.).

Die Materialienkultur, d.h. die Gesamtheit der Gegenstände und Werkzeuge, ergibt sich aus einer bestimmten Lebensweise sowie aus den die Lebensweise bestimmenden Bedürfnissen, technischen Fähigkeiten und Ressourcen. Wenn zum Beispiel eine Menschengruppe nicht über Rad und Wagen verfügt, weil ihr deren Verwendung unbekannt ist oder weil sich ein solches Mittel auf ihrem allzu gefährlichen Gebiet nicht fortbewegen ließe bzw. es gar keine Straßen gibt, ist es unwahrscheinlich, daß eben diese Gruppe dann so schwere oder umfangreiche Gegenstände hervorbringt, daß sie gar nicht transportiert werden könnten. Aus dem gleichen Grund verwenden Nomaden- oder Halbnomadenstämme kaum zerbrechliches Material wie Glas oder Keramik, sondern statt dessen Trinkschläuche

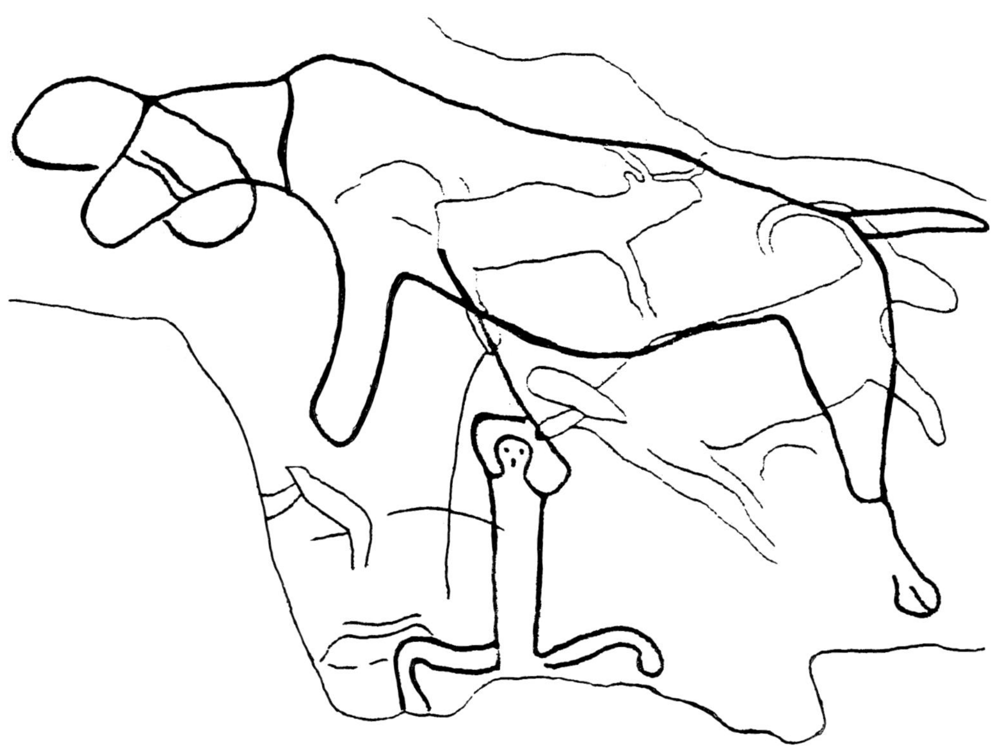

65. Felsen mit zwei Phasen von Bildern im Stil I, in Kilwa. Das große Rind, das fast die ganze Wand einnimmt, ist über 2 m lang. Es ist mit der anthropomorphen Figur in einer Jagdszene verbunden. Die Figuren mit feineren Linien sind früher entstanden. Sie sind miteinander verbunden, bilden aber keine erzählende Szene. Das Bein des einen Tieres ist in einer Falle gefangen. Ähnliche Figuren sind auch aus Anatolien und Oberägypten bekannt. Fallen und Schlingen wurden im mittleren Orient in präneolithischer Zeit vermutlich häufig verwendet (aus: E. Anati, 1979, S. 30).

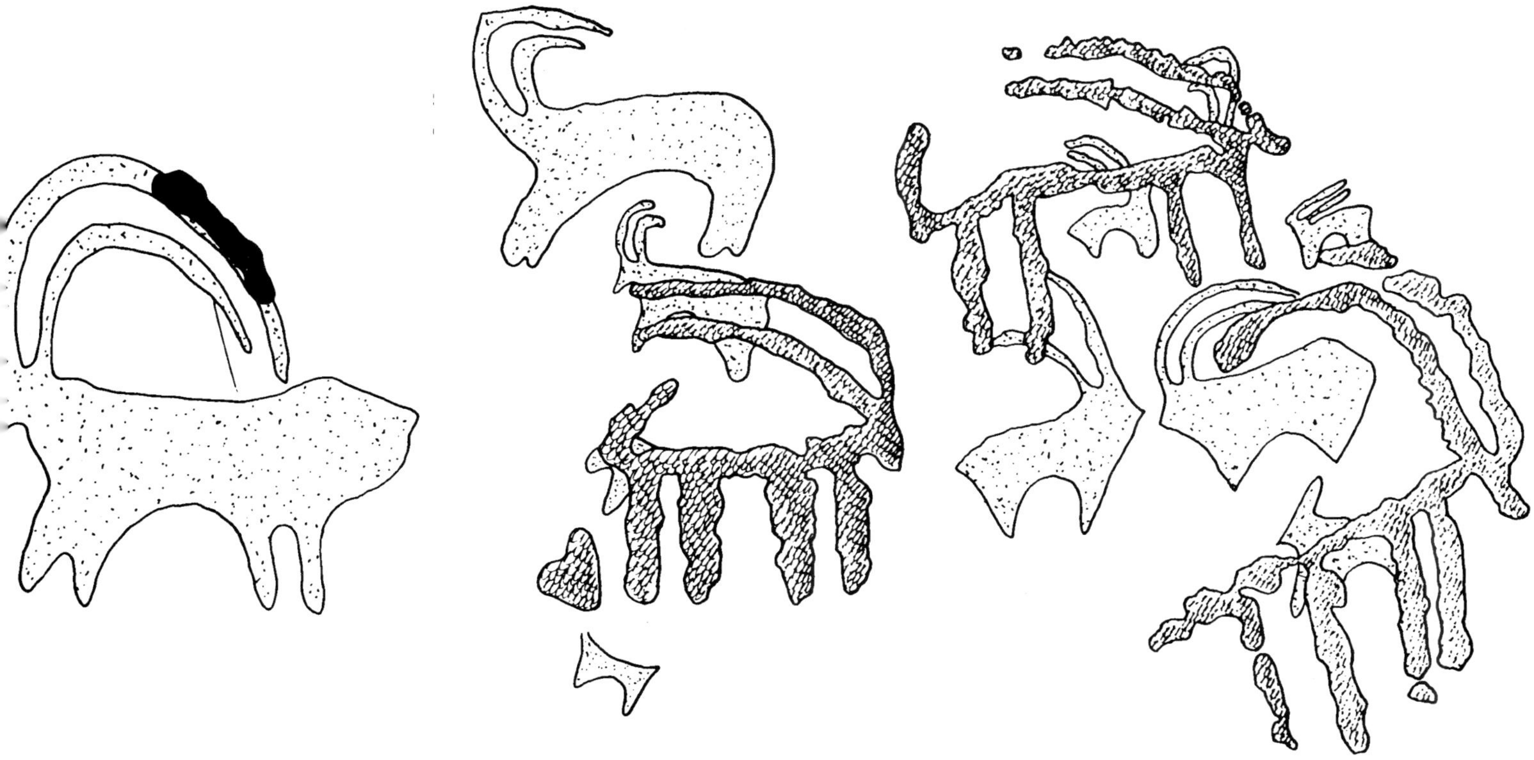

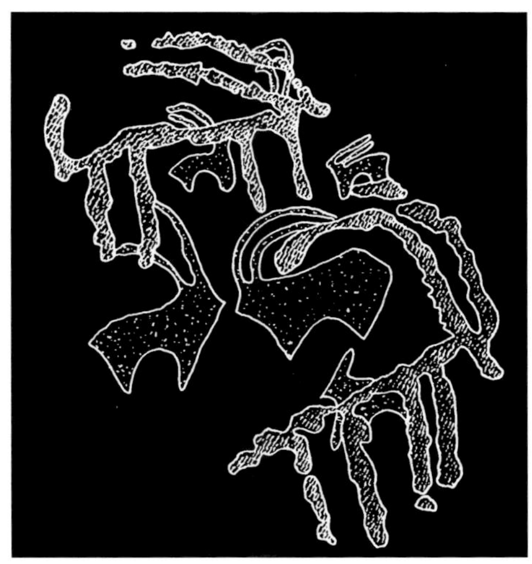

aus Tierhaut, Gefäße aus getrocknetem Kürbis, Baumrinde oder Straußeneier, die an einem Ende durchstoßen sind, ebenso Gewebe aus Pflanzenfasern und gewebte Taschen. Außerdem war es notwendig, den größten Teil der Materialienkultur der Wüstengruppen aus abbaubaren, organischen Materialien zu schaffen. Häufig lebten diese Gruppen in Zelten oder natürlichen Höhlen. Die Überreste ihrer wenn auch nur bescheidenen Behausungen sind auf Gebiete verstreut, wo die wasserführende Schicht nicht besonders tief war. In den Höhlen und Siedlungen der fruchtbaren Zonen lebte der Mensch konstant über lange Zeitabschnitte hinweg und ließ so seine Spuren in mehreren Schichten zurück. Im Gegensatz hierzu zogen die Wüstenstämme je nach Wasservorrat ständig von einem Brunnen zum anderen. Sie blieben nicht lange am selben Ort und ließen keine wichtigen stratigraphischen Schichten zurück, mit Ausnahme jener Plätze, die sich neben ausreichenden Wasserstellen befanden. Die Wüste ist dicht überzogen mit Überresten von Zeltlagern, bei denen sich Kieselsteine und Tonschalen finden. Steinumgrenzungen lassen Hüttenböden oder Gehege für Tiere erkennen. Jedoch ist die Sammlung des archäologischen Materials in den drei Gebieten nicht einheitlich. In Zentralarabien finden wir eine gewisse Fülle von Kieselsteinen des Paläolithikums neben Keramik aus römischer, byzantinischer und islamischer Zeit. Bislang sind aber nur wenige Funde bekannt, die den zahlreichen Jahrtausenden zugeordnet werden können, die diese beiden kulturellen Epochen voneinander trennen. Aus diesem Grund liefert uns die reichhaltige Felskunst mit den Sequenzen, die aus ihren Stilen erkennbar sind, Zeugnisse über eine lange Zeitspanne – über eine Ära, von der uns heute andernfalls kaum etwas bekannt wäre. In den Wüsten des Negev und des Sinai häufen sich Überreste der Materialienkultur für alle Perioden, die auch für die Felskunst gelten. In Orten wie Har Karkom finden sich die Felsgravierungen in datierbaren archäologischen Komplexen. Im Südosten Anatoliens dagegen sind sogar in den dichten Gebieten der Felskunst bislang kaum Zeugnisse einer Materialienkultur zum Vorschein gekommen. Insgesamt kommt es ohnehin nur selten vor, daß Felskunst mit direktem Bezug zur Materialienkultur derselben Ethnie gefunden wird; und selbst wenn sich Funde neben einem bebilderten Felsen oder neben Felsüberhängen mit Bebilderungen finden, kann nicht immer eindeutig geklärt wer-

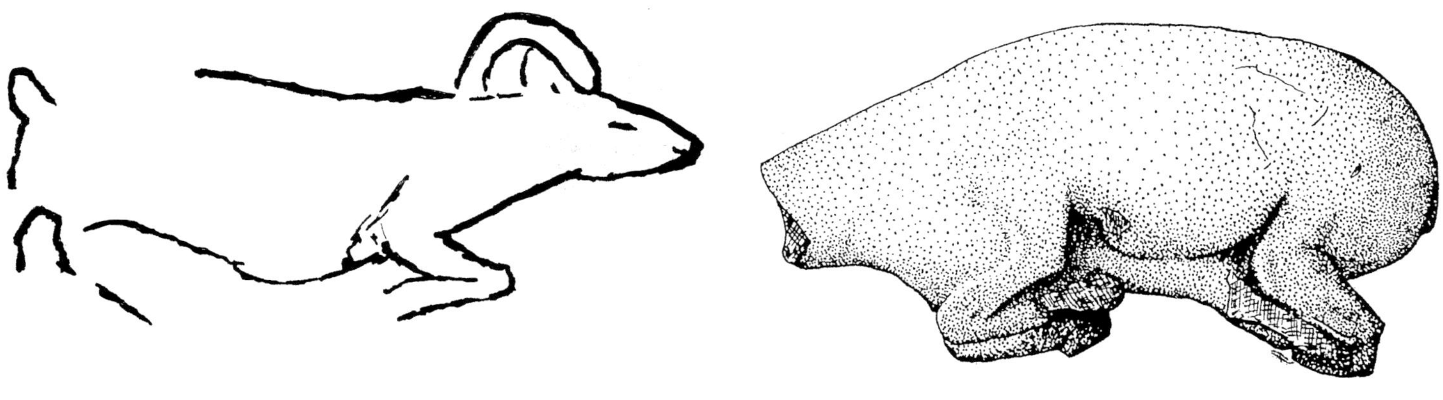

66. Oben: Darstellung eines mit feinen Linien gemalten Steinbocks, in Kilwa. Rechts eine kleine Kalkstatue aus dem Natufien, die einen Wiederkäuer darstellt. Aus Umm ez-Zuetiye in der Wüste von Judäa (Epipaläolithikum) (aus: E. Anati, 1979, S. 32).

den, ob diese Instrumente denjenigen gehörten, die auch die Felskunst schufen. Die Felskunst schließt jedoch Darstellungen der Materialienkultur mit ein: Äxte, Dolche, Pfeil und Bogen, Bekleidungsarten und sonstiges, so daß die Datierung häufig von den Darstellungen selbst geliefert wird.

Die Vielfalt der Felskunst in den Wüstengebieten steht im Widerspruch zu der von vergangenen Generationen oft geäußerten Behauptung, daß die Menschengruppen, welche die Wüsten bewohnten, einer Betrachtung gar nicht wert seien. Für die Archäologen, die einen *tell* mit Schichtabfolge oder eine Höhle mit verschiedenen Schichten graben, stellt die Felskunst des Vorderen Orients einen neuen und ungewohnten Aspekt dar. Man könnte annehmen, daß ein Geistervolk nur ganz wenige Reste von Materialien zurückließ, dafür jedoch eine Fülle von Felskunst, die klar und deutlich ein intensives intellektuelles und soziales Leben, kreative Bedürfnisse und Vorstellungskraft enthüllt.

Die Felskunst des Vorderen Orients ist seit der Mitte des vergangenen Jahrhunderts bekannt. Im Jahr 1853 veröffentlichte Pater Caignart de Saulcy seinen Bericht über eine Reise um das Rote Meer, mit der Beschreibung von Felsgravierungen. Neue Entdeckungen wurden 1871 von Palmer und 1901 von Dussaud und Macler veröffentlicht. Das erste Jahrzehnt dieses Jahrhunderts sah die Entdeckungen der französischen Patres Jaussen und Savignac, die zum ersten Mal von Felskunst auch auf der arabischen Halbinsel sprachen. Die Bebilderungen wurden als «astrologische Zeichen» oder «magische Felsen» bezeichnet. Von da an sind auf der Karte des mittleren Orients fast jedes Jahr neue Orte der Felskunst hinzugekommen. Der erste Schritt zu ihrer wissenschaftlichen Erforschung geschah zu Beginn der dreißiger Jahre mit der Entdeckung einer wichtigen Ansammlung in Kilwa, an der Grenze zwischen Jordanien und Saudi-Arabien. Nach einem ersten Bericht von

67. Darstellung von Steinböcken und Hunden im Stil II, in Kilwa (aus: H. Rhotert).

Horsfied und Glueck erschien die umfassende Studie von Hans Rhotert. Zum ersten Mal wurde damals angenommen, daß sich die Felsgravierungen über eine Reihe von Zeitabschnitten erstrecken und daß ihre Ursprünge auf das Steinzeitalter zurückgehen. In den fünfziger Jahren wurde eine zweite Konzentration von Felskunst in der Wüste Negev von mir entdeckt und erforscht. Die Fundorte des Negev vermehrten sich daraufhin allmählich, bis auch wichtige Ansammlungen im Sinai hinzukamen. In den sechziger Jahren kam die Felskunst Anatoliens ans Licht, die von M. Uyanik und mir untersucht wurde.

Sowohl in Arabien als auch im Negev-Sinai wird die Felskunst häufig mit semitischen Inschriften in Verbindung gebracht, die, von wenigen Ausnahmen abgesehen, alle aus dem 2. Jahrtausend n. Chr. stammen. Bis zur Entdeckung von Kilwa hatte man gemeinhin angenommen, daß die gesamte Felskunst des Vorderen Orients von der hellenistischen bis zur islamischen Periode eine homogene Gruppe bildet. Durch die Entdeckung von Kilwa konnte jedoch mit Sicherheit festgestellt werden, daß nur ein kleiner Teil der Felskunst in die gebildete oder islamische Zeit fällt, während ein großer Teil viel älter ist.

Rhotert hatte eine Aufteilung in drei Phasen vorgeschlagen: Die erste gehört zum Steinzeitalter, die zweite zur frühen Bronzezeit und die dritte zur hellenistisch-römischen Zeit; vereinzelte Figuren ordnete er der islamischen Zeit zu.

Die chronologische Analyse wurde von da an immer detaillierter. In letzter Zeit wurden die archäologischen Daten um eine Chronologie ergänzt, die man aufgrund der Stratigraphie der Stile aus den jeweiligen Zusammenhängen festgesetzt hatte. Diese neuen Erkenntnisse haben zwar die relative Chronologie bestätigt, jedoch die Gesamtchronologie verändert, die älter als angenommen ist. Im Tal von Uvda, im südlichen Negev zum Beispiel, sind Felsgravierungen des Stils IV-A (auf

68. Szene, die in realistisch-dynamischem Stil vermutlich die Rückkehr von der Jagd beschreibt. Fundstelle Shaib Musamma (Zentralarabien). Zwei Paare von Jägern führen zwei Gazellen vor: auf der linken Seite sieht man eine Frau mit Kind. In der Mitte eine anthropomorphe Gestalt mit Tiergesicht und übergroßem Phallus. Die Szene steht wahrscheinlich im Zusammenhang mit dem Jagd- und Fruchtbarkeitskult (aus: E. Anati, 1968c, Bd. II, S. 61).

69. Shaib Musamma. Jagd auf ein Kamel. Zu Füßen des Kamels ist ein Geist mit Tiergesicht dargestellt, was im realistisch-dynamischen Stil häufig vorkommt. Dieser Stil ist in Zentralarabien im 3. Jahrtausend v. Chr. verbreitet; die Datierung wird durch Waffen und Werkzeuge bestätigt, die in dieser Zeit entstanden sind (aus: E. Anati, 1968c, Bd. II, S. 64).

den Negev bezogen) gefunden worden, die in das 2. Jahrtausend v. Chr. zurückreichen, und zwar im Innern einer Rundhütte des Chalkolithikums, also aus dem 4. Jahrtausend v. Chr. (Ausgrabungen durch Avi Eytan).

In der Nähe von Dhuwiela in der östlichen Wüste Jordaniens finden sich Ansiedlungen mit runden Steinumgrenzungen, manchmal mit gepflastertem Boden, die einen lithischen Zusammenhang mit dem präkeramischen Neolithikum B zeigen. Sie gehen auf das 7. Jahrtausend v. Chr. zurück (A. Betts, 1985, C 14: 8190±60 B.P.). Sowohl auf den Steinumgrenzungen als auch auf den Bodenplatten wurden Eingravierungen von Tierfiguren gefunden, die Analogien mit dem Shaib-Stil Zentralarabiens zeigen. Dieser gehört zur Zeit der «Early Hunters and Pastoral», für die eine Datierung zwischen 4000 und 6000 v. Chr. vorgeschlagen wurde (Anati, *Arabia III,* 1972, S. 158). Inzwischen scheint es, daß sie etwa tausend Jahre älter sind.

Im Süden des Irak, in Umm Dabaghiyah (Kirkbride, 1975) und in Qasr Muhaiwir (Tyracek & Amin, 1981), hat man in neolithischen Schichten Felsgravierungen gefunden, die stilistisch dem Stil III im Negev verwandt sind und in die erste Hälfte des 5. Jahrtausends datiert wurden (J. Zarins, 1990). Im Jahr 1987 wurde die Hypothese aufgestellt, daß der Zeitabschnitt III um 5000 v. Chr. begann. Die tatsächlichen Daten scheinen auch in diesem Fall etwas früher zu liegen.

Aus diesen neuen archäologischen Einsichten läßt sich ein ziemlich konsistentes Bild gewinnen, in welcher chronologischen Folge und unter welchen existentiellen Bedingungen Felskunst entstanden ist. Vor allem ist heute offensichtlich, daß in den südlichen Wüsten des Vorderen Orients Höhere Jäger und Hirten nebeneinander existierten. Hirten sind bereits vor dem 6. Jahrtausend v. Chr. vorhanden, während Höhere Jäger auf lokaler Ebene noch wesentlich länger existierten. Als der Fruchtbare Halbmond bereits weitgehend urbanisiert und die Randgebiete von Hirtengruppen bestimmt waren, überlebten noch Höhere Jäger bis mindestens ins 3. Jahrtausend v. Chr. und vielleicht noch länger.

70. Jagdszene aus Wadi Romliyeh, im Zentralnegev, Stil III. Eines der Merkmale dieses dynamischen Stils, der bei vielen neolithischen Völkern im Mittelmeerraum verbreitet ist, ist die kinetische Darstellung, zum Beispiel mehrfach wiederholte Pfeile, um die Zielrichtung anzugeben. Die Punkte bei einem der Pfeile haben eine ähnliche Bedeutung wie das Verb «machen»: in diesem besonderen Fall ist wohl das Erreichen des Ziels gemeint (aus: E. Anati, 1979, S. 42).

Negev und Sinai

71. *Steinbock mit breiter Umrißlinie. Der Künstler hat mit zahlreichen Hammerschlägen Stellen auf dem Tierkörper punziert, die vielleicht Verletzungen darstellen. Tief eingeritzte Gravierung, Stil I des Negev, gegen Ende des Paläolithikums datierbar (vor etwa 12 000 Jahren), Kilwa, Jordanien (aus: E. Anati, 1979, S. 31).*

Die Felskunst des Negev und Sinai zeigt sich zum ersten Mal gegen Ende des Paläolithikums, wahrscheinlich gegen Ende des Pleistozäns und setzt sich dann über verschiedene stilistische und chronologische Phasen bis hin zur islamischen Epoche fort. Wir begegnen vier großen Komplexen:

I. Primitive Jäger (Periode I);
II. Höhere Jäger (Perioden II-III);
III. Jäger und Hirten (Periode IV/A-B-C);
IV. Hirten (Perioden V-VI-VII).

I. *PRIMITIVE JÄGER* (Periode I)

Die ältesten Darstellungen zeigen vorwiegend große Figuren wilder Tiere. Die abgebildeten Waffen sind die Lanze, das Lasso und wahrscheinlich auch *bolas*. Es sind weder Darstellungen von Pfeil und Bogen noch von Haustieren bekannt. Diese Phasen der Primitiven Jäger kennen nur eine ziemlich begrenzte Skala der Darstellung. Es ist durchaus anzunehmen, daß ihre Lebensweise in der Wüste noch lange Zeit weiterbestand.

II. *HÖHERE JÄGER* (Perioden II-III)

Die Phasen der Höheren Jäger (Perioden II und III) stellen Szenen im eigentlichen Sinn dar, wie es sie zuvor noch nicht gegeben hatte. Ihre Themen sind die Tätigkeiten von Menschengruppen, die Pfeil und Bogen verwenden und von Hunden unterstützt werden. Der Hund ist das erste Tier, das in dieser Region domestiziert wurde; dazu gibt es aus dieser Phase die ältesten Zeugnisse.

72. *Bebilderte Oberfläche aus Nahal Odem, auf der sich vier Phasen im besonderen Stil dieses Gebiets zeigen. Die schwarzen Gestalten sind später entstanden. Der Abschnitt mit Äxten läßt uns diesen Stil der neolithischen Periode oder dem Beginn des Chalkolithikums zuordnen (aus: E. Anati, 1979, S. 41).*

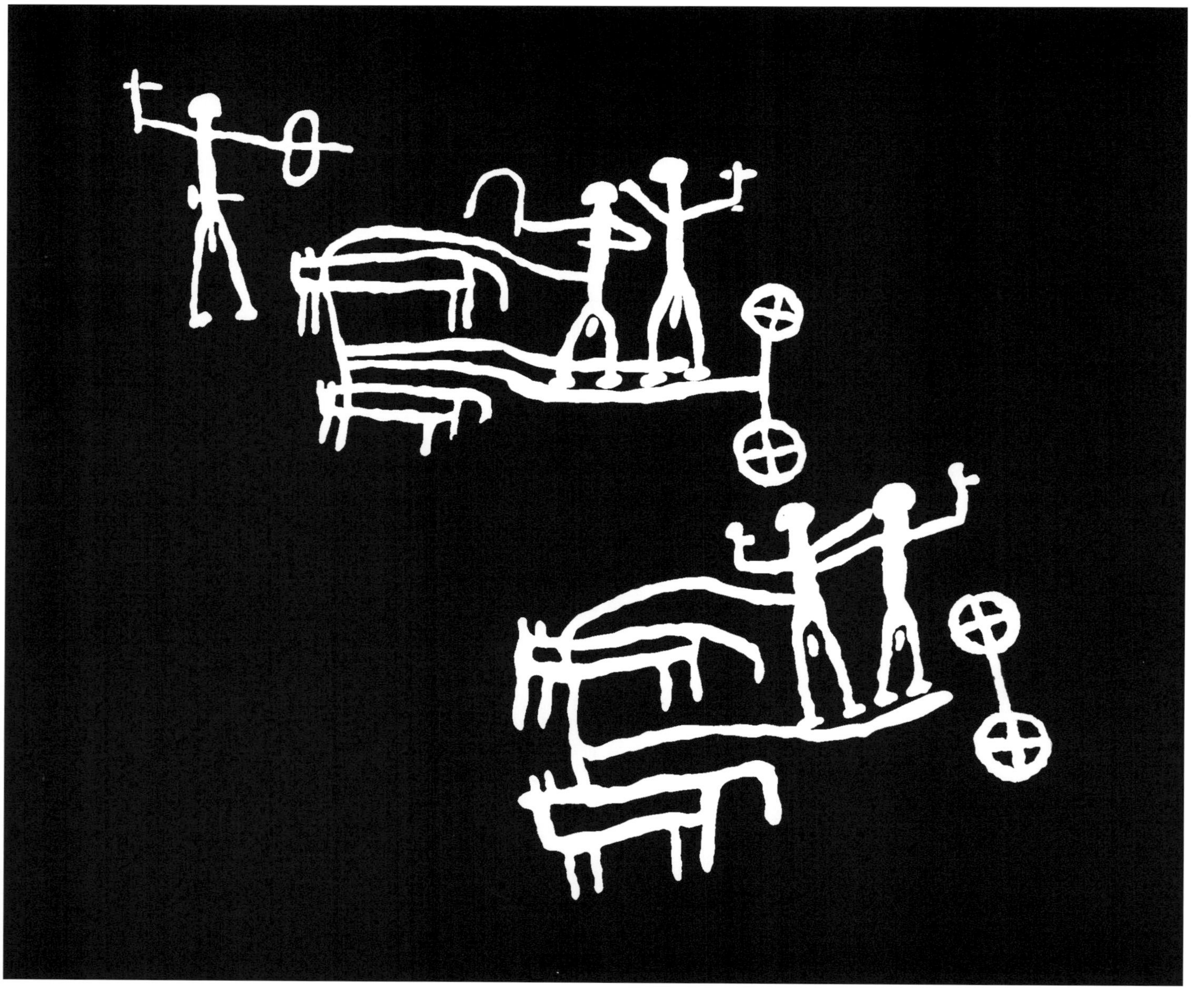

III. *JÄGER UND HIRTEN* (Periode IV/A-B-C)

Im Verlauf der Periode, die in fruchtbaren Gebieten als Neolithikum bezeichnet wird, kamen auch die ersten Hausrinder auf. Allmählich erscheint aber die Ziege als wichtigstes Tier der Viehzucht. Erhalten sind Jagdszenen, die bezeugen, wie wichtig diese Tätigkeit für das Wirtschaftssystem der Periode IV-A und B bis zum 1. Jahrtausend v. Chr. war.
In der Zeitspanne IV-A, die dem Chalkolithikum und der frühen Bronzezeit des 4. und 3. Jahrtausends v. Chr. entspricht, zeigt die Felskunst Analogien zu Figuren auf Keramik, Knochen und Stein aus den spätchalkolithischen Kulturen.
Mit komplexen, jedoch statischen Szenen, die Riten, Musik und Tänze, die Arbeit der Hirten und der Jäger sowie soziale Ereignisse zeigen, scheint die Felskunst jener Phase auf die Ankunft eines neuen Volkes hinzudeuten, dessen wichtigste Tätigkeit die Viehzucht war, wenn auch daneben die Jagd weiterbestanden hat. Man findet Darstellungen von Rindern und Eseln, das wichtigste Tier war jedoch die Ziege, die auf Hunderten von Darstellungen zu sehen ist. Neben diesem neuen Volk, dessen figurativer Stil schematischer ist als der seiner Vorgänger, gibt es die Gruppen der Höheren Jäger, die wohl eine Zeitlang auf demselben Gebiet lebten.

IV. *HIRTEN* (Perioden V, VI, VII)

Die Phase der Hirten ist eine lang andauernde Epoche. Die Periode IV der Felskunst wurde in drei Phasen unterteilt: IV-A ist auf dem gesamten Gebiet des Sinai und des Negev verbreitet und zeigt die größte Dichte in Har Karkom; sie erstreckt sich über das späte 4. und das 3. Jahrtausend v. Chr. Die endgültige Vorherrschaft des Hirtendaseins und der Niedergang der Jagd vollziehen sich in der Periode IV-B, die im südlichen Negev und im Sinai nicht vorkommt; sie findet sich auf der Hochebene des Zentralnegev und in Timma, im Araba-Tal, in eng umgrenzten Gebieten; zeitlich umfaßt sie das 2. Jahrtausend v. Chr.
IV-C ist wieder auf der ganzen Halbinsel verbreitet, mit bedeutenden Konzentrationen im Wadi Hawara und weiter im Südosten des Sinai; diese Periode umfaßt das 1. Jahrtausend v. Chr., vor allem dessen zweiten Hälfte, und ist durch zahlreiche

73. Entlang der Doppelseite: Große Komposition von etwa fünfzehn Metern Länge, eingeritzt in die «Grotte der Wagen» in Timma, Araba-Tal. Die Bebilderung befindet sich in einem Bergbaugebiet, wo die Ägypter im 2. Jahrtausend v. Chr. von Sklaven und durch Zwangsarbeit Kupfer fördern ließen. Stil IV-B, 2. Jahrtausend v. Chr. Bei den beiden Ausschnitten zeigt die vorhergehende Seite zwei Wagen und eine Gestalt zu Fuß mit den gebräuchlichen Waffen: Schlachtaxt, Bogen, Dolch. Die Wagen, wahrscheinlich für militärische Zwecke benutzt, stammen aus der 18. Dynastie. Im Ausschnitt oben erweisen zwei Gestalten mit Äxten einem Verstorbenen die Ehre. Wer hat diese Szenen dargestellt? Die Unterdrücker oder die Unterdrückten? Falls es sich um eine Verherrlichung der Unterdrücker handelt, könnte das Bild nach der Logik der Geschichte kaum von den Unterdrückten stammen (aus: E. Anati, 1979, S. 52f.).

35. Vorhergehende Seite: Tanz- und Musikszene aus Wari Harash im Zentralnegev. Oben spielen zwei tanzende Gestalten asymmetrische Lyras vor einem Tierbild; darunter tanzen vier Gestalten, während eine fünfte sitzend die Trommel spielt. Die Gestalten scheinen nackt zu sein und tragen einen Dolch am Gürtel. Figurativer Stil IV-B. Die Lyras sind auf etwa 2000 v. Chr. datierbar, wie sich aus vergleichbaren archäologischen Ausgrabungen ergab; rechts das Foto, links die Abdrücke (aus: E. Anati, 1979, S. 50).

36. Oben: Nahal Ezuz. Natürliche Form eines Felsvorsprungs, die einem Fisch oder einem Reptil ähneln könnte. Sie wurde mit 12 vertikalen und horizontalen Linien dekoriert.

37. Linke Seite, unten: Darstellung einer Gestalt mit großen Händen, in der Nähe einer Gruppe von Grabsteinen aus der frühen Bronzezeit. Har Karkom (Wüste Negev). Periode IV-A. Die großen Hände bedeuten häufig Gestalten oder Geister, die Energie ausströmen.

38. Der Stab und die Schlange. Felsgravierung aus Har Karkom (Wüste Negev), die den Stab und die Schlange miteinander in Beziehung setzt, wie es auch in den biblischen Erzählungen über Mose geschieht, wo sich der Stab in eine Schlange verwandelt.

39. Oben: Felsen von Wadi Advat mit Überlagerungen von Darstellungen im Stil II und Stil IV-C (s. Zeichnung S. 97).

40. Rechts: Wadi Ramlic. Anthropomorphe Figur im Stil III des Negev. Die weibliche Figur ist durch die Brüste und den Rock angedeutet. Dieser Typus der Darstellung wird als «doppel-dreieckig-anthropomorph» bezeichnet und kommt in der Felskunst verschiedener Kontinente vor.

41. Rechts oben: Wadi Beerotaym. Reihe von Figuren, wahrscheinlich aus römisch-byzantinischer Zeit, bestehend aus einem Kamel, einem Betenden, einer Gestalt auf einem Eselsrücken, einem Steinbock und einem Hund (Periode V) als Übermalung schematischer anthropomorpher Darstellungen von viel dunklerer Patina. Der anomale Stil fällt wahrscheinlich in die chalkolithische Zeit.

42. Rechts unten: Jagdszene mit einem Bogen, der sowohl in der Periode III des Neolithikums als auch im Chalkolithikum gebräuchlich war. Nahal Ezuz.

Folgende Doppelseite:
43. Über beide Seiten: Landschaft von Timna im Tal von Araba. Am Felsen rechts ist der Eingang zur Höhle Alfonso zu sehen.

44. Unten links: Ausschnitt der Gravierungen in der Alfonso-Höhle. Auf der linken Seite ist eine Vogeldarstellung über frühere, sehr zerstörte Gravierungen gemalt, die wahrscheinlich eine Gestalt von deutlich ägyptischem Aussehen darstellten, die auf einem Schemel oder einem Thron sitzt, in der Hand eine Schriftrolle mit ihrem Namen; sie geht wahrscheinlich auf die erste Dynastie zurück. Darunter befinden sich Inschriften, die wahrscheinlich früher entstanden sind. Die Vogelfigur rechts, wahrscheinlich ein Strauß, ist von der Abblätterung des Felsens stark beschädigt.

45. Unten rechts: Ausschnitt der Oberfläche in einer Höhle mit Wagendarstellungen. Timna. Periode IV-B.

Inschriften datierbar, wobei die Viehzucht die mit Abstand am besten dokumentierte Tätigkeit darstellt.
Neuere archäologische und paläoklimatische Daten weisen auf eine zeitliche Kluft zwischen der Felskunst und den anderen Ausdrucksformen hin, die mit Ausnahme einiger Regenzonen fast das gesamte 2. Jahrhundert v. Chr. im Negev und im Sinai betrifft. Dadurch werden frühere Kenntnisse deutlich modifiziert. Dieses Phänomen geht mit klimatischen Begleiterscheinungen einher, die dazu führten, daß dieses Gebiet jahrhundertelang extrem trocken war. Weite Gebiete des Negev und des Sinai wurden daraufhin von halbnomadisierenden Hirtenvölkern aufgegeben. Archäologische Funde und damit auch Zeugnisse der Felskunst begegnen uns dann erst wieder zu Beginn der Eisenzeit, gegen Ende des 2. Jahrtausends v. Chr. und, mit langsamer Entwicklung, in der ersten Hälfte des 1. Jahrtausends v. Chr. In dieser Phase erscheinen erstmals zwei neue Haustiere: das Kamel und das Pferd.
Im 5. Jahrhundert v. Chr. nehmen die Werke der Felskunst deutlich zu und erreichen einen neuen Höhepunkt in der Zeit vom 3. vorchristlichen bis zum 4. nachchristlichen Jahrhundert. Aus dieser Zeit sind auch zahlreiche Inschriften erhalten, deren Autoren mit verschiedenen Stämmen aramäischer Sprachwurzel identifiziert werden können. Darüber hinaus gibt es viele Elemente, die auf hellenistische, römische und schließlich byzantinische Einflüsse hinweisen. Vorherrschend sind rituelle Szenen oder Darstellungen des Hirtenlebens.
Mit dem 5. Jahrhundert setzt ein langsamer, jedoch unaufhaltsamer Niedergang ein, der sich sowohl im Stil als auch in der Qualität der Felskunst, auch anhand des begrenzten Repertoires, zeigt. Die Kunst wird extrem schematisch, und zum ersten Mal ist die Anzahl der abstrakten Zeichen und symbolischen Grapheme größer als die der dargestellten Figuren. Gegen Ende des 1. Jahrtausends n. Chr. finden sich die ersten arabischen Inschriften, deren Anzahl dann in den ersten Jahrhunderten des 2. Jahrtausends zunimmt, um danach schnell wieder zurückzugehen. Der Zyklus schließt mit der Rückkehr zum Analphabetismus und dem Nomadendasein.
Die größte Konzentration der Felskunst im Negev und Sinai befindet sich in Har Karkom, einem an kultischen Überresten reichen Gebirge, das der biblische Berg Sinai sein könnte. Hier finden sich Felsgravierungen häufig im Zusammenhang mit Grabhügeln, Steinkreisen, Altären, Grenzsteinen oder vertikal befestigten Orthostaten, gepflasterten Plattformen und anderen Kultstellen. Die kultische Funktion der Felskunst wird dabei auch an den dargestellten Themen deutlich, die häufig mythologischen Charakters sind.
Der Stil IV-A enthüllt Teile einer Mythologie, die zahlreiche Gemeinsamkeiten mit den biblischen Erzählungen aufweist. Im Medium der Schrift ist lediglich ein Teil dieser Geschichte erhalten geblieben. Weitere Aspekte tauchen durch die Felskunst wieder auf, so daß hier einer der seltenen Fälle vorliegt, bei dem unsere aus Mythen und Literatur gewonnenen Kenntnisse der «historischen» Tatsachen direkt mit einer Phase der Felskunst in Verbindung stehen, deren Bilder sicher früher zu datieren sind als die Abfassung der Bibel, so wie sie uns überliefert ist.

74. Säugen eines Kamels, auf einer Felsgravierung der letzten nomadisierenden Hirten, Stil V, Nahal Odem, südlicher Negev, Israel. Das Interesse der Hirten richtet sich häufig auf Details alltäglicher Ereignisse (aus: E. Anati, 1979, S. 62).

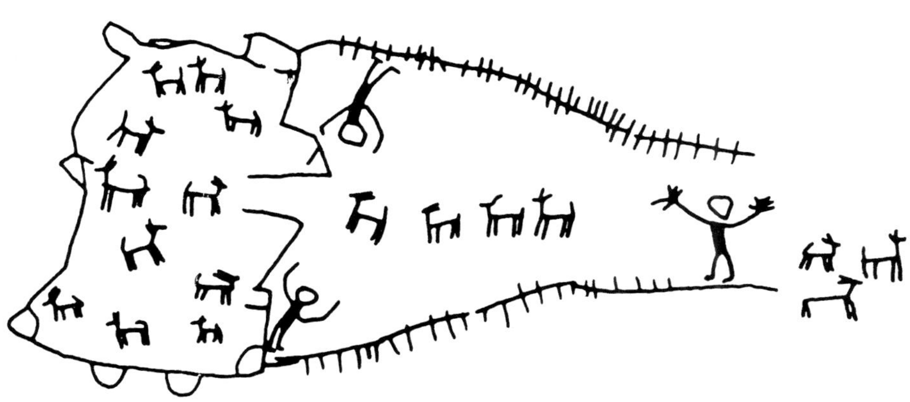

75. Tiere werden in einem Gehege zusammengetrieben, Wanderhirten von Rujum Hani, Jordanien (aus: E. Anati, 1979, S. 57).

46. Vorhergehende Seite: Gesamtansicht von Ain Hudra, einem der wichtigsten Gebiete der Felskunst des Sinai. In der Mitte des Fotos erkennt man den Palmenhain der kleinen Oase.

Die Felskunst im Negev-Sinai

Horizont	Versuchte Datierung	Periode	Wichtigste Tätigkeit	Waffen und Werkzeuge	Domestizierte Tiere	Bezüge und chronologische Hinweise
			in der Reihenfolge der Wichtigkeit			
gemischtes Wirtschaftssystem		VII-B	Weidewirtschaft, Handel	Dolch, Gewehr	Kamel, Ziege, Schaf, Pferd, Hund	neueren Datums
	400	VII-A	Weidewirtschaft	Lanze, Bogen, Krummsäbel	Kamel, Ziege	post-mittelalterlich
Hirten	700	VI	Weidewirtschaft, Jagd	Lanze, Schild, Pfeil und Bogen	Kamel, Pferd	mittelalterliche arabische Inschriften 650–1300 n. Chr.
Jäger und Hirten	1350	V	Handel, Krieg, Weidewirtschaft	Lanze, Schild, Pfeil und Bogen, Schwerter	Pferd, Kamel, Hund, Ziege,	griechische und nabatäische Inschriften, römisch-byzantinische Bezüge 70–650 v. Chr.
Jäger und Hirten	1900	IV-C	Weidewirtschaft, Handel, Jagd	Pfeil und Bogen, Keule, Lanze, Schild	Hund, Ziege, Pferd, Kamel	Beginn wahrscheinlich in der Eisenzeit, 1. Jahrtausend v. Chr. Ende der talmudischen und nabatäischen Inschriften 800 v. Chr.–200 n. Chr.
	3000	IV-B	Weidewirtschaft, Handel, Jagd	Pfeil und Bogen, Keule, Lanze, Schild, Kriegswagen	Ziege, Hund, Pferd	von der mittleren Bronzezeit bis zur Eisenzeit 2000–800 v. Chr.
Jäger und Hirten	4000	IV-A	Jagd, Weidewirtschaft, Tänze, religiöse Zeremonien	Pfeil und Bogen, Dolch, Axt, Musikinstrumente	Ziege, Hund, Rind, Esel	Beginn wahrscheinlich im Chalkolithikum, 4. Jahrtausend v. Chr., Darstellungen 3. Jahrt. v. Chr. in Jericho, Arad, Uvda-Tal, Bezüge zu Mesopotamien-Ägypten, vermutliche Dauer bis zum 2. Jahrt. v. Chr.
	5500	III	Jagd	Pfeil und Bogen, Keule mit Kugelkopf	Hund, Ziege, Rind	Bezüge zum prä- und protodynastischen Ägypten, 6. Jahrt. v. Chr., vielleicht bis zum 2. Jahrt. v. Chr. andauernd
Höhere Jäger	?	II	Jagd, frühe Viehzucht	Lanze, Stock	Hund, Rind	Bezüge zu Mesopotamien 6.-4. Jahrt. v. Chr.
Primitive Jäger	8000	I	Jagd	Lanze, Lasso		Kunst der Primitiven Jäger in Arabien, Nordafrika, vor dem 6. Jahrt. v. Chr.

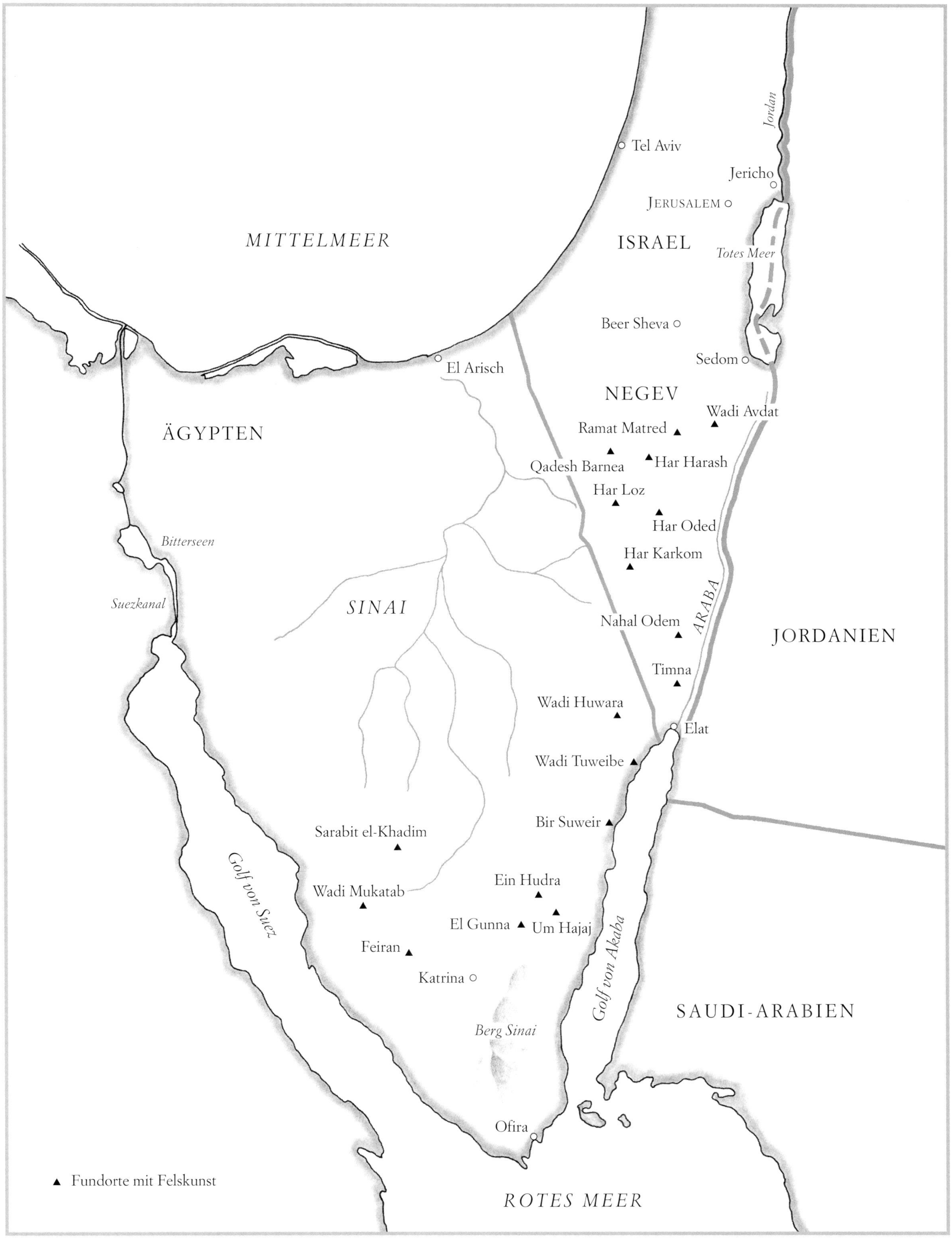

MITTELMEER
Tel Aviv
Jericho
Jerusalem
Jordan
ISRAEL
Totes Meer
Beer Sheva
Sedom
El Arisch
NEGEV
Wadi Avdat
Ramat Matred
ÄGYPTEN
Qadesh Barnea
Har Harash
Har Loz
Har Oded
Bitterseen
Har Karkom
Suezkanal
SINAI
Nahal Odem
ARABA
JORDANIEN
Timna
Wadi Huwara
Elat
Wadi Tuweibe
Bir Suweir
Sarabit el-Khadim
Golf von Suez
Ein Hudra
Wadi Mukatab
El Gunna
Um Hajaj
Feiran
Katrina
Golf von Akaba
SAUDI-ARABIEN
Berg Sinai
Ofira
▲ Fundorte mit Felskunst
ROTES MEER

Anatolien

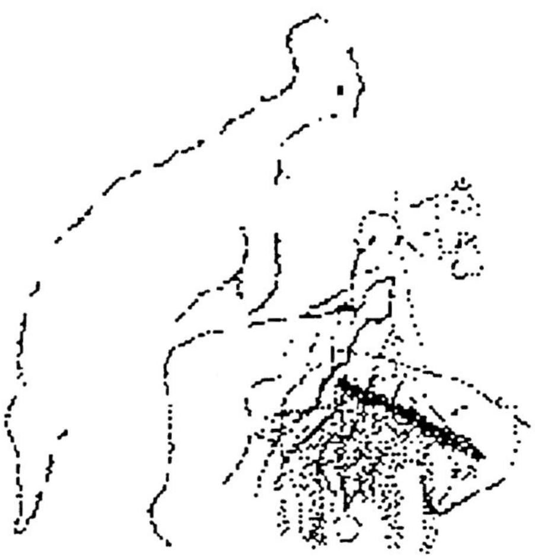

76. *Schemazeichnung der Überlagerungen in der Höhle von Palanli: Phase I, zwei anthropomorphe Figuren (Epipaläolithikum?); Phase II, Tier mit vollständig punzierter Oberfläche (Neolithikum); Phase III, mehrere fadenförmige, nicht-figurative Gravierungen; Phase IV, fadenförmige Figuren mit Sonnenscheibe, dreieckige Schneide der Axt, «Schmetterlingsfigur» (Eneolithikum oder Bronzezeit) (aus: E. Anati, 1972a, S. 32).*

Von der Felskunst Anatoliens ist noch wenig bekannt. Die Untersuchungen von M. Uyanik und mir galten begrenzten Gebieten, während weite Areale noch unerforscht sind. Bei den ältesten Phasen lassen sich größere Unterschiede nachweisen als im Negev und Sinai. Manche Figuren können dem Paläolithikum zugeordnet werden, außerdem dem Epipaläolithikum und dem Protoneolithikum mit Merkmalen, die, verglichen mit den quantitativ umfangreicheren Gruppen in Arabien und dem Negev-Sinai, eine gewisse Originalität aufweisen. In der anatolischen Felskunst sind fünf stilistische Komplexe auszumachen:

I. Primitive Jäger;
II. Jäger und Sammler;
III. Höhere Jäger;
IV. Jäger und Hirten;
V. Gemischtes Wirtschaftssystem.

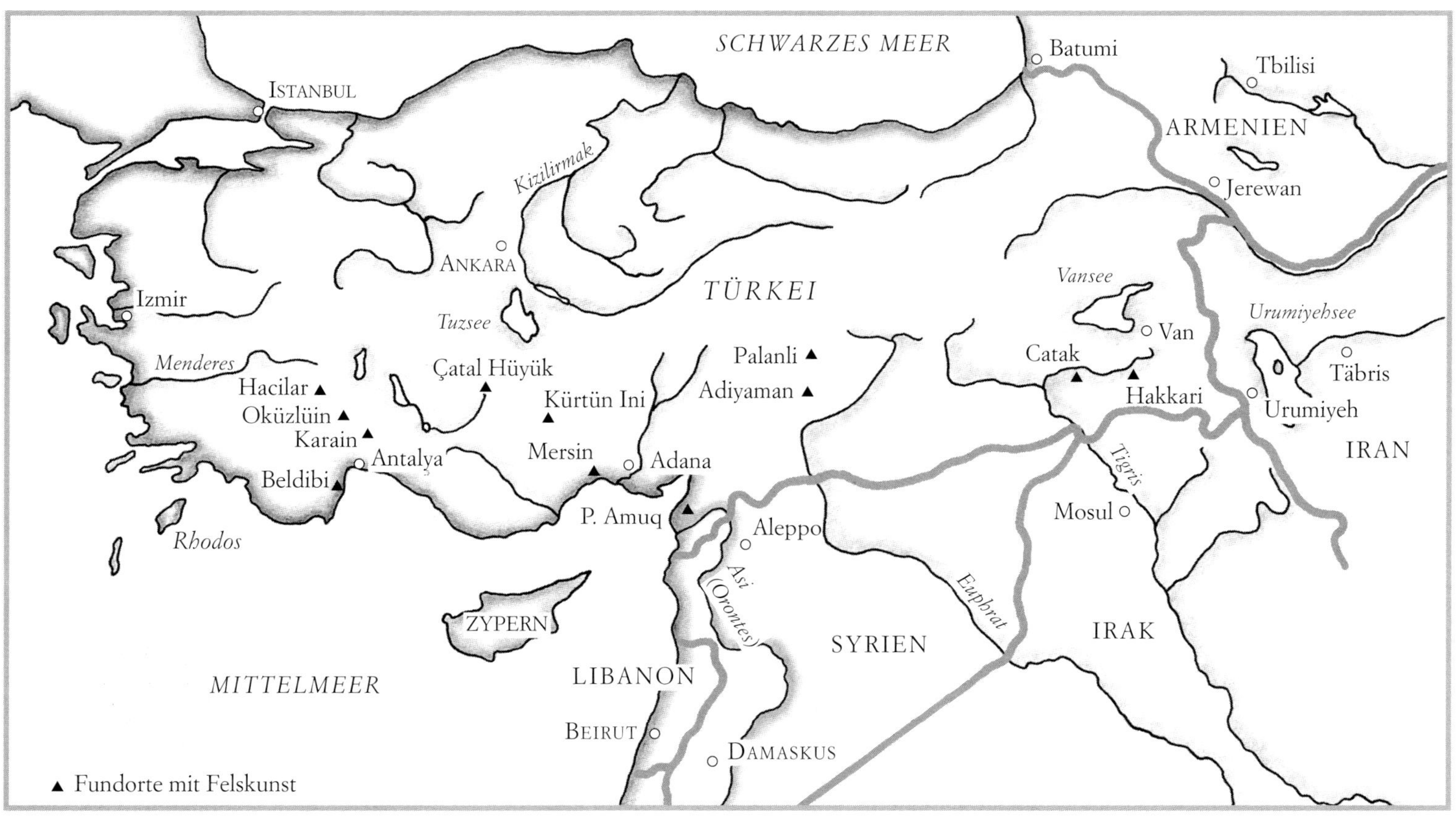

I. *PRIMITIVE JÄGER:* Erste Phasen dieser Gruppe, mit großformatigen Tieren sowie einigen mit Umrißlinien ausgeführten Menschendarstellungen, weisen eine deutliche stilistische Ähnlichkeit mit Kunstfunden aus dem ausgehenden europäischen Paläolithikum auf. Eine Gruppe am Fundort von Palanli zeigt dagegen Affinität mit dem Stil I, dem ältesten Stil der Felskunst in den Wüsten des Negev und Sinai, in Jordanien und Saudi-Arabien. Ein verzierter Gegenstand auf Knochen, der in Karain gefunden wurde, unterscheidet sich in Stil und künstlerischem Entwurf von allen übrigen und weist figurative Merkmale und Techniken auf, die denen der Plastik der Natufien, der mikrolithischen Kultur des Epipaläolithikums im syrisch-palästinischen Gebiet, verwandt sind.

II. *JÄGER UND SAMMLER:* Ein Komplex besonderer Bebilderungen in den Höhlen von Beldibi, wahrscheinlich aus protoneolithischer Zeit, zeigt noch stark epipaläolithische Traditionen. Diese folgen figurativen Vorstellungen, die denen mancher künstlerischer Gruppierungen des europäischen Mesolithikums ähneln. Es sind Malereien in Rotbraun, die verschiedene Ideogramme, Tierfiguren und schematische anthropomorphe Wesen darstellen.

III. *HÖHERE JÄGER:* Eine Gruppe, die wahrscheinlich gleichzeitig mit der neolithischen Zeit entstand, umfaßt die späten Serien von Beldibi und Palanli und wahrscheinlich den Beginn der Gruppe von Hakkari. Vorhanden sind Jagdszenen, die Ähnlichkeiten mit den Wandfresken von Catal Hüyük aufweisen, einem neolithischen Dorf, das von J. Mellaart in Mittelanatolien ausgegraben wurde.

IV. *JÄGER UND HIRTEN:* Man unterscheidet verschiedene Stile mit Szenen der Jagd und des Hirtenlebens. Dargestellt sind Ziegen und Hausrinder, zusammen mit wilden Ziegen und Hirschen. Die Gruppe umfaßt einen großen Teil der Gravierungen von Hakkari und die Bilder von Kürtün Ini. Der Stil ist von langer Dauer und könnte bis in historische Zeiten reichen. Er zeigt die typische Lebensweise von

77. Steinplaketten des Jungpaläolithikums aus Öküzluin; Abdruck der beiden Seiten und Foto. Höhe bis zu 12 cm (aus: E. Anati, 1972a, S. 17).

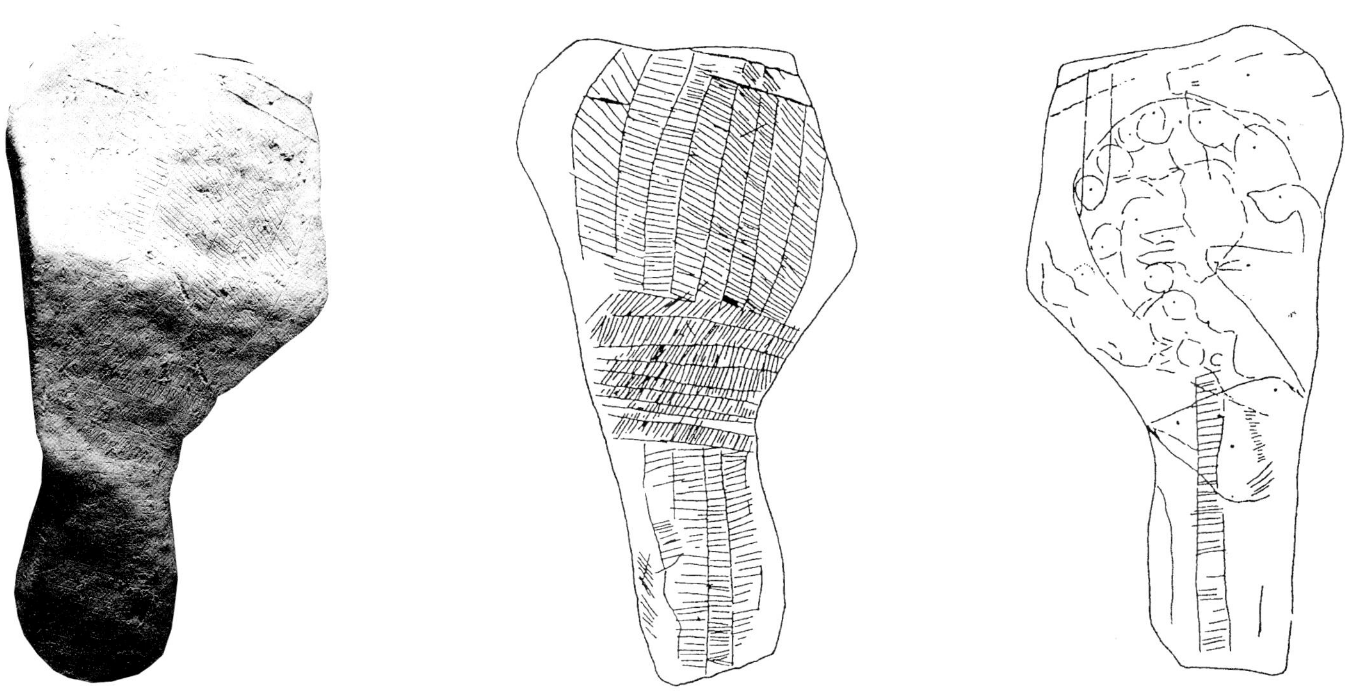

Jägern eines späteren Zeitabschnitts, als in den Randgebieten Anatoliens die Viehzucht als Wirtschaftsquelle zur Jagd hinzukommt.

V. *GEMISCHTES WIRTSCHAFTSSYSTEM:* Schematische Felsgravierungen aus historischer Zeit. Darstellungen von Karawanen und Handelsszenen verbinden sich mit Bildern des Hirtendaseins, des Kampfes und der Jagd.

78. Jagdszene im schematischen Stil des Gebiets von Hakkari (aus: E. Anati, 1972a, S. 46).

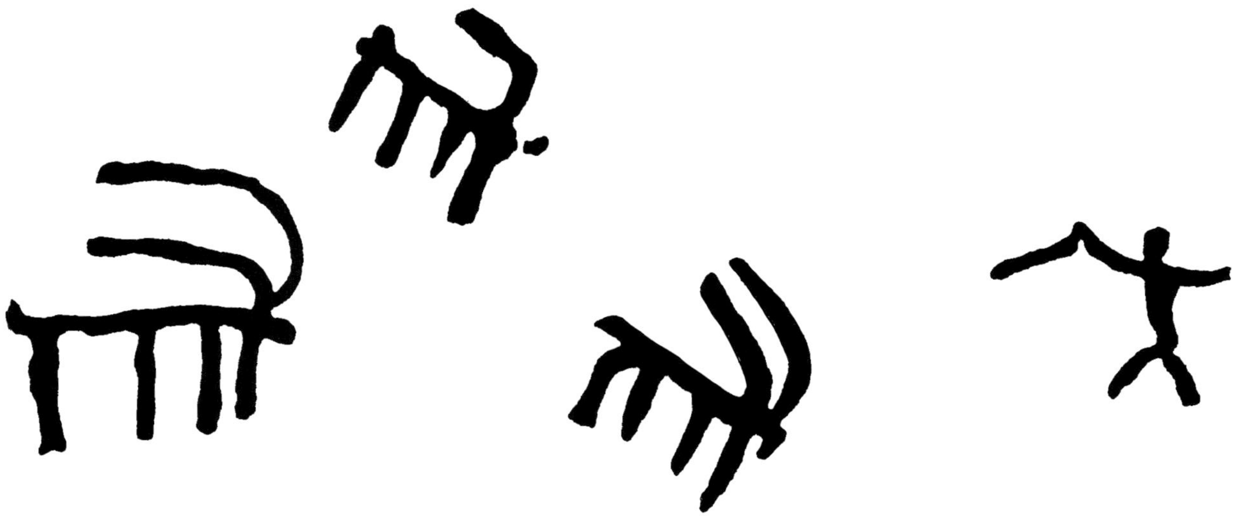

Die Felskunst in Anatolien

Horizont	Versuchte Dat.	Periode	Stil	Fundorte Typ	Wichtigste dargest. Tätigkeit	Waffen und wichtige Werkzeuge	Domestizierte Tiere	Kontext und chronologische Einordnung
					in der Reihenfolge der Wichtigkeit			
gemischtes Wirtschaftssystem		V	mythologische und phantastische Tierfiguren	später Hakkari	Weidewirtschaft, Handel, Krieg	Lanze	Ziege, Rind, Hund, Pferd	Späte Bronzezeit und Eisenzeit
Hirten	3500	IV	sub-realistisch und schematisch	typischer Hakkari	Weidewirtschaft	Lanze, Bogen	Ziege, Rind, Hund	Bronzezeit
Jäger und Hirten	5500	III	realistische Tierdarstellungen, Jagdszenen	Beldibi III, Palanli II-III, Hakkari (früh)	Jagd, Weidewirtschaft	Lanze, Bogen	Rind, Hund	Neolithikum, vgl. Catal Hüyük
Sammler und Fischer	7500	II	schematisch und abstrakt	Beldibi II	Fischfang, Sammeln	Netz		Mesolithikum und Protoneolithikum
Höhere Jäger	10 000	I/B	sub-naturalistisch mit Umrißlinien, wilde Tiere	Palanli, Beldibi I	Jagd	Lanze		Epipaläolithikum, vgl. Kilwa I, Negev I
Primitive Jäger	12 000	I/A	sub-naturalistisch mit Umrißlinien, wilde Tiere	Karain, Öküzini	Jagd	Lanze		spätes Paläolithikum

79. Oben: Gravierungen, datierbar gegen Ende des Paläolithikums, aus der Höhle von Palanli in Anatolien. Zu Füßen dieser Gravierungen ist eine Gruppe von cupules *zu sehen, die in den Boden der Höhle geritzt sind (aus: E. Anati, 1972a, S. 30).*

80. Foto des Höhleneingangs.

ZENTRALARABIEN

81. Felsgravierung in Mesopotamien, die unmittelbar vor der Hochkultur, vermutlich um 4000 v. Chr., entstanden ist. Die Verdoppelungen lassen nicht erkennen, ob das Bild eine oder zwei Gestalten darstellt. Die großen Hände bezeichnen das Ausstrahlen von Energie. Zwischen Najd Musamma und Najd Sahi in Zentralarabien (aus: E. Anati, 1968c, Bd. 1, S. 122).

Arabien ist für die Felskunstforschung zum größten Teil noch unbekanntes Gebiet. Forschungen und Vermessungen von Funden sind zwar im Gang, doch die bislang einzige systematische Arbeit ist derzeit meine eigene in Zentralarabien, deren Expeditionen von Philby-Ryckmans-Lippens dokumentiert wurden. Die chronologische Folge entspricht der im Negev-Sinai, mit dem Unterschied, daß es hier deutlich mehr Stile und Phasen gibt, die auf intensive Bewegungen von Stammesgruppen im Lauf von Jahrtausenden hindeuten. Im Gebiet, das Lawrence von Arabien als «Empty quarter» bezeichnete, herrschte ein überaus intensives Leben, es war alles andere als «leer» und bliebt nur deshalb still und im verborgenen, weil Informationen darüber fehlten.

Vorhanden sind mindestens drei große Phasen dieser Perioden mit je verschiedener stilistischer Ausprägung. Wilde Tiere sind dargestellt, darunter auch Exemplare von in Arabien ausgestorbener Fauna, wie der Elefant und das Rhinozeros, die zu Beginn des Holozäns verschwanden. Ebenso kommen nackte anthropomorphe Figuren vor, vorwiegend steatopyge, fettleibige Frauengestalten mit hervortretenden Brüsten, die von Zeichen oder Ideogrammen begleitet sind und häufig in Verbindung mit Tieren erscheinen. Es handelt sich um metaphorische Kompositionen mit Ähnlichkeiten zu analogen Komplexen in der paläolithischen europäischen Kunst.

In der frühesten Phase sind die Figuren mit feinen und eleganten Umrißlinien graviert. Einige der Frauengestalten sind winzig klein. Sie zeigen Ähnlichkeit mit kleinen europäischen Frauenfiguren, auch mit Funden in Ägypten, in Kom Ombo (BCSP, 1969, S. 162) sowie in Anatolien, in Palanli (Anati, Anatolia, 1972, S. 32).

In ihrer Gesamtheit spiegelt diese Phase eine weit verbreitete Vorstellungswelt wider. Die zweite Phase zeigt vor allem Tierfiguren, vorwiegend großformatige Steinböcke, mit tiefen Gravierungslinien und von eleganter Form, wobei meist die gebogenen Hörner betont werden.

Diese Phase weist Parallelen zu Anatolien und zum Negev-Sinai auf. Die Vergleiche betreffen jedoch ein enger begrenztes Gebiet als das der vorhergehenden Phase. Die dritte Phase zeigt weniger Sorgfalt in der Darstellung, mit unproportionierten und minderwertigen Tierfiguren, die Parallelen zu Kilwa (Jordanien) und den

82. Fundort Qahra in Zentralarabien. Verschiedene Felsen zeigen hier einen sehr frühen Stil, der wahrscheinlich zum Horizont der Primitiven Jäger gehört, dem sich alle anderen Stile überlagern. Wilde Tiere, darunter Rinder und Ziegen, sind mit zarten, feinen Umrißlinien eingeritzt (aus: E. Anati, 1974b, Bd. IV, S. 72).

Wüsten des Negev-Sinai aufweisen. Hier ist das vergleichbare Gebiet noch begrenzter. Mittels dieser drei Phasen läßt sich ein Prozeß der Regionalisierung ikonographischer Modelle verfolgen.

JÄGER UND HIRTEN

In Zentralarabien sind etwa zwanzig verschiedene Stile von Jägern und Hirten erhalten geblieben, die aus Forschungsgründen in einen frühen, mittleren und späten Stil eingeteilt wurden. In den frühesten Phasen herrscht die Darstellung großer

83. Rechts oben: Dahthami Wells. Gesamtbild eines Felsens, auf dem die Phasen der beiden folgenden Darstellungen hervorgehoben sind (aus: E. Anati, Arabia 1972d, Bd. III, S. 69).

84: Rechts Mitte: Umrißlinie einer Darstellung großformatiger Tierfiguren, mit dem Hammer punziert, von sehr dunkler Patina. Shaib-Stil, primitive Phase der Jäger und Viehzüchter.

85. Rechts unten: Darstellung von Figuren des Felsens B 17, Stil III (nach dem Fundort «Dahthami-Stil» genannt). Rinder und anthropomorphe Figuren mit Hörnern, die wahrscheinlich in einer sehr primitiven Phase der Rinderaufzucht entstanden sind (hypothetisch dem 6.–7. Jahrtausend v. Chr. zugeordnet).

86. Folgende Seite, oben: Felsgravierungen in den Bergen westlich von Dahthami. Die sieben verschiedenen Phasen umfassen 14 Gruppen. I: Islamisch, mit nicht definierten Zeichen; II-III: vorliterarisch, mit zwei menschlichen Gestalten (eine auf dem Rücken eines Kamels), mehreren Tieren (Löwe und Hund), Austern und weiteren unbestimmten Zeichen; IV: vier verschiedene, an der jeweils unterschiedlichen «Schattierung» der Patina erkennbare Stile (A: Wasit-Stil, mit vermutlich einem Steinbock; B: unbestimmter Stil; C: schematisch-symbolischer Stil mit einem Bukranium im oberen, mittleren Teil des Felsens); V-A: vermutlich Kaukab-Stil, mit drei menschlichen Figuren; V-B: Najd-Harir-Stil, mit vier Umrißlinien von Ziegen; V-C: nicht definierter Stil, bei dem man lediglich ein Tier mit Hörnern erkennt, vielleicht eine Ziege; VI: vermutlich Sha'ib-Stil, mit einem großen Rind im oberen mittleren Teil des Felsens, von dem man nur den Kopf und den Rücken erkennt; VII A–D: die vier Unterphasen haben, verglichen mit der felsigen Oberfläche, eine dunklere Patina und zeigen fast ausschließlich Figuren von Primitiven Jägern.

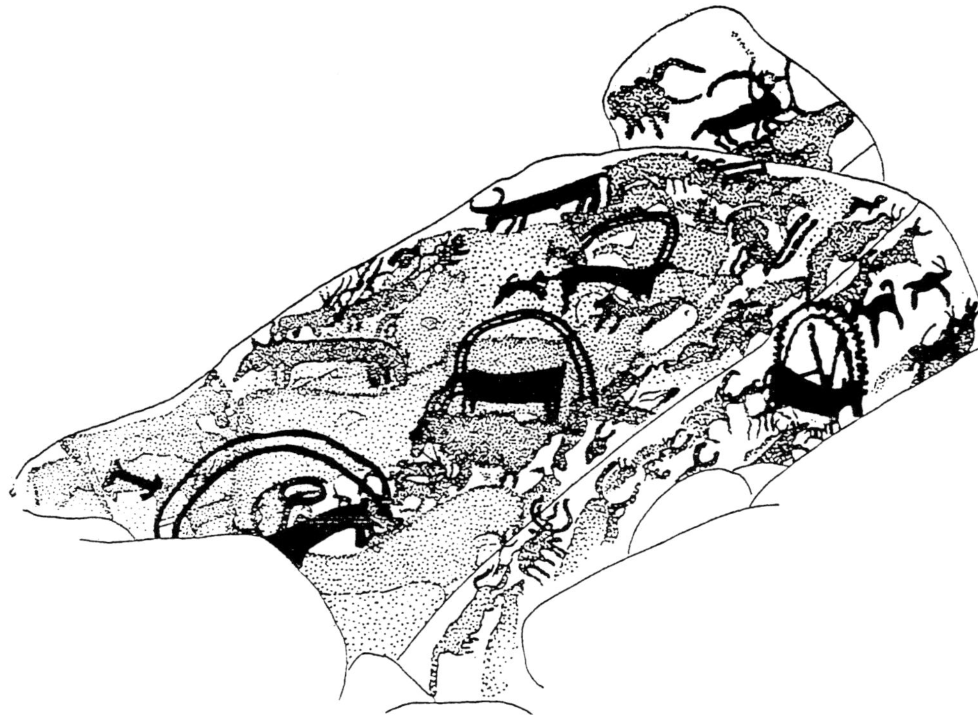

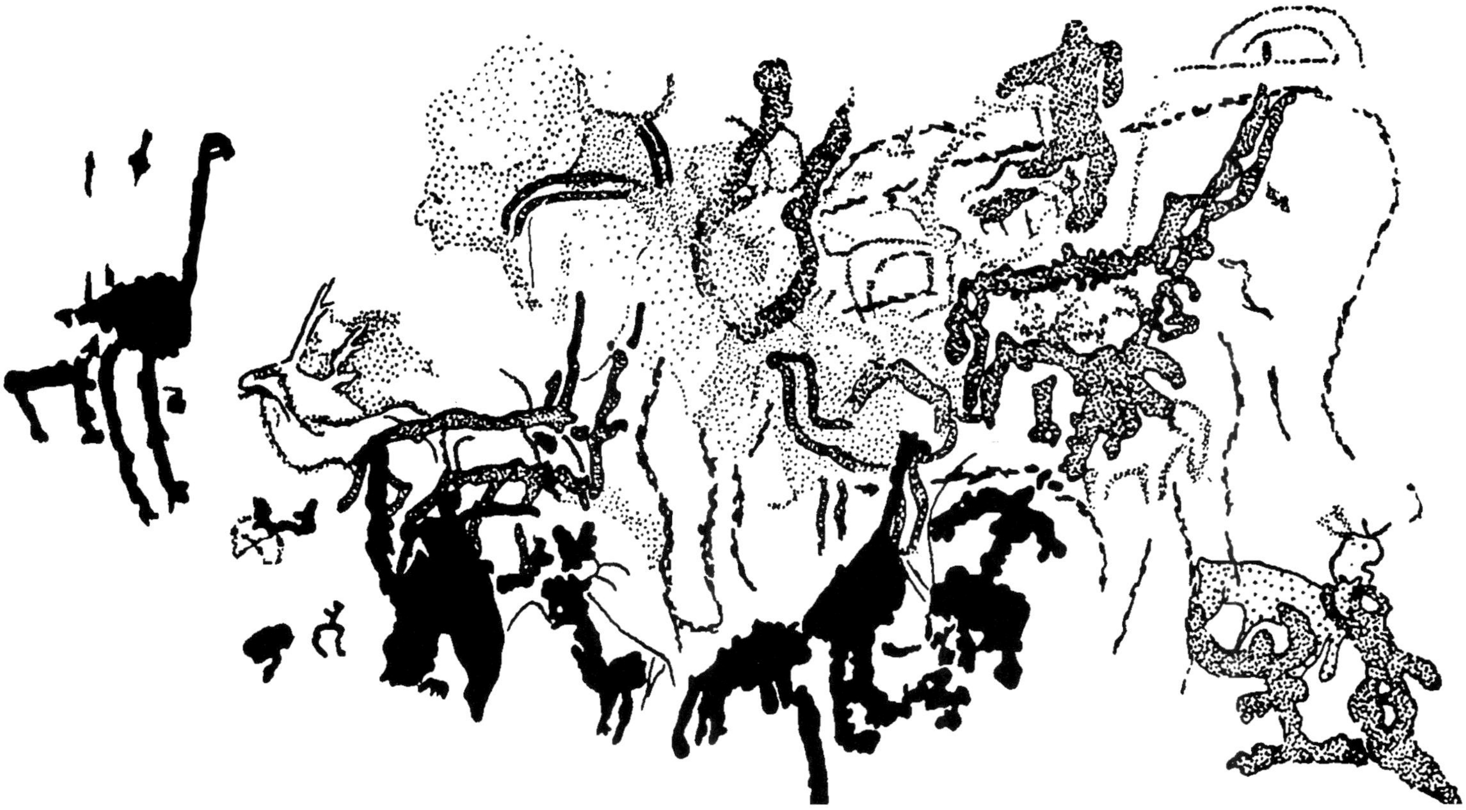

Rinder vor, die wahrscheinlich zum größten Teil domestiziert waren. Da sie in Gebieten auftauchen, in denen diese Tiere heute nur schwerlich überleben könnten, kann man annehmen, daß das Klima damals feuchter und gemäßigter war als heute. Überraschend ist die Verbreitung von Rinderwirtschaft in Arabien, und zwar zu einer relativ frühen Zeit, die vermutlich mit den frühen Phasen des Neolithikums in fruchtbaren Gebieten zusammenfällt. Vielleicht verlief sie gleichzeitig mit der Verbreitung der Rinderzucht in der Sahara. Der Stil erinnert gelegentlich an die primitiven Hirtenphasen in Jebel Uweinat (Ägypten) und an anderen Orten, die eher im Westen der Sahara liegen. Die Jäger und Hirten dieser mittleren Periode kennen zahlreiche Stile, zu denen es einige Parallelen in der Felskunst des Negev-Sinai sowie im Niltal gibt. Einer der Stile wird als realistisch-dynamisch bezeichnet und zeigt Figuren mit Dolchen sowie Waffen und Gegenstände, wie man sie in Mesopotamien und auf syrisch-palästinischem Gebiet bei archäologischen Ausgrabungen fand, deren Funde in das 4. Jahrtausend v. Chr. datierbar sind.

Die späten Jäger und Hirten kennen verschiedene Stile mit neuen Ikonographien, Darstellungen von Geistern und Gottheiten, die wahrscheinlich auf das Ende des 2. und den Beginn des 1. Jahrtausends v. Chr. zurückgehen. Solche bislang nur aus Arabien bekannte Phasen scheinen die Entstehung neuer Glaubensformen und neuer Geisteshaltungen widerzuspiegeln. In ihrer Gesamtheit stellen die Künstler der Jäger und Hirten mehrere Jahrtausende der Geschichte dar, von denen in Arabien bislang kaum etwas bekannt war. Über die gesamte Dauer dieser Epoche finden sich Jagdszenen und Darstellungen des Hirtenlebens. Während in der Frühzeit noch Rinder überwiegen, kommen in den folgenden Phasen vor allem Ziegen vor. Das gleiche Phänomen des Übergangs von Rinder- zu Ziegenaufzucht findet sich auch im Negev-Sinai und könnte auf einen Dürreprozeß hinweisen, den diese Gebiete in den letzten Jahrtausenden v. Chr. erlebten.

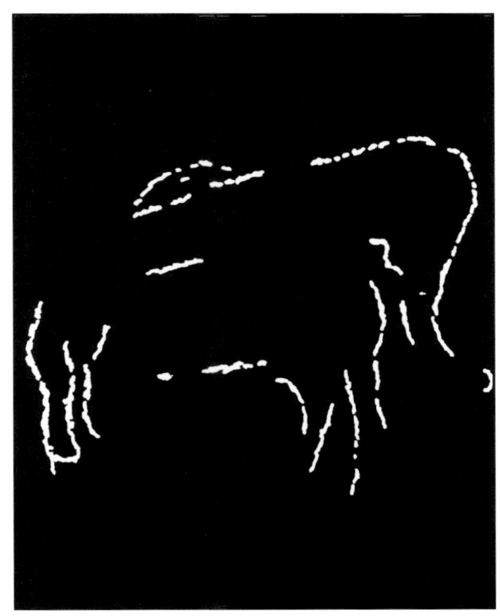

87. Im Viereck: Ausschnitt der oberen Zeichnung; Tierfigur mit Umrißlinie, wahrscheinlich der Periode der Primitiven Jäger zugehörig (Jungpaläolithikum); eine der Figuren könnte ein Elefant sein (aus: E. Anati, 1972d, Bd. III, S. 81).

88. Dahthami-Stil Zentralarabiens, der einen Horizont der Rinderzüchter zeigt. Auch in der Stratigraphie der eingravierten Oberfläche spiegelt er einen sehr frühen Horizont der Hirten wider. Anthropomorphe und anthropo-zoomorphe Figuren erscheinen zusammen mit großen Rinderherden und Symbolen, die vermutlich Geister und monströse Wesen darstellen. Dieser Horizont wird dem 6.–7. Jahrtausend v. Chr. zugeordnet (aus: E. Anati, 1974b, Bd. IV, S. 46).

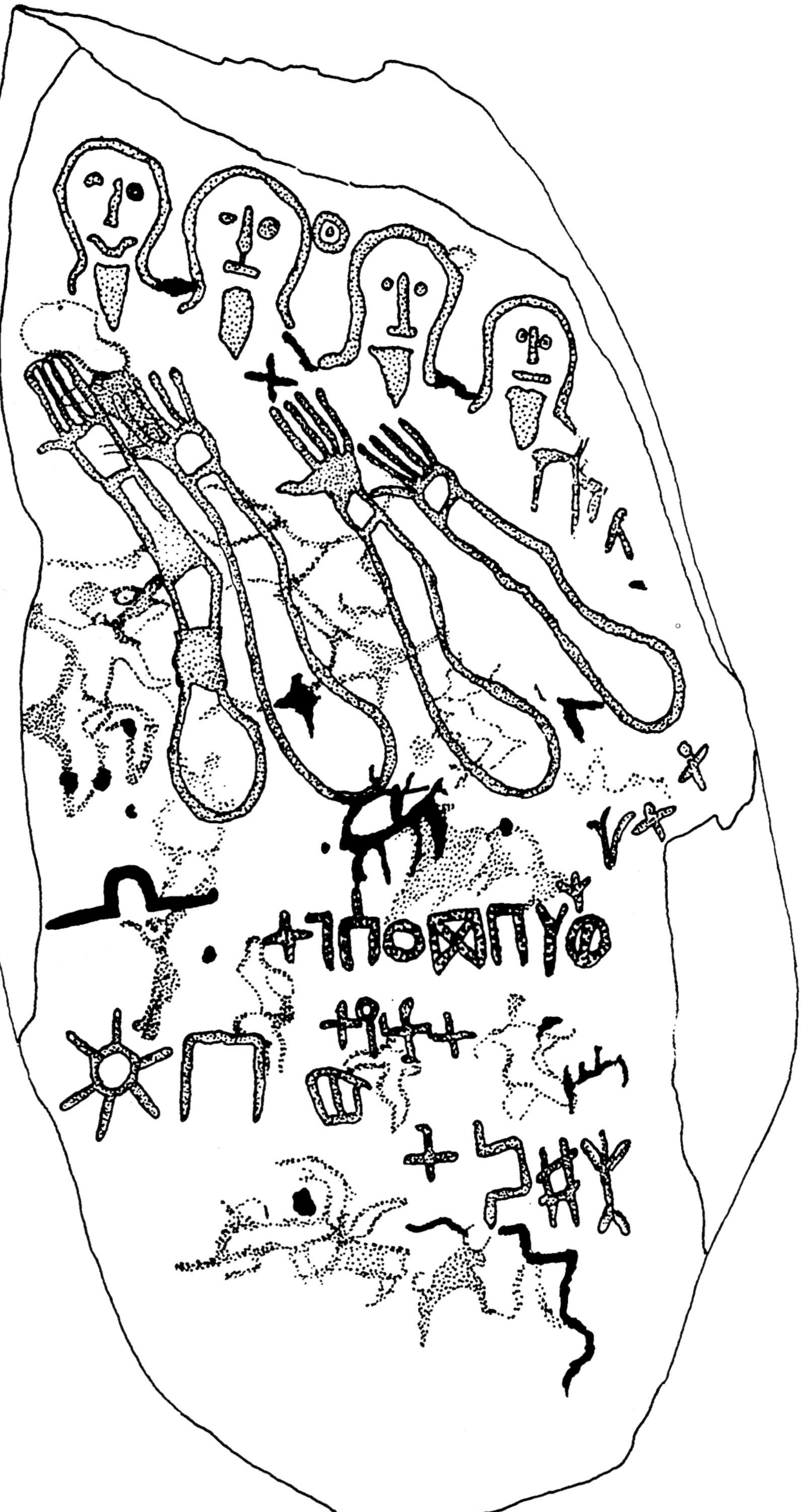

89. Bebilderter Felsen aus Wadi Sharja (Zentralarabien). Auf der linken Seite erscheinen anthropomorphe Gestalten im Kaukab-Stil, der zu einem mittleren Horizont von Hirten gehört. Auffallend sind die Darstellungen in einem Stil, der mit «Head and arms» bezeichnet wird und im 1. Jahrtausend v. Chr., kurz vor den südsemitischen Inschriften darunter, entstanden ist. Der Stil scheint mit einem Geister- und Ahnenkult in Verbindung zu stehen, der vor allem auf der arabischen Halbinsel zur Eisenzeit verbreitet ist (aus: E. Anati, 1972d, Bd. III, S. 130).

90. Folgende Seite: Sha'ib Samma. Tanzszene mit maskierten Gestalten: zwei Männer, eine Frau, ein Kind. Einer der Männer hält einen Zweig in der Hand, der vielleicht Anlaß des Tanzes sein könnte. Vielleicht handelt es sich um eine halluzinogene Pflanze. Die Schematisierung der Gesichter könnte auf den Zustand der Halluzination hinweisen, in dem sich der Künstler befand. Die dargestellten Dolche lassen uns diese Szene dem 3. Jahrtausend v. Chr. zuordnen (aus: E. Anati, 1968c, Bd. 1, S. 40).

91. Junge Kuh mit prallem Euter und einem Kalb, neben dem eine Gestalt im Stil der «Rundköpfe» in betender Position steht. Das punktierte Kamel ist später entstanden. Diese Szene wird sowohl wegen des stilistischen Merkmals der anthropomorphen Figur als auch aufgrund des möglichen Einflusses, den dieser Stil in Ägypten, vom Alten Regime bis zu den gleichzeitig entstandenen mesopotamischen Figuren, ausübte, ins 3. Jahrtausend v. Chr. datiert (aus: E. Anati, 1968c, Bd. I, S. 113).

92. Folgende Seite: Kaukab Hill. Mythologische Figur einer weiblichen Gottheit mit Pfeil und Bogen; daneben steht eine kleine, wahrscheinlich maskierte Gestalt, mit Waffe und Schild. Stil der «Rundköpfe», 3. Jahrtausend v. Chr. (aus: E. Anati, 1968c, Bd. I, S. 116).

93. Vorhergehende Seite: Szene im Stil der «Rundköpfe», Najd Musamma. Diese seltsame Szene zeigt eine bewaffnete Gestalt mit großem Dolch am Gürtel, Lanze, Schild und Wurfspieß; davor steht ein asexuelles, waffenloses Wesen, das zwei aneinanderhängende Figuren in den Armen hält. Dieses einzigartige Paar miteinander verbundener Wesen wiederholt sich bei den Figuren der «Rundköpfe» in Arabien und steht sicher mit der Mythologie lokaler Stämme in Verbindung (aus: E. Anati, 1968c, Bd. 1, S. 122).

94. Auf einem anderen Felsen desselben Gebiets findet sich diese Szene mit drei Gestalten. Die mittlere ist sicher die wichtigste: Sie trägt ein für die frühe Bronzezeit charakteristisches Schwert, während die anderen riesige Nadeln halten, wie sie ebenfalls im späten 3. Jahrtausend v. Chr. vorkamen. Dieser Stil der «Rundköpfe» hat eine Überfülle von Szenen mit mythologischen Gestalten hervorgebracht, die eine reiche spirituelle Welt zeigen (aus: E. Anati, 1968c, Bd. I, S. 135).

GELEHRTE PERIODE

Zahlreiche Inschriften in verschiedenen Sprachen aramäischer Wurzel begleiten diese Periode, in der erstmals das domestizierte Kamel dargestellt wird. Später, noch in derselben Periode, ist dann auch das Pferd vorhanden. Das Kamel als nicht domestiziertes Tier ist von Anfang an bekannt, bereits in der Phase der Primitiven Jäger; es handelt sich also um ein lokales Tier, das im Gebiet selbst domestiziert wurde. Das Pferd hingegen, das in früheren Phasen nicht dargestellt ist, war wohl unbekannt, bevor es importiert wurde. Esel sind von Beginn der mittleren Phasen der Jäger und Hirten an bekannt und existieren in der «gelehrten Zeit» weiter. Diese Periode beginnt vor der Mitte des 1. Jahrtausends v. Chr. und dauert bis zum Beginn der islamischen Periode in der zweiten Hälfte des 1. Jahrtausends n. Chr. Aus archaischen Inschriften und anderen Betrachtungen könnte geschlossen werden, daß dieser Stil bereits zu Beginn des 1. Jahrtausends v. Chr. begann und auch nach dem Beginn der Hijra (622 n. Chr.), d. h. der islamischen Ära, weiterbestanden hat. Er hat folglich zu Beginn gleichzeitig mit den letzten Phasen der Jäger und Hirten und gegen Ende neben den ersten islamischen Darstellungen existiert.

ISLAMISCHE PERIODE

Merkmale dieser Periode sind schematische Gravierungen von Tieren und anthropomorphen Figuren sowie Wassum und Stammesembleme. Die gesamte Ikonographie ähnelt derjenigen, die zur gleichen Zeit im Negev-Sinai vorherrscht. Sie enthält islamische Bebilderungen, die vorwiegend in den ersten Jahrhunderten des 2. Jahrtausends n. Chr. entstanden sind. Vorherrschend unter den Tierfiguren sind Ziegen, sowohl wilde als auch domestizierte. Unter den anthropomorphen Figuren überwiegen die männlichen, wohingegen die weiblichen häufig im Zusammenhang mit erotischen Szenen auftauchen.

GESAMTBILD

Die Felsbilder Zentralarabiens zeigen eine bemerkenswerte Intensität der verschiedenen Ethnien im Verlauf der letzten mindestens 15 000 Jahre. Sie stellen die bei weitem reichste und vielfältigste Sequenz dar, die uns aus der Felskunst des Vorderen Orients bekannt ist. In den felsigen Bergregionen, zwischen 1000 und 2000 m über dem Meeresspiegel, trifft man auf überreiche Kunstgalerien. Die gravierten Felsen sind vor allem in suggestiven Gebieten vorhanden, deren Umrisse sich an den Seiten enger Durchgänge und entlegener Orte wie Ungeheuer abzeichnen. Aus den Felsgravierungen können wir schließen, daß dieses Gebiet jahr-

Folgende Seite:
96. Oben: Sha'ib Samma. Große Szene, die wahrscheinlich einen Rinder- oder Stierkult zeigt. Männliche und weibliche Gestalten stehen um das Tier. Einige halten hakenförmige Stäbe als Zepter in der Hand; datierbar wohl ins späte Chalkolithikum und den Beginn der Bronzezeit im späten 4. Jahrtausend v. Chr. (aus: E. Anati, 1968c, Bd. I, S. 73).

97. Unten: Sha'ib Samma. Drei maskierte Gestalten führen vielleicht einen Kriegstanz aus, ausgestattet mit Schild, Lanzen und besonderen «sickl-swords», die für das 3. Jahrtausend v. Chr. typisch sind (aus: E. Anati, 1968c, Bd. I, S. 87).

98. Rechts: Hakenförmiges Zepter aus Kupfer, gefunden in einer Höhle in Nahal Mishmar in der Wüste von Judäa (Israel) (aus: P. Bar-Adon, 1980, S. 91).

95. Stil der «Rundköpfe». Links: übernatürliches Wesen mit Schwanz und großen Händen. Rechts: Teufelspaar von Mann und schwangerer Frau. Najd Harir (aus: E. Anati, 1968c, Bd. I, S. 45).

R.III - R.41.02

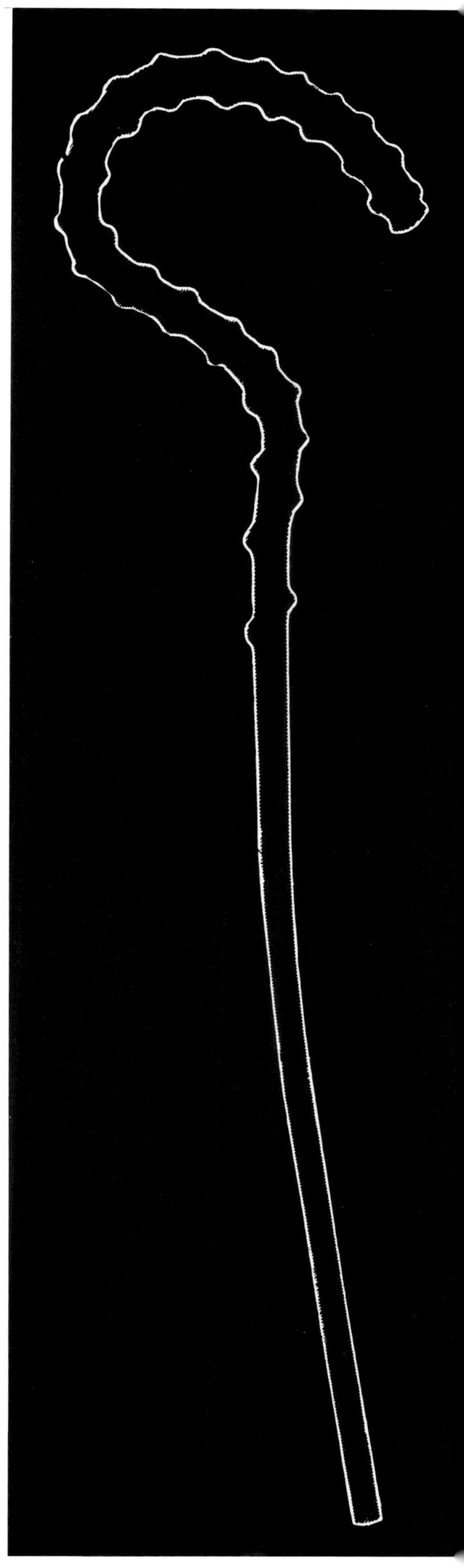

99. Foto des Felsens, auf dem die Szene entdeckt wurde, deren Ausschnitt auf S. 133 abgebildet ist (Foto: J. Ryckmans, 1952).

100. Oben: Ausschnitt der Szene auf dem Felsen (aus: E. Anati, 1968c, Bd. I, S. 73).

Die Felskunst Zentralarabiens

Horizont	Versuchte Datierung	Epoche	Periode	Stil
Hirten		islamisch	islamisch	«Bedu»
	1360			
gemischtes Wirtschafts-system		gebildet	gebildet gebildet?	«Camel and Horse», «Camel»
	3000			
			späte H.P.	Head and Arms, Ain al-Jamal, fadenförmige Miniaturen, Long-Haired-Spirits, höherer Al-'Ain, letzte Oval-Heads, primitiver Al-'Ain, letzter Wasit
Jäger und Hirten	3200	Hunting and Pastoral	mittlere H. P. I	Mushayya, Khaniq, Alam, Ta'if, Radaf, später Wasit, mittlere Oval-Heads, Open-Legged Women, Negev III
	?		mittlere H.P. II	Negev II schematisch-symbolisch, Mahash, Musamma, früher Wasit, Nasla, frühe Oval-Heads, realistisch-dynamisch
	5300			
			mittlere H. P. III	klassischer Kaukab, Najd Harir, früher Kaukab, Samma
	7500			
			frühe H. P.	Dahthami, Sha'ib
	9000			
Primitive Jäger		Early Hunters	Early Hunters	Schematic Rough Deeply-Engraved Finely-Engraved
	14 000			

102. Felsgravierung vom Kaukab Hill. Weibliche Figuren im «Kaukab-Stil» als Beispiel für ein besonders ästhetisierendes und idealisierendes Monument der Hirtenzeit (aus: E. Anati, 1968c, Bd. I, S. 144).

101. Vorhergehende Seite: Wujid Wells (Zentralarabien). Foto und Abdruck einer außergewöhnlichen stratigraphischen Sequenz. Zwölf Phasen überlagern sich. Die neueren enthalten mittelalterliche islamische Inschriften und südsemitische von vor etwa 2000 Jahren. Man erkennt eine Phase der «Rundköpfe» (3. Jahrtausend v. Chr.) und eine Phase im Dahthami-Stil (6. oder 7. Jahrtausend v. Chr.). Die beiden ältesten Phasen mit zahlreichen weiblichen Figuren und Tieren stammen von den Primitiven Jägern (Foto: J. Ryckmans, 1952; aus: E. Anati, 1974b, Bd. VI, S. 92).

103. Vorhergehende Seite: Ausschnitt von Figuren der Primitiven Jäger; das Bild unten zeigt die gesamte Tafel (aus: E. Anati, 1974b, Bd. IV, S. 58).

104. Große bebilderte Wand aus Qahra. Die mittlere Darstellung ist etwa 3 m hoch. Man erkennt drei verschiedene Phasen, die älteste stammt von Primitiven Jägern und ist am Beispiel der Darstellung auf den vorhergehenden Seiten zu sehen. Auf der rechten Seite ein Ausschnitt der zentralen Darstellung, die von zwei kleineren Figuren begleitet ist. Wahrscheinlich handelt es sich um die Anbetung einer weiblichen Gottheit. Der späte «Long-Haired-Spirits-Stil» stammt aus dem 1. Jahrtausend v. Chr. (aus: E. Anati, 1974b, Bd. IV, S. 55).

tausendelang von verschiedenen Bevölkerungen aufgesucht wurde. Es ist, als bewegten sich deren Geister in beredtem Schweigen noch immer um diese düsteren Orte. Woher kamen diese Völker, und wohin gingen sie? Möglicherweise stammten sie ursprünglich allesamt nicht aus diesem Gebiet, und vielleicht hat keines von ihnen über längere Zeit hier gelebt. Vielleicht sind manche aber auch mehrfach hierhin zurückgekehrt.

Die Erforschung der Stratigraphie und die Definition der Stile Zentralarabiens ist in einem vierbändigen Werk enthalten (Anati, 1972–75, Bde. I, II, III, IV). Durch die vergleichende Untersuchung der Überlagerungen konnten über 20 verschiedene Stile in einer Folge von 37 Phasen ausgemacht werden, deren Übersicht uns eine Vorstellung von der Komplexität der Serie gibt.

Auch wenn die Folge in Arabien eine weitaus größere Anzahl an Stilen für die Periode der Jäger und Viehzüchter aufweist, lassen sich doch Analogien zum Negev-Sinai und zu Anatolien erkennen. Diese drei Provinzen sind die klassischen Felskunstzonen des Vorderen Orients. Von zahlreichen weiteren Gebieten sind derzeit weder eine stilistische Abfolge noch deren mögliche Chronologie bekannt.

Vergleiche zwischen den verschiedenen Stilbereichen der drei Provinzen ermöglichen es, die verschiedenen Folgen zu synchronisieren. Der Stil I-B des Negev-Sinai ist praktisch identisch mit dem Stil I-B in Anatolien. Der Stil III in Anatolien weist deutliche Ähnlichkeiten mit Stil III des Negev auf, und Stil IV in Anatolien ist praktisch identisch mit Stil IV des Negev. Alle im Negev-Sinai vorhandenen Stile erscheinen auch in Arabien; sie wechseln dort jedoch mit anderen Stilen ab, die im Negev-Sinai nicht vorkommen.

105. Brunnen von Al-Ain. Fein geritzte Gravierung der Primitiven Jäger, die von späteren Bildern überlagert wird. Die Zeichnung oben zeigt schematisch die beiden Phasen der Primitiven Jäger: einmal mit vorwiegend weiblichen Figuren, dann mit Tierdarstellungen. Unten ein Ausschnitt zweier weiblicher Gestalten. Auf der folgenden Seite der «Long-Haired-Stil» am Beispiel einer großen weiblichen Figur aus der Eisenzeit (aus: E. Anati, 1974b, Bd. IV, S. 141).

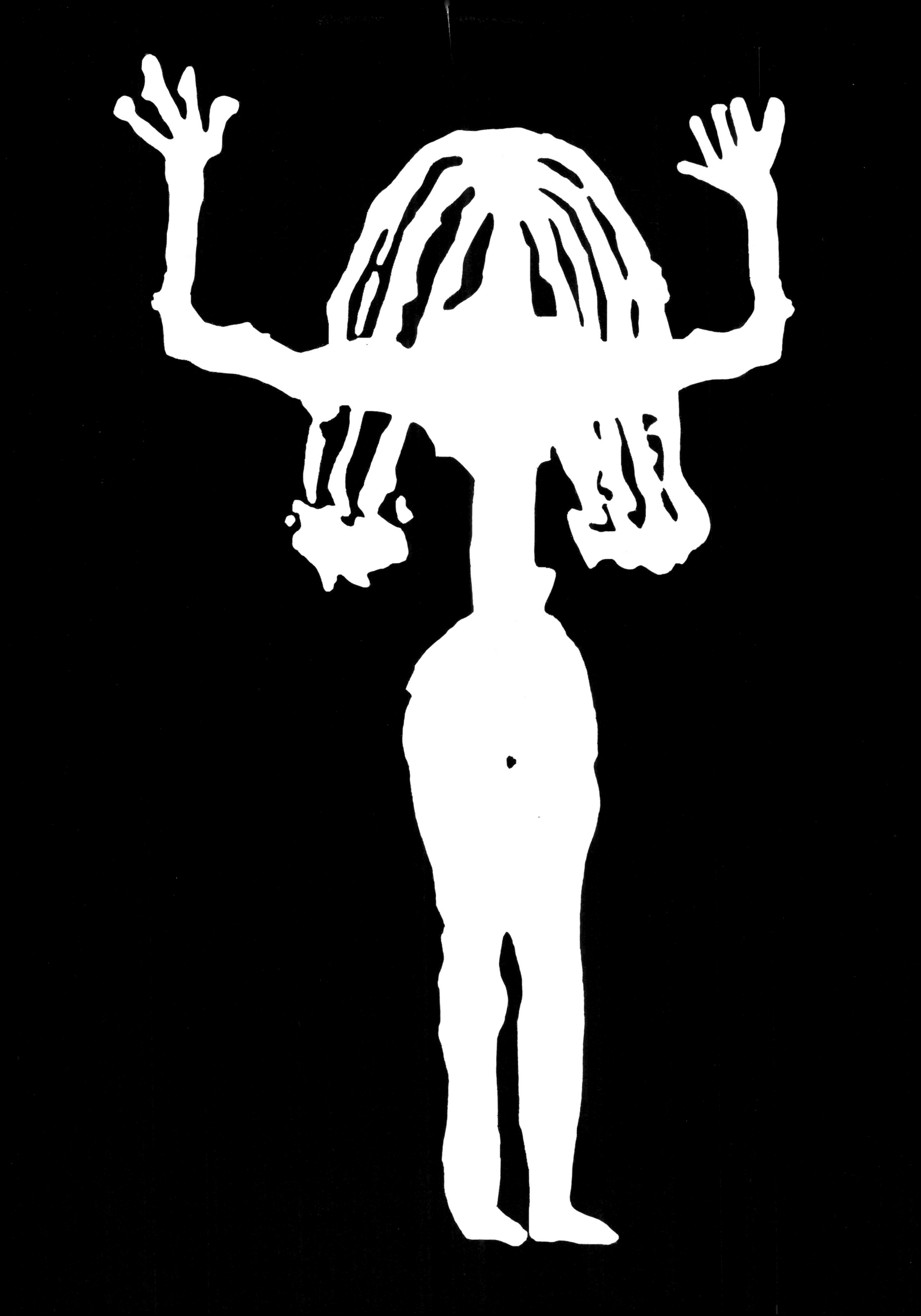

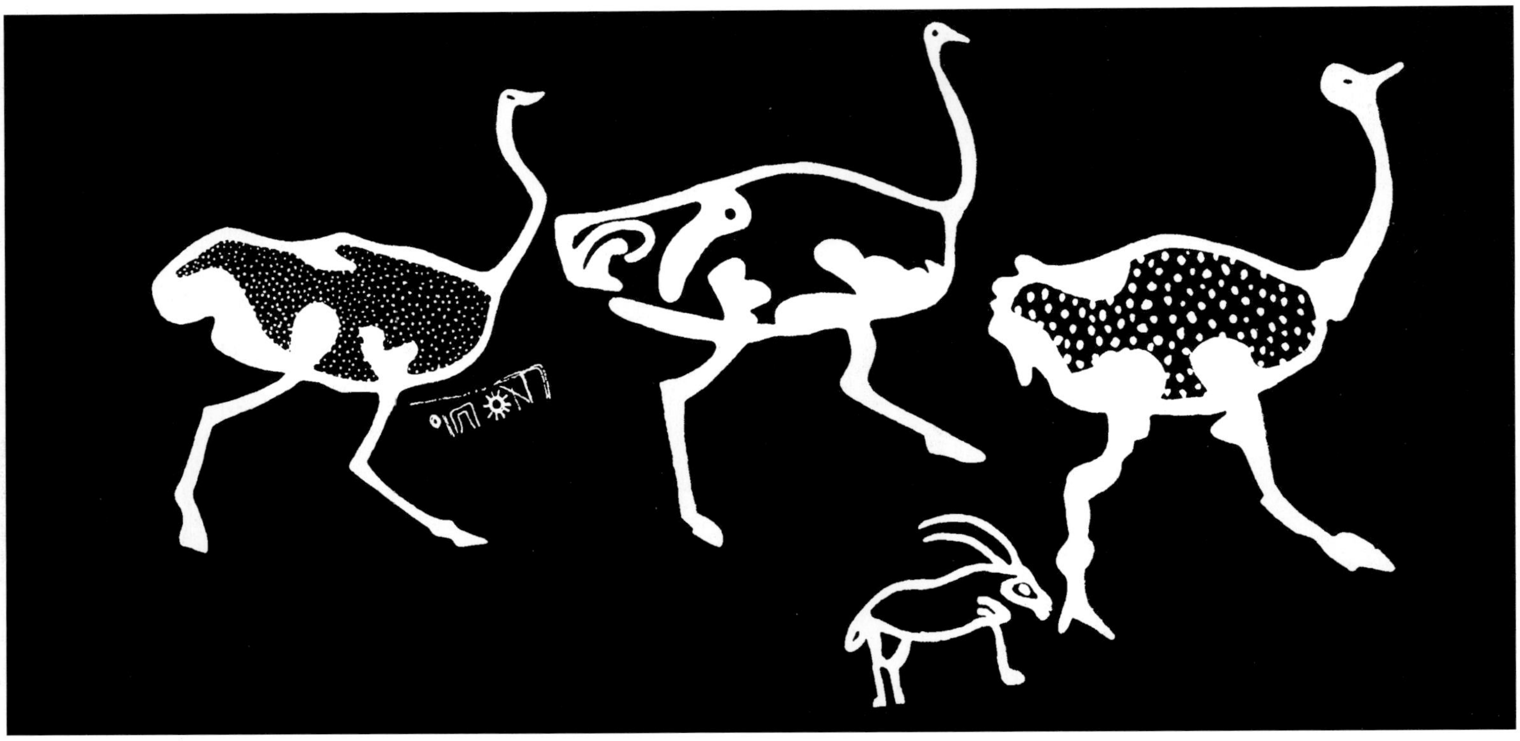

106. Oben: Große Komposition mit drei Straußen, aus Sha'ib Huqul. Periode der «Rundköpfe», 3. Jahrtausend v. Chr. Die Tierfigur und eine Inschrift sind später hinzugekommen. Auffallend in dieser Zeit ist der besondere Sinn für Ästhetik; Stilisierung und Idealisierung der Formen könnten auf Geschmack und Sinn für das Schöne hinweisen. Das Bild wurde von einem kriegerischen Stamm geschaffen, wie sie noch heute in der Wüste leben (aus: E. Anati, 1968c, Bd. I, S. 129).

107. Über die Doppelseite: Sha'ib Samma. Diese Tafel spiegelt die Entwicklung der Denkweise wider. Vier Phasen überlagern sich: In einer ersten Phase ist eine lange Reihe wilder Tiere dargestellt, die in der nachfolgenden Phase (mit einer Patina jüngeren Datums) systematisch von Speeren durchbohrt wurden (Phase I-B). In Phase II ist eine aus dem 3. Jahrtausend v. Chr. stammende Jagdszene im realistisch-dynamischen Stil übermalt. Die früheren Phasen zeigen eine auffallend ältere Patina, es gibt jedoch keine exakten Datierungshinweise. In einer folgenden Phase empfand ein anonymer Künstler das Bedürfnis, Hunde um die frühere Figur des gejagten Steinbocks zu malen (aus: E. Anati, 1968c, Bd. I, S. 50).

108. *Oben: Realistisch-dynamischer Stil aus Barq Al-Sha'. Die Szene stellt vermutlich einen Kriegstanz mit allen Waffen dar: Dolch, Pfeil, Bogen, Schwert und Sichel. Mittels der Dolche, des Schwertes und der Sichel läßt sich die Darstellung in das 3. Jahrtausend v. Chr. einordnen (aus: E. Anati, 1974b, Bd. IV, S. 55).*

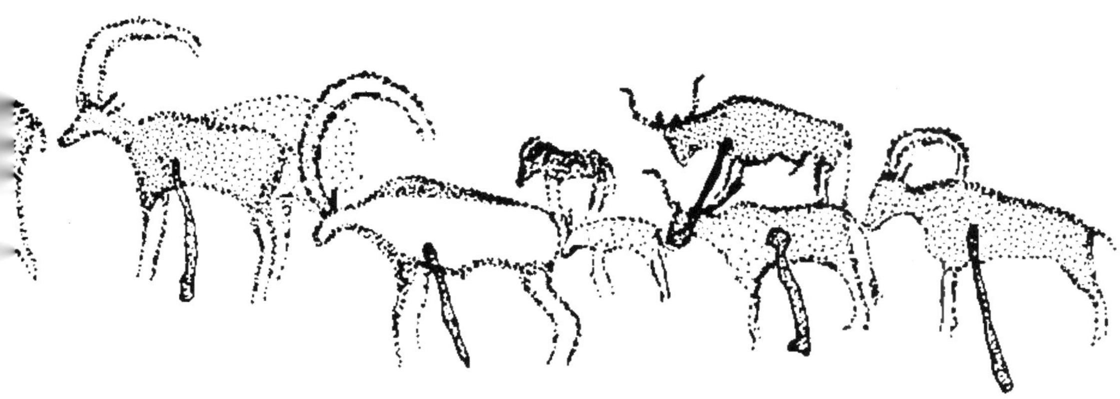

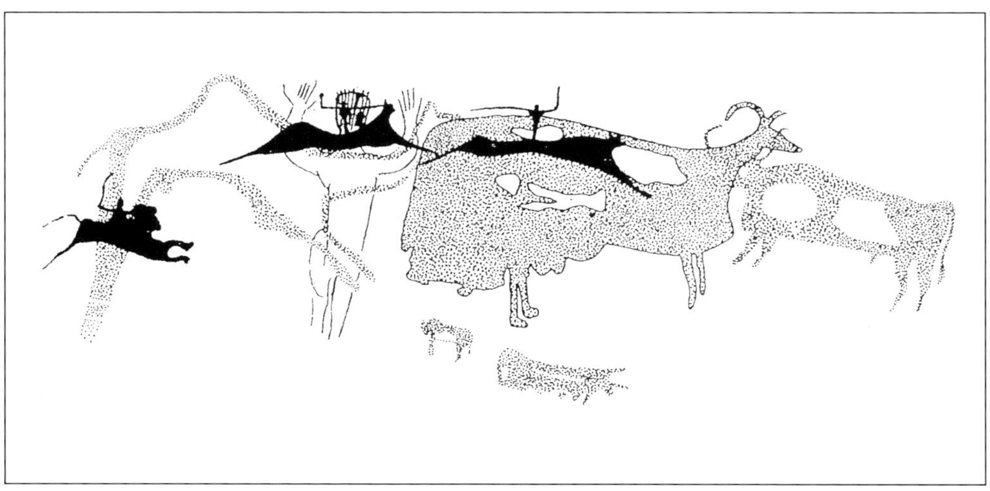

109. *Links: Große Komposition aus An-Al Jamal im Gebiet von Qahra in Zentralarabien. Das Schaf in der Mitte ist etwa 2 m lang. Rechts ist ein Hausrind zu sehen und links ein Kamel mit Umrißlinie. Darunter steht eine anthropomorphe, schematische Figur mit einer anbetenden Armhaltung. Die letzte Phase illustriert Gestalten zu Pferde «im fliegenden Galopp», mit interessanten Analogien zu Darstellungen im Saharagebiet. Die früheren Figuren zeigen verschiedene Phasen der Hirtenzeit (aus: E. Anati, 1974b, Bd. II, S. 11).*

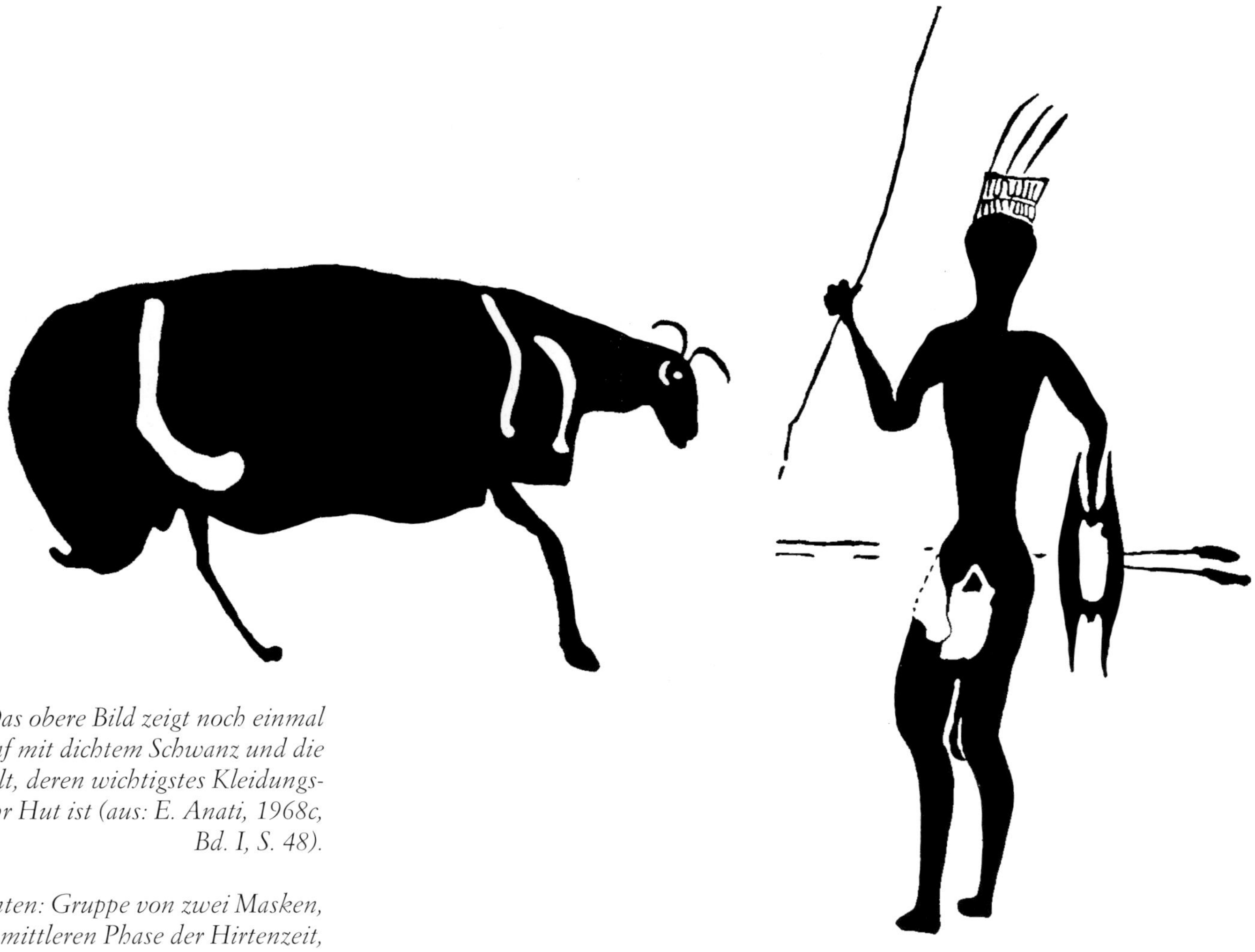

110. Das obere Bild zeigt noch einmal das Schaf mit dichtem Schwanz und die Gestalt, deren wichtigstes Kleidungsstück ihr Hut ist (aus: E. Anati, 1968c, Bd. I, S. 48).

111. Unten: Gruppe von zwei Masken, aus einer mittleren Phase der Hirtenzeit, Qahra. Diese Masken folgen einem Schema, das sich noch heute bei afrikanischen Masken wiederholt. Die Maske stellte einen Geist und folglich dessen Kräfte dar. Dies ist eines der seltenen indirekten Zeugnisse, daß die Völker jener Epoche (vermutlich 3. Jahrtausend v. Chr.) auch andere Arten von Kunst aus organischem Material produzierten, das sich jedoch nicht erhalten hat (aus: E. Anati, 1974b, Bd. IV, S. 45).

112. Folgende Seite: Eine komplizierte Reihe von Überlagerungen zeigt die stratigraphische Abfolge auf einer Felsoberfläche bei Sha'ib Samma. Zahlreiche Inschriften, sowohl arabische als auch südsemitische, umfassen eine Sequenz von über 2000 Jahren. Vor den anthropomorphen Figuren sieht man in der Hauptszene eine negroide Gestalt, ein Schaf und mehrere Tierfiguren. Auf den ersten Blick ist es erstaunlich, wie die nachfolgenden Besucher mehrere Generationen lang und offenbar ohne Zögern die große Szene mit der Gestalt und dem Schaf – fast in ihrer natürlichen Größe – übermalt haben (Foto: Philip Lippens, 1952).

DIE SEITENTÄLER DES NILS

Im Zusammenhang dieses Kapitels ist es sicher sinnvoll, auf eine gewisse Ähnlichkeit zwischen den Sequenzen des Vorderen Orients und den Funden in den Wüsten zu beiden Seiten des Niltals hinzuweisen. Bereits Winkler hat in seiner Untersuchung (1937), die trotz neuerer Veröffentlichungen grundlegend bleibt, festgestellt, daß die Folge der Felskunststile zu beiden Seiten des Nils im großen und ganzen parallel zu der des Vorderen Orients verläuft. Man unterscheidet auch hier fünf wichtige stilistische Bereiche:

I. *PRIMITVE JÄGER* und weitere Felskunstgruppen zu Beginn der Domestizierung (möglicherweise alle vor der Badariano-Zeit).

II. *HIRTEN UND ERSTE ACKERBAUERN* sowie Gruppen von Flußbootschiffern (die zum größten Teil in die prä- und protodynastische Periode fallen).

III. *PERIODE DES ÄGYPTISCHEN UND LIBYSCHEN EINFLUSSES:* sie kann der frühen dynastischen Zeit zugeordnet werden, möglicherweise mit längerer Dauer.

IV. *FELSKUNST IN HISTORISCHER ZEIT:* Von der dynastischen bis zur römisch-byzantinischen Zeit ist eine Unterteilung in verschiedene Phasen möglich.

V. *ISLAMISCHE PERIODE.*

Insgesamt betrachtet, zeigt uns die Felskunst eine Welt von Wüstenbewohnern, die, bei ein paar lokalen Merkmalen, eine überraschende stilistische und inhaltliche Ähnlichkeit mit den verschiedenen Gebieten des Vorderen Orients aufweist. Auf-

113. Primitive Jäger in Nordafrika. Jebel Uweinat, Ägypten. Sequenz von Bilderschriftzeichen und Ideogrammen, tief eingeritzt, typisch für die Primitiven Jäger. Die weibliche Gestalt beim Schwanz des Elefanten ist von einem anderen Künstler und in einem anderen Stil ausgeführt. Sie wirkt wie eine spätere Ergänzung, als der frühere Stil nicht mehr ganz verständlich war und explizitere Details verlangt wurden; es könnte aber auch ein Versuch sein, die Botschaft zu entziffern. Von links nach rechts sind zwei Ideogramme durch eine Linie verbunden: das eine Zeichen ist eine Vulva, das andere ein Oval oder eine Scheibe mit der Bedeutung «weiblich». Es folgen die jüngere weibliche Figur und der Elefant. Ganz rechts ein weiteres Ideogramm, das in der Kunst der Primitiven Jäger weit verbreitet ist und vielleicht «Vereinigung» oder «Beziehung» meint. Der Elefant hat eine Scheibe bei den Vorderfüßen, die «weiblich» bedeuten könnte (aus: E. Anati, 1983a, S. 67).

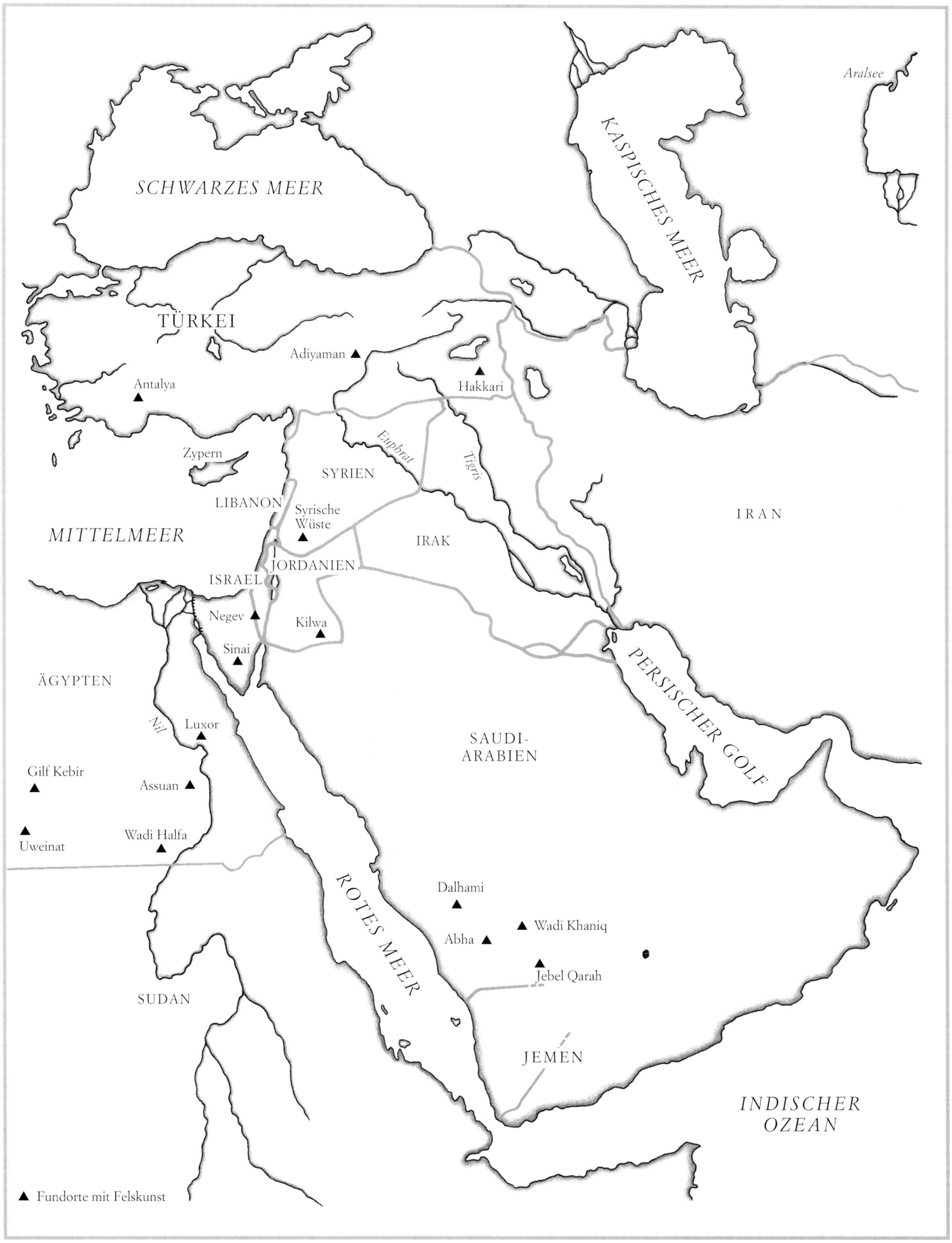

SCHWARZES MEER
KASPISCHES MEER
Aralsee
TÜRKEI
Adiyaman
Antalya
Hakkari
Zypern
Euphrat
Tigris
SYRIEN
LIBANON
Syrische Wüste
IRAN
MITTELMEER
IRAK
JORDANIEN
ISRAEL
Negev
Kilwa
Sinai
PERSISCHER GOLF
ÄGYPTEN
Nil
Luxor
SAUDI-ARABIEN
Gilf Kebir
Assuan
Uweinat
Wadi Halfa
ROTES MEER
Dalhami
Wadi Khaniq
Abha
Jebel Qarah
SUDAN
JEMEN
INDISCHER OZEAN
▲ Fundorte mit Felskunst

fallend ist auch die Analogie in der Stilsequenz, die, mit mehr oder weniger verschiedenen Varianten, tatsächlich eine homogene Folge darstellt. Dabei werden die Primitiven Jäger von Jägern und Viehzüchtern abgelöst, die fast während ihrer gesamten Existenz diese beiden Aktivitäten mit je verschiedener Akzentuierung aufrechterhielten. In der folgenden gebildeten Periode unterhielten die Wüstenvölker Beziehungen mit den Völkern der fruchtbaren Gebiete. Es folgt schließlich die islamisch-beduinische Periode.

Mit Ausnahme des Negev-Sinai (Stil III) und weniger anderer isolierter Fälle stößt man auf keinen ursprünglichen Horizont der Höheren Jäger. Die ersten Versuche der Viehzucht kamen sehr früh auf, fast gleichzeitig mit der Einführung von Pfeil und Bogen. Fast überall sind die Stile der Primitiven Jäger von denen der Jäger und

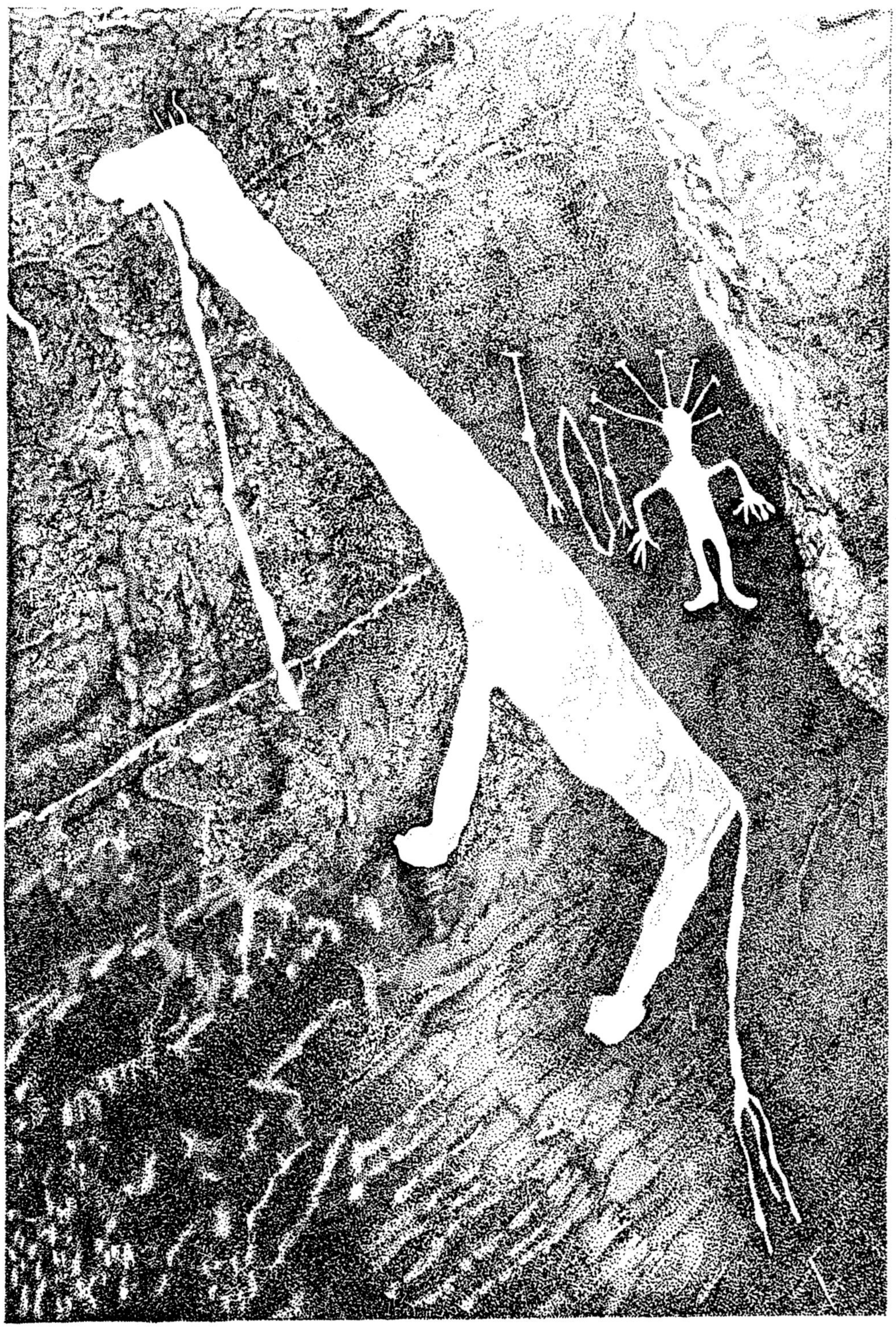

114. Gebiet von Dâkhla, Oberägypten. Großformatige Felsgravierung: Aus dem Maul der Giraffe tritt eine Linie, die vielleicht «Blut» oder «verletzt» bedeutet. Links eine Gestalt mit Pfeil und Bogen und einer Art von «Antennen», die aus ihrem Kopf herausragen. Vielleicht bezeichnen sie den Status. Ungewöhnlich sind die Pfeile mit trapezförmiger Spitze und einem ausgleichenden Gewicht in der Mitte des Schafts. Höhere Jäger, wahrscheinlich aus der vordynastischen Zeit. Unklar ist die Bedeutung des Strahlenendes auf dem Kopf, das dem der Pfeile ähnelt (Zeichnung nach einem Foto von H. Winkler, 1939).

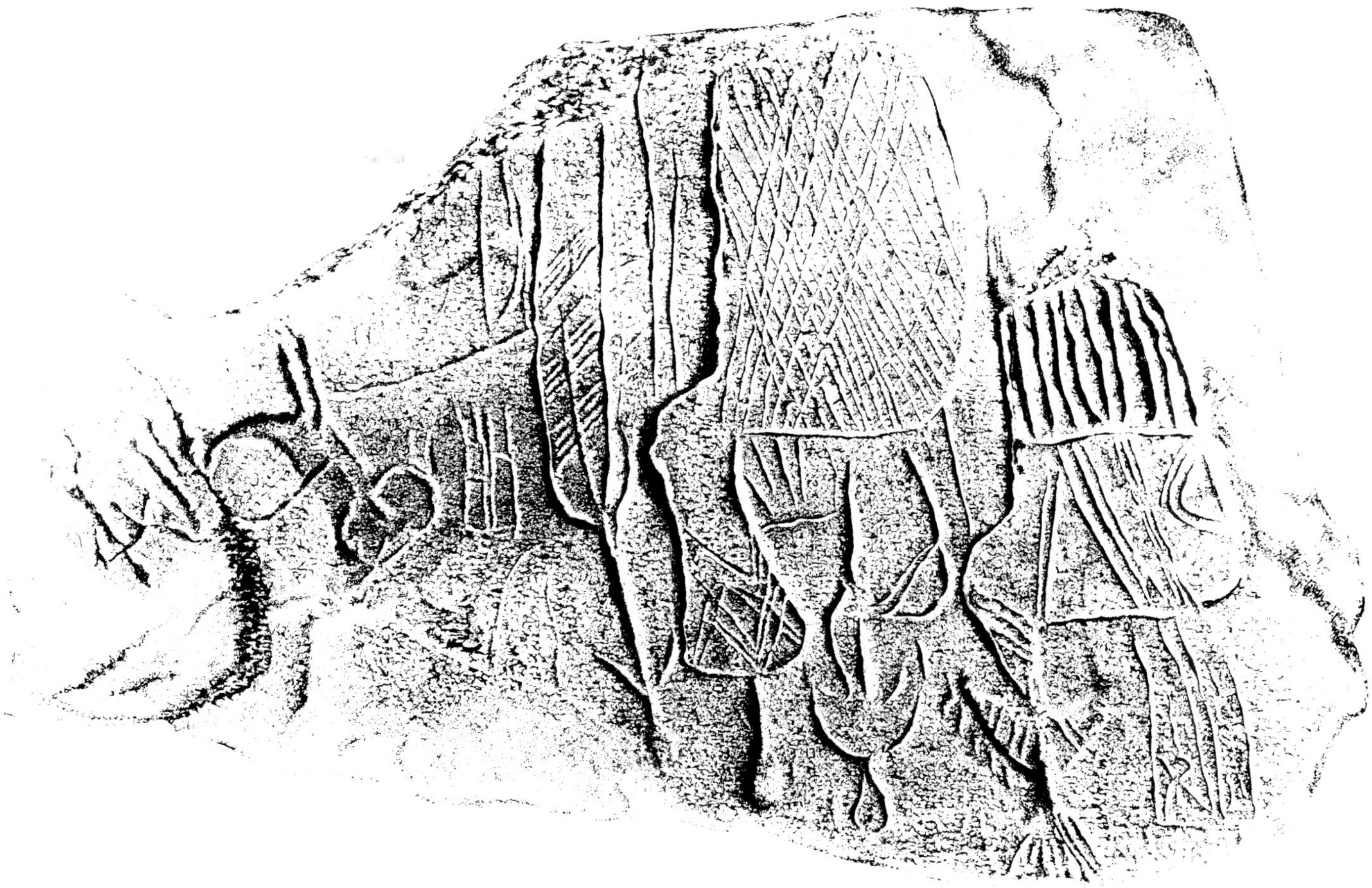

NAHER OSTEN – PROVINZEN DER PRÄHISTORISCHEN KUNST – WICHTIGSTE HORIZONTE

Vergleichende Tabelle der drei beschriebenen asiatischen Provinzen

VERSUCHTE DATIERUNG	ANATOLIEN	NEGEV	ARABIEN	SEITENTÄLER DES NIL
vor 10 000	I-A, I-B, II	I-A, I-B, I-C	Primitive Jäger	I Primitive Jäger
9000–3000	III, IV, V	II, III, IV-A	Jäger und Viehzüchter	II Jäger und Hirten
3000–1360	«Later» engravings	IV-B, IV-C, V	gebildet	III-IV gebildet, dynastisch
seit 1360	islamisch	VI, VII	islamisch	V islamisch

Viehzüchter überlagert. Ein weiterer bemerkenswerter Faktor besteht darin, daß es bei Völkern mit gemischtem Wirtschaftssystem fast keine Felskunst gibt. Diese Völker haben sich auf fruchtbare Gebiete konzentriert, eine intensive Feldbestellung mit stabilen Wohnstätten entwickelt und relativ schnell eine städtisch-gelehrte Kultur und Denkweise erreicht, bei der Felskunst nicht mehr üblich ist.

115. Sorgfältig gearbeitete Kleidungsstücke der Oasenbewohner. Felsgravierung der Dâkhla-Oase, Oberägypten. Zwei bescheiden gekleidete Frauen helfen zwei elegant gekleideten. Auf beiden Seiten der Szene wird das gleiche Ideogramm wiederholt: Es stellt schematisch zwei menschliche Wesen dar, die nahe beieinander stehen, als würden sie «Vereinigung» bedeuten. Die beiden eleganten Frauen scheinen für eine Zeremonie (eine Hochzeit?) gekleidet zu sein. Die Szene kann den frühen Ackerbauern in der Kultur des frühen Neolithikums zugeordnet werden. Auf der rechten Seite steht eine menschliche Figur mit einem Rind, das von einem anderen Künstler ausgeführt wurde, da es einen späteren Hirten-Stil zeigt (Zeichnung nach einem Foto von H. Winkler).

116. *Die Elefanten laufen nach rechts und die Giraffen nach links, so daß sie sich zwangsläufig begegnen müssen. Die Menschenwesen schauen zu, jagen jedoch nicht. Schlußphase der Primitiven Jäger. Wadi El Arab, Nubien, Ägypten (aus: W. F. E. Resch, 1967, S. 61/A).*

117. *Vordynastische Felsgravierung aus dem Niltal, die ein Ereignis beschreibt: die Ankunft eines betenden Wesens (einer Priesterin?) auf einem Boot. Das Boot wird von einem Zug mit fünf Frauen (an Land?) gezogen. Verschiedene Ideogramme sind zwischen dem Boot und den Frauen eingeritzt (Zeichnung nach einem Foto von H. Winkler, 1938, Bd. I, Taf. XII/a).*

118. *Folgende Seite: Seltsame Menschen kommen mit einem Boot an. Felsgravierung aus dem Tal des Oberen Nil, Nubien, Ägypten. Zwei Darstellungen sorgfältig gearbeiteter Boote, mit anthropomorphen Wesen, die ihre Waffen zeigen: Bögen bei der oberen Figur und eine Keule bei der unteren. In beiden Fällen sind es Waffen aus vordynastischer Zeit. Die Wesen tragen etwas auf dem Kopf, vergleichbar verlängerter «Antennen», das ihr Erkennungssymbol ist. Die Boote haben geschmückte Buge (Zeichnung nach einem Foto von H. Winkler, 1938, Bd. I, Taf. XXII).*

119. Oben: Schematisierte Darstellung anthropomorpher Figuren, die die Familie darstellen: Mann, Frau und Kind, daneben ein treppenartiges Ideogramm, das die Zahl fünf bedeutet. Die Triade Mann – Frau – Kind stammt aus neolithischer Zeit und ist vielleicht eine Idealisierung der Familie, wie sie auch in Heiligtümern von Jericho und in Jordanien zu finden ist. Oase von Dâkhla, Oberägypten (Zeichnung nach einem Foto von H. Winkler, 1939).

120. Oben rechts: Malereien der neolithischen Hirtenzeit aus Jebel Uweinat. Verschiedene Hirtenphasen überlagern sich. Das große, zuerst in Weiß gemalte Rind wurde später in Dunkelbraun übermalt (Zeichnung nach einem Foto von H. Winkler, 1939).

121. Verwendung von Fangschlingen bei der Jagd. Höhere Jäger, Jebel Uweinat, Ägypten. Der doppelt gekrümmte Bogen bei einer der beiden Figuren weist auf die protodynastische Zeit, als in Ägypten Menschen verschiedener Abstammungen nebeneinander existierten. Die Höheren Jäger können Zeitgenossen der Hirten, frühen Ackerbauern und präurbanen Gruppen sein (Zeichnung nach einem Foto von H. Winkler, 1938, Bd. I, Taf. XVIII-b).

122. *Erzählende Szene der Hirten. Felsgravierung von Jebel Uweinat, Ägypten. Während drei Gestalten sich mit Pfeil und Bogen beschäftigen, greift die vierte mit einer Lanze ein Hausrind an. Zwischen den Hörnern und dem Körper zeigt das Rind Ideogramme, die es identifizieren (Zeichnung nach einem Foto von H. Winkler).*

123. *Unten: Die «Letzten Jäger» treffen eine Entscheidung. Felsgravierung von Jebel Uweinat, Ägypten. Die verschiedenen Möglichkeiten einer Jagdpartie sind im oberen Teil «aufgeführt». Im unteren Teil zeigt die Szene einen Strauß, der gerade gejagt wird. Dieses Tier nimmt den zentralen und beherrschenden Teil des Bildes ein. Der Pfeil mit besonderer Spitze wird zweimal wiederholt, um seine Richtung anzuzeigen. Die menschliche Gestalt über dem Strauß gehört wahrscheinlich nicht in dieselbe Phase (Zeichnung nach einem Foto von H. Winkler).*

126. Felsgravierung der koptischen Kultur mit einer Darstellung von Fischen (akrostichisch). Niltal, Navdhi Aswan bei Hosh (Zeichnung nach einem Foto von H. Winkler, 1939).

Vorhergehende Seite:
124. Sahelzone, Ägypten (Aswan). Felsgravierung aus dynastischer Zeit, die von ägyptischen Inschriften begleitet wird. Mit dem Aufkommen der Schrift werden Syntax und Gehalt der früheren Felskunstwerke weniger wichtig, weil die ideographischen Bedeutungen durch die Schriftzeichen ersetzt werden (Foto: S. Simoni).

125. Oase von Dâkhla. Felsgravierungen mit zwei Füßen, in verschiedenen Phasen ausgeführt und durch günstig stimmende Symbole ergänzt. Das Auge und die Swastika sind häufige Ideogramme bei den späten Dynastien (Zeichnung nach einem Foto von H. Winkler, 1939).

127. *Jabbaren, Tassili. Dialog zweier Mädchen. Felsgravierung des Rinder-Neolithikums (aus: H. Lhote, 1958, Tafel 34).*

VIII. Nordafrika

Die Höhlenkunst Nordafrikas hat in den letzten sechzig Jahren besonderes Interesse hervorgerufen, vor allem bei frankophilen Wissenschaftlern. Wichtige Konzentrationen von Felsgravierungen kennen wir im marokkanischen Atlasgebirge und in Ägypten sowie in den Seitentälern des Nils. Im ägyptischen Jebel-Uweinat-Gebirge finden sich zahlreiche Felsbilder und Gravierungen, ebenso in der Sahara, die sich über weite Teile des nordafrikanischen Subkontinents erstreckt. Die Vielfalt und die hohe Qualität der Inhalte, die Ästhetik und Graphik machen diese Bilder zu einem wahrhaft außergewöhnlichen Phänomen.

Während die Felskunstkomplexe im Niltal eine Affinität mit den Felsbildern des Vorderen Orients aufweisen, erscheint das Jebel Uweinat typologisch und stilistisch als geographischer Schnittpunkt: während verschiedener Perioden trafen sich hier Menschen aus unterschiedlichen Herkunftsorten. Verbindungen zum Niltal und zum Vorderen Orient kann man ebenso erkennen wie zu Zentralafrika und zum Saharagebiet.

Das marokkanische Atlasgebirge besitzt zahlreiche Stile und Komplexe von Felsgravierungen, die aus verschiedenen Phasen stammen: hier finden sich Darstellungen aus einer entwickelten Phase der Primitiven Jäger, von entwickelten Jägerkulturen sowie Kunst von Völkern, die sich der Viehzucht widmeten oder über ein gemischtes Wirtschaftssystem verfügten. Vor allem die letztgenannte Schicht hat aufgrund ihrer komplexen Probleme umfassende Debatten ausgelöst. Einer dieser Stile zeigt aus Metall gearbeitete Waffen, z.B. Helebarden, Äxte und Dolche. Ihre Typologie rückt sie in die Nähe der europäischen Felsgravierungen aus der Kupferzeit und der frühen Bronzezeit, wie sie im Gebiet des Monte Bego in den französischen Seealpen, in der Phase III-A/B im Valcamonica, ebenfalls Kupferzeit und frühe Bronzezeit, sowie bei sekundären Gruppen in derselben Zeit auf der Iberischen Halbinsel, vor allem in Galicien, vorkommen. Diese Bilder von Waffen erscheinen zusammen mit Menschendarstellungen – wahrscheinlich Geister oder Vorfahren –, die wohl in Verbindung mit einem Ahnen- und Heldenkult entstanden sind. Die Künstler der europäischen Alpen und des marokkanischen Atlas waren in dieser Zeit die ersten, die Metall bearbeiteten und nach Rohstoffen suchten. Zahlreiche kulturelle Elemente waren ihnen gemeinsam; die möglichen Beziehungen zwischen den verschiedenen Gruppen sind jedoch noch nicht ausreichend erforscht.

Entlang dem Küstengebiet des Maghreb gibt es zahlreiche kleine Höhlen und Felsüberhänge mit sorgsam ausgearbeiteten Gravierungen. Sie stammen von Primitiven Jägern in ihren höher entwickelten Schlußphasen und von Höheren Jägerkulturen. Laut Raymond Vaufrey, einem Pionier der Erforschung dieser Felskunst des Maghreb, der bereits 1939 eine wichtige Diplomarbeit hierzu verfaßt hat, sind die frühesten Gravierungen gegen Ende des Pleistozäns entstanden; die Mehrzahl jedoch fällt in das Holozän. Die Sahara ist eine grandiose Schatzkammer der Fels-

kunst mit zahlreichen Fundorten. Diese befinden sich vorwiegend in den großen Bergmassiven und sind in eine spektakuläre Wüstenlandschaft eingebettet. Entdeckt wurden mehrere tausend Fundorte mit bislang einigen hunderttausend Darstellungen. Mit ihrer Hilfe kann man zahllose Einzelheiten über die Geschichte des Menschen in diesem Gebiet erfahren. Die Kunst ist, wie wir wissen, eine der fundamentalsten Ausdrucksformen der menschlichen Spezies seit dem Erscheinen des *Homo sapiens* als unserem direkten Vorfahr vor etwa 50 000 Jahren; und seither finden wir sie an allen Orten und zu allen Zeiten. Die Felskunst ist der mit Abstand sichtbarste und großartigste Aspekt des archäologischen Erbes, das dem Sand und den Felsen der Sahara anvertraut ist. Dieses konzentriert sich in gebirgigen Gebieten, im algerischen und marokkanischen Atlas, in den Massiven des Ahaggar und Adrar in Algerien und Mali, im algerischen Tassili und im nigerianischen Air, in den weiten Berggebieten Libyens, des Fezzan und des Acacus, im Tibesti, dem Ennedi und dem Tschad bis zum Jebel Uweinat in Oberägypten an der Grenze zum Sudan.

128. Felsbild in der Farbe verbrannter Erde, aus Ti-n Tazarift, im Norden des Tassili; dargestellt ist ein Boot, und zwar in einer Gegend, die heute völlig verwüstet ist, früher jedoch vermutlich von Seen bedeckt war (Zeichnung nach einem Foto von H.-J. Hugot, 1974, S. 112).

129. Jagdszene im Stil der Höheren Jäger in Habeter, Libyen (aus: L. Frobenius, 1963, Tafel LXXI).

SAHARA

130. Tief eingeritzte Felsgravierung von Feznan, die zwei Katzen darstellt, die sich in einer anthropomorphen Haltung gegenübersitzen. In den Körper der einen wurde später in Strichen ägyptischen Einflusses eine menschliche Gestalt eingeritzt. Katzen werden im Neolithikum der Sahara häufig dargestellt. Habeter, Libyen (aus: L. Frobenius, 1963, Tafel XII).

In die unermeßliche Weite aus Sand und Felsen einzudringen, vielleicht mit Hilfe eines Lasttiers, die gewöhnlichen Routen zu verlassen und auf jede Motorisierung zu verzichten, das ist die einzige Möglichkeit, um die größte Wüste der Welt zu erforschen, die sich 5000 Kilometer lang vom Niltal bis zum Atlantischen Ozean erstreckt und weite Teile Nordafrikas bedeckt. Die Faszination der Dünen und Gebirgsmassive entsteht durch eine Landschaft, die auch den Menschen in einer anderen Dimension erscheinen läßt, denn hier wird man sich bewußt, Teil einer Natur zu sein, die der Mensch nicht immer zu bezähmen vermag. Sich in diesem unendlichen Gebiet ohne Wasser, mit wenigen Oasen, die manchmal Hunderte von Kilometern weit auseinanderliegen, zu verlieren, kann für den unbedacht Reisenden zweierlei bedeuten: einmal, die ursprüngliche Beziehung zwischen Mensch und Natur wiederzuentdecken, zwischen sozialem Gefüge und Natur, zwischen Ressourcen und Überleben, Realität und Vorstellung. Es kann aber auch Tod durch Dehydrierung, Austrocknung und Koagulation des Blutes bedeuten.

Dem unerfahrenen Besucher mag es fast unvorstellbar erscheinen, daß dieses «empty quarter» einmal voller Leben war. Plötzlich sieht man sich einer Felswand gegenüber, in die vor vielen tausend Jahren prähistorische Künstler ihre Figuren einritzten. In einer Landschaft, in der heute kein Grashalm mehr wächst, finden wir Bilder von Elefanten und von grasfressenden Tieren, die täglich einige Zentner Futter zu sich nahmen. Ebenso sehen wir Fische und sogar große Tiere wie Flußpferde, Krokodile und Büffel, in deren Lebensraum Wasser gewöhnlich überreichlich vorhanden ist. Diese sandige Landschaft muß früher also einmal grün gewesen sein, als es noch ganz andere Ressourcen gab und diese unendlichen Ebenen vor Leben pulsierten. Die Sahara ist, bildlich gesprochen, übersät von Spuren ihrer früheren Bewohner, die auf jahrtausendelanges Leben hinweisen. Die Felskunst ist dafür das sichtbarste Zeichen, aber auch Grabmonumente und Steinkreise, Menhire, Hügelgräber und Spuren von Wohnsiedlungen lassen erkennen, daß Menschen sich hier nicht nur Nahrung für ihr Überleben verschafften, sondern auch eine bemerkenswerte Skala intellektueller Ausdrucksformen schufen. Überreste von Materialienkultur und Keramikgegenstände zeigen, daß Menschen während der letzten 7000 Jahre hier in verschiedenen Phasen lebten: mit Mahlsteinen wurde Getreide gemahlen, noch bevor Keramik in Gebrauch war; lithische Instrumente, vor allem aus Kieselstein, lassen darauf schließen, daß Menschen hier in den letzten prähistorischen Phasen lebten. Sie gehen auf die Zeit vor dem *Homo sapiens* zurück, bis zum *Homo erectus* vor über einer Million Jahren. Aus der Zeit davor sind in diesem abgelegenen Gebiet Reste jener in einer der Dürreperioden ausgestorbenen Dinosaurier und Riesenreptilien erhalten geblieben. Die Sümpfe, in denen sie lebten, waren bereits zur Zeit des Mesozoikums, also vor 100 bis 200 Millionen Jahren, ausgetrocknet.

Der Wechsel der Klimaverhältnisse hat überall auf unserem Planeten die Entwick-

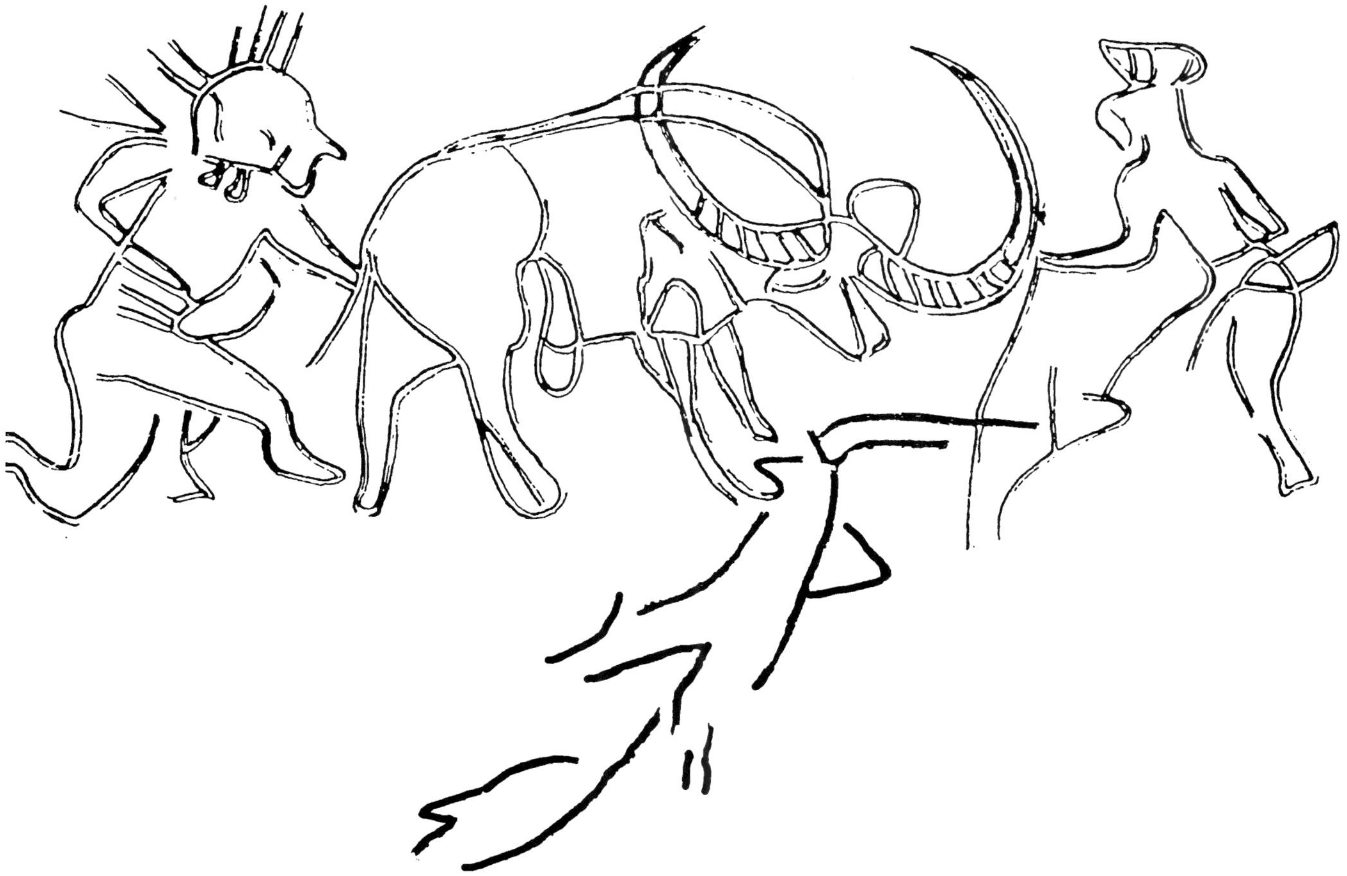

lung des Lebens bestimmt. In den Wüsten konnte in den letzten Jahrtausenden weder Ackerbau betrieben werden, noch konnte eine dichte urbane Bevölkerung entstehen. Doch dies begünstigte den Erhalt ältester Relikte, die andernfalls vielleicht nicht bis in unsere Zeit überdauert hätten. Aus demselben Grund sind die Wüsten der verschiedenen Kontinente unermeßliche natürliche Museen, die erst in letzter Zeit durch den massiven Einfall von Plünderern gestört wurden.
Die stilistische Sequenz der Felskunst zeigt uns in der Sahara wie auch andernorts eine jahrtausendelange Aufeinanderfolge von Völkern mit ihren Lebensweisen. Vor dem Hintergrund unserer Geschichtskenntnisse ist es um so erstaunlicher, wieviel länger, reicher und bewegender Geschichte tatsächlich sein kann. Bislang ist man sich noch nicht darüber einig, wann der *Homo sapiens* hier zum ersten Mal Kunst geschaffen hat. Trotz vieler Hypothesen gibt es noch kein abschließendes Urteil. Die Diskussion ging von zwei Hauptthesen aus: Bis vor ein paar Jahren ordnete man den gesamten Zyklus dem Holozän, also dem Zeitabschnitt der letzten 12 000 Jahre, zu, während man der zweiten Hypothese zufolge die ersten Phasen des Zyklus früher datierte. Die jeweilige Argumentation ging von den Darstellungen ausgestorbener Fauna und der Betrachtung klimatischer Veränderungen aus, deren Daten ebenfalls noch Gegenstand der Diskussion sind. Überdies wurde erwogen, die Felskunst archäologischen Zeitabschnitten wie dem Paläolithikum, dem Mesolithikum und dem Neolithikum zuzuordnen. Immer deutlicher wird man sich jedoch bewußt, wie wenig diese Begriffe, die aufgrund der kulturellen Sequenzen von fruchtbaren Gebieten in Europa und dem Vorderen Orient geschaffen wurden, mit der Realität der Wüsten zu tun haben.
Verschiedene Datierungen erhielt Fabrizio Mori im Tadrart Acasus mit der Radiokarbonbestimmung, und Henri Lhote stellte stilistische Sequenzen im Tassili auf. Daß es überzeugende Verbindungen zwischen Felskunst und Funden von Mate-

131. Qued Djerat (Tassili). Große eingravierte Szene von über 2 m Länge, die das Fangen eines Rindes mit großen Hörnern beschreibt. Die kniende Gestalt links hält ein Lasso in der Hand, mit dem sie den «Büffel» gefangen hat. Unten hält eine maskierte Gestalt den «Büffel» an einem Bein fest, während eine zweite Gestalt links ein Horn des Tieres festzubinden scheint.
Die Szene stammt von Höheren Jägern (aus: H. Lhote, 1976, S. 601).

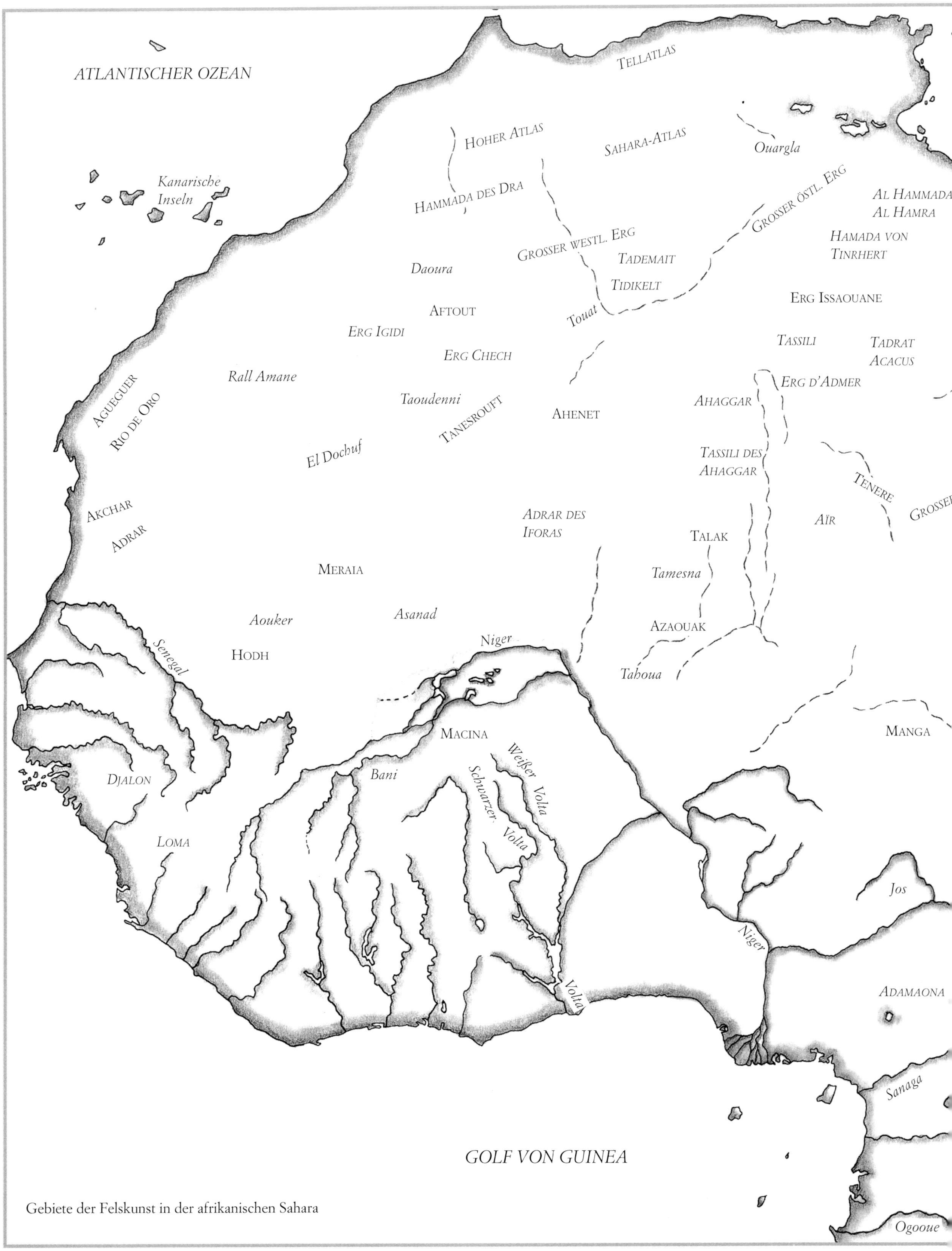

Gebiete der Felskunst in der afrikanischen Sahara

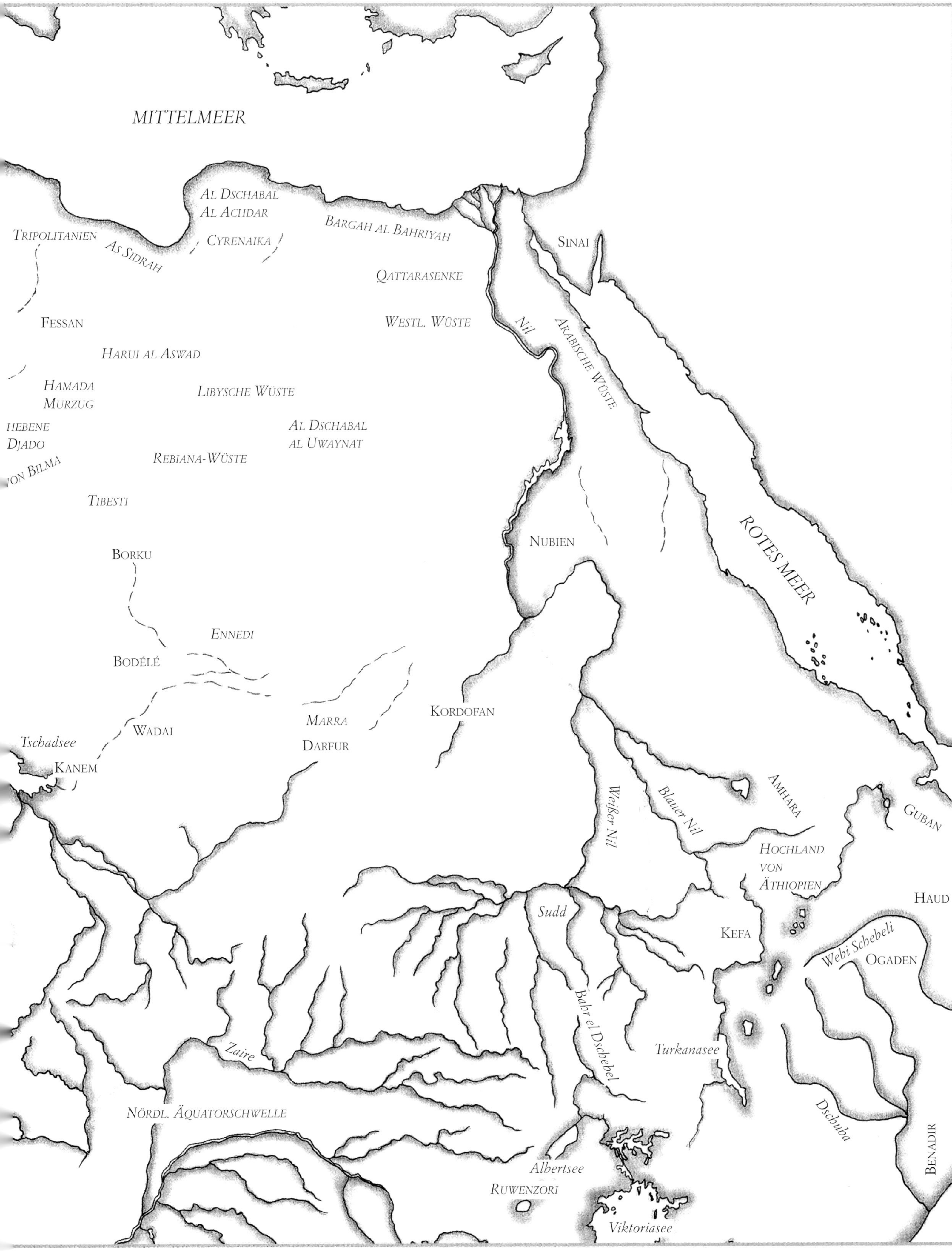

MITTELMEER
AL DSCHABAL AL ACHDAR
TRIPOLITANIEN
AS SIDRAH
CYRENAIKA
BARGAH AL BAHRIYAH
SINAI
QATTARASENKE
FESSAN
WESTL. WÜSTE
Nil
ARABISCHE WÜSTE
HARUI AL ASWAD
HAMADA MURZUG
LIBYSCHE WÜSTE
HEBENE DJADO
AL DSCHABAL AL UWAYNAT
ON BILMA
REBIANA-WÜSTE
TIBESTI
ROTES MEER
NUBIEN
BORKU
ENNEDI
BODÉLÉ
KORDOFAN
MARRA
DARFUR
WADAI
Tschadsee
KANEM
AMHARA
Weißer Nil
Blauer Nil
GUBAN
HOCHLAND VON ÄTHIOPIEN
HAUD
Sudd
KEFA
Webi Schebeli
OGADEN
Bahr el Dschebel
Zaire
Turkanasee
NÖRDL. ÄQUATORSCHWELLE
Dschuba
BENADIR
Albertsee
RUWENZORI
Viktoriasee

132. *Domestizierte Hunde helfen einem Jäger. Jilf Kebir, ägyptische Sahara. Die menschliche Gestalt in der Mitte ist eher Zuschauer als Protagonist (Zeichnung nach einem Foto von H. Rhotert).*

rialienkultur gibt, wurde von Raymond Vaufrey, Fabrizio Mori und anderen bestätigt. Und schließlich gibt es die stratigraphische Folge der verschiedenen Stile, die sich häufig auf derselben felsigen Oberfläche überlagern, wie bereits Leo Frobenius, Hugo Obermaier und Paolo Graziosi, die großen Pioniere dieser Forschung, feststellten. Dadurch konnte eine generelle Sequenz erstellt werden, die die Geschichte der Sahara widerspiegelt und die auf der Tabelle der folgenden Seite aufgezeichnet ist.

HORIZONT	VERSUCHTE DATIERUNG	PERIODE	GELÄUFIGE BEZEICHNUNG	UMGEBUNG	ANMERKUNGEN
Hirten		Jüngere Nomaden	Berber und Tuareg, Camelinische Phase	Wüste mit Oasen	Einführung des Kamels im Vorderen Orient (1. Jahrtausend)
	3000				
gemischtes Wirtschaftssystem		Wagen und Handel	Zugpferd oder «garamantisch»	Blühende Oasen in Dürregebieten	Einfall von Händlern mit Wagen und Pferden, mediterrane Bevölkerung, mögliche Beziehungen zu Ägypten
	3400				
		Hiatus?		schneller Prozeß der Austrocknung	
	4000				
Hirten		Hirten	Rinder	Savanne mit austrocknenden Sumpfgebieten	Einwanderungen aus dem Osten und Süden, Rinderhirten mit weißer und negroider Hautfarbe, verschiedene Bevölkerungen
Letzte Jäger		Späte Jäger und Sammler			
	7000				
		Hiatus?		Dürrephasen	
	8000				
Sammler		Wildbeuter	«Rundköpfe»	Seen und üppige Vegetation, gleichzeitig mit der größten Ausdehnung des Tschad-Sees?	negroide Bevölkerungen praktizierten Fischfang und Sammeln von Früchten, Gebrauch von Halluzinogenen
		Jäger und Sammler	späte bubalinische Phasen		
	11 000				
		Hiatus?		Trockenperiode	
	?				
Primitive Jäger		Primitive Jäger	primitive bubalinische Phasen	Grasland und Savannen mit Wasserstellen	Jäger großer Fauna ohne Kenntnis von Pfeil und Bogen
	?				

133. Detail aus einer Reihe von drei Masken, die in Sifar (Tassili) auf Felsen gemalt sind. Die Masken, die heute eines der wichtigsten Themen der afrikanischen Ethnologie sind, haben eine Geschichte von mindestens 10 000 Jahren. Hier ist ein mythischer, katzenartig-anthropomorpher Geist dargestellt, der sich, mit Variationen, in verschiedenen Teilen der Sahara wiederholt (aus: H.-J. Hugot, 1974, S. 79).

Diese mit Absicht schematisch vereinfachte Tabelle gibt einen Überblick über die wechselnden, mehr oder weniger feuchten Perioden im Gebiet der Sahara, wo sich bereits die geringste Veränderung der Niederschläge auf die Gesamtheit der lebensnotwendigen Ressourcen auswirkt. Diese äußere Umgebung beeinflußte die verschiedenen menschlichen Ansiedlungen der einzelnen Perioden, und damit auch die Stile der Felskunst.
Nur selten wurden Reste von Materialienkultur und Felskunst entdeckt, die in einem direkten und unbestreitbaren Zusammenhang miteinander stehen. Im Tassili und im Acasus wie auch an anderen Orten finden sich zwar Felsüberhänge mit Felskunst und Überreste von Materialienkultur, sogar Feuerstellen und Grabstätten, räumlich benachbart; aber nur selten läßt sich nachweisen, daß sie auch gleichzeitig entstanden sind. Deshalb blieb die Debatte über die Chronologie der verschiedenen Felskunstperioden bislang unentschieden, wie an der Tabelle zu erkennen ist. Vor allem für die ältesten Perioden sind die verschiedenen chronologischen Hypothesen noch nicht durch Materialienfunde gesichert.

PRIMITIVE JÄGER

In allen Epochen finden wir sowohl Felsbilder als auch Felsritzungen, wobei die Felsritzungen in der Periode der Primitiven Jäger und bei Nomaden jüngerer Zeit am häufigsten vorkommen; in der Hirtenzeit gibt es eine Vorliebe für Felsbilder, und deutlich herrschen die Malereien auch bei den Sammlern vor, für die die Farben auch eine wichtige symbolische Bedeutung hatten. Die verschiedenen Versuche, Felskunst mit Büffeldarstellungen gleichzeitig mit lithischer Industrie anzusetzen, wie es vor allem französische Wissenschaftler wie L. Balout und G. Gamps unternommen haben, vernachlässigen die Tatsache, daß man aus der gesamten postpaläolithischen Zeit keine Komplexe lithischer Funde oder Keramiken kennt, die eine ähnliche Verbreitung haben wie die Felskunst. Es gibt Kulturen an der maghrebinischen Küste und im Hinterland, und es gibt Kulturen im unteren oder oberen Tal des Nils, während sich der Felskunsthorizont mit Büffeldarstellungen vom Niltal bis zum marokkanischen Atlas erstreckt und eine inhaltliche Einheit Nordafrikas zeigt, die es in der Materialienkultur seit dem Beginn des Holozäns nicht mehr gibt. Es finden sich hier auch gewisse Ähnlichkeiten mit der Zeit, die als «Phase der tiefen Einritzungen» bei den Primitiven Jägern im Vorderen Orient bezeichnet wird.
In letzter Zeit haben einige lokale Forscher vorgeschlagen, die Figuren der Primitiven Jäger in die Gruppe der Sammler einzufügen und den Horizont der Primitiven Jäger zu tilgen; einer vergleichenden Sicht kann ein solcher Vorschlag aber nicht standhalten.
Die vorherrschende Thematik sind große Tierdarstellungen, wie sie für die Primitiven Jäger auch in anderen Teilen des Globus typisch sind. Mit dem Begriff «Primitiven Jäger» bezeichnet man Jägervölker, die in Clans lebten und Pfeil und Bogen noch nicht kannten. Das Fehlen oder das seltene Vorkommen anthropomorpher Darstellungen und der essentielle und synthetische Stil sind weitere Merkmale. Die bildliche Darstellung ausgestorbener Fauna, größtenteils aus dem Pleistozän, kann chronologische Hinweise geben. Die Tatsache, daß ein hoher Prozentsatz der Tierfiguren isoliert und vereinzelt auftaucht, ist ein Indikator für die Zugehörigkeit zu einer späten und niedergehenden Phase im Horizont der «Primitiven Jäger». Aber gelegentlich gibt es auch ideographische Sequenzen, die die typischen Vorstellungen einer klassischen Phase der «Primitiven Jäger» widerspiegeln, was auf eine noch frühere Entstehung hinweisen könnte (Jebel Uweinat).

Folgende Seite:
47. Großes Grabmonument, in der Nähe von Djanet (Tassili) (Foto: S. Simoni).

48. Die unwegsame Landschaft des Tassili in Algerien, wo sich eines der bedeutendsten Zentren künstlerischer Kreativität Nordafrikas entwickelt hat. Die Hochebene, heute eine Wüste, war einst mit kleinen Seen und Wasserpflanzen bedeckt. Die Erinnerung daran ist in der Felskunst erhalten geblieben. Die Entstehung von Felskunst war häufig an eine Bedingung geknüpft: die großen Zentren der Kreativität waren oft Gebiete, die relativ isolierte und schwer zugängliche Mikrokosmen bildeten (Foto: S. Simoni).

49. Dieses Foto gibt einen Eindruck von der Atmosphäre im Tassili, mit den Überresten – lebenden Fossilien – einer Vegetation, die bei feuchterem Klima richtige Wälder geschaffen hätte. Die Erosion der Felsen hat zahlreiche Felsüberhänge hervorgebracht, mit grandiosen Galerien der Frühgeschichte. (Foto: S. Simoni).

134. Tanzende Mädchen. Felsgravierung der Höheren Jäger, Qued Mertoutek, Hoggar, Algerien. Im Rhythmus und in den Gesten entspricht diese Szene der modernen europäischen Ästhetik (aus: E. Anati, Arte rupestre, Linguaggio dei primordi, Capodiponte 1994, S. 105).

135. Folgende Seite: Krokodile mitten in der Wüste? Felsgravierungen aus Wadi Mathendush, Fezzan, Libyen. In der Sahara muß zur Entstehungszeit dieser Figuren ein ganz anderes Klima geherrscht haben als heute. Das Krokodil ist 2,50 m lang (Zeichnung nach einem Foto von K. Striedter, 1984, S. 72).

Vorhergehende Seiten:

50. Bild des «Großen Geistes» im Stil der «Rundköpfe», Tassili, Algerien. Kunst der Sammlerstämme, die von Halluzinogenen Gebrauch machten. Rechts erscheint ein – später ergänztes – wildes Reh (Foto: S. Simoni).

51. Auanrhet. Große maskierte Gestalt, die über eine frühere Figur in weiß gemalt ist. Die Maske hat eine Pilzform, und zusätzlich erscheinen Pilze in verschiedenen Teilen des Körpers. Es handelt sich um halluzinogene Pilze, auch das Bild ist wahrscheinlich im Zustand von Halluzination entstanden. Periode der «Rundköpfe» (Foto: S. Simoni).

52. Bild des Hirten-Neolithikums aus Sefar (Tassili, Algerien). Die Viehzüchter führen einen Hund der Salugi-Rasse mit sich, der wahrscheinlich aus dem mittleren Orient stammt. Die Darstellungen der Rinder in der Mitte des Bildes wurden zuerst ausgeführt, die Figuren und der Hund kamen später hinzu (Foto: S. Simoni).

53. Elegante Figur einer Gazelle, aus einer Schlußphase der Primitiven Jäger von Oved-Edjereof (Tassili). Die dunkle Umrißlinie von variierender Tiefe und Breite ist charakteristisch für diese Phase des frühen Holozäns, die sich wohl teilweise gleichzeitig mit dem Stil der «Rundköpfe» entwickelt hat (Foto: S. Simoni).

54. Anthropo-zoomorphes Wesen mit Katzengesicht und überdimensionalem Phallus, der auf eine Reihe von Aushöhlungen gerichtet ist. Dieser Typus der Darstellung steht wahrscheinlich in Verbindung mit dem in der Zentralsahara weit verbreiteten Fruchtbarkeitskult. Kissras (Tassili, Algerien) (Foto: S. Simoni).

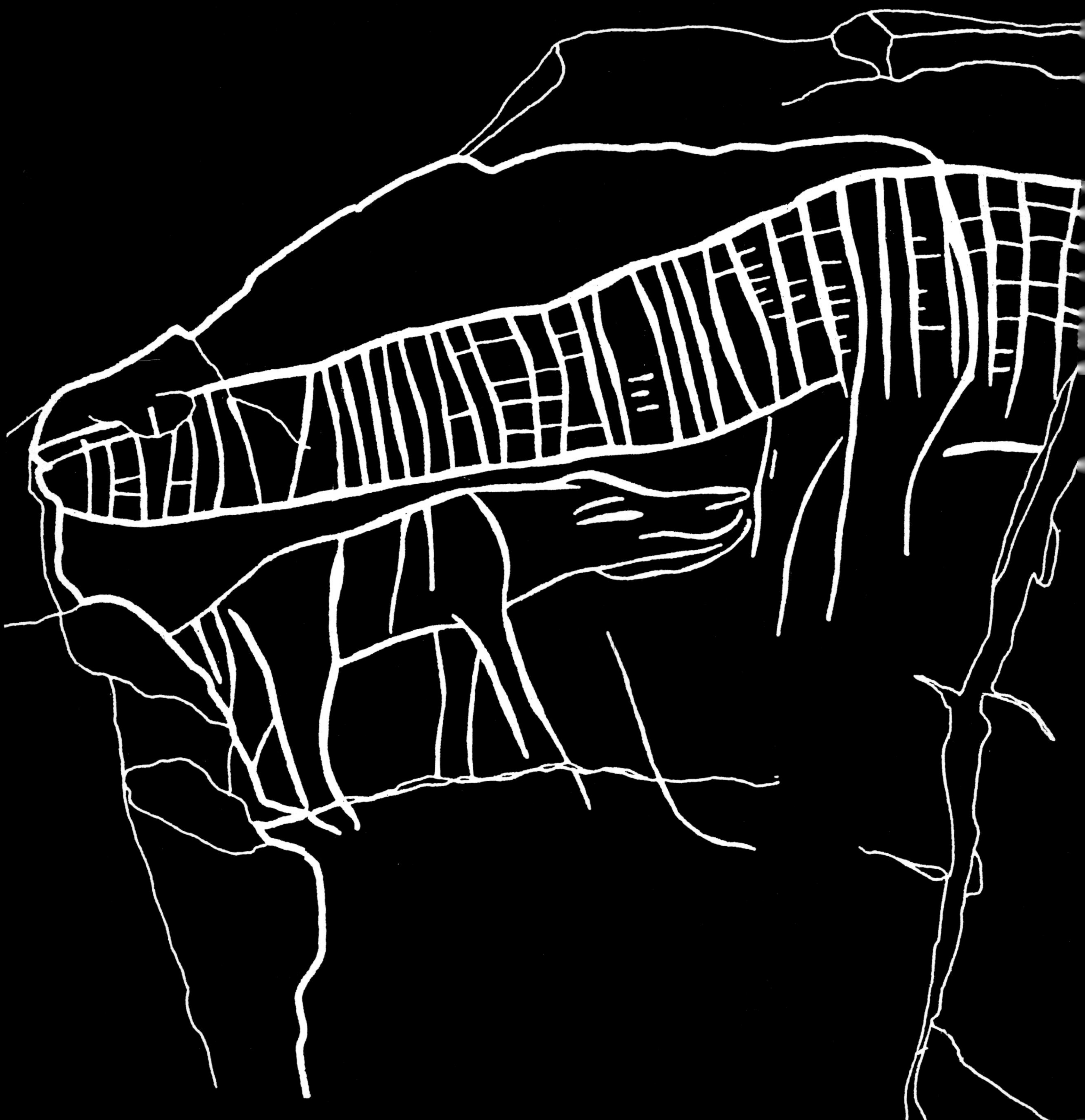

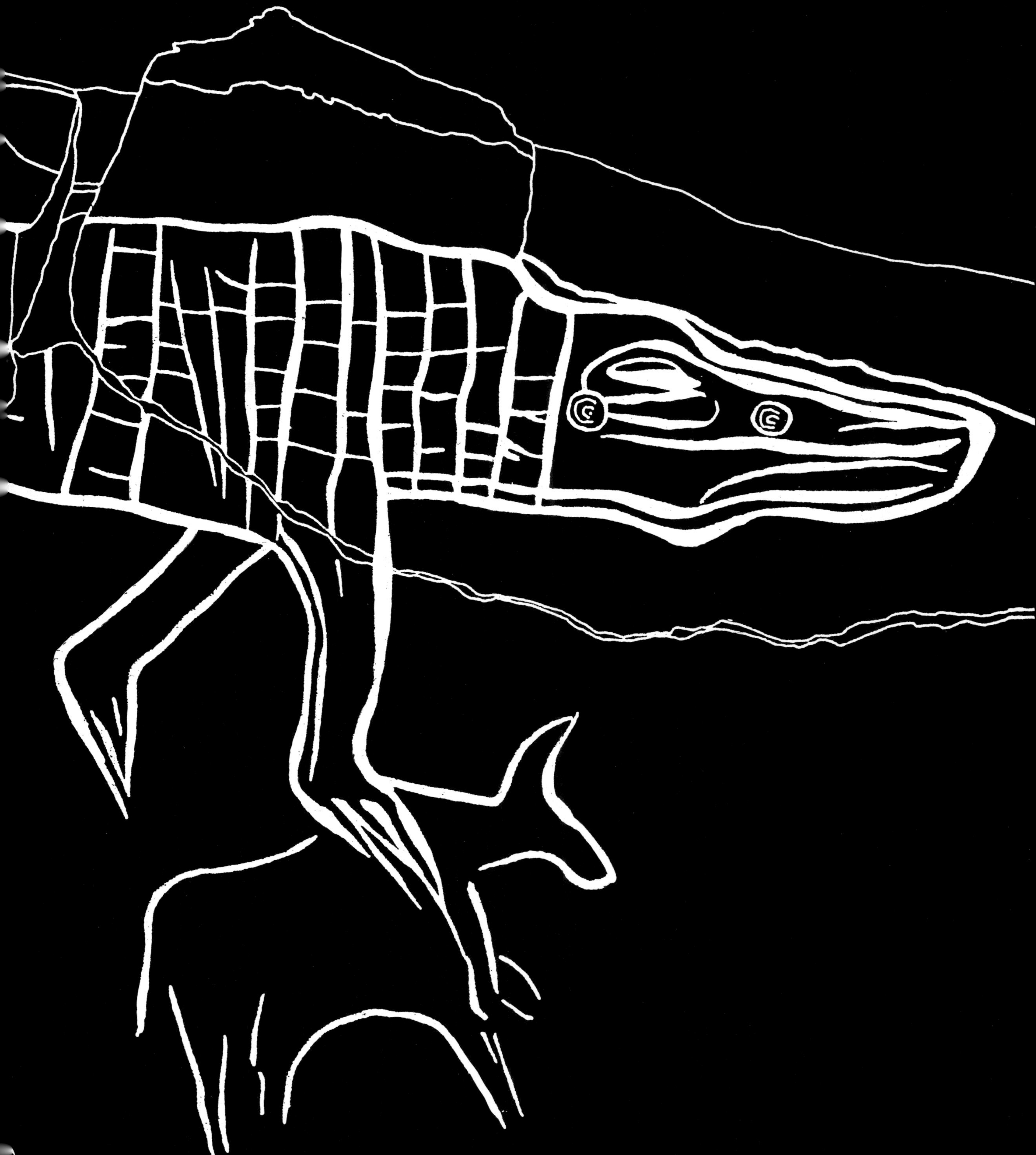

136. Felskunst, die in einem Zustand von Halluzination geschaffen wurde. Tassili, Algerien. Abdruck eines Bildes, das die Wirkung halluzinogener Pilze illustriert. Die Reihe der Punkte beginnt beim Pilz und verläuft zum Kopf. Stilbereich der «Rundköpfe», ca. 5000 v. Chr. Rechts ein Ausschnitt daraus (aus: G. Samorini, 1989, Taf. 9).

PRIMITIVE SAMMLER

Im Zyklus der Sahara zeigt der Horizont der «Primitiven Sammler», den man aufgrund der besonders häufigen Kopfform und Kopfbedeckungen als die Periode der Rundköpfe («Têtes rondes») bezeichnet, eine ungeheure Kraft der Vorstellungen und Inhalte. Wichtigstes Bildmotiv der Primitiven Jäger sind die Tiere, die sie bei der Jagd erlegten. Die Hirtenvölker, die ihnen folgten, widmen ihre Darstellungen größtenteils den Herden als ihrer wichtigsten Überlebensquelle. Spätere Darstellungen widmen sich dann Themen wie Reisen, Karawanentätigkeit und Handel.

Während alle früheren und späteren Phasen in der Hauptsache das wirtschaftliche Leben darstellen, scheinen sich die Künstler der Primitiven Sammler um diesen Aspekt nicht besonders gekümmert zu haben. Sie lebten in ihrer eigenen, ganz anderen und geradezu «mystischen» Vorstellungswelt. Beim Betrachten ihrer phantastischen Bilder gewinnt man fast den Eindruck, daß Kunst zu den wichtigsten Beschäftigungen ihres alltäglichen Lebens gehörte. Aus den Bildern selbst können wir indirekt schließen, daß ihre künstlerische Aktivität sich auch auf andere Aspekte wie Musik und Tanz erstreckte und ebenso auf ihre komplexen Riten und Zeremonien. Wir erfahren aus ihren Bildern auch, daß das Kunstschaffen Themen mit einschloß, von denen es bislang keine direkten Zeugnisse gibt: die Herstellung und den Gebrauch von Masken und Tätowierungen, von Hals- und Körperschmuck und vielleicht von Mimik und «Theater», die ein Mittel sein konnten, um Mythen und Legenden sowie Initiations- und andere Riten zu evozieren. Während das ikonographische Interesse der Primitiven Jäger vor allem Tierdarstellungen galt, stellten die Sammler oder «Rundköpfe» vorwiegend Menschen dar. Etwa drei Viertel ihrer Darstellungen sind anthropomorph, jedoch nicht notwendigerweise Menschendarstellungen. Sie zeigen Phantasiewesen, Gottheiten, Geister oder Ungeheuer einer Welt, die uns phantastisch erscheint oder uns an die Masken eines grandiosen Puppentheaters erinnert. Häufig finden sich Ideogramme, die aber von der wissenschaftlichen Literatur meistens ignoriert wurden. Daneben gibt es Tierdarstellungen, die manchmal ebenso phantastisch sind wie die der Menschen. Die Charakteristika vieler Bilder, die frei im Raum schweben oder Strahlen aussenden, wurden von Psychiatern als Folge halluzinatorischer Zustände gedeutet.

Während die Primitiven Jäger noch keine Szenen, sondern lediglich Kompositionen oder ikonographische Assoziationen von Graphemen kannten, stellen die Sammler bereits bestimmte Szenen dar, die weder beschreibend noch naturalistisch sind, sondern in einer Art «Performances» übernatürliche Wesen und Ereignisse mythologischen Charakters beschwören.
Das Epos der Sammler, wie es auf wunderbare Weise von ihren häufig surrealistischen Bildern erzählt wird, ist voller Halluzinationen, hermetischer Botschaften und einem Sinn für Harmonie, der beim Betrachter Betroffenheit auslöst. Noch immer strahlen sie eine geheimnisvolle Kraft aus. Nicht zufällig erlebten Dutzende von Forschern diesen Zauber und versuchten, ihn in Theorien zu erfassen, deren wissenschaftlicher Hartnäckigkeit er sich jedoch verschließt. Man hat den Eindruck, daß diese nach ihrem ersten Erforscher Henri Lhote «Têtes rondes» genannten Menschen in einer Art irdischen Paradieses lebten und häufigen Gebrauch von Drogen, den «Früchten vom Baum der Erkenntnis», machten. Vergleichbare Epochen und Situationen sind auch aus anderen Erdteilen bekannt. Felskunstkomplexe von Sammlervölkern, die großzügig Halluzinogene ein-

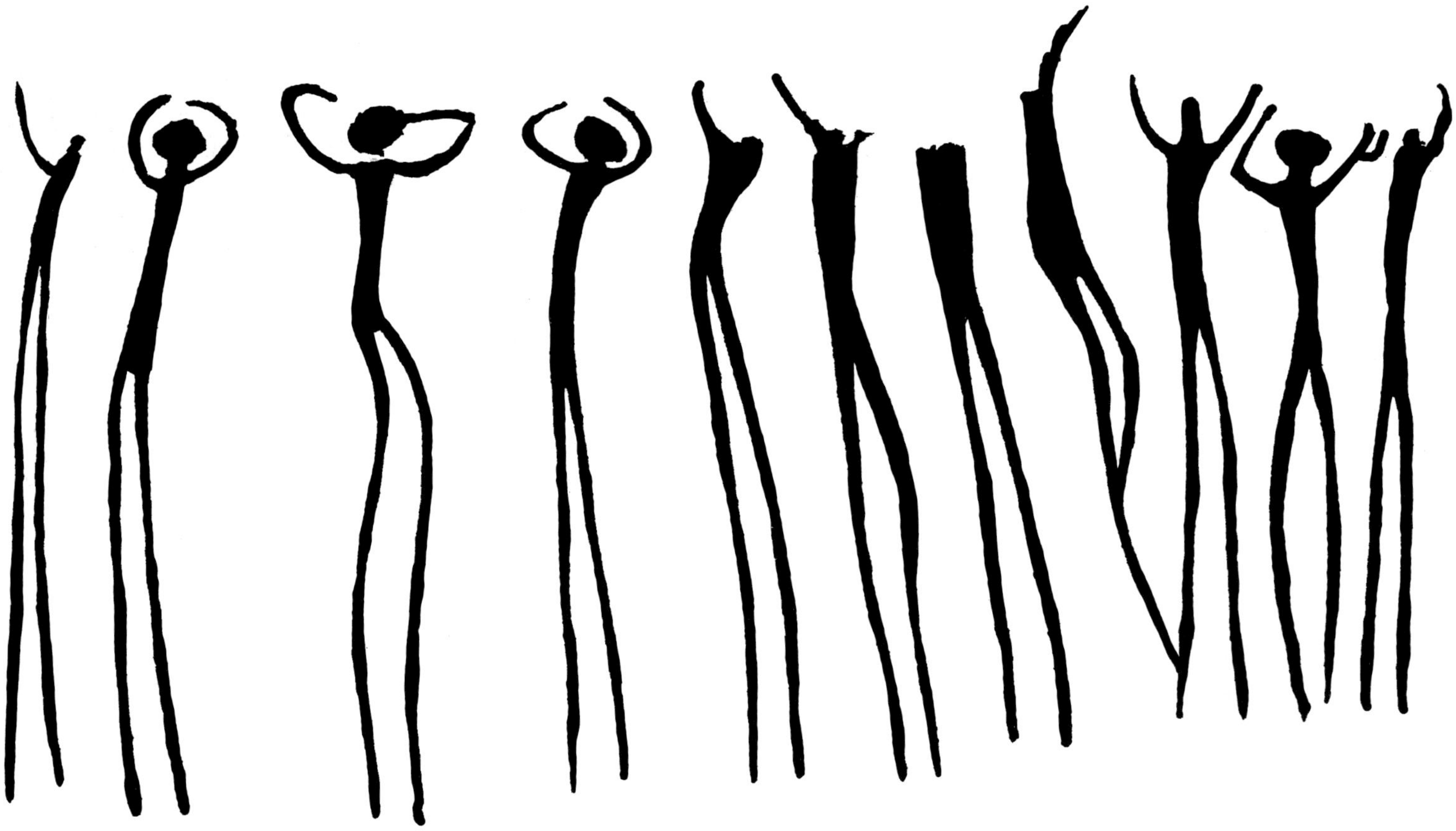

137. Ausschnitt aus einer Sequenz strichförmiger Figuren, vielleicht eine Tanzszene. Periode der «Rundköpfe», Jabharen (Tassili) (aus: H. Lhote, 1958, Taf. 26).

nahmen, gab es auch auf dem amerikanischen Kontinent, in Texas, Kalifornien und Mexiko. Eine stilistische Schicht des gleichen Typs, die einige Gemeinsamkeiten mit dieser Gruppe in der Sahara zeigt, kennen wir aus Tansania, im Südosten des Kontinents.

Überall scheint sich in diesem Stil nach einer Periode großer Kreativität schließlich ein gewisser Sättigungsgrad eingestellt zu haben, der die Lebensweisen und kulturellen Epochen dann zu Ende führte. Man könnte sogar annehmen, daß diese Ereignisse, die ihre Spuren im kollektiven Gedächtnis zurückließen, ein Echo in der Mythologie gefunden haben: in der Geschichte von Adam und Eva, die aus dem Paradies vertrieben und von da an gezwungen wurden, für ihren Lebensunterhalt zu sorgen. Das Ende dieser Episoden der «Sammler», die zur «Erkenntnis» gelangten, indem sie verbotene Früchte zu sich nahmen, fällt mit dem Beginn der Ära der Nahrungsmittelproduzenten zusammen.

HIRTEN UND VIEHZÜCHTER

Während die Bilder der «Sammler» keine Szenen des alltäglichen Lebens zeigen, quillt der folgende Horizont der Hirtenvölker über vor erzählenden und naturgetreuen Darstellungen. Das Interesse für das Leben in der Gemeinschaft, für die existentielle Beziehung zwischen Herde und Clan und die visuelle Sensibilität für die Bedeutung des Details begünstigen die Entwicklung eines Bilderstils von

138. Dialog zwischen einem Mann und einer Frau. Die Zeichen auf dem Kopf des Mannes scheinen seine Gedanken anzugeben. Rinder-Neolithikum, Sefar (Tassili, Algerien) (aus: H. Lhote, 1958, Taf. 58).

großer Finesse und Eleganz, auch wenn dieser in intellektueller Hinsicht zweifellos weniger bahnbrechend ist als seine Vorläufer.
Der Einfall von Hirtenvölkern mit Rinderherden markiert im 6. Jahrtausend v. Chr. in der Sahara sicherlich den Beginn einer neuen Ära. Wer aber waren diese Menschen? Gibt es eine Verbindung zwischen ihnen und vergleichbaren Wanderungsbewegungen, auf die die Felskunst im Vorderen Orient schließen läßt? Manche Forscher gehen davon aus, daß die Entwicklung im Niltal begann und eine durch die Übermacht der seßhaften und landbestellenden Völker in Ägypten bedingte Wanderungsbewegung war. Dadurch entstand die neolithische Ökonomie mit einer Expansion des Ackerbaus, was wiederum die Hirten aus den fruchtbaren Gebieten vertrieb. Eine andere Hypothese sieht in den fruchtbaren Tälern den Sommerwohnsitz der Hirten, die demnach im Winter in der Sahara lebten. Wieder andere erkennen in der Sahelzone die Entstehung einer neuen Lebensweise nomadisierender Hirten, die sich dann in den Gebirgsmassiven der Sahara verbreiteten.
Bei allen Hypothesen gilt als gesichert, daß der Einfall von Hirten in die nicht von Ackerbauern bevölkerten Randgebiete der Sahara auf die eine oder andere Weise mit dem bis heute fortdauernden Gegensatz zwischen Ackerbauern und Hirten zusammenhängt. Dieser Kontrast stellt nach wie vor ein wesentliches Element für die geschichtliche und politische Entwicklung im mittleren Orient und in Nordafrika dar. Der Mythos von Kain und Abel läßt sich als fabelhafte Metapher dieses Konflikts begreifen.

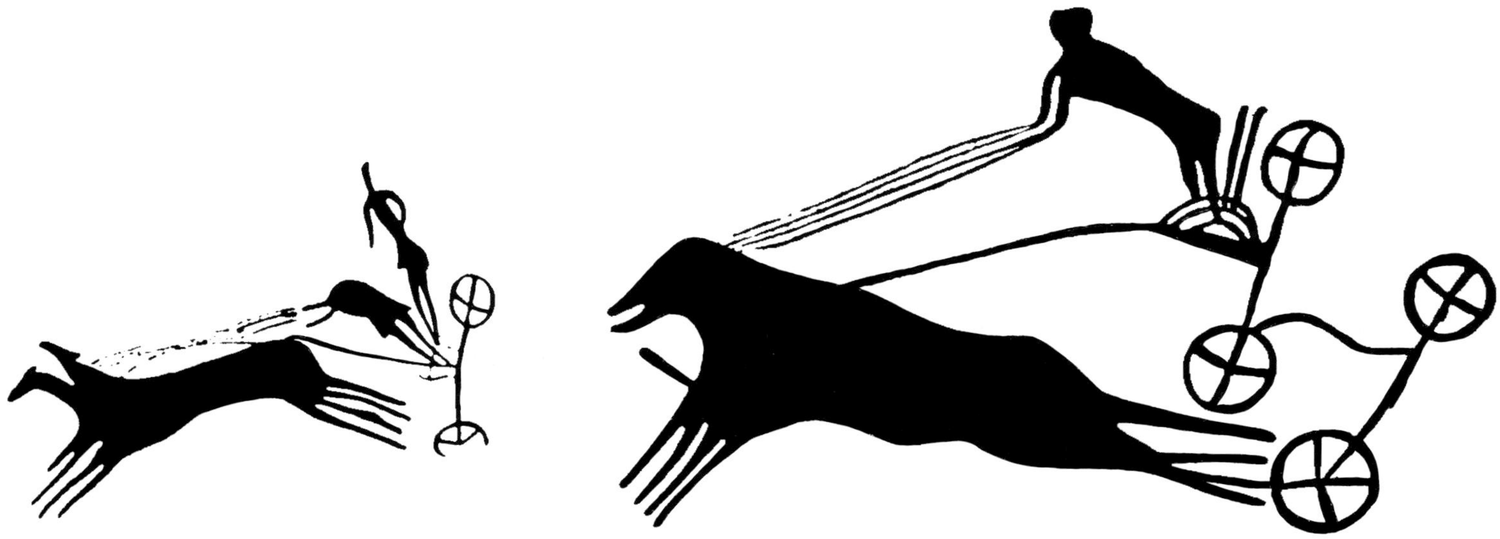

VÖLKER MIT GEMISCHTEM WIRTSCHAFTSSYSTEM

139. Darstellung der «fliegenden Wagen», von verschiedenen Fundorten im Tassili (Algerien). Dieser besondere Stil vom Ende des 2. oder dem Beginn des 1. Jahrtausends v. Chr. hat zahlreiche Debatten ausgelöst (aus: H. Lhote, 1982, S. 31).

In der 2. Hälfte des 2. Jahrtausends v. Chr. taucht in der Sahara, die damals wahrscheinlich bereits Wüste war, ein Stil mit neuer Thematik auf, der aktuelle Probleme widerspiegelt. Viel Tinte wurde schon mit Spekulationen über diese Menschen vergossen, die mit ihren galoppierenden Pferdegespannen die Wüste durchquerten. Ihre mögliche Identifikation mit Erforschern, Abenteurern oder Händlern der Hyksos oder mit ägyptischer, anatolischer oder mykenisch-kykladischer Herkunft hat zahlreiche Diskussionen ausgelöst, die noch zu keiner befriedigenden Lösung gelangt sind. Diese Phase wurde als Epoche von «Handel und Wagen», als «Epoche des Zugpferds» oder als «garamantisch» bezeichnet. Letztere Bezeichnung ist ein Versuch, die Menschen, die mit diesen Wagen durch die Sahara zogen, mit einem von Herodot beschriebenen Volk zu identifizieren. «Phase des Zugpferds» könnte eine Epoche bezeichnen, in der das Pferd bei den Völkern der Sahara allgemein verbreitet war. Jedoch scheint uns auch dieser Begriff unzutreffend, da nicht bekannt ist, ob die Künstler dieser Bilder in der Sahara lebten oder sie, mit besonderen Missionen betraut, nur durchquerten. Neuere Forschungen zeigen, daß sich dieser Stil entlang der befahrbaren Routen konzentriert. «Wagen und Handel» scheinen seine beiden wesentlichen Merkmale zu sein.

JÜNGERE NOMADENVÖLKER

Nach diesen Wagendarstellungen scheint das Pferd in der Felsbild-Ikonographie der Sahara nicht mehr vorzukommen. Erst nach Jahrhunderten taucht es als Motiv der Nomadenvölker wieder auf, von denen einige der heutigen Stämme abstam-

men. Die Vorfahren der Berber und Tuareg lebten seit etwa 3000 Jahren hier. In den Bildern und Gravierungen der Nomaden, die die Sahara im 1. Jahrtausend v. Chr. bevölkerten, erscheint auch erstmals das Kamel, das heute das typischste Tier dieses Gebiets ist. Auch libysche Inschriften und die lokalen Dialekte der Epoche entstehen. Der Einfall der Römer scheint hier, im Gegensatz zum Vorderen Orient, keine grundlegenden Veränderungen im Leben der Wüstenvölker bewirkt zu haben, auch wenn er im Küstengebiet deutlich zu spüren war.

Eines der Probleme, das die Erforscher der Felskunst in der Sahara am meisten beschäftigt hat und das bis heute als ungelöst gilt, ist die Frage nach dem Ursprung dieser Werke. Vielleicht fehlen bislang die objektiven Daten, um diese exakte Frage nach der Entstehungszeit zu beantworten. Doch vielleicht können wir aufgrund der vorhandenen Materialienkultur, der Klima- und Umwelterscheinungen bereits einige Hypothesen aufstellen, die für die ganze Epoche gelten, um so Schlüsse aus dem Vergleich mit analogen Phänomenen in anderen Gebieten der Welt zu ziehen. Wir wollen uns an dieser Stelle auf die Feststellung beschränken, daß mit dem Auftreten des *Homo sapiens* in einem Gebiet auch die Fähigkeit und das Bedürfnis entstehen, Kunst zu schaffen. Doch haben wir damit bereits die frühesten künstlerischen Darstellungen in der Sahara gefunden? Und seit wann gibt es überhaupt den *Homo sapiens* in der Sahara? Das sind einige der vielen Fragen, auf die wir noch keine sichere Antwort wissen. Wie in anderen Teilen der Welt stellt die Felskunst auch in der Sahara ein grandioses historisches Archiv dar, und zwar das einzige, das uns eine Vorstellung von den wirtschaftlichen, politischen und sozialen Ereignissen, vor allem jedoch von der geistigen und philosophischen Entwicklung der Völker ohne Schrift vermitteln kann.

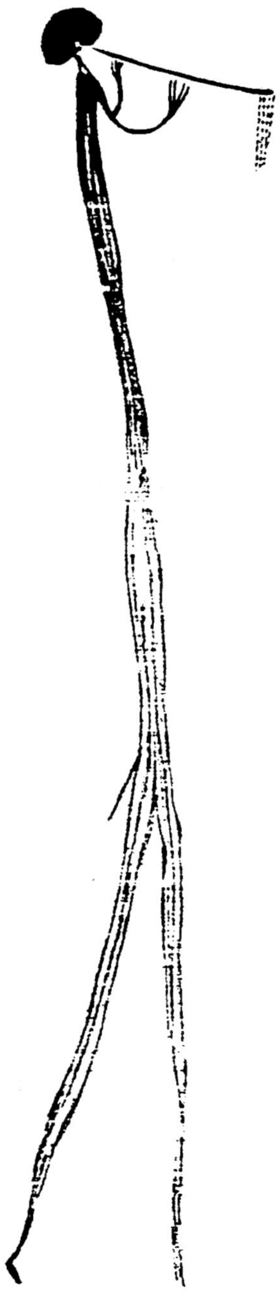

IX. Afrika südlich der Sahara

Dieser Teil Afrikas ist besonders reich an Felskunstwerken, deren Erforschung seit nunmehr über hundert Jahren betrieben wird. Die bedeutendsten Ansammlungen innerhalb des mit Felskunst übersäten Gebietes südlich der Sahara finden wir im Flußtal des Rift, von Kenia bis Tansania und bis Natal, sowie im Süden bis zur Kap-Provinz. Weitere wichtige Konzentrationen gibt es in Sambia, Simbabwe, Mozambique, Namibia, Botswana und Lesotho. Die Südafrikanische Republik verfügt über Tausende von Fundorten mit Bildern und Gravierungen, die insgesamt mehrere Millionen Darstellungen umfassen. In Südafrika herrscht eine ziemlich deutliche Unterteilung zwischen den Gebieten der Felskunst im östlichen und südlichen Landesteil, vor allem an der Grenze zwischen Natal und Lesotho, sowie den Gebieten mit Felsgravierungen im mittleren Landesteil, deren wichtigste Ansammlungen in den Flußtälern von Orange und Vaal anzutreffen sind.
In Afrika ist man sich der Bedeutung dieses kulturellen Erbes besonders bewußt. In der Welt der Stämme gibt es normalerweise kein Bedürfnis nach bedeutenden und die Zeit überdauernden architektonischen Bauwerken; Schrift und niedergeschriebene Geschichte sind ohnehin Errungenschaften aus neuerer Zeit. Somit ist die Felskunst das größte Zeugnis einer an kulturellen Traditionen reichen Geschichte und das wichtigste Mittel, um viele Jahrtausende der Menschheitsgeschichte zu rekonstruieren.

140. Bild eines Flötenspielers. Die Musik erscheint als Reihe von Pünktchen, die aus dem Instrument fallen. Die nach unten fallenden Töne könnten auf einen bestimmten Typus von Musik hinweisen. Kunst der Höheren Jäger. Pahi, Tansania (aus: M. Leakey, 1983, S. 64).

141. Mediumistischer Tanz, bei dem manche Tänzer wie in Trance nach vorn fallen. Den sich bereits in Trance befindenden Figuren läuft Blut aus der Nase. Die Flecken zwischen den Tänzern könnten die übernatürliche Macht darstellen, die sie bezähmen. Farben: Rot und Weiß. Halstone, Barkly East, Südafrika (aus: J. D. Lewis-Williams, 1983, S. 22).

Bevor wir uns mit Tansania und Malawi, zwei wichtigen Gebieten der Felsbildkunst, beschäftigen, wollen wir das Gesamtbild der südafrikanischen Region betrachten. In den Hauptlinien nimmt die Stilsequenz in Süd- und Ostafrika den gleichen Verlauf wie in anderen Regionen. Vier Stilkomplexe illustrieren vier verschiedene Lebensweisen, die zugleich den vier wichtigsten geschichtlichen Epochen entsprechen:

I. *PRIMITIVE JÄGER,* mit großen Tierdarstellungen; Pfeil und Bogen sind noch unbekannt.
II. *HÖHERE JÄGER*, vorwiegend mit Tierdarstellungen mittlerer Größe, wichtigste Beute sind Antilopen; Verwendung von Pfeil und Bogen.
III. *HIRTEN,* vorwiegend Nomaden und Stämme mit wechselnden Weidegebieten.
IV. *GRUPPEN MIT GEMISCHTEM WIRTSCHAFTSSYSTEM*, die Ackerbau betreiben; Zwischenstufen sind in verschiedenen Gebieten möglich, in anderen bislang noch unbekannt.

142. Halb tierköpfige Gestalten mit breiten Schultern und Stoßzähnen; daneben eine sterbende Antilope. Farben: Rot und Weiß. Game Pass, Kamberg, Drakensberg-Gebirgskette im Natal (aus: J. D. Lewis-Williams, 1983, S. 58).

143. In Simbabwe finden sich vereinzelt Landschaftsdarstellungen, die es in der Felskunst der Völker ohne Schrift nur selten gibt. Auf diesem mit roter Farbe gemalten Bild aus den Suburbs von Salisbury sieht man zwei Gestalten, die sich von den beiden Ufern eines Flusses aus miteinander unterhalten. Am linken Ufer befindet sich ein Affe. Zu beiden Seiten sind Felsen und ein Baum mit Früchten dargestellt (aus: E. Goodall, 1959, S. 63).

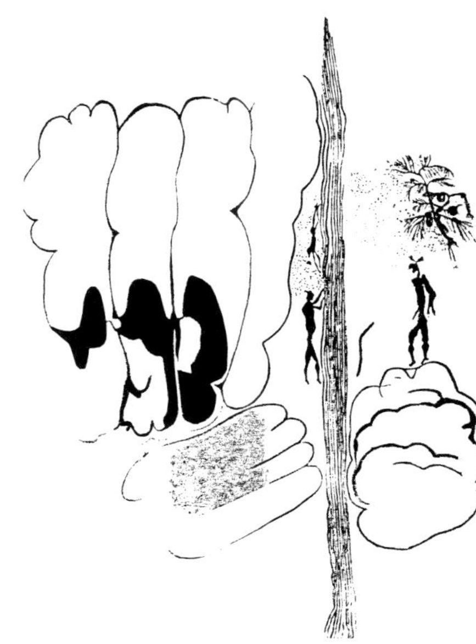

I. *PRIMITIVE JÄGER*

Die Darstellungen der Primitiven Jäger sind oft mit Bildern neueren Datums überlagert. Die häufige Wiederverwendung derselben felsigen Oberfläche im Lauf der Jahrtausende führt dazu, daß die ersten Bilder nur noch schwach erkennbar sind, so daß ihre Untersuchung oft vernachlässigt wurde. Die Schichten der Primitiven Jäger sind nicht überall bekannt und wohl auf bestimmte Gebiete in Namibia, Simbabwe, Malawi und Tansania begrenzt. Weiter südlich, in Südafrika, dem weltweit größten Fundort, scheint es bislang keine derart frühen Darstellungen zu geben.
Aufgrund der verfügbaren Daten kann man behaupten, daß die Bevölkerung, die die frühesten bekannten Werke schuf, von wenigen Ausnahmen abgesehen, ihre Traditionen jahrtausendelang fortsetzte. Die ersten Künstler, wahrscheinlich Vorfahren der heutigen Khoisan, besaßen bereits die typischen Vorstellungsgehalte der Höheren Jägerkulturen und kannten schon den Einsatz von Pfeil und Bogen.

144. Ausschnitt einer Szene mit Gestalten, die mit Dolchen und Rundschilden bewaffnet sind. Bild in roter Farbe (Masenbura-Reservat, Simbabwe) (aus: E. Goodall, C.K. Cooke, C.J. Desmond, 1959, S. 40).

Es ist unwahrscheinlich, daß sie bereits vor dem Aufkommen der Höheren Jäger in anderen Teilen Afrikas hier einfielen, das heißt vor 13 000 bis 14 000 Jahren.
Das einzige Gebiet, in dem die Darstellungen der Primitiven Jäger sorgfältig untersucht werden können, ist der gebirgige Teil Zentraltansanias, einschließlich der Distrikte von Kondoa und Singida, über die noch zu sprechen sein wird.
In der Grotte 11 in Namibia hat Wolfgang Wendt (1974, 1976) bemalte Plaketten mit teilweise polychromen Tierfiguren gefunden, deren Stil auch aus der Felskunst bekannt ist. Sie wurden in einer archäologischen Schicht entdeckt, die nach der C14-Methode zwischen 26 000 und 28 000 Jahre alt ist. In der tatsächlichen Datierung bedeutet das den Zeitraum von etwa 30 000 bis 35 000 Jahren. Es sind dies die weltweit ältesten Daten, die von polychromen Bildern bekannt sind. Diese Bilder, deren Stil sowohl in Namibia als auch in Tansania vorkommt, fallen bereits in eine höhere Phase der Primitiven Jäger, so daß die ersten Phasen noch sehr viel älter sein müssen. Vielleicht handelt es sich bei diesen Funden in Tansania sogar um die frühesten überhaupt bekannten Formen der Kunst.
Die Kunst der Primitiven Jäger besteht auch hier vorwiegend aus Ideogrammen und statischen, jedoch sehr eleganten Tierdarstellungen. Es sind großformatige Figuren von bis zu fünf Metern Länge. Verschiedene Stile kennen Darstellungen, bei denen die gesamte Fläche wie auch die Umrißlinien bemalt sind. Wirkliche Szenen sind kaum vorhanden. Die visuelle Syntax zeigt lediglich Sequenzen von Figuren und Ideogrammen.

II. *HÖHERE JÄGER*

145. Folgende Seite: Gruppe von Antilopen, die länglichen Menschengestalten überlagert sind. Die Haltung der Tiere läßt auf eine symbolische Bedeutung schließen. Die Männer tragen Pfeile mit dünnen Spitzen aus Knochen und weiten Spitzen aus Eisen. Farben: Rot und Weiß. Felsüberhang Botha, Ndedema Gorge, Drakensberg-Gebirgskette im Natal (aus: J. D. Lewis-Williams, 1983, S. 63).

Die Kunst der Höheren Jäger besitzt im Gegensatz zu der der Primitiven Jagdvölker eine assoziative Syntax, die auf szenischer Darstellung beruht. Dargestellt sind Szenen aus der Mythologie ebenso wie Jagdszenen und Alltagsbeschäftigungen; auch anekdotische Darstellungen sind häufig. Bei den Primitiven Jägern herrschen noch Tierdarstellungen und Ideogramme vor, menschliche Gestalten sind hingegen selten oder fehlen ganz. Bei den Höheren Jägern finden wir nun anthropomorphe und zoomorphe Darstellungen in gleicher Anzahl, während Ideogramme seltener sind. Menschen erscheinen oft als stilisierte Wesen, mit schwungvollen Linien und in Aktion dargestellt, die Männer oft mit Pfeil und Bogen ausgerüstet.

Die Frauen werden bei Tänzen und sozialen Ereignissen gezeigt. Zustände von Trance und Ekstase oder Momente der Verbindung zwischen der Welt der Menschen und der Tiere sind wichtige Elemente. In manchen Gebieten erreicht die Polychromie sogar umfassende Farbpaletten.
Dieser Stil, der weiter verbreitet ist als der der Primitiven Jäger, findet sich verstreut im gesamten Verbreitungsgebiet der südafrikanischen Felskunst, in Lesotho, Namibia, Simbabwe und an einigen Orten in Sambia, Mozambique, Malawi und Tansania. Gebiete wie die Hügel von Matopo in Simbabwe, die Gebirgskette von Drakensberg in Lesotho und Natal umfassen einige hunderttausend Figuren.
Schließlich findet sich dieser Kunsttyp auch auf bemalten Täfelchen, die in Grabhöhlen gefunden wurden und nach der Datierung mittels C 14-Methode etwa 11 000 Jahre alt sind. In manchen Gebieten Südafrikas wurden sie vom Stamm der San noch im letzten Jahrhundert auf ähnliche Weise hergestellt. Das erreichte Gleichgewicht zwischen Mensch und Natur schien gewährleistet und hatte keine radikalen Veränderungen mehr nötig.

III. *HIRTEN*

Die Felskunst der Hirten stellt vorwiegend gezüchtete Tiere dar; auf dem afrikanischen Kontinent südlich der Sahara sind dies vor allem Rinder, aber auch Zebus oder Buckelochsen, seltener Schafe mit großem Schwanz oder Ziegen, die von der arabischen Halbinsel über Eritrea hierher kamen. Die Polychromie ist kaum verbreitet; in Eritrea und Kenia gibt es jedoch auch zweifarbige Bilder. Meist sind die Figuren monochrom, am häufigsten in den Farben Schwarz, Braun und Weiß. Ostafrika ist reich an diesem Bildertypus, der sich in Eritrea und Somalia und besonders häufig in Kenia und Tansania findet. Dieser Typus der Felskunst entwickelt sich mit der Verbreitung des Hirtenlebens. Die frühesten Darstellungen gehen wahrscheinlich in das 2. Jahrtausend v. Chr. zurück, ihr größter Teil stammt jedoch aus der Zeit zwischen dem 1. vorchristlichen und dem 1. nachchristlichen Jahrtausend und besteht gelegentlich noch bis in unser Jahrhundert fort.

146. Die Suche nach Kommunikation mit der Tierwelt. Felsgravierung in Afualligskop, Staat Orange, Südafrika. Die Gestalt verkörpert Merkmale von Mensch und Tier. In der Felskunst aller Kontinente finden sich viele solcher Darstellungen anthropo-zoomorpher Gestalten (aus: E. Anati, 1989, S. 11).

147. Mit Stöcken und Ratschen bewaffnete Zauberer tanzen auf einer roten Linie, die «übernatürliche Energie» bedeutet. Die Energie, die sie bezwingen, wird von Bienenschwärmen symbolisiert. Die Struktur ist fast viereckig, wie ein Bienenkorb. Weiter oben sind drei Frauen durch die Energielinie verbunden. Zwei schlagen mit den Händen den Rhythmus und singen Beschwörungshymnen, während die dritte tanzt. Farben: Rot und Weiß. Cullen's Wood, Barkly East (aus: J. D. Lewis-Williams, 1983, S. 46).

IV. *GRUPPEN MIT GEMISCHTEM WIRTSCHAFTSSYSTEM*

Die Felskunst der vom Ackerbau lebenden Völker stammt im gesamten südlichen Teil Afrikas von Gruppen mit Bantu-Sprachen. Sie kennt vor allem schematische Figuren, die in symbolischen Assoziationen miteinander verbunden sind, ferner Darstellungen mythologischen Charakters und wenige Szenen zu besonderen Ereignissen, vermutlich zu Initiationsriten. Die vorherrschende Farbe ist Weiß. Dieser Typus der Felskunst geht auf die letzten 2000 Jahre zurück. Er ist vor allem in Ostafrika, Kenia, im Sudan, in Tansania, Mozambique, Uganda, Malawi, Sambia und Simbabwe verbreitet. Er fehlt freilich in Gebieten, in die keine landbestellenden Völker drangen. Außer diesen genannten Stilen gibt es in manchen Zonen noch besondere Stilhorizonte als Zwischenstufen. In Tansania finden wir die vollständigste und bislang längste Sequenz der afrikanischen Felskunst.

148. Maskierte Gestalten mit zeremoniellem Schmuck halten eine Pflanze in der Hand, der besondere Macht zugesprochen wird. Simbabwe-Reservat, Simbabwe (aus: E. J. Goodall, C. K. Cooke, C. I. Desmond, 1959, S. 60).

Tansania

149. Anthropomorphe Figuren mit traditioneller Haartracht. Kwa Mtea, Kondoa, Tansania (aus: M. Leakey, 1983, S. 20).

Die Felskunst im Herzen Tansanias, in den Distrikten von Kondoa und Singida, zeigt exemplarisch die Geschichte der kulturellen und geistigen Entwicklung, sowohl der Region als auch der Menschen, wie sie vor über 40 000 Jahren begann und über verschiedene Perioden bis in unsere Zeit fortdauert. Die heutigen Erkenntnisse lassen darauf schließen, daß die allererste Kunst auf genau diesem Gebiet, entlang dem Flußtal des Rift, entstanden ist. Ostafrika besteht heute aus zehn Nationen. In ihnen leben 120 Millionen Menschen mit 200 verschiedenen Sprachen, welche wiederum in fünf große Sprachfamilien unterteilt sind. Diese Gruppen leben teilweise noch nach einem ruralen Wirtschaftssystem, während die städtischen Industrieansiedlungen rapide zunehmen. Als Hirten leben nur noch einige tausend Menschen. Eine Minderheit von ein paar hundert Personen lebt in Gemeinschaften, die sich noch der Jagd und Wildbeute widmen und deren Zahl so rapide abnimmt, daß diese Lebensweise in jagenden Clans wohl schon in wenigen Jahren ausgestorben sein wird. Vor einem Jahrhundert lebten die Bewohner dieses Gebiets noch in vielen tausend Stämmen, die etwas mehr als ein Fünftel der heutigen Bevölkerung ausmachten und sich in etwa 1000 verschiedenen Sprachen artikulierten. Die als Nomaden lebenden Hirten betrugen damals fünfzehn Prozent der Gesamtbevölkerung (während es heute gerade noch zwei Prozent sind), und die Gruppen, deren Ressourcen auf der Jagd basierten, waren viel zahlreicher als die beiden kleinen Stämme, die Sandawe und die Hadza, die heute, zumindest was ihre Lebensweise anbetrifft, im Aussterben begriffen sind.

Vor 2000 Jahren lebten nomadisierende Hirten sowie Jäger und Sammler in den weiten Gebieten dieser Region; nur teilweise war das Gebiet schon von landbestellenden Gemeinschaften besiedelt, nämlich den ersten Bantu zu Beginn ihrer großen Verbreitung. Vor 4000 Jahren lebte auf demselben Areal eine Bevölkerung, die weniger als ein Prozent der heutigen ausmachte und sich der Jagd, der Wildbeute und dem Fischfang an den Ufern der Flüsse und Seen widmete. Von Norden her kamen bereits die ersten Hirten. Davor hatten über drei Millionen Jahre lang menschliche Wesen verschiedenen Typs die gleiche Region besiedelt und ihr Überleben ausschließlich von den großen natürlichen Ressourcen, der Macchia und der Wälder mit ihren reichen Gewässern, abhängig gemacht.

Im Herzen dieser Region hat man einige der frühesten menschlichen Überreste entdeckt, vor allem im Tal des Rift in Olduvai und an verschiedenen Orten Kenias und Tansanias. In diesen Bergen und Tälern hatte jahrtausendelang eine verschwenderische Natur geherrscht.

Die Felskunst Zentraltansanias gehört in diesen Kontext und ermöglicht neue Erkenntnisse über Jahrtausende menschlicher Geschichte. Es handelt sich weltweit um eine der längsten chronologischen Sequenzen künstlerischer Kreativität. Sie stellt ein außerordentliches Zeugnis der Entwicklung des Denkens, der intellektuellen Errungenschaften, der Vorstellungswelt und der kulturellen Veränderun-

150. Ausschnitt der großen Tafel von Kolo, mit drei mythologischen Gestalten, deren Gesichter unter Masken oder der Haartracht versteckt sind. Die Gestalt in der Mitte trägt «Antennen». Diese Triade ist über eine viel frühere Darstellung (Primitive Jäger) von Elefanten gemalt. Aus jener Zeit stammen auch zahlreiche kreisförmige Ideogramme, die wir in der Felskunst Tansanias häufig als Symbole finden (aus: M. Leakey, 1983, S. 53).

gen dar, die das Leben der Menschen im östlichen Afrika in den letzten 40 000 Jahren geprägt haben. Wir können so den Verlauf einer noch lebendigen Kunst rekonstruieren, die von Menschen erzählt, die noch heute dieses Gebiet bewohnen und die bebilderten Höhlen nutzen.

Jedes initiierte Mitglied des Stammes Iranga, im Distrikt Singida, wird nach der genauen Kenntnis seines Territoriums und nach den außerordentlichen Bildern befragt, die sich auf manchen Felsen befinden. Die Initiierten kennen jeden bebilderten Felsen und jede Höhle auf ihrem Gebiet. Mythen und Legenden über diese Orte werden weitervererbt. Viele davon sind bis heute mit einer sakralen Bedeutung verbunden oder mit einem Tabu behaftet, was direkt über die mündliche Erzähltradition weitergegeben wird.

Die europäische schriftliche Dokumentation hierüber begann erst spät. Vor etwa hundert Jahren hat der erste Europäer die Felsbilder Tansanias erwähnt. Eine gezielte Beschreibung stammt von 1923, als der englische Forscher F. G. Bagshawe einen Aufsatz in der Zeitschrift «Man» veröffentlichte. Wenige Jahre darauf hat ebenfalls ein Engländer, T. A. M. Nash, einige Anmerkungen über die Felskunst im Auftrag der «Anthropological Society» gesammelt. Der erste jedoch, der die Bedeutung der mehrfach übereinander gemalten Felsbilder erkannte, eine Chronologie und schließlich eine erste stilistische Klassifizierung versuchte, war der berühmte Paläoethnologe L. S. B. Leakey, der persönlich viele Fundorte erforscht hat und von Anfang an von der sehr frühen Entstehung dieser Kunst überzeugt war. Später konnte man bei den Ausgrabungen von R. Inskeep aufgrund einer Restschicht von Farbmaterie eine Datierung nach der Radiokarbonmethode vornehmen und das Material auf ein Alter von 20 530 und in einem anderen Fall von über 27 000 Jahren (C 14 ungeeicht) datieren. Vor diesen Untersuchungen hatte Inskeep die Hypothese aufgestellt, daß die gesamte Felskunst Tansanias jüngeren Datums sei. Ausgerechnet seine Funde bewiesen nun das Gegenteil. Weitere Ausgrabungen wurden an anderen Orten der Felskunst vorgenommen, wobei man feststellte, daß verschiedene Sequenzen bereits vor der sog. Mittleren Steinzeit begonnen haben müssen.

In den Distrikten von Kondoa und Singida sind bislang 330 Fundorte registriert, von denen 200 erforscht wurden, die wiederum 550 große und kleinere Höhlen mit einer Gesamtzahl von einigen hunderttausend Figuren umfassen. Ein zweites Gebiet großer Dichte mit über 20 Fundorten befindet sich am westlichen und südlichen Ufer des Victoria-Sees. Weitere 20 Fundorte sind auf andere Gebiete Tansa-

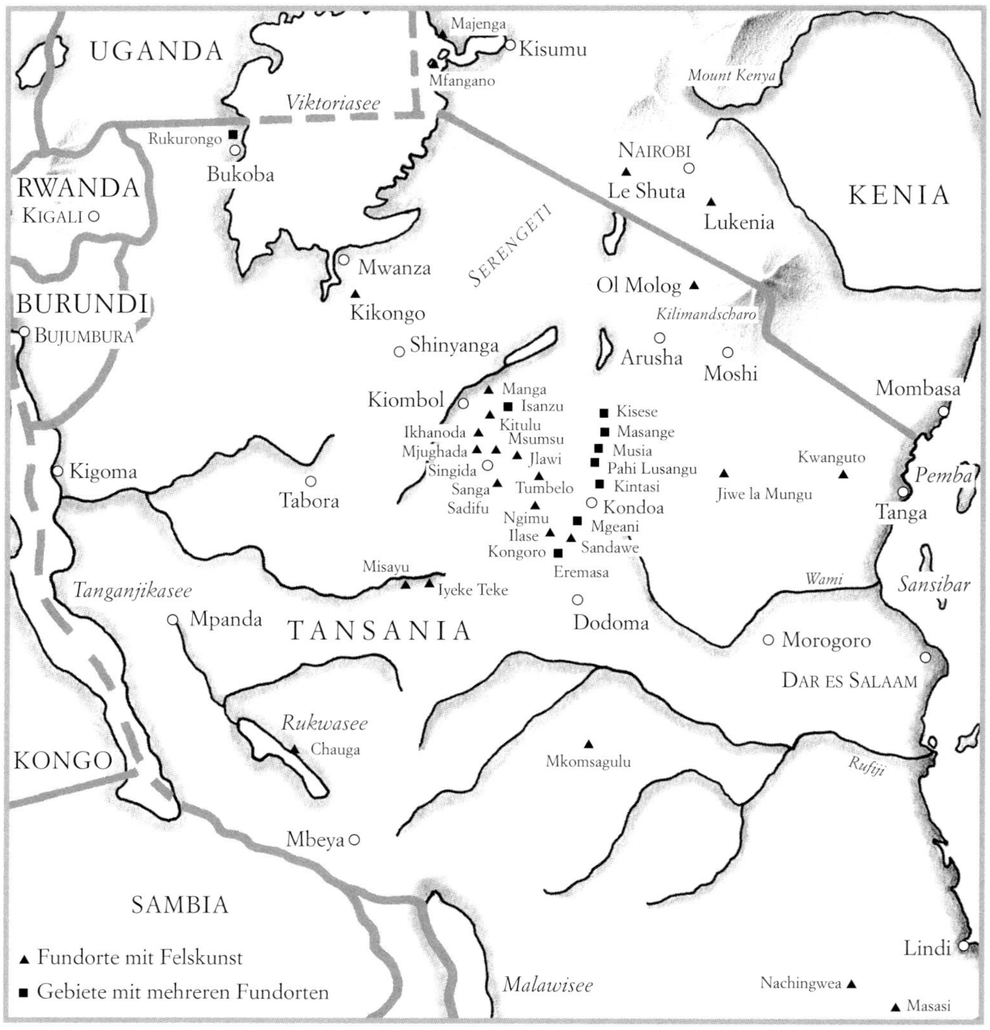

151. *Felsmalereien der ersten Sammler. Kundusi, bei Kondoa, Tansania. Zwei anthropomorphe Wesen haben als Kopf Ideogramme, die sie identifizieren. Einer der Köpfe besteht aus einer Verbindung wegstrebender Linien mit gewelltem Strahl, der andere aus Punkten (aus: M. Leakey, 1983, S. 21).*

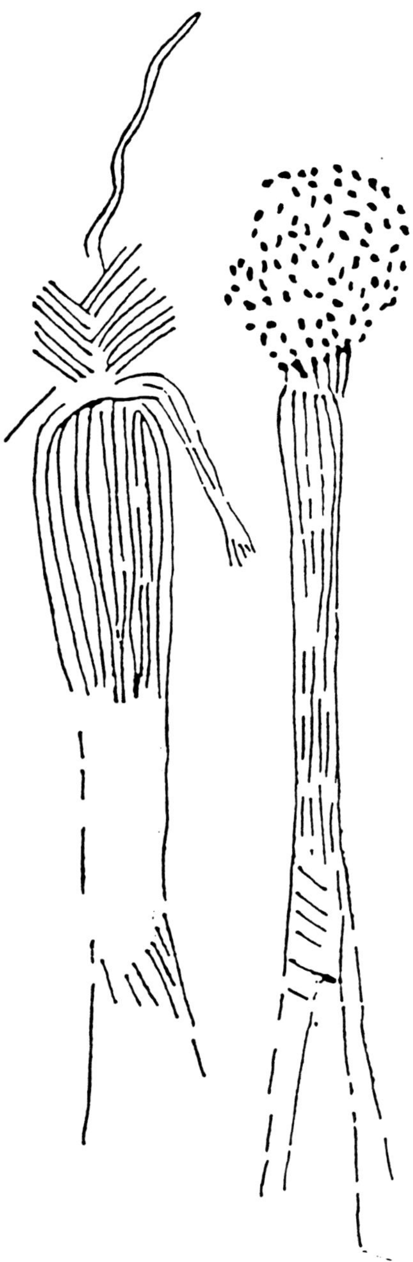

nias verteilt. Insgesamt sind in diesem Land etwa 370 Fundorte mit etwa 1000 kleinen und großen Höhlen sowie Felsüberhängen bekannt. Die Kunst der Jägerkulturen ist auf die zentralen Gebirgsregionen konzentriert, während man andernorts nur künstlerische Spuren von Hirtenvölkern und ersten Ackerbauern findet. In Zentraltansania herrscht die Malerei vor, Felsgravierungen sind selten und meistens spät entstanden. Die Darstellungen könnten darauf hinweisen, daß Zentraltansania vor dem Beginn der Viehzucht eine ungewöhnliche Insel künstlerischer Kreativität war, ein wahres Zentrum der Kunst. In etwa 200 bebilderten kleinen Höhlen haben wir im Lauf einer von der UNESCO in Auftrag gegebenen Forschungsreise an mindestens 30 Fundorten mehr als 10 sehr verschiedene stilistische Horizonte entdeckt, die von Jägern und Sammlern stammen. An 5 Fundorten konnten wir mehr als 20 Schichten ausmachen. Es handelt sich um sehr komplexe Sequenzen, die häufige stilistische und inhaltliche Veränderungen aufweisen.

PRIMITIVE JÄGER

Die früheste identifizierte stilistische Sequenz geht auf die ersten Primitiven Jäger zurück. Ihre Untersuchung wird nicht nur durch die mehrfachen Überlagerungen erschwert, die aufgrund der Kalkverkrustungen kaum zu erkennen sind, sondern auch durch die zahlreichen späteren Bilder, die im Lauf von Jahrtausenden auf derselben Wand entstanden sind. Der gemeinsame Nenner dieser Kunst ist das offensichtliche Fehlen eines szenischen Aufbaus. Die Verbindung zwischen den Figuren scheint einer ideographischen Sequenz zu entsprechen: eine oder mehrere Figuren

152. Mit feinen Strichen ausgeführte Malerei der Primitiven Jäger, aus Kolo, Maasai Escarpment, Tansania. Maße der Oberfläche etwa 1,80 m x 1,20 m. Verbindung von Tierfiguren und Ideogrammen. Figuren aus späteren Epochen wurden vom Abdruck entfernt (Schemazeichnung nach Foto, EA 1983).

sind einander als Symbole zugeordnet. Menschliche Wesen sind selten, kleinformatig und weniger sorgfältig ausgeführt als die Tierdarstellungen. Am häufigsten sind Elefanten und Giraffen zusammen dargestellt; diese Bilder können eine Länge von mehreren Metern erreichen.
Es gibt verschiedene Phasen dieses Stils. In den frühesten finden wir Tiere, neben deren akkurater Silhouette zum Teil Farbflecken zu sehen sind oder die von einfachen Umrissen begrenzt werden, die aus einer oder mehreren Linien oder farbigen Balken bestehen. Manche Details (Ohren, Hörner, Genitalien, behaarte Teile, Schwänze) sind auffallend «expressionistisch» gemalt. Die Darstellung erfolgt aus einer Art verzerrter Perspektive, wie wir sie auch in paläolithischen Höhlen Europas finden. Die vorherrschende Farbe ist ein rötliches Dunkelbraun, in der gesamten Skala der Braun- und Rottöne tauchen jedoch auch Schattierungen von Weiß, Gelb, Orange und Ocker, Graublau und Schwarz auf. Den höheren Phasen ist die Zweifarbigkeit gemeinsam, in der Schlußphase finden sich dann auch polychrome Beispiele.
Diese Kunst spiegelt die Vorstellungen, Hoffnungen, Ängste und Wünsche einer Gemeinschaft wider, deren wirtschaftliche Ressourcen auf der Jagd beruhten, allerdings mit Elementen (wie zum Beispiel dem konstanten Bezug zwischen Tier und Symbol), die bei späteren Jägern und Sammlern desselben Gebiets nicht mehr vorkommen. Aus der Abfolge der verschiedenen Schichten läßt sich schließen, daß dieser Stil der «Primitiven Jäger» sehr alt ist. Beim derzeitigen Stand der Forschung kann man die gesamte Serie auf das Pleistozän zurückführen; nach vielfältigen Variationen des Stils und der Inhalte fällt ihre Schlußphase weitgehend mit dem Ende des Pleistozäns zusammen.

SAMMLER

Eine der aufschlußreichsten Überraschungen bei der Felskunst in Zentraltansania war die Entdeckung eines Stilbereichs von «Primitiven Sammlern». Deren Künstler zeigen eine große Originalität des Stils und der Ausdrucksmittel. Eindrucksvoll sind die Szenen mit maskierten menschlichen Wesen, die tanzend an feierlichen Darstellungen, Riten oder mythischen Ereignissen teilnehmen. Ebenso finden sich mythologische Szenen, die zu den kuriosesten Schöpfungen der ganzen Serie gehören. Viele der auf diesen Felsen beschriebenen Aktionen zeigen große und wohlorganisierte Gruppen von Menschen – sie enthüllen uns jedoch nicht immer das Geheimnis, das sie umgibt. Vorherrschende Farben sind die verschiedenen Schat-

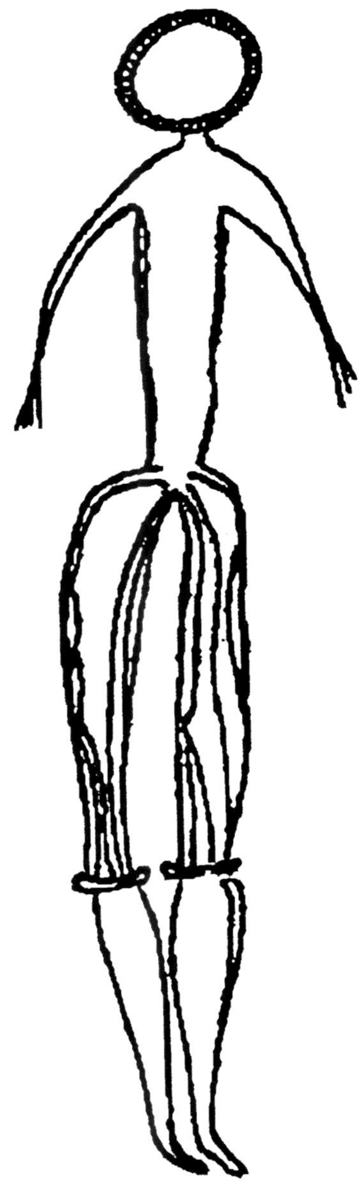

153. Munenia, Maasai Escarpment, Tansania. Eine Gestalt mit rundem Kopf scheint Hosen zu tragen, die ihr bis zu den Knien reichen. Manche Figuren auf den Malereien der «Sammler» tragen ungewöhnliche Kleidung, die in späteren Perioden nicht mehr vorkommt (aus: M. Leakey, 1983).

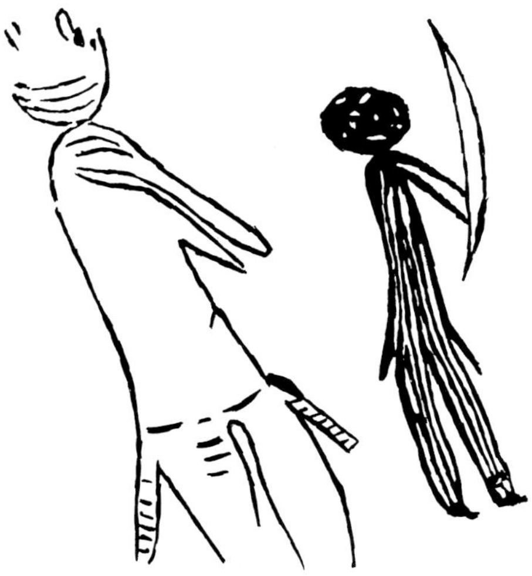

154. *Phase der «Early Gatherers». Schutzgeist und Gestalt mit Bogen. Dies ist eine der ältesten Figuren mit Bogen, die aus der Felskunst Tansanias bekannt sind. Chora, Maasai Escarpment, Tansania (neu gezeichnet von M. Leakey, 1983, S. 94).*

155. *Darstellung einer Pflanze von derselben Art wie die vorhergehende, mit einem anthropomorphen Stamm. Pahi (aus: M. Leakey, 1983, S. 69).*

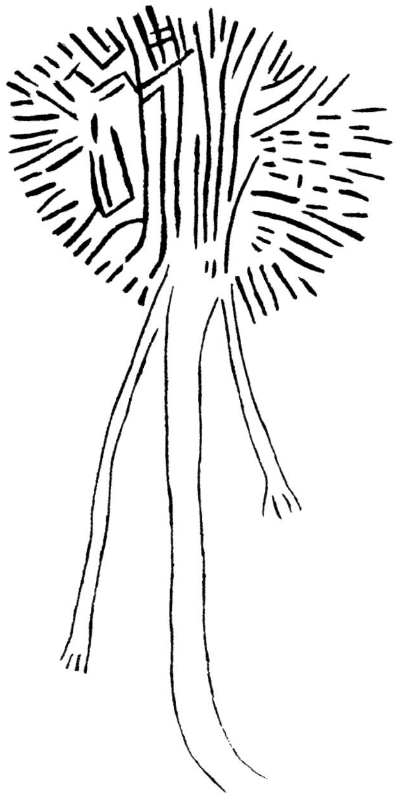

156. *Folgende Seite: Fast «impressionistische» Zeichnung einer Reihe von Vögeln, vielleicht Schwäne, in Pahi (aus: M. Leakey, 1983, S. 40).*

tierungen von Rot und Braun, manchmal kommt ein schmutziges Weiß hinzu. Eine dunkle Umrißlinie zeigt die Konturen der Figuren an, während die innere Farbe oftmals klarer, mit feinem Pinsel und in zarten parallelen Linien ausgeführt ist. Anthropomorphe Wesen, übernatürliche oder imaginäre Geschöpfe dominieren bei diesen Tafeln voller Bewegung, die von einer großen Vielfalt der Symbole begleitet sind. Als einmaliges Phänomen sind bei derart sorgfältigen Darstellungen konsequent die Einzelheiten des Gesichts ausgespart, so als ob eine Art von Tabu die Darstellung verbieten würde. Eine weitere Besonderheit dieses Stils ist die Fülle von Pflanzendarstellungen: Früchte, Blätter und Zweige erscheinen geradezu als Zeugen eines üppigen Waldes, während den Tieren, verglichen mit früheren oder späteren Perioden, keine große Bedeutung zukommt. Fast alle bekannten Pflanzendarstellungen in der Felskunst Tansanias sind diesem Stil zuzuordnen.

Angesichts dieser Bilder hat man den Eindruck, daß die Menschen hier in einem idyllischen Zeitalter lebten, in einer Art irdischen Paradieses. Sich Nahrungsmittel zu verschaffen scheint für sie viel weniger wichtig gewesen zu sein, als sich mit ihren Riten oder ihrem Sozialleben zu beschäftigen: Jagdszenen sind kaum vorhanden, und die verschwenderische Fülle der Früchte und Pflanzen läßt annehmen, daß die Natur die wichtigsten Nahrungsmittel lieferte. Die anthropomorphen und zoomorphen Gestalten, die monströs oder phantastisch sind, Wesen, die frei in der Luft schweben, und manche surreale Szenen könnten in einem Trancezustand geschaffen worden sein und darauf schließen lassen, daß diese Völker häufigen Gebrauch von Drogen machten. Überraschend sind die stilistischen und thematischen Ähnlichkeiten mit vergleichbaren Gruppen der «Sammler» in der Sahara, auch in Texas und Mexiko. Die Kunst dieser Sammler ist nur schwer zu datieren: sie könnte auf ein äußeres Ereignis zwischen den Primitiven und Höheren Jägerkulturen zurückgehen. Es ist jedoch noch unbekannt, um was es sich dabei gehandelt haben könnte: War es ein von außen kommendes Volk, waren es klimatische Veränderungen oder neue natürliche Ressourcen oder vielleicht beides zusammen? Sicherlich hängt die Kunst dieser «Sammler» mit einer besonderen Episode zusammen, die wahrscheinlich in die Zeit des Übergangs zwischen Pleistozän und Holozän und ins frühe Holozän fiel, in eine Zeitspanne von mindestens 2000 und höchstens 5000 oder 6000 Jahren. Es ist eine suggestive Kunst, von Träumern geschaffen, die im Wald lebten, in kleinen Höhlen oder unter Felsüberhängen, umgeben von einer verschwenderischen Natur. Im Gegensatz zu den Künstlern der Jagdvölker scheinen sie sich viel mehr mit ihren Träumen als mit ihrem physischen oder wirtschaftlichen Überleben beschäftigt zu haben. In der Geschichte der Menschheit kommen auch solche Episoden vor: «Epochen der Träume», in denen die Menschen offensichtlich nicht von wirtschaftlichen Problemen geplagt waren.

Auf felsigen Oberflächen, bei denen man eine Überlagerung von Bildern fand, hat man oft eine dicke Schicht von Kalkverkrustungen gefunden, die zwischen den Stilen der Sammler und dem der Primitiven Jäger entstanden ist. Dies läßt darauf schließen, daß vorübergehend ein besonders feuchtes oder regnerisches Klima herrschte. Möglicherweise stammen diese Kalkablagerungen aus einer Zeit, als sich die Seen Zentralafrikas ausbreiteten, was vor 10 000 bis 12 000 Jahren gewesen sein könnte.

HÖHERE JÄGER

Vorherrschendes Merkmal dieses Stils ist der Sinn für Bewegung, der durch die Bilder hindurchscheint. Die Künstler haben eine Anzahl komplexer Szenen geschaffen, die eine große Kraft der Vorstellung, ein Gleichgewicht von Harmonie und Strenge zeigen, was zudem auf einen raffinierten Sinn für Ästhetik weist. Die

157. Rotes Bild mit Pflanzendarstellung, wahrscheinlich Palmen oder Sträucher mit dickem Stamm. Chora, Kondoa (aus: M. Leakey, 1983, S. 47).

vorwiegend kleindimensionierten Figuren sind mit großer Sorgfalt und viel Aufmerksamkeit fürs Detail gestaltet. Sie sind häufig monochrom und teilweise in verschiedenen Rottönen ausgeführt, auch Farbtupfer in Orange, Gelb, Braun, Grau und Lila kommen vor. Zwei- oder mehrfarbige Darstellungen sind selten. Diese Bilder erzählen uns vom täglichen Leben der Jäger, von ihrem Glauben und ihren Riten. Sie zeigen uns die mit Pfeil und Bogen ausgerüsteten Höheren Jäger mit geschmücktem Körper, gekonnt hergerichtetem Haar, in sorgfältiger Kleidung mit Kopfbedeckungen, Röcken, Ketten und anderen Schmuckstücken wie Armbändern und Fußreifen. Man sieht sie vor allem bei der Antilopenjagd, aber auch andere wilde Tiere sind erkennbar. Aus der Bedeutung der Jagdszenen kann man schließen, daß dieser Beschäftigung ihr Hauptinteresse galt. Andere Szenen zeigen, wie Honig gesammelt wurde, aus dem man damals wie heute ein alkoholisches Getränk herstellte. Wahrscheinlich haben die Schöpfer dieser Darstellungen an diesen bebilderten Orten oder in der Nähe gelebt; in diesen Höhlen und Felsüberhängen wurden nämlich lithische Werkzeuge gefunden, meist aus Quarzit, die aus der Späten Steinzeit stammen. Den Darstellungen nach lebten sie in kleinen Gruppen. Die Jagdszenen zeigen selten mehr als drei Jäger. Dargestellt sind auch Versammlungen mit Tänzen, die bis zu zwanzig Gestalten umfassen. Vielleicht handelt es sich um Stammestreffen, wie sie bei den Sandawe des Gebiets auch heute noch abgehalten werden.

Aus den Varianten dieses Stils und den zahlreichen Überlagerungen können wir schließen, daß diese Periode der Höheren Jäger lange andauerte: die Schlußsequenzen stammen aus den letzten beiden Jahrtausenden v. Chr., und die letzten Phasen dauern vielleicht bis zum Beginn unserer Ära, wohingegen die Anfangssequenzen wahrscheinlich viele Jahrtausende zurückliegen. In einem derart umfassenden künstlerischen Komplex ist also eine Lebensweise dargestellt, die in diesem Gebiet lange Zeit fortdauerte.

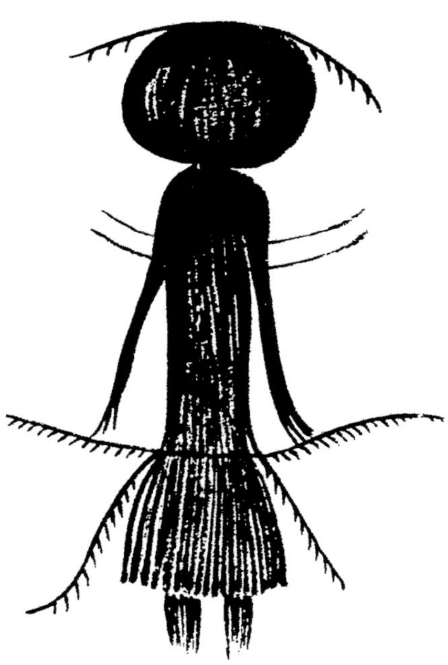

158. Mit Pflanzen geschmückte Gestalt. Munenia Chungai (aus: M. Leakey, 1983, S. 92).

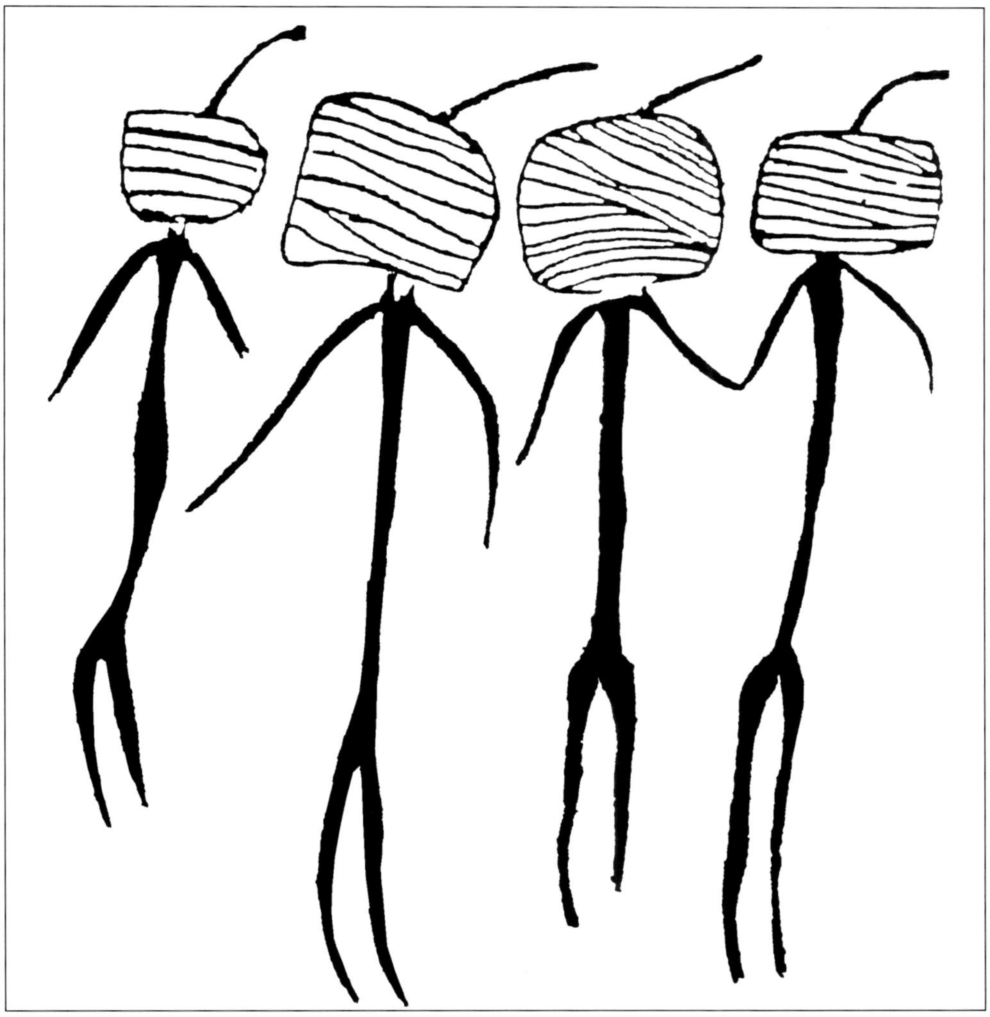

159. Felsbilder der Ersten Sammler in Kundusi, Kondoa, Tansania. Vier Wesen mit verborgenen Gesichtern, vielleicht Masken. Eine besondere schräge Linie auf ihrem Kopf zeigt wahrscheinlich ihren Status an. Sie scheinen einen Tanz oder eine andere Art von Darstellung auszuführen (aus: M. Leakey, 1983, S. 76).

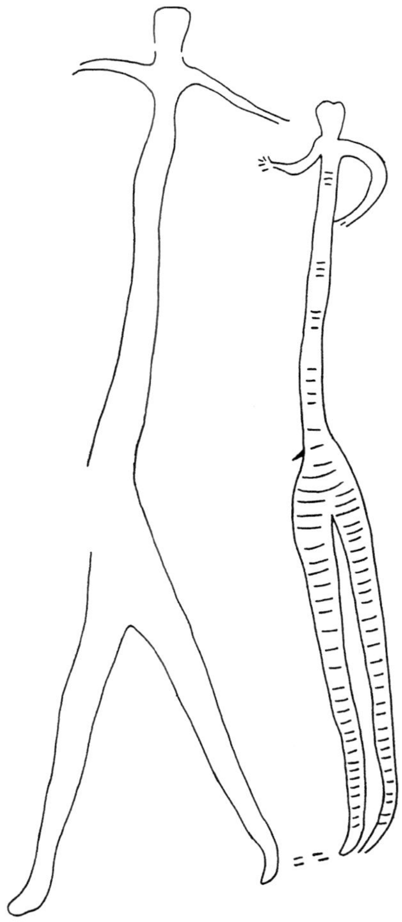

160. Cheke. Anthropomorphe, idealisierte Figuren mit gelber Umrißlinie und verbindenden Strichen. Periode der Primitiven Jäger (aus: M. Leakey, 1983, S. 88).

DIE KÜNSTLER DER «STONE-BOWL-CULTURE»

Auf manche felsige Oberflächen sind Tiere – einige davon länger als zwei Meter – gemalt, jedoch in einem ganz anderen Stil als bei den «Primitiven Jägern». Die trüben Farben und die schwerfälligen Umrisse erinnern an Schatten. Die Farben sind die der Erde oder des braunen bis grauen Schlamms, der sich in der Nähe der Höhle findet. In vielen Fällen bemerkt man, daß die Farbe mit den Händen aufgetragen wurde, nachdem die Umrißlinie mit dem in Schlamm getauchten Finger gezeichnet worden war. Häufig blieb der Abdruck der Hand auf der Farbe zurück, und mit der Lupe erkennt man noch den Jahrtausende alten Fingerabdruck des Künstlers. In diesem Stil sind bislang nur Tierfiguren bekannt: Giraffen, Wildziegen, meistens jedoch Elefanten, die wichtiger und, verglichen mit den anderen Figuren, größer erscheinen. Das läßt darauf schließen, daß Elefanten eine ganz besondere Bedeutung in der Gedanken- und Vorstellungswelt dieser Künstler einnahmen.

Diese Bilder wurden häufig in Höhlen entdeckt, in denen man auch auf Gräber und andere Funde aus der sogenannten «Stone-bowl-culture» stieß – eine wenig geeignete Bezeichnung, für die bislang aber noch kein Ersatz gefunden wurde. Diese Kultur stammt aus dem Seengebiet des Rift und ist in Mittel- und Nordtansania und im Süden Kenias verbreitet. Ihr Merkmal sind, wie der Name besagt, schwere lithische Schalen. Vom selben Volk wurden Mörser und Mahlsteine zum Getreidemahlen geschaffen sowie eine Anzahl von Gegenständen aus modelliertem Stein. Neben Quarz aus dieser Gegend finden sich auch Obsidian und Kieselstein, die manchmal von weit her gebracht wurden. Diese Kultur wurde mit dem unzutreffenden Begriff «neolithisch» belegt. Es handelt sich aber um Jäger und Sammler, die auch mit Ackerbau begannen und die eine Reihe ziemlich entwickelter Werkzeuge zum Mahlen von Getreide zur Verfügung hatten. Sie besaßen Äxte aus geglättetem Stein zur Holzbearbeitung und Geschirr zum Kochen von Flüssigkeiten. In diesen Behältnissen könnte auch eine Art Bier oder ein vergleichbares alkoholisches Getränk zubereitet worden sein. Doch allein die Bilder, die die Künstler dieses Volkes auf Felsen geschaffen haben, sind bis heute erhalten geblieben.

Es ist nicht genau festzustellen, wie lange diese Kultur in Tansania andauerte, die im Verlauf des 2. Jahrtausends hervortrat und sich besonders im 1. Jahrtausend v. Chr. weiterentwickelte. Man nimmt an, daß sie teilweise mit den späten Phasen der Höheren Jäger und der Hirtenvölker zusammenfiel, als die im folgenden zu beschreibenden Bilder geschaffen wurden.

161. Terzett anthropomorpher Gestalten, die Musik machen. Eine von ihnen trägt «Antennen» auf dem Kopf und spielt ein Instrument, das Kastagnetten ähnelt. Der mittleren Gestalt strömen Töne aus dem Mund, während die Gestalt rechts in die Hände klatscht. Kwa Mtea, Maasai Escarpment, Tansania (aus: M. Leakey, 1983, S. 45).

HIRTEN

An mehreren Fundorten zu Füßen des Maasai Escarpment finden sich Montagen meist kleinformatiger realistischer Figuren, die nur selten raffiniert oder detailliert herausgearbeitet sind. Die verwendeten Farben sind Schwarz, Grau und eine Art Graugrün, das vielleicht durch die Veränderung eines ursprünglich dunkleren Pigments entstand. In der Hauptsache sind Hausrinder, oft Zebus mit einem Höcker oder ähnlich kuriose Tiere mit großen Hörnern dargestellt. Nur gelegentlich finden sich Darstellungen großer Herden, daneben sehen wir Waffen und Werkzeuge, vor allem Lanzen und Schilder. Ein paar nichtgegenständliche Zeichnungen könnten Embleme oder Stammeszeichen bedeuten. Diese Kunst ist meist deskriptiv: keine Anordnung der Figuren verweist auf tiefere geistige oder religiöse Beweggründe. Man kann vielmehr annehmen, daß als Hirten lebende Nomadenstämme die felsigen Oberflächen bemalt haben, um vom jeweiligen Ort Besitz zu ergreifen, um Spuren ihrer Anwesenheit oder Durchreise zu hinterlassen. In großen Höhlen mit mehreren Eingängen lebten zeitweise Menschen und Tiere. Aus verschiedenen Indizien, etwa Übermalungen von primitiven Bantu-Bildern, wäre zu schließen, daß dieser Stil auf das 1. Jahrtausend v. Chr. zurückgeht. Er könnte jedoch auch etwas früher entstanden sein und bis zum Beginn unserer Zeitrechnung – und darüber hinaus – fortbestanden haben.

GRUPPEN MIT GEMISCHTEM WIRTSCHAFTSSYSTEM

162. Folgende Seite, unten: Im Zentrum dieses Bildes (Kolo) steht eine Szene mit fünf Individuen. Eine weibliche Gestalt in der Mitte und zwei männliche auf jeder Seite, die versuchen, sie in ihre Richtung zu ziehen. Zu ihrer Rechten ist eine Gestalt mit Antilopenkopf (vielleicht eine Maske) und erigiertem Penis dargestellt. An der linken Seite dieses Bildes findet sich eine weitere Szene, auf der eine Gestalt, die sich hinter einem rechteckigen Schild verbirgt, sich einer Antilope nähert (aus: M. Leakey, 1983, S. 54).

Die jüngste stilistische Gruppe der Felskunst zeigt vor allem geometrische Darstellungen. Die vorherrschende Farbe ist Weiß, andere Farben wie Gelb, Rosa und Schwarz kommen nur gelegentlich vor. Die Künstler widmen sich nun auch der Darstellung von Haustieren: Ziegen, Rinder, Schafe und manchmal Hunde. Manche Tiergruppen können bis zu über hundert Figuren umfassen. Wilde Tiere kommen eher als «Ungeheuer» oder Jagdbeute vor: Schlangen, Alligatoren, Rieseneidechsen und Raubvögel. Gelegentlich sind auch Giraffen und Antilopen zu sehen. Häufig ist die Darstellung menschlicher Wesen: allein oder paarweise und oft in Verbindung mit Haustieren. Selten sind dichtgedrängte Gruppen oder anekdotische Szenen. Unter den Waffen und Werkzeugen finden sich Äxte, Pfeil und Bogen, Lanzen und Spaten. Dieser Stil spiegelt ein gemischtes Wirtschaftssystem mit Ackerbau wider.

Aus der mündlich überlieferten Erzähltradition ist uns bekannt, daß viele dieser

55. Charakteristisches Bild der Landschaft Zentraltansanias, die ganz von den Baobab-Bäumen geprägt wird. Noch heute teilen die Bantuackerbauern und die Hirten der Masai dieses Gebiet untereinander auf. Vereinzelte Gruppen der Hadza- und Sandwe-Jäger sind dagegen im Aussterben begriffen. Vor 2000 Jahren kam hier der erste Ackerbau auf; bis vor 4000 Jahren lebten alle Stämme des Gebiets ausschließlich von Jagd und Wildbeute.

56, 57. Folgende Seite: Der Ort Musokija, wo sich mehrere Fundorte der Felskunst befinden. Das Gebiet ist von Felsen mit Felsüberhängen umgrenzt. Unten: Ausschnitt einer Malerei aus der primitiven Phase der Höheren Jäger.

58, 59, 60. Große Felswand mit außergewöhnlicher Stratigraphie in Mjugada. Man hat hier acht Phasen der Bebilderung und zwei Schichten von Kalkablagerungen unterschieden, die sich zwischen den bebilderten Phasen befinden. Die chronologische Sequenz in Tansania wurde mittels solcher Fundorte aufgestellt, durch die man die Entwicklung der Stile beobachten konnte.
Auf dem kleinen Foto oben: Kongoro, eine bemalte Grotte, die von den Sandawe, die auf der Seite ohne Malereien leben, immer noch als heiliger Ort betrachtet wird.
Kleines Foto unten: Sanga Sadifu, ein Fels mit Felsbildern; die lokale Bevölkerung schreibt diesem Felsen mit seiner Eigenschaft, Energie auszuströmen, immer noch besondere Mächte zu.

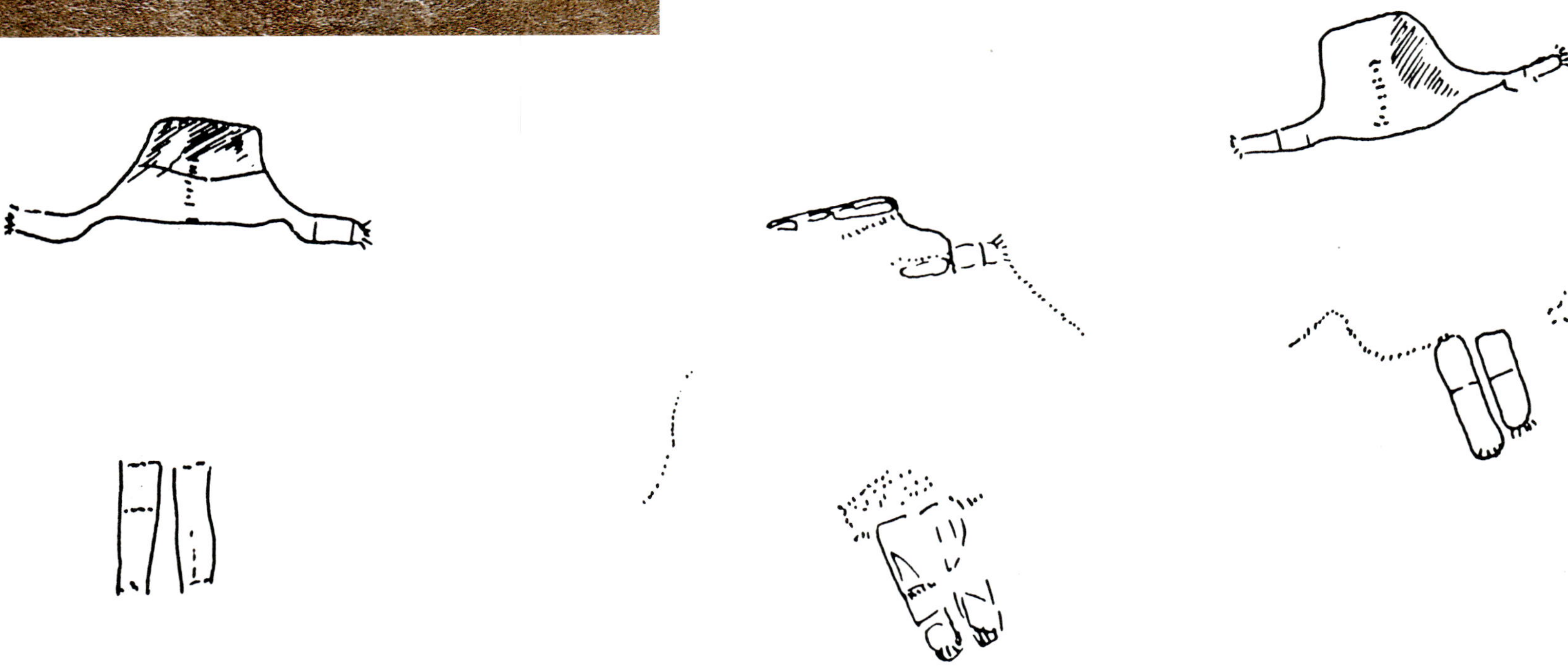

61. Oben: Ausschnitt eines phantastischen anthropomorphen Wesens, das sich in einer Reihe von drei ähnlichen Figuren (s. die Zeichnung darunter) auf der Decke einer Höhle befindet, welche die heutige Tradition im Zusammenhang mit Initiationsriten sieht. Die Umrißlinie ist Dunkelrot und Weiß ausgefüllt. Itololo bei Kondoa.

62. Rechts: Drei Gestalten mit unter Masken verborgenen Gesichtern und Affenschwanz. Diese Triade kommt an verschiedenen Orten des Gebiets vor und scheint sich auf mythische Gestalten zu beziehen. Majlili, Maasai Escarpment.

63. Rechte Seite: Komplex von Überlagerungen. Unten erkennt man eine große Tierfigur, vermutlich ein Rhinozeros, das zur Zeit der Primitiven Jäger entstand. Weiter oben verschiedene Phasen der Höheren Jäger. Zwei Szenen sind besonders bedeutsam: eine auf der linken Seite zeigt eine Wolke mit Pünktchen darunter, die Regen darstellen; in der Mitte zwei Elefanten mit Palmzweigen; daneben, jedoch verdeckt, die herbeieilenden Jäger. Die Linie, die um die Elefanten verläuft, stellt vielleicht einen See dar, von dem Wasser ausströmt, das unten links durch eine Reihe von Pünktchen angezeigt wird. Fenga.

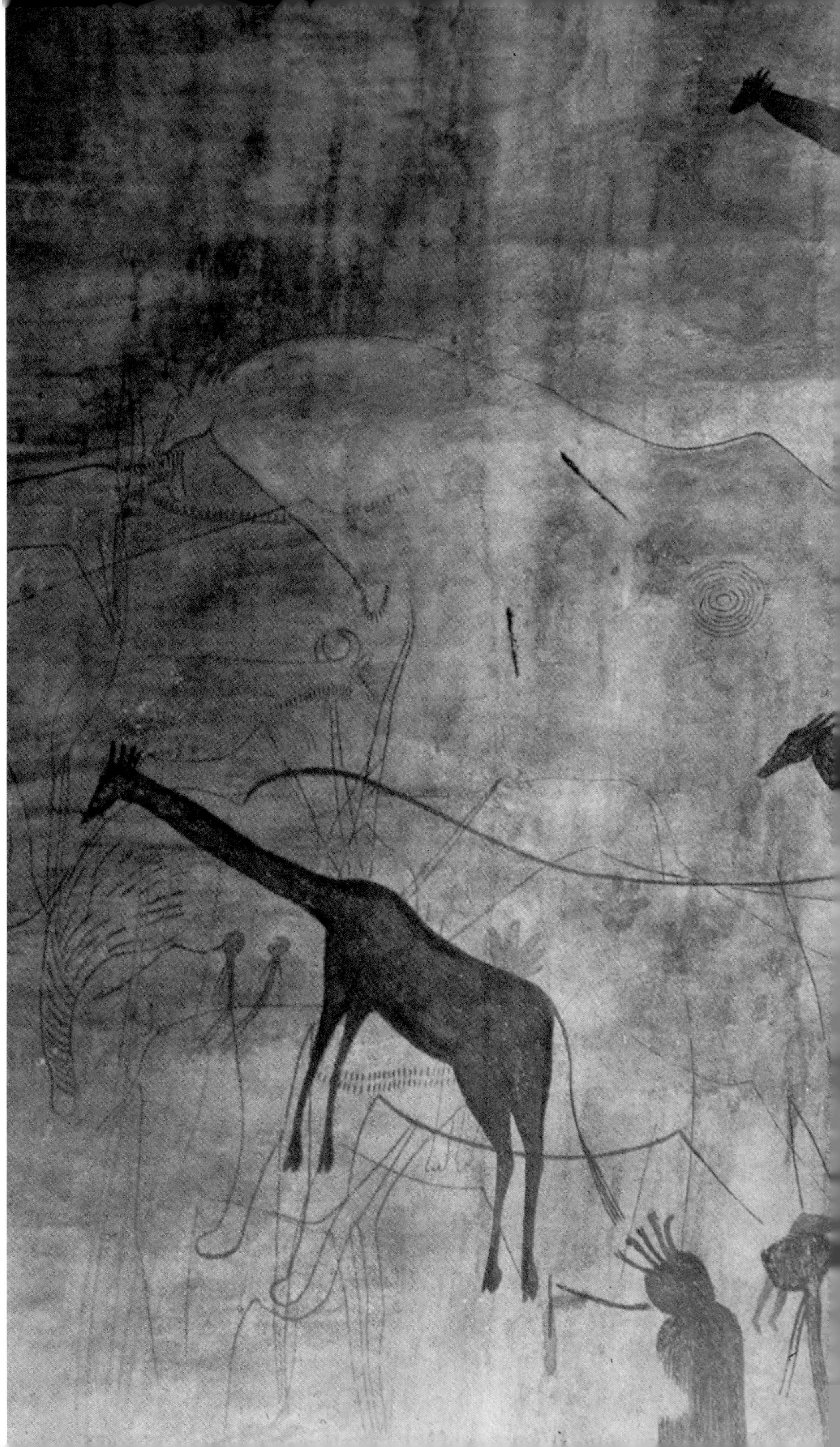

Vorhergehende Seiten:
64. Ausschnitt einer großen bebilderten Wand bei Kolo. Zahlreiche Stile überlagern sich auf dieser Oberfläche, die von mehreren Künstlern in Tausenden von Jahren geschaffen wurde; (Foto: N. Cirani [62369]).

65. Die Schlußphase der Primitiven Jäger zeigt eine besondere Stilisierung und häufig auch eine äußerst gefällige Graphik im Geschmack des 20. Jahrhunderts. Die inneren farbigen Flächen sind von zarten und eleganten Umrißlinien begrenzt. Charakteristisch für diese Phase ist auch die proportionale Diskrepanz zwischen den verschiedenen Teilen des Tierkörpers, die sonst auffallend harmonisch dargestellt sind. Zum Beispiel finden sich hier verkleinerte Schnauzen zusammen mit wohlproportionierten Körpern. Pahi, Gebiet von Kondoa (Foto: N. Cirani [63273]).

66. Oben: Charakteristisch für die primitiven Phasen der Höheren Jäger während des frühen Holozäns sind Reihen von Tierfiguren, die in fast musikalischem Rhythmus angeordnet sind. Diese Anordnung der Kurven, der Tierrücken und Beinpaare in langen Sequenzen von harmonisch und elegant dargestellten Tieren kennzeichnet diese Phasen. Auf dem gezeigten Beispiel sind die Tierreihen der Höheren Jäger überlagert von verschiedenen Phasen großer Tierfiguren mit Umrißlinie aus der Zeit der Primitiven Jäger. Irangi, bei Kondoa (Foto: N. Cirani [63270]).

67. Vorhergehende Seiten:
In den entwickelten Phasen der Höheren Jäger dominieren stilisierte anthropomorphe Figuren in Gruppen, die Mythen evozieren oder Zeremonien darstellen. Das Relief zeigt einen Teil einer großen Wand, auf der eine lange Prozession anthropomorpher Wesen dargestellt ist. Einige der früheren Gestalten wurden von diesem Relief entfernt. Die Figuren haben kein Gesicht, sondern Masken und Kopfschmuck, was ihre Physiognomie verbirgt. Eine Gestalt mit weiter Tunika hat vielleicht eine besondere Identität. Links neben ihr eine kleine anthropomorphe Gestalt, die später hinzugefügt wurde und die Züge eines Tieres oder eine Maske trägt. Irangi, bei Kondoa (Foto: N. Cirani [63266]).

68. Bilder von Bantustämmen mit komplexer Wirtschaftsform bedecken diese gesamte Wandfläche von Kandaga, die eine Aufeinanderfolge der Phasen zeigt. Alle noch sichtbaren wurden in den letzten 2000 Jahren geschaffen. Die frühesten Phasen zeigen Tierfiguren; eine mittlere Phase zeigt anthropomorphe Gestalten, d. h. schematische, ganz in Weiß gemalte Figuren. Die letzten Phasen schließlich sind die Zeichen in Ocker und Orange, die jedoch mit Material ausgeführt wurden, das sich während der Regenzeit zersetzte, als auch im Innern dieser Höhle ein feuchtes Klima herrschte.

69. Oben: Relief von Bildern aus Kolo mit einer Aufeinanderfolge von Primitiven Jägern, Sammlern und Höheren Jägern (Foto: N. Cirani [63272]).

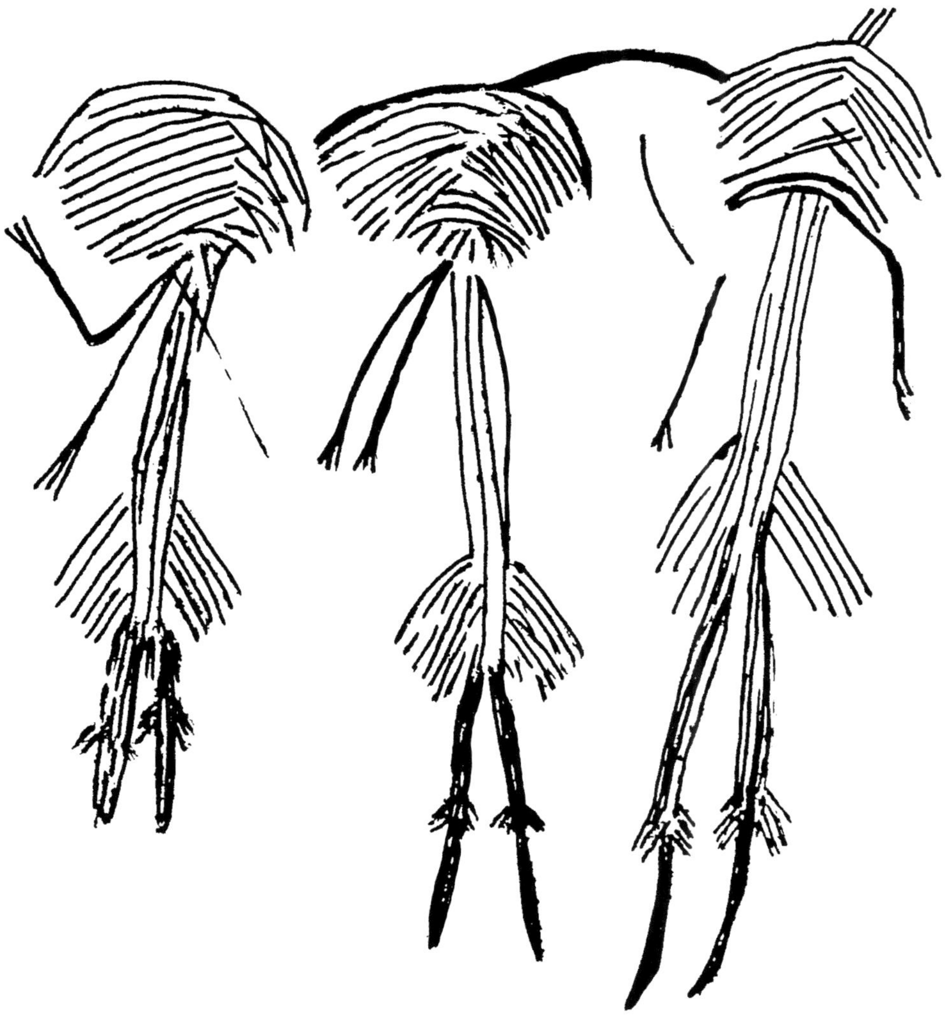

163. Pahi. Gruppe dreier Gestalten, von denen eine drei kleine «Antennen» auf dem Kopf trägt. Eine energetische Linie verbindet zwei Figuren der Dreier gruppe (aus: M. Leakey, 1983, S. 66).

kleinen bemalten Höhlen heilige Orte waren (und es heute noch sind), an denen Initiationsriten, Treffen von Geheimbünden oder Kulte um die Urgeister der Bantuvölker stattfanden. Deren älteste Phasen entstanden mit dem Aufkommen der Bantu in Zentraltansania vor etwa 2000 Jahren, die jüngsten können auf 200 Jahre vor heute oder noch später zurückgehen.

DAS ALTER DER FELSKUNST IN TANSANIA

Die Entstehungszeit der Felskunst in Tansania und allgemein in Süd- und Ostafrika ist häufig zu spät angesetzt worden. Bedauerlicherweise sind noch keine genauen Datierungen der frühesten Bilder vorhanden. Die bei zahlreichen Ausgrabungen an Felsüberhängen und in Höhlen gefundenen Überreste von Ockerkreide oder anderem Farbmaterial sind jedoch nach der Radiokarbonbestimmung über 50 000 Jahre alt.

Bemalte Felsflächen haben archäologische Schichten mit verschiedenen kulturellen Horizonten enthüllt, die von der Späten bis zur Mittleren Steinzeit reichen und einen Zeitraum von etwa 50 000 Jahren umfassen. Hier zeigen viele Bilder das Leben der «Primitiven» und der «Höheren Jäger». Es ließ sich aber noch keine direkte Beziehung zwischen den spezifischen archäologischen Schichten und den Stilen der Bilder ausmachen. Eine solche Beziehung konnte dagegen für südafrikanische Fundorte mittels verschiedener Techniken festgestellt werden. Ausgrabungen haben Gefäße mit verzierten Bändern zum Vorschein gebracht, deren Be-

164. Pahi. Gestalt mit seltsamer Haartracht und einer Linie daneben, die vielleicht eine Treppe aus Kordel sein könnte, was mit doppelten Knoten angedeutet wird. Diese Linie bezeichnet symbolisch die lange Reise der Gestalt sowie ihre verschiedenen Aufenthaltsorte (aus: M. Leakey, 1983, S. 73).

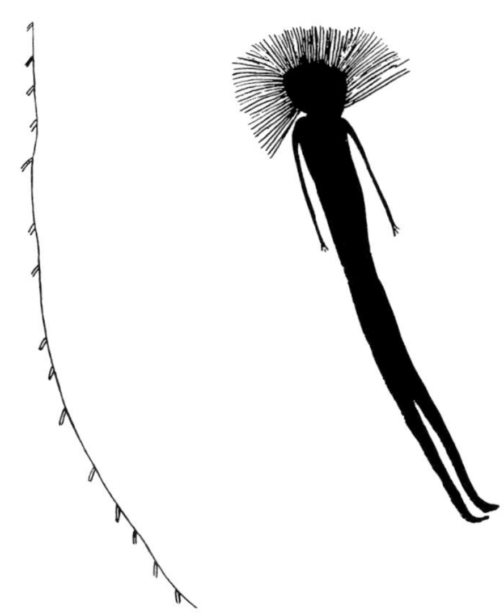

A

B

165. Drei Gruppen mit anthropomorphen Gestalten aus drei verschiedenen Höhlen in Pahi.
A: Drei Figuren mit Schwanz, die mittlere hat die Arme gekreuzt, wie auch die Gestalt rechts von Figur B.
C: Zwei Frauen mit Röckchen (aus: M. Leakey, 1983, S. 72).

C

malung den Felsbildern gleicht. Einige davon sind mit den Darstellungen in Tansania vergleichbar. Vor allem ein Fundort weist eine stratigraphische Verbindung mit Bildern der Primitiven Jäger auf: die Höhle Apollo-11 in Namibia. Hier gibt es Tierfiguren, die vom Künstler auch zweifarbig ausgeführt wurden und die nach dem C 14-Test vor 26 000 bis 28 000 Jahren entstanden sind (nach geeichter Datierung vor 30 000 bis 35 000 Jahren). Ihr Entdecker, Wolfgang E. Wendt, hat außerdem Spuren von Farbmaterial gefunden, das offensichtlich für die Verwendung vor Ort vom Menschen dorthin transportiert wurde und auf ein Alter von 47 000, 55 000 und 50 000 Jahre datierbar ist. Die Farbtechniken und der Stil der Höhle Apollo-11 zeigen eine deutliche Ähnlichkeit mit Darstellungen in Tansania, die in die höhere Phase der Primitiven Jäger fallen. Da in Tansania Darstellungen analysiert wurden, die noch viel früher entstanden sind, nämlich in den mittleren und frühen Stadien der Primitiven Jäger, kann man annehmen, daß diese Sequenzen, verglichen mit den Datierungen der Höhle Apollo-11, bereits Jahrtausende zuvor entstanden sind. Obwohl wir noch keine genauen Daten über die ersten Bilder Tansanias zur Verfügung haben, können wir daraus schließen, daß es sich hierbei um eines der frühesten bislang bekannten Zeugnisse künstlerischer Kreativität handelt.

Die Felskunst Tansanias stellt vielleicht die längste und detaillierteste historische Abfolge dar, die man bislang untersuchen konnte. Diese Künstler haben ihre Werke dort zurückgelassen, wo sie entstanden sind, als beredtes Zeugnis über 40 000 Jahre Kulturgeschichte und geistiges Abenteuer.

Perioden der Felskunst in Tansania

Horizont	Versuchte Datierung	Periode	Geläufige Bezeichnung	Umgebung	Anmerkungen
gemischtes Wirtschafts-system		Weißer Bantu	schematische Phase	wie heute	Bantustämme, Ackerbau, Viehzucht und überregionale Kontakte
	2000				
Hirten		Hirten	Phase der nomadisierenden Hirten	halbtrocken	nomadisierende Hirten, Hausrinder
	2500				
gemischtes Wirtschafts-system		Stone-bowl-culture	Neolithikum	halbtrocken	erste Ackerbauern, der Elefant ist das wichtigste dargestellte Tier
	3000				
gemischtes Wirtschafts-system, Höhere Jäger		Höhere Jäger	Jäger mit Bogen, realistisch-dynamischer Stil	Wälder und Lichtungen	kleine Jägerclans, vorherrschend sind wilde Ziegen und Rinder
	7000				
		Hiatus?		trocken	
	8000				
Sammler		Primitive Sammler	Phase der Geister	sehr feucht und heiß, üppige Vegetation	große Clans leben vorwiegend von Wildbeute
	14 000				
Primitive Jäger		Primitive Jäger	Phase der großen Tiere	Wälder und Lichtungen, wechselndes Klima	Jagd nach großen Tieren, vorherrschend der Elefant und die Giraffe
	50 000				

166. Kandansana bei Neno. Malereien aus der «schematischen» Zeit, vor der Ankunft der Bantuvölker. Man beachte das Motiv der Treppe, die hinauf- und hinabführt. Normalerweise haben solche Treppen 28 oder 29 Stufen und werden als Kalender für den Monatszyklus betrachtet. Daneben befinden sich neun große Kerben, die die Monate der Schwangerschaft bedeuten könnten (aus: E. Anati, MW-86).

Malawi

Die verschiedenen Darstellungsformen in Malawi, das an Tansania grenzt, zeigen sowohl parallele stilistische Bereiche als auch verschiedene Stile mit unterschiedlichen Merkmalen. Vergleiche können uns erkennen helfen, wie die künstlerische Kreativität durch die äußere Umgebung, durch wirtschaftliche Notwendigkeiten, technisches Wissen und nicht zuletzt durch die soziale und politische Gesamtsituation der Völker beeinflußt wurde.

Malawi ist ein kleines Land zwischen Tansania und Südafrika. Wir haben bereits erwähnt, daß sich in Tansania der zeitlich längste Felskunstzyklus der Welt mit einem sehr frühen Beginn befindet. Südafrika ist zwar das an Felskunst reichste Land der Welt, sie begann hier jedoch viel später. Verglichen mit den beiden verfügt Malawi über relativ wenig Felskunst, die bislang auch noch kaum bekannt ist. Während in Südafrika, Namibia und anderen afrikanischen Ländern die Malereien der Buschmänner und anderer Jagdvölker bereits Ende des 19. Jahrhunderts beachtliches Interesse fanden, blieb Besuchern und Forschern die Felskunst Malawis lange verborgen. Die Frühgeschichte dieses Landes war nahezu unerforscht. Das einzig bekannte Element, das bereits von den ersten Forschern hervorgehoben wurde, waren die Essen zur Bearbeitung von Eisen. Man schrieb ihnen ein Alter von mehreren hundert Jahren zu, was dazu führte, daß alles, was vor der Kolonialzeit entstanden war, unterschiedslos der «Eisenzeit» zugeordnet wurde.

Die Bearbeitung von Eisen wurde tatsächlich vor 2000 Jahren von den ersten Bantustämmen eingeführt, die dieses Gebiet bevölkerten. Aber noch vor den Bantu lebten hier Gruppen von Jagdvölkern, die erst in jüngster Zeit erforscht wurden.

Den ersten sichtbaren Beweis für die Existenz von Werkzeugen aus der Steinzeit erbrachte der Geologe Frank Dixey 1924, während die ersten Anmerkungen über die Felskunst von der Malerin M. Metcalfe aus dem Jahr 1956 stammen. Ende der fünfziger Jahre folgten Veröffentlichungen des berühmten Archäologen Desmond Clark, der mehrere Höhlen ausgrub und in der Nähe der Felsmalereien auf archäologische Funde stieß.

Um die Bedeutung dieser Felskunst zu ermessen, habe ich 1986 im Auftrag der Regierung Malawis eine Forschungsreise der UNESCO geleitet und dabei zahlreiche archäologische Fundorte, darunter 52 Höhlen, besucht und untersucht, die etwa die Hälfte der bislang bekannten Fundorte ausmachen. Nach diesen Studien kam ich zum Ergebnis, daß die Felskunst Malawis – trotz ihres, verglichen mit den beiden Nachbarstaaten, begrenzten Umfangs – das bedeutendste kulturelle Erbe dieses Landes darstellt. Die etwa 100 bemalten Höhlen sind wahrscheinlich nur ein Teil dessen, was noch auf seine Entdeckung wartet.

In Malawi gibt es keine aus Stein gehauenen antiken Monumente. Das Kolosseum, die Pyramiden Ägyptens und Mexikos sowie die Akropolis in Athen sind Ausdruck einer zentralregierten und autokratischen Regierung. In der Welt der Stammesvölker werden keine Monumente errichtet, weil dort keine Reichtümer angehäuft wer-

den. Man kennt weder ein Streben nach sozialem Aufstieg noch das Bedürfnis, die eigene Macht durch das Land beherrschende architektonische Bauwerke zu demonstrieren. Hier nehmen bebilderte Höhlen die Funktion der Kathedralen ein. Durch sie erhalten sich die Traditionen, Mythen und Legenden ebenso wie die Fähigkeit, mit der Vergangenheit in Verbindung zu bleiben oder die Zukunft zu bedenken, was in urbanen Gesellschaften durch Paläste und Heiligtümer geschieht. Von besonderem Interesse ist die Felskunst Malawis, weil sie uns eine ungewöhnliche Aufeinanderfolge sozialer Ereignisse zeigt. Desmond Clark hatte vor dreißig Jahren bereits zwei große Stilbereiche erkannt, von denen der spätere, mit vorwiegend weißen Malereien, von Bantuackerbauern stammt, während der frühere, mit vorwiegend roten Bildern, Jägerstämmen zugeschrieben wurde. Später hat auch Gadi Mgomezulu, der Leiter von «Altertumsforschung und Kulturerbe» in Malawi, Ausgrabungen und Forschungen geleitet und die Chronologie dieser beiden stilistischen Horizonte bestätigt. Die Untersuchung der 52 Höhlen und Felsüberhänge mit Malereien, die 1986 besucht und fotografiert wurden, ist zwar noch nicht abgeschlossen, man hat jedoch vier Stile erkannt, die den vier Hauptepochen der Geschichte Malawis entsprechen.

167. Kandansana bei Neno. Ausschnitt der bebilderten Oberfläche: zahlreiche Übermalungen im «weißen Bantustil» über dem früheren Stil des sog. «schematischen Rot», in dessen Phasen es Bilder in Rot, Braun, Gelb und Weiß gibt. Die Figuren im «weißen Bantustil» sind gröber und auf der Wand im heutigen Stadium eher beigefarben (Foto: E. Anati, MW-86: II-22).

PRIMITIVE JÄGER

Der früheste Felskunststil Malawis ist von großen, statischen Tierfiguren in merkwürdigen Farben wie Rosa und Violett gekennzeichnet, die schlecht erhalten und über wenige Orte verstreut sind. Flächenbedeckende Malereien sind vorherrschend, Figuren mit Umrißlinien dagegen selten. In einer kleinen Höhle namens

Mwamwa bei Monkey Bay am Malawi-See befinden sich die Bilder dieses Stils über dem derzeitigen Meeresspiegel und vier Meter höher als die Bilder der folgenden Phasen. Dies könnte Anzeichen einer Erosion sein, die sich zwischen der Epoche der «Primitiven Jäger» und der folgenden, von den Künstlern des «schematischen Rot» geschaffenen, ereignet hat. Mehrfach wurden in Malawi geologische Schichten entdeckt, die Spuren einer Dürreperiode aufweisen: ein großer Teil des Landes muß einmal fast ohne Vegetation gewesen sein, oder es müssen beachtliche Erosionsprozesse wie in Mwamwa stattgefunden haben. Vertiefende geologische und sedimentologische Studien des Holozäns wurden in Malawi bislang noch nicht durchgeführt, so daß dieses Phänomen noch nicht datierbar ist. Aus dem archäologischen Zusammenhang läßt sich nur erkennen, daß es sicher vor dem 4. Jahrtausend v. Chr. stattgefunden haben muß. Da zu Beginn des Holozäns in ganz Ostafrika ein ziemlich feuchtes Klima herrschte, kann das Phänomen in keine Anfangsphase des Holozäns fallen und muß daher nach dem 3. Jahrtausend v. Chr. stattgefunden haben. Präzisere Daten sind derzeit nicht verfügbar. Der Stil der «Primitiven Jäger», der starke Ähnlichkeit mit analogen Figuren in Tansania und Namibia zeigt, ist vor dieser Dürreperiode entstanden und das Werk von Jägerkulturen, die Pfeil und Bogen noch nicht kannten und Tiere vor allem mit der Lanze erlegten.

DER KOMPLEX «SCHEMATISCHES ROT»

Der Komplex «schematisches Rot» stellt ein recht merkwürdiges Phänomen dar. Es handelt sich um einen abstrakten Stil, der heute unter künstlerischem Aspekt zur Avantgarde zählen würde, der jedoch ein paar Jahrtausende zurückliegt. Seine ikonographischen Elemente bestehen aus meist nicht figurativen Zeichen und Motiven: gerade und gewellte parallele Linien, schlangen- und spiralförmige Motive, Reihen von konzentrischen Kreisen, Strahlenkreise, zum Viereck geschlossene parallele Linien, Reihen von Punkten und von Linien, blattförmige und treppenartige Motive, manche mit 28 oder 29 Stufen, auch phallische Symbole oder stilisierte Vulven.

168. Ausschnitt der Decke einer großen Grotte in Diwa, mit verschiedenen Phasen roter Bilder auf einer gelb grundierten Oberfläche. Die lokalen Bewohner schreiben diese Bilder den «bat-wa»-Stämmen zu, die vor den Bantu hier lebten (Foto: E. Anati, MW-86: XXII-36.)

Desmond Clark hatte einen Zusammenhang dieser Darstellungen mit dem Regenkult gesehen; dies könnte verschiedene Motive erklären, der größte Teil ist jedoch anderen Ursprungs. Die wiederholte Parallelführung von Punkten und Linien sowie die Wiederkehr bestimmter Motive auf derselben Oberfläche könnten darauf hindeuten, daß diese Künstler insbesondere von arithmetischen Formen angezogen wurden. Manche Linien hängen wohl mit dem Verlauf des Mondes oder mit dem Menstruationszyklus zusammen. Einige scheinen auch die fruchtbaren Tage innerhalb des Zyklus hervorzuheben. Daneben gibt es Zeichen mit topographischem Charakter, vielleicht eine Art schematischer Karten des Gebiets mit dem Fluß und den umliegenden Hügeln.
Insgesamt hat man den Eindruck, daß viele Bilder dieses Stils zur Vermittlung von Kenntnissen ausgeführt wurden, so als ob es sich bei den Höhlenwänden um Schultafeln handelte. Möglicherweise hingen diese Instruktionen mit Initiationsprozessen zusammen. In manchen Höhlen hat man auch lithische oder mikrolithische Werkzeuge kleinsten Ausmaßes gefunden, und in zwei Höhlen befanden sich Gräber von etwa 1,25 m großen Erwachsenen. Wahrscheinlich handelte es sich um einen Pygmäenstamm, der vor den Bantu in Malawi lebte. In Malawi gibt es besonders viele Ausdrucksformen dieses Stils, der jedoch auch im westlichen Mozambique, im mittleren und nördlichen Sambia und im Süden Kongos vorkommt. Unbekannt ist, wie lange die Bevölkerung überlebte, die diese Werke auf dem heutigen Gebiet Malawis schuf. Volkslegenden erzählen von einer seltsamen Zwergbevölkerung, die die Bantu bei ihrer Ankunft vorfanden. Aus Angst vor den Neuankömmlingen hätten diese sich in Gebirge und undurchdringliche Wälder zurückgezogen. Die jüngsten Funde scheinen diese mündlich überlieferte Tradition zu bestätigen. Zweifellos haben vor den Bantu auf diesem Gebiet Pygmäen gelebt. Wir wissen jedoch nicht, seit wann dies war, und auch nicht, wie lange sie schließlich noch als Waldgnomen weiterexistiert haben.

WEISSER BANTUSTIL

Der «weiße Bantustil» besteht aus Verbindungen anthropomorpher und zoomorpher Bilder mythologischen Inhalts, die manchmal fortlaufende Wandflächen von über hundert Metern bedecken. In einigen Höhlen sind gleichzeitig verschie-

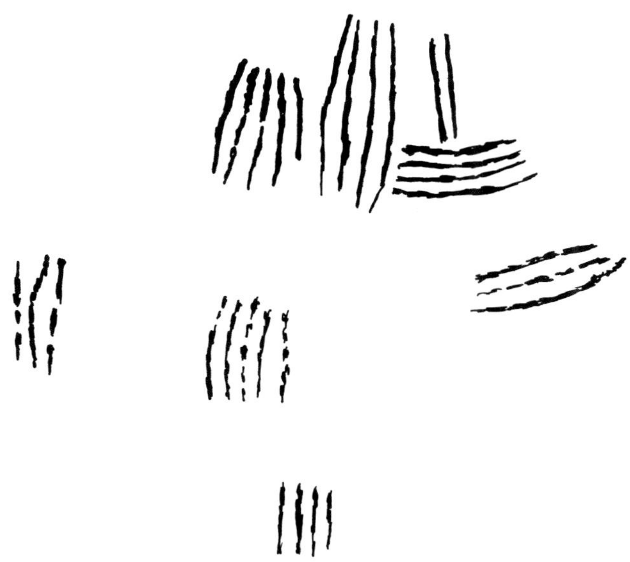

169. Mwala Wa Manja. Abdruck des Fundes und Foto des Fundorts. Charakteristische numerische Komposition des Komplexes «schematisches Rot» in Dunkelbraun. Die Anordnung der Linien bedeutet die Zahlen 2, 3, 4, 5. Der ortsansässige Führer hat diesen Felsblock «den Mann aus Stein» genannt und erklärt, daß es sich um «einen magischen Stein handelt» (Foto und Abdruck: E. Anati, MW-86: XX-30).

170. Ausschnitt von Bildern aus der Periode «schematisches Rot» aus Mathulu. Auf dem oberen Foto wurde der Hintergrund ockerfarben grundiert, auf dem die Bilder in Rotbraun gemalt wurden. Auf dem unteren Foto ist das Bild mit Kalkverkrustungen bedeckt, durch die man die Verzierung mit weißen Punkten auf dem rotbraunen Bild sieht (Abdrücke von E. Anati, MW-86 XXXIII-31; XXX-35).

70. Oben: Mikolongwe, charakteristische Landschaft im Herzen Malawis. Der volkstümlichen Überlieferung zufolge trafen die Bantu bei ihrer Ankunft auf die «bat-wa» (kleine Menschen). Dieses Pygmäenvolk wohnte im Gebirge und zog sich in den Schutz der Felsschluchten zurück. Ihnen wird der ikonographische Komplex des sog. «schematischen Rot» zugeordnet (Foto: E. Anati, MW-86: 1-22).

71. Links: Mphunzi, Fundort 2B. Einer der Felsüberhänge unter dem Felsen von Mphunzi, der reich an Felsbildern ist (Foto: E. Anati, MW-86: XI-32).

72, 73. Oben und rechts: Mphunzi, Fundort 1. Eine Wand mit Bildern des Komplexes «schematisches Rot» und «weißer Bantustil». Diese Oberfläche mit zahlreichen Überlagerungen weist mindestens 14 verschiedene Phasen der Bebilderung auf (Foto: E. Anati, MW-86: XI-11; IX-36).

74. Rechte Seite, oben: Bebilderte Oberfläche in einer Höhle von Mwanambavi, Malawi. Kunst der Jäger und Sammler aus dem Steinzeitalter. In der Mitte der Wand erscheint eine natürliche Form, die an ein anthropomorphes Gesicht erinnert. In einer ersten Phase hat der prähistorische Mensch mit feinen Linien Gravierungen im Innern des Gesichts ausgeführt, als wenn es sich dabei um die Haare eines langen Bartes handeln würde. Die folgende Phase besteht aus strichartigen Bildern in Rot auf der gesamten Oberfläche. Zu beiden Seiten des Gesichts erkennt man einen Komplex von Linien, die eine weibliche Gestalt darstellen könnten, deren lange Brüste mit horizontalen Linien tätowiert sind. Ihr dicker Bauch (durch eine Schwangerschaft?) ist zum «Gesicht» geneigt. Auf der anderen Seite sind zwei Hände gemalt (Foto: E. Anati, MW-86: XXVI-32).

75. Rechte Seite, unten: Nsana Wa Ngombe. Den Alten des nahen Dorfes zufolge fand an diesem Ort bis zum vergangenen Jahrhundert der Initiationsritus junger Mädchen statt. Wahrscheinlich standen die Bilder in einem Zusammenhang damit. Vor dem Felsüberhang befindet sich eine weite Landschaft und zu ihren Füßen ein Tal. Die Bilder zeigen mehrere Überlagerungen und wurden mehrfach bearbeitet. In der Mitte eine große phallische Figur; die heraustretenden Pünktchen könnten Sperma darstellen. Um diese zentrale Figur, die mehrfach neu gemalt wurde, befinden sich verschiedene Symbole, darunter Strahlenscheiben, die den Alten zufolge die Sonnenscheibe, den Mond und die Sterne darstellen. Ebenfalls finden sich hier Symbole mit erzieherischer und hellseherischer Bedeutung, die mit dem weiblichen Zyklus und der Partnerwahl in Beziehung stehen (Foto: E. Anati, MW-86: XXII-3).

Folgende Seite:
76. Nthulu, Fundort 1. Felsüberhang mit verschiedenen Phasen des «schematischen Rot». In einer ersten Phase waren die Künstler damit beschäftigt, die natürlichen Formen zu vervollständigen. Die Bilder beziehen diese natürlichen Formen des Felsens mit ein und konzentrieren sich vor allem um eine Öffnung in der Felswand. Diese Öffnung ist Teil eines Gesichts, bei dem der Mund hinzugefügt wurde. Aus einer sehr frühen Phase, wahrscheinlich in der Zeit der Primitiven Jäger, erkennt man Silhouetten verblaßter Tiere (Foto: E. Anati, MW-86: XXXIV-14).

77. Namzeze. Einige Bilder aus der Periode «schematisches Rot» scheinen Zahlen zu bedeuten. In der Reihe paralleler Linien kommen die Zahlen 5, 7 und 9 besonders häufig vor (Foto: E. Anati, MW-86; XVII-3).

dene Phasen dieses Stils entdeckt worden, der sich über einen langen Zeitraum erstreckte. Im Verlauf einer Periode gibt es sekundäre stilistische Veränderungen, und manche phantastischen anthropomorphen und zoomorphen Figuren wiederholen sich mit ähnlichen Merkmalen in den verschiedenen Phasen. Wahrscheinlich stellen sie wichtige Gestalten aus der Mythologie und Kosmologie der Bantu dar. Die Höhlen mit diesen Bildern erscheinen wie Kathedralen in der eigentlichen Bedeutung des Wortes, da hier die Traditionen und Mythen eines Volkes aufbewahrt werden.

Der Stil «Early White Bantu» ist außer in Malawi auch in Tansania, Simbabwe, Mozambique und Sambia weit verbreitet. Man nimmt an, daß er von den ersten Bantustämmen eingeführt wurde, als diese vor etwa 2000 Jahren von Zentralafrika kommend in Ostafrika einfielen und Ackerbau und Metallbearbeitung einführten. Dieser Stil ist in Malawi weniger schematisch und deutlicher lesbar als in Tansania und stellt eine umfassende Dokumentation über die Glaubensformen und Vorstellungswelt der Bantu dar: es ist eine Art historisches Archiv aus Ideogrammen und Bilderschriften, das noch entziffert und interpretiert werden muß. Dazu könnten die mündlichen Überlieferungen beitragen, wie sie manche Alte in den Dörfern noch erzählen. Bereits heute sind viele Werte verlorengegangen; der große Geist Mulungu wurde als Name für Gott von der christlichen Kirche übernommen. Die Namen anderer Urgeister wurden für neu eingeführte Heilige verwendet. Die ursprünglichen Mythen, die noch wenige Generationen zuvor als Teil der Initiationsriten streng gehütet wurden, werden nicht mehr gelehrt und geraten mehr und mehr in Vergessenheit. Die Kunst dieses Stils zeigt uns die geistigen, religiösen und traditionellen Vorstellungen, die Wurzeln einer Kultur, wie sie unbeschädigt von äußeren Einflüssen existierte. Heute sind die Bantu die direkten Erben dieser Überlieferung, auch wenn sich Sitten und Gebräuche, Sprache, Religionen und Glaubensvorstellungen in den letzten hundert Jahren tiefgreifend verändert haben, nachdem die christlichen und muslimischen Missionare allmählich alle Dörfer untereinander aufgeteilt hatten.

Vorhergehende Doppelseite:
78. Mphunzi, Fundort 3. Felsüberhang, der durch seine Ähnlichkeit mit einem monströsen Gesicht beeindruckt, das bereits aus der Ferne zu erkennen ist. Jedes Auge, von etwa 1 m Durchmesser, ist im Innern bebildert. Von besonderer Bedeutung sind die Bilder auf der linken Seite, die dem Bantuführer zufolge einen Mythus über den Ursprung seines Stammes darstellen: Die Schlange und der Leguan haben sich vereinigt. Hervor kamen drei Eier, ein großes, ein mittleres und ein kleines Ei, von denen die drei Stämme der Urzeit abstammen. Das mit Strahlen versehene Zeichen in der Mitte links würde demnach den mythischen Ort angeben, an dem dieses Ereignis stattfand
(Foto: E. Anati, MW-86: XII-5).

Linke Seite:
79. Chencherere. Die Wände der großen Höhle sind mit primitiven Bantubildern in weißer Farbe bedeckt. Dargestellt sind mythologische Szenen mit Urgeistern und totemistischen Tieren. Ausgrabungen haben in dieser Höhle Schichten zum Vorschein gebracht, die sich über eine Periode von über 5000 Jahren erstrecken
(Foto: E. Anati, MW-86: XXXV-17).

80. Ntulu, Fundort 3. Kleiner Felsüberhang unter einem Felsen auf dem höchsten Punkt eines Hügels, an dem, der mündlichen Überlieferung zufolge, die Initiation der männlichen Jugendlichen stattfand. Hier fnden wir eine bedeutende stratigraphische Schicht mit Bildern aus der Zeit des «schematischen Rot», des «weißen Bantustils» und des «Nyau»
(Foto: E. Anati, MW-86: XXXIV-20).

171. Ausschnitt aus einer Gruppe von Urgeistern aus der Phase «Weißer-Bantu-Stil» in der Höhle von Chenchere. Die gemalte Linie unter den Gestalten läßt an die Bänder bei Prozessionen denken (Abdruck aus: E. Anati, MW-86).

NYAU

Der Stil dieses Namens zeigt einen besonderen sozialen Trend, der von den Gruppen der Bantusprachen im Gebiet von Dedza, in Zentralmalawi, und den angrenzenden Regionen Sambias und Mozambiques entwickelt wurde. Dargestellt sind feierliche Gebräuche mit Prozessionen und «Nyau»-Tänze, bei denen als Tiere und

172. Namzeze. Bild in weißer Farbe im «Nyau»-Stil, mit einem Dialog zwischen einer phallischen Gestalt und einem Vogel. Die Haltung der Gestalt könnte flehend sein, während dem Vogel vermutlich totemistische Bedeutung zukommt (Abdruck von E. Anati, MW-86).

Geister verkleidete Gestalten in ihrer Eigenschaft als «Geister» Urteile verkünden und soziale Kritik äußern, die ihnen sonst als Mitgliedern der Gruppe nicht zustehen würde. Den Nyau-Gesellschaften kommt bis heute eine enorm wichtige Rolle bei der Sozialisation zu, die mit geheimen Praktiken und Initiationsriten zusammenhängt. Einige der verwendeten Symbole gleichen denen der Felskunst. Die Bilder stellen Tiere der Mythologie, Zeichen, Symbole, Masken und totemistische Tiere dar, die wahrscheinlich die Stammeszugehörigkeit der ausführenden Künstler oder der Bewohner dieser Orte angeben. Einige Bilder dieses Stils könnten jüngsten Datums sein. Die frühesten gehen auf 4 bis 5 Jahrhunderte zurück, als die Nyau-Gesellschaften im Zusammenhang mit den Stämmen entstanden, die in der Kolonialzeit als «Zulu» bezeichnet wurden. Dieser Name bedeutet in ihrer eigenen Sprache «Bauerndorf» und unterscheidet diese von den Dörfern der Hirten- oder Jagdstämme. Diese Zulu sind eng mit dem Stamm verwandt, der weiter südlich, in Südafrika, lebt.

173. Bild in schmutzigem Weiß im «Nyau»-Stil aus Namzeze. Es zeigt Tiermasken, die bei einer festlichen Prozession getragen werden (Abdruck von E. Anati, MW-86).

In manchen Höhlen des Nyau-Stils finden sich Verstecke mit Kultobjekten, darunter auch Überreste von Nyau-Masken. In einer Höhle haben wir Tiermasken für Prozessionen entdeckt, die aus Pflanzenmatten gearbeitet waren: es sind Tierdarstellungen von einigen Metern Länge, die von mehreren Männern getragen werden mußten. In einer anderen Höhle haben wir eine große Nußschale mit getrockneter Farbe am Boden entdeckt. Der kleine Pinsel, der darin haften geblieben war, bestand aus einem Zweig mit zerteilten Fasern am Ende. Als wir gerade eine weitere Höhle besichtigen wollten, wurden wir von einer Gruppe bewaffneter Männer davon abgehalten, die uns mit Schreien erschrecken und vertreiben wollten. Später erfuhren wir, daß dieser Clan glaubte, der Geist von Namalenga, der Muttergöttin, die auch Göttin der Fruchtbarkeit ist, wohne in dieser Höhle, weshalb man Nicht-Initiierten den Zutritt verwehrte. Viele Höhlen mit Nyau-Malereien gelten noch heute als heilige Orte, deren Betreten verboten ist. Hier werden Initiationsriten gelehrt, hier treffen sich Geheimgesellschaften des Nyau-Stammes, oder sie gelten als der Wohnort von Geistern, den niemand ungestraft betreten darf.

DIE SEQUENZ IN MALAWI

Fast wie eine Bildlegende spiegelt diese Felskunst sehr nachvollziehbar eine Geschichte wider, die sich in vier Hauptperioden gliedert. Die letzten 400 bis 500 Jahre werden von der Kultur der Bauerndörfer, der Zulu, charakterisiert, einem Stamm, der aus den Bantu hervorging und wiederum Phänomene der Nyau-Gesellschaft entwickelte. Die primitiven Bantu, die ersten Landbesteller und Metallverarbeiter sowie die ersten, die in diesem Gebiet Keramikgegenstände herstellten, kamen vor etwa 2000 Jahren infolge einer großen Emigrationsbewegung, die in mehreren Wellen verlief, aus dem Norden. Die Bantu haben Glaubensformen und Mythen mit sich gebracht und sie auf den Höhlenwänden der heiligen Orte dargestellt, so daß diese für uns heute eine großartige Dokumention darstellen. In Tansania gibt es einen parallelen, dem in Malawi ähnlichen Stil, der jedoch wesentlich hermetischer ist. Bei ihrer Ankunft fanden die Bantu in Malawi eine Pygmäenbevölkerung von Jägern und Sammlern vor, die den Gebrauch von Pfeil und Bogen kannte, lithische und mikrolithische Werkzeuge herstellte und seit einigen tausend Jahren hier lebte.
Nach einer Periode großer Dürre und Verwüstung weiter Gebiete war ein Großteil Malawis nicht mehr bewohnbar. Während in Malawi kaum Spuren menschlichen Lebens erhalten sind, schufen Höhere Jäger in Tansania eine wirklichkeitsnahe und deskriptive Felskunst. Vor der Verwüstung war dieses Gebiet von Jägern großer Tiere besiedelt, deren Bilder nur in seltenen Fällen erhalten sind und deren Mate-

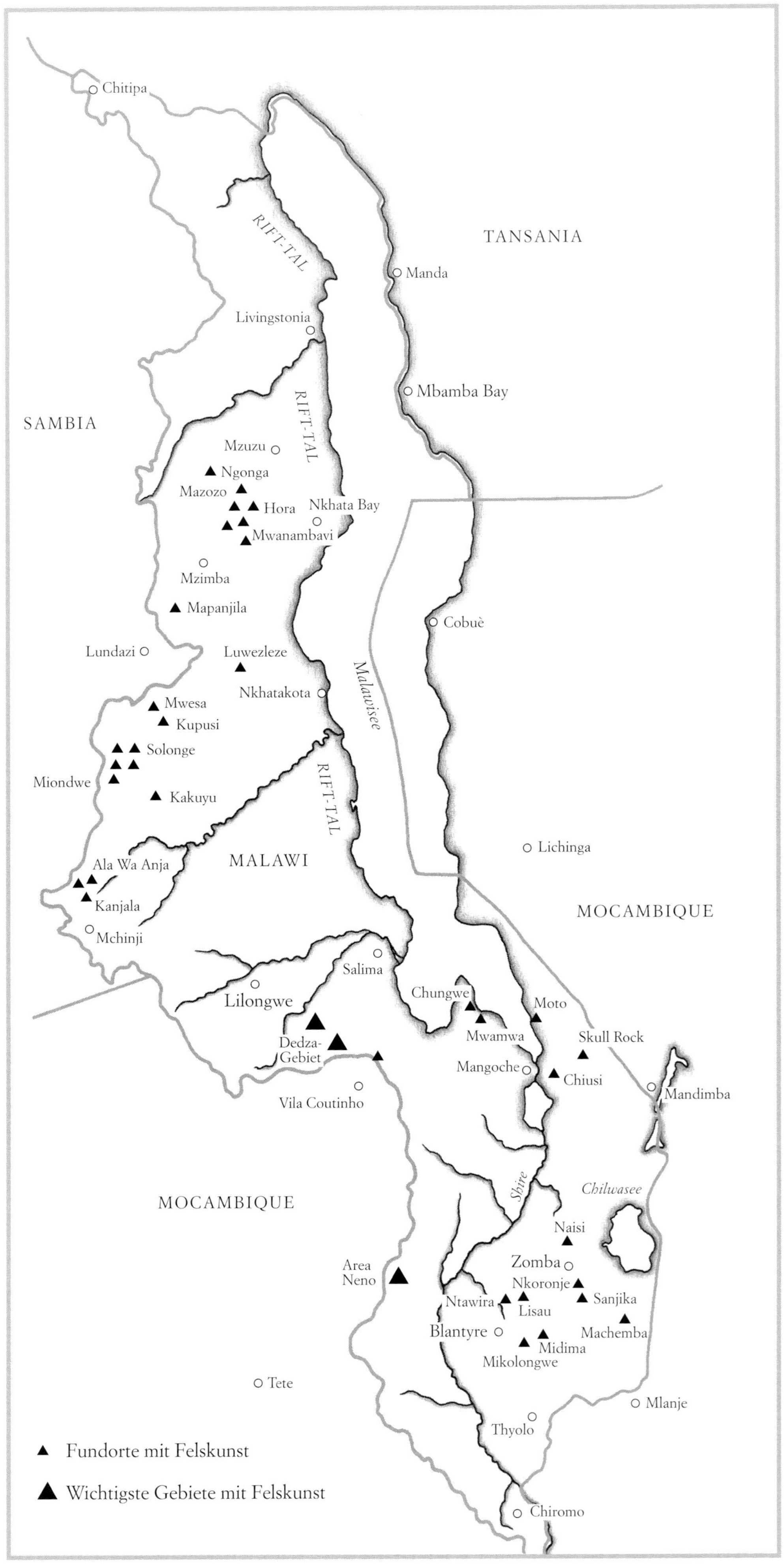

Chitipa
TANSANIA
RIFT-TAL
Manda
Livingstonia
Mbamba Bay
SAMBIA
RIFT-TAL
Mzuzu
Ngonga
Mazozo
Hora
Nkhata Bay
Mwanambavi
Mzimba
Mapanjila
Cobuè
Lundazi
Luwezleze
Malawisee
Nkhatakota
Mwesa
Kupusi
Solonge
Miondwe
Kakuyu
RIFT-TAL
Lichinga
Ala Wa Anja
MALAWI
Kanjala
MOCAMBIQUE
Mchinji
Salima
Lilongwe
Chungwe
Moto
Dedza-Gebiet
Mwamwa
Skull Rock
Mangoche
Chiusi
Mandimba
Vila Coutinho
Shire
Chilwasee
MOCAMBIQUE
Naisi
Zomba
Area Neno
Nkoronje
Ntawira
Sanjika
Lisau
Blantyre
Machemba
Midima
Mikolongwe
Tete
Mlanje
Thyolo
Fundorte mit Felskunst
Wichtigste Gebiete mit Felskunst
Chiromo

rialienkultur aus dem frühen Steinzeitalter uns ihre relativ bescheidenen technischen Kenntnisse zeigt. Diese Epoche begann wohl vor über 20 000 Jahren und dauerte vermutlich bis vor 8000 Jahren. Sehr frühe Werkzeuge, «amigdale» und «chopping tools», die wahrscheinlich vor über 100 000 Jahren entstanden sind, wurden im äußersten Norden des Landes, im Distrikt von Karonga, gefunden. Diese stammen jedoch von Hominiden, die noch keiner Subspezies des *Homo sapiens* angehörten und denen die Kunst der Malerei noch unbekannt war.

Perioden der Felskunst in Malawi

Horizont	Versuchte Datierung	Periode der Felskunst	Gebräuchliche Bezeichnung	Umgebung	Anmerkungen
gemischtes Wirtschaftssystem		Nyau	Nyau-Stil	wie derzeit	Chewa-Völker
	500				
		weißer Bantustil	Eisenzeit	wie derzeit	landbestellende Gruppen der ersten Bantu
	2000				
Jäger und Sammler		schematisches Rot	L. S. A. «Mikrolithisch»	Savanne	Pygmäenvölker
	?				
		Hiatus?		vorwiegend Wüste	
	8000				
Primitive Jäger		Primitive Jäger	Phase der großen Tiere	Savanne und Grasland	Clans von Jägern großer Fauna
	?				

X. Die Felskunst in Europa

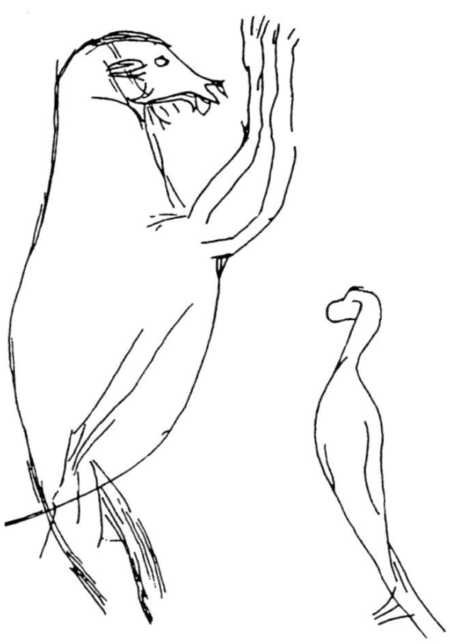

175. Anthropo-zoomorphe Figuren in der Höhle von Altamira, Spanien (Abdruck von H. Breuil, aus: P. Graziosi, 1960, Tafel 259b).

Mehr noch als in anderen Kontinenten fällt in Europa auf, daß die Künstler verschiedener Epochen bestimmte Orte bevorzugten, um dort ihre Werke auszuführen. Felskunst befindet sich an drei Arten von Orten: in Höhlen, an Felsüberhängen und auf freien Felsflächen; in jeder Epoche und von jeder Gruppe wurde einer dieser drei Orte bevorzugt. Dabei kann die Typologie der Entstehungsorte auch etwas über deren soziale Bedeutung aussagen; großflächige Felsbilder im Freien etwa sind größeren Menschengruppen zugänglich als enge Durchgänge in bebilderten Höhlen. Der Ort kann uns somit Hinweise auf die soziale Einbindung dieser Kunst geben und auch auf die möglichen Ereignisse, welche die Produktion und die nachfolgende Verwendung bestimmten. In verschiedenen Gebieten und Epochen sind unterschiedliche Typen von Felskunst bekannt. Malereien, Plastiken, Hochreliefs und strichartige Grapheme zeigen diverse Merkmale der Verteilung und Konzentration.

Archäologen konventioneller Richtung, die wie Herbert Kuhn und Luis Pericot zwischen den Kriegen die Felskunst untersuchten, unterteilten sie in drei homogene Phasen: die paläolithische Kunst, die mesolithische Kunst und die Kunst des Metallzeitalters. In der ersten Phase sah man eine «sensorische Kunst», die «genau das reproduziert, was das Auge gesehen hat», und in der dritten Phase eine aus Symbolen und konventionellen Zeichen bestehende «Kunst der Imagination»; die zweite Phase wurde als Übergangsphase zwischen der ersten und der dritten betrachtet.

Diese Unterteilung bedachte jedoch nicht, daß jede Phase der Felskunst einen Anfang und ein Ende hat. Die künstlerischen Ausdrucksformen einer Kultur oder eines Künstlers stellen immer, heute ebenso wie vor 20 000 Jahren, eine Entwicklung dar. Man hat die Felskunst im Süden Skandinaviens und in Ostspanien als eine Ganzheit betrachtet, die sich über eine bestimmte Epoche erstreckte und von Anfang bis Ende keine wirklichen Veränderungen erlebte. Diese Sichtweise erscheint uns heute grundlegend falsch, denn jedes Kunstwerk zeigt die Persönlichkeit seines Schöpfers und nimmt dessen Seelenzustand ebenso in sich auf wie seine Sozialisation und seine technischen Kenntnisse. Verändert sich aber einer dieser drei Faktoren während des künstlerischen Prozesses, dann hat dies notwendigerweise auch Auswirkungen auf die Kunst.

Von manchen gelehrten Köpfen werden die Theorien von Breuil und Teilhard heftig kritisiert. Zweifellos sind seither einige Jahrzehnte vergangen, und die Forschung verfügt in der Zwischenzeit über exaktere Mittel. Diese Denker haben aber, indem sie auf ihre eigene Phantasie vertrauten, außerordentliche Anregungen gegeben. Die Forschung unterliegt Veränderungen. Noch ohne die Methoden und Technologien, die uns heute zur Verfügung stehen, bauten frühere große Denker auf ihre Fähigkeit zu höchst ungewöhnlicher Intuition. Dabei wurden in der Vergangenheit möglicherweise aber auch Fakten grob vereinfacht, etwa die Funktion und die Motivation betreffend. Lange Jahre über wurde es ohnehin als «wenig wissenschaftlich» angesehen, sich über die jeweilige Bedeutung zu äußern, während Beschreiben und Vermessen als wissenschaftlich galten. Um sich keiner Kritik auszusetzen, durfte man möglichst wenig Phantasie zeigen. Dabei waren es gerade diese «Unvorsichtigen», die die wissenschaftliche Debatte und damit die Forschung vorangetrieben haben. Die primitivsten Phasen der frankokantabrischen Wandmalerei mit den «Schnörkeln», die Abbé Breuil «Makkaroni-Arabesken» nannte, zeigen eine Überfülle von Handabdrücken sowie Verbindungen schematischer Figuren mit Ideogrammen, jedoch nur sehr wenig von jenem «Sensorischen», das Kuhn insgesamt in der paläolithischen Kunst sah. Außerdem findet man in fast allen Phasen dieser Kunst zahlreiche herkömmliche, dachförmige oder schlangenförmige Zeichen, stilisierte Vulven, Phalli, sog. «Bumerangs» und ähnliche Ideogramme.

In der Felskunst des Metallzeitalters gibt es sehr verschiedene künstlerische Ausdrucksformen. In Skandinavien ebenso wie in Rußland (den Gebieten um den Onega-See und das Weiße Meer), in Schottland ebenso wie in den italienischen Alpen finden man zahlreiche Beispiele der Kunst, die man als «realistisch» be-

176. Ausschnitt der Komposition des Brunnens von Lascaux, Dordogne, Frankreich. Ein Bison in Angriffsposition. Ein Speer ist über ihn gezeichnet, der ihn jedoch nicht durchdringt. Der Bison richtet sich gegen eine ichthyophallische Figur mit Vogelkopf und menschlichem Körper, daneben steht eine «Vogel-Standarte». Zu Füßen der Gestalt befindet sich ein «Bâtonnet-Zeichen», das vermutlich die Art der Beziehung zwischen den beiden Wesen anzeigt, die von den jeweiligen Ideogrammen gekennzeichnet wird. Welche Botschaft will diese Komposition vermitteln? Magdalénien, Jungpaläolithikum. Kunst der Primitiven Jäger (aus: A. Leroi-Gourhan, 1981b, Abb. 93).

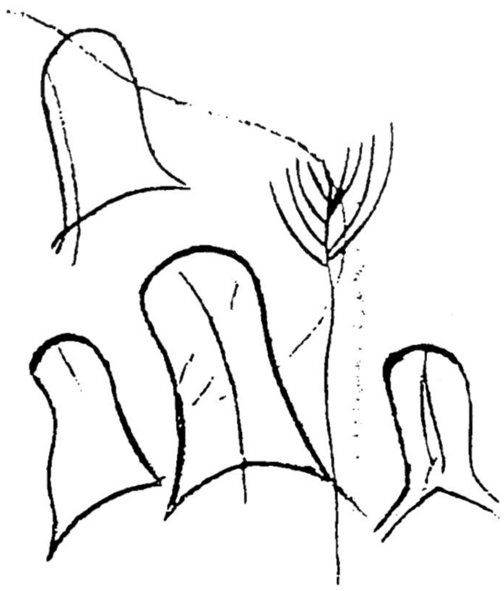

177. Höhle von Castillo, Spanien. Akkumulation von Zeichen. Man erkennt drei Phasen von Bildern. Zuerst wurde in Rot die schematische Silhouette eines Vierfüßlers ausgeführt. Später wurden, ebenfalls in Rot, vier schildförmige Ideogramme ergänzt. Schließlich wurde in Tiefschwarz ein «Bâtonnet»-Zeichen aufgetragen. Jede Phase der Bebilderung erfolgte wohl in der Absicht, den früheren Bildern neue Inhalte hinzuzufügen. Dieses Bild befindet sich auf einem Felsvorsprung, dessen natürliche Form einem Mammut ähnelt. Seine stalagmitischen Formen erinnern an einen Rüssel und an Beine. Die ikonographische Akkumulation könnte daher von der natürlichen Form ihren Ausgang genommen haben (Abdruck: H. Breuil).

zeichnen kann. Sie entsprechen weder den Definitionen von «sensorisch» noch von «imaginativ» im Sinne Kuhns. Diese «realistischen» Werke sind gleichzeitig mit schematischen und abstrakten Malereien entstanden. Trotz des Versuchs, konventionelle Bezeichnungen auf sie anzuwenden, blieb bislang noch unbeantwortet, was an diesen Werken dem Kriterium «imaginativ» entspricht.

Bei einer getrennten Untersuchung der einzelnen Gruppierungen ist es nach heutigem Forschungsstand kaum möglich, allgemeingültige Aussagen über ihre Entwicklung zu machen. Die Kunst der spanischen Levante folgt einer Entwicklung, die man als Abfolge vom Naturalismus zur Abstraktion bezeichnen könnte, und ebenso führt sie von der lockeren, assoziativen Verbindung hin zur Szene. Andere Gruppen zeigen jedoch anders verlaufende Entwicklungen. In einem Aufsatz aus den fünfziger Jahren interpretierte Carlo Alberto Blanc die allgemeine Entwicklung der Kunst als einen Prozeß, der vom Naturalismus hin zur Abstraktion verläuft. Inzwischen ist es offensichtlich, daß jede Vorstellung einer linearen Evolution der Kunst unangemessen ist.

Die Sequenz der europäischen Felskunst wird heute in zwei chronologische Zyklen unterteilt: der früheste Zyklus umfaßt die Kunst der Primitiven Jäger und geht auf die Zeit des Jungpaläolithikums zurück; er dauert gelegentlich bis zum Mesolithikum fort. Der darauffolgende Zyklus umfaßt vorwiegend Kunst von Völkern mit komplexer Wirtschaftsform; dieser Zyklus beginnt im Mesolithikum, zeigt verschiedene parallele Varianten und dauert in manchen Gebieten bis in historische Zeiten. Eine solche allgemeine Unterteilung stellt ein nützliches Arbeitsinstrument dar, denn man kann damit eine Gesamtsituation umreißen, die an sich viel komplexer ist. Die Kunst entsteht mit dem *Homo sapiens* und spiegelt als solche seine spezifische Denkweise, seine *forma mentis*, wider. Trotz der Versuche verschiedener Forscher, künstlerisches Schaffen aus noch früherer Zeit zu belegen, beweisen die heute verfügbaren Daten, daß die Idee und die Fähigkeit zur Kunst in Europa erst mit dem *Homo sapiens,* also vor etwa 35 000 Jahren, entstanden ist.

DIE KUNST DER PRIMITIVEN JÄGER

Die paläolithische Kunst, auch Kunst der Primitiven Jäger genannt, umspannt in Europa einen Zeitraum von 25 000 Jahren. Sie findet sich vor allem, aber nicht ausschließlich, in tiefen und dunklen Höhlen, mit den größten Konzentrationen auf frankokantabrischem Gebiet, im Südwesten Frankreichs und in Nordspanien. Bebilderte Höhlen gibt es jedoch auch an anderen Fundorten, in Frankreich und Spanien, ebenso in Portugal, Italien, Rumänien und bis hin zum Ural im äußersten Osten Europas. Insgesamt sind etwa 200 europäische Höhlen und Felsüberhänge mit paläolithischer Kunst bekannt, 120 davon in Frankreich und 55 in Spanien. An den meisten dieser Orte treffen wir sowohl auf Malereien als auch auf Gravierungen.

Wichtige Fundorte befinden sich im Freien, wie die ungewöhnliche «Galerie» mit Gravierungen im Flußtal des Coa in Portugal. Tausende von Figuren sind hier auf einer felsigen Oberfläche von 17 Kilometern aneinandergereiht.

Versucht man, die Typologie auf ein synthetisches Schema zu reduzieren, so stellt man fest, daß die Thematik vor allem aus einer Verbindung von Tieren und Symbolen besteht. Dieselben fünf Themen, die die Felskunst weltweit charakterisieren, sind auch hier anzutreffen: Die Höhlenmalerei und Felskunst ist anthropomorph (1) oder zoomorph (2), sie zeigt räumliche Strukturen und topographische Darstellungen (3), Werkzeuge und Gegenstände (4) sowie geometrische und schematische Zeichen (5).

Je nach Gebiet und Epoche verändern sich die quantitativen Proportionen. In den

Grundzügen aber folgt die paläolithische Felskunst Europas denselben Merkmalen wie die Kunst der Primitiven Jäger anderer Kontinente. Anthropomorphe Darstellungen sind selten und nehmen auf den bebilderten Oberflächen einen begrenzteren Raum ein als die Tiergestalten, die sowohl nach der Anzahl der Bilderschriftzeichen als auch im proportionalen Verhältnis das vorherrschende Thema sind. Anthropomorphe Darstellungen sind größtenteils schematischer als die zoomorphen und scheinen häufig eher anthropo-zoomorphe Gebilde als wirkliche Menschen darzustellen.

Räumliche Umgrenzungen, Hütten, Dächer und topographische Darstellungen kommen vor, wenn auch nicht häufig; ihre Bedeutung ist manchmal zweifelhaft. Sicher existieren verschiedene Darstellungen von Hütten. Ähnliches gilt auch für die Abbildung von Werkzeugen und Gegenständen. Es finden sich Speere, Wurfspieße, Bumerangs und Keulen, auch wenn dies keine vorherrschenden Motive sind. Abstrakte und geometrische Motive, Ideogramme und Symbole sind üblich. Sie sind oft mit anderen, häufig zoomorphen Figuren verbunden und können diese zahlenmäßig übertreffen. Die Fläche, die sie einnehmen, ist jedoch, von Ausnahmen abgesehen, weit geringer als die der zoomorphen Figuren.

Einige Merkmale sind lokal begrenzter als andere; die wichtigsten Konzentrationen von Bildern oder Gravierungen zeigen regionale Charakteristika und kommen in spezifischen Gebieten vor. Andere wiederum sind in ganz Europa verbreitet, manche sogar auch in der Kunst der Primitiven Jäger anderer Kontinente. Das logische System besteht aus Verbindungen und Aneinanderreihungen von Graphemen, die durch ihre Natur selbst auf eine metaphorische Bedeutung hinzuweisen scheinen.

In einem fortgeschrittenen Stadium des paläolithischen Zyklus, dem Magdalénien (vor 16 000 bis 10 000 Jahren), stellen die polychromen Bilder eine ausgesuchte Form der Kreativität dar. Sie sind auf bestimmte Gegenden, zum Beispiel die Dordogne, das kantabrische Gebiet und die Pyrenäen begrenzt. Daraus könnte man

178. Metaphern in einer Sequenz der Primitiven Jäger. Caverne du Volp, Ariège, Frankreich. Eine maskierte oder anthropo-zoomorphe Figur scheint mit einem musikalischen Bogen zu spielen. In der Mitte des Reliefs eine zoomorphe Gestalt als Kombination aus einem Hirsch und einem Bison. Wie die erste Figur könnte auch dieses Bild eine doppelte oder gemischte Identität besitzen. Links ist ein Ren mit einer Reihe von Punkten auf dem Körper dargestellt. Ideogramme finden sich an verschiedenen Stellen; auf dem hinteren Teil der zentralen zoomorphen Figur ist eine Frau zu erkennen (aus: H. Begouen – H. Breuil, 1958, Abb. 63).

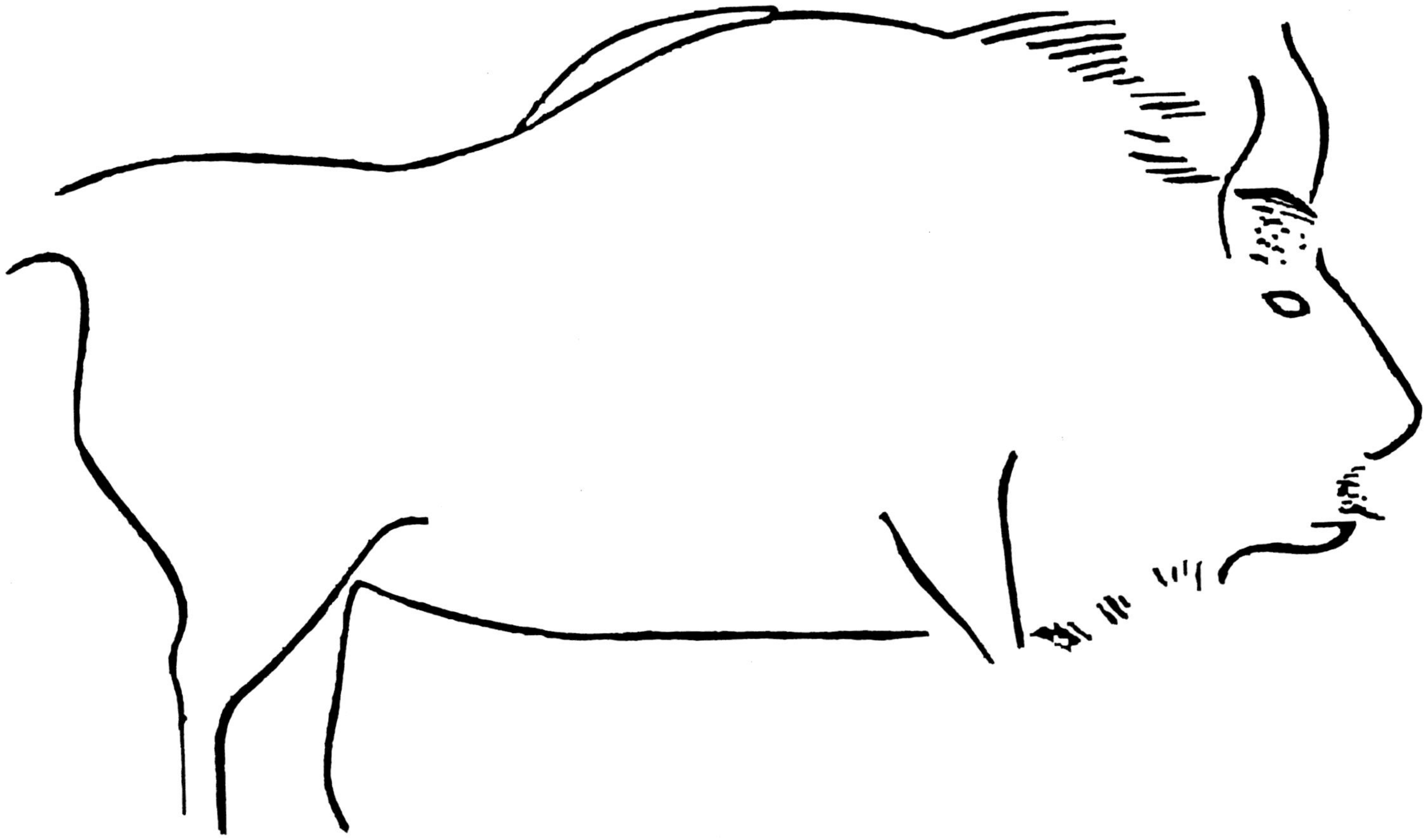

179. Schemazeichnung eines Bisons mit anthropomorphem Gesicht, aus Niaux (aus: A. Leroi-Gourhan, 1981b, S. 59).

schließen, daß es Gebiete mit unterschiedlichem Niveau der künstlerischen Produktivität gibt, und man könnte schließlich fragen, was sich denn gerade dort ereignet hat. Fast meint man in diesen Höhlen den Schatten großer Zauberer zu erkennen, die Spur ganz besonderer, mit Phantasie, Sinn für Ästhetik und Kreativität begabter Individuen.

Die paläolitische Wandkunst in Europa wurde in Studien und Veröffentlichungen besser erforscht als die anderer Erdteile. Viele Fachleute widmen sich verstärkt diesem Komplex, der zum wichtigen Bestandteil der westlichen Kultur geworden ist und uns zweifellos wertvolle Kenntnisse über die Wurzeln der europäischen Zivilisation liefert.

Einige Hauptwerke der frankokantabrischen Kunst vermitteln auch noch nach Jahrtausenden einen ungewöhnlichen Sinn für Harmonie und bildliche Raffinesse. In einer globaleren Sicht müssen wir uns aber vergegenwärtigen, daß auch zahlreiche andere Komplexe, die gleichzeitig mit der frankokantabrischen Wandmalerei entstanden, unsere Kenntnis der Geschichte der Menschheit und der intellektuellen Abenteuer des *Homo sapiens* verbessern. Zweifellos trägt ein Vergleich dieser verschiedenen Felskunstgruppen der Primitiven Jäger in den verschiedenen Teilen der Welt zu einem besseren Verständnis auch der europäischen Darstellungen bei. Viele Wissenschaftler, die die frankokantabrische Kunst behandelten, beschäftigten sich zudem mit ihren Ursprüngen. Bis vor wenigen Jahren war es noch üblich, die Kunst als eine europäische Schöpfung mit Ursprung vermutlich in Frankreich zu betrachten, von wo aus sie sich dann in Europa und in der übrigen Welt verbreitet habe. Bezeichnenderweise zeigt sich diese Tendenz, den Ursprung der Kunst im eigenen Land zu suchen, auch in Afrika und Asien, wobei zudem in

Afrika, und ebenso in Australien oder in Amerika, das Problem des Ursprungs von ganz besonderer Bedeutung ist. In jedem Kontinent gibt es unter den Forschern zudem Lokalpatrioten der Kunst. Auch in Australien und in Amerika werden von Zeit zu Zeit «Beweise» für Kunstwerke mit ganz unwahrscheinlichen Datierungsvorschlägen geliefert. Tatsächlich scheint die Kunst jedes Kontinents von ihren frühesten Ausdrucksformen an Wege der Evolution zu verfolgen. Diese zeigen zwar analoge Schemata in den großen Linien, sie kennen jedoch auch lokale Ausdrucksformen, die im Lauf der Jahrhunderte deutlicher hervortreten.

Von einigen Kontinenten, ausgenommen Afrika, Asien und Europa, kann man mit einer gewissen Sicherheit behaupten, daß die Kunst hier nicht «erfunden» wurde, sondern durch Künstler oder durch Ideen entstand, die von außen kamen. In Afrika, Asien und Europa finden sich jedoch die frühesten Darstellungen, wobei die afrikanischen und asiatischen noch älter sind als die europäischen. Trotz des Mißfallens, das diese These bei europäischen Forschern auslösen mag, ist festzuhalten, daß die Idee der graphischen Kunst wahrscheinlich nach Europa importiert worden ist, als sie andernorts bereits vorhanden war.

Die Kunst der Primitiven Jäger, die in Europa in das späte Paläolithikum fällt, ist ausführlich dokumentiert und erforscht, wenn auch jedes Jahr ein paar Neuentdeckungen die Archäologen daran erinnern, daß man zwar weiß, was man entdeckt hat, jedoch nicht, was es noch alles zu entdecken gibt. Das früheste Kunstwerk stammt auch hier vom *Homo sapiens*, der von weit her kam und seine Vorstellungswelt sowie visuelle und manuelle Fähigkeiten, wie sie für die Kunst notwendig sind, mit sich brachte. In Asien mag dies ähnlich gewesen sein. Aufgrund der heute verfügbaren Daten hat man die Ursprünge tatsächlich in Afrika zu suchen.

In Europa haben hundert Jahre Forschung zur Erkenntnis geführt, daß es wahrscheinlich von Anfang an eine lokale Entwicklung der visuellen Ausdruckssprache gab. Vom Beginn bis zum Niedergang des frühen Steinzeitalters läßt sich die künstlerische Entwicklung chronologisch verfolgen. In den letzten Jahren hat man vor allem in Frankreich, z. B. in Chauvet, ungewöhnliche Entdeckungen gemacht, die verschiedene Typen der paläolithischen Kunst Europas bestätigten.

Beim Versuch einer annähernden Schematisierung sind drei grundlegende Phasen der ikonographischen Entwicklung auszumachen. Die letzte zeigt die größte Fülle, ist am artikuliertesten und am reichhaltigsten in ihren Inhalten und Varianten. Sie betrifft den letzten Abschnitt des Paläolithikums, vor allem das Magdalénien, also die Zeit vor 10 000 bis 16 000 Jahren, aus der die großen polychromen Werke und Höhlen voller bebilderter Galerien wie Lascaux und Altamira sowie eine bemerkenswerte Anzahl von Einrichtungskunst erhalten geblieben sind. Die zweite Phase, die hermetischer, essentieller, absoluter und schematischer ist und eine begrenztere figurative Skala zeigt, wird vereinfacht als Aurignacien bezeichnet. Dieses fällt in die Anfangszeit des Jungpaläolithikums, in der es fortdauert und sich entwickelt, wenngleich diese Einordnung in bezug auf die künstlerische Kreativität als sehr problematisch erscheint. Tatsächlich bemerkt man in der Phase des Solutréens ein Nebeneinander zweier Horizonte bzw. zweier Syntaxtypen, nämlich dem des «Magdalénien» im beginnenden Stadium und dem des «Aurignacien» im entwickelten Stadium. Dieser Horizont umfaßt die Zeitspanne zwischen 16 000 und 34 000 Jahren. Man hat diesen Horizont, den manche Forscher lieber als eine Aufeinanderfolge von zwei oder drei Phasen denn als eine Einheit ansehen wollen, noch mehrfach unterteilt. Zweifellos erkennt man in seinem Verlauf eine stilistische Entwicklung und eine thematische Bereicherung, die Inhalte scheinen sich dabei aber kaum zu verändern. Wir können somit von einer großen Phase ausgehen, die sich jedoch nochmals in Unterphasen aufteilen läßt.

Im Aurignacien gibt es drei große geographische Gebiete des künstlerischen Schaf-

180. Figurative Syntax der Primitiven Jäger. Felsgravierung aus dem Toten Gebirge, Österreich. Ein Paar anthropomorpher Figuren ist schematisch dargestellt. Die Ideogramme sind Indikatoren: Der vergrößerte Penis steht für das Männliche, das Schamdreieck für das Weibliche. Köpfe und Extremitäten sind vernachlässigt. Das «Bâtonnet» auf dem hinteren Teil der Frau scheint die Aktion oder die Beziehung zu enthüllen, die der Künstler ausdrücken wollte. Es könnte eine Art visuelles Verb in der Bedeutung von «machen» oder «eindringen» darstellen (aus: E. Anati, 1982a, S. 148).

fens: das frankokantabrische Gebiet mit der Dordogne, den Pyrenäen und Kantabrien, wo sich sowohl unbewegliche Kunst als auch Einrichtungsgegenstände befinden; zum anderen das mitteleuropäische Gebiet mit den Orten Willendorf, Vogelherd, Dolni Vestonice und anderen, wo vor allem Hausrat gefunden wurde und noch keine Wand- oder Felsmalereien bekannt sind. Das dritte Gebiet liegt in Osteuropa, wo die Wandkunst in einzelnen Höhlen des Ural und in einer rumänischen Höhle bekannt ist.

In mehreren im Freien gelegenen Siedlungen der Ukraine hat man verzierte Gegenstände und Hausrat gefunden. Runde Figürchen, vor allem kleine weibliche Statuen, weisen große Ähnlichkeit sowohl mit Gegenständen in Mitteleuropa als auch mit Objekten vom Baikalsee, im Herzen Sibiriens, auf.

Bereits bei diesen drei klar umgrenzten Gebieten mit ihren kulturellen Entsprechungen stellt sich die Frage nach der gemeinsamen Herkunft. Manche Forscher hegen daran keinen Zweifel. Bei einer globalen Sicht müssen wir jedoch die gemeinsamen Elemente der Grammatik und der Syntax bei vergleichbaren Funden in Asien und Afrika untersuchen, um möglicherweise eine Hypothese über die gemeinsame Wurzel aufstellen zu können. In allen drei Gebieten gibt es zwei Ikonographien, die der Felsbilder und die der Einrichtungskunst. In der Einrichtungskunst erkennt man die Idealisierung dreidimensionaler Formen als kleine Statuen, während die Felskunst vor allem Ideogramme und schematische Figuren umfaßt. Häufig finden sich beide Arten auch am selben Gegenstand oder bei derselben Bebilderung, so daß es sich wahrscheinlich um komplementäre kognitive Elemente handelt. In der ersten Phase der graphischen Darstellung hat man, von wenigen zweifelhaften Fällen abgesehen, nichts außer Zeichen, Spuren, Kerben und *cupules* (kreisförmige Aushöhlungen im Stein, auch «Schälchen» genannt) entdeckt, die man als protographisch bezeichnen könnte. Zu dieser Zeit des Altpaläolithikums, dem Moustérien vor 100 000 bis 35 000 Jahren, lebte vor dem *Homo sapiens* der Neandertaler. Unserer Sicht der kulturellen Evolution zufolge wird die Bezeichnung *Homo sapiens* in Europa nur für den Menschen des Jungpaläolithikums ver-

181. «Churinga» oder Raute-Musikinstrument aus verziertem Bein, mit konzentrischen Kreisen und Linienmotiven. Saint Marcel, Frankreich; Jungpaläolithikum. Das Instrument wird an eine Schnur gebunden und kreist um sich selbst, wobei es eine Schwingung in der Luft auslöst. Je nach Art und Schnelligkeit des Gebrauchs bringt es verschiedene Töne hervor. Die kreisförmigen Zeichen, die den Gegenstand verzieren, scheinen seine Funktion zu bezeichnen. Die Ideogramme können jedenfalls vielfältige Bedeutungen haben. Die seitlichen Kerben und bebilderten Zeichen stellen zusammen mit der Form des Instruments eine Einheit dar. Man beachte die Anordnung der Tonden mit der Bedeutung weiblicher Empfänglichkeit und das «Bâtonnet» als Symbol männlicher Aktivität (aus: E. Anati, 1989a, S. 214).

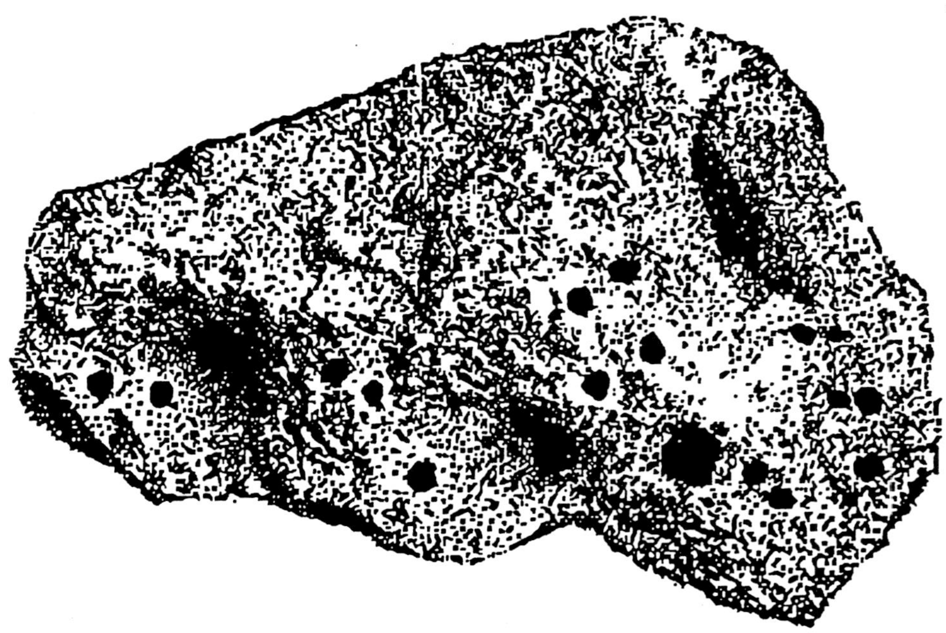

182. Stein, der eine Begräbnisstelle bedeckte, mit eingravierten cupules, *aus La Ferrassie, Dordogne, Frankreich. Heute im Museum von Les Eyzies. Dem Entdecker D. Peyrony zufolge gehen diese* cupules *auf den Neandertaler des mittleren Paläolithikums zurück.*

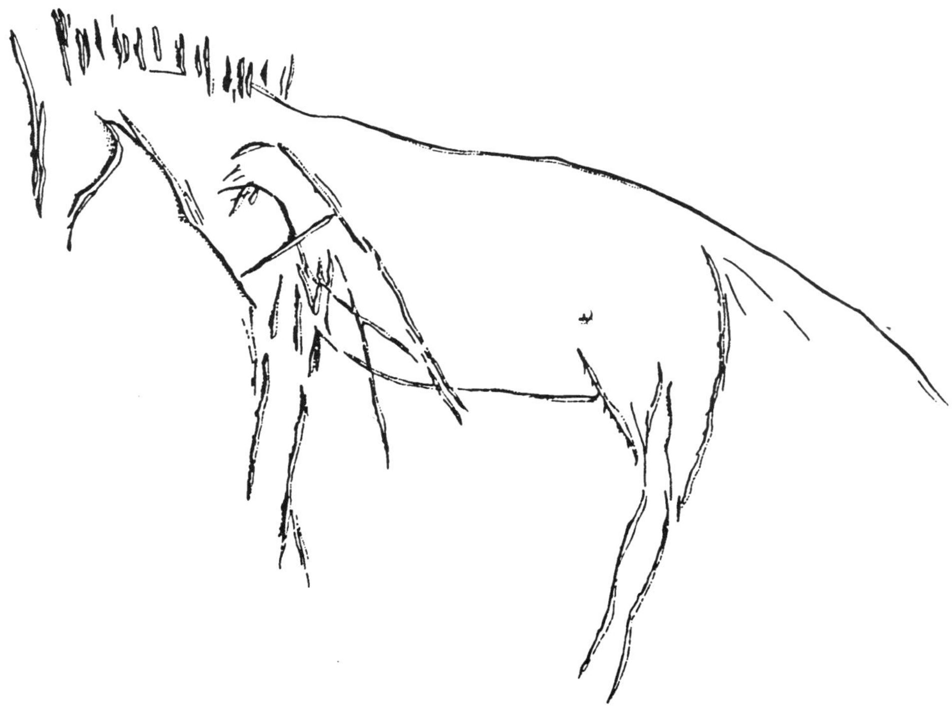

183. Ein Seehund ist in den vorderen Teil eines Pferdekörpers eingeritzt (aus: J. Clottes – J. Courtin, 1994, S. 132).

185. Folgende Doppelseite: Teil eines großes Frieses mit eingravierten Tieren. Von links nach rechts: ein Steinbock, ein Seehund, eine Gemse, ein nicht identifizierbares Tier oder ein Zeichen, dann noch ein Seehund (aus: J. Clottes – J. Courtin, 1994, S. 113).

wendet. Der Neandertaler ist sein naher Verwandter, dem ich jedoch, anders als manche Kollegen, nicht das Attribut *sapiens* beigeben möchte, da ihm dazu einige grundlegende Voraussetzungen fehlen, wie etwa die Fähigkeit zu graphischen Zeichen, die eine Bedingung des «sapiens» darstellt. Fast alle Wissenschaftler sind sich heute darin einig, daß diese Phase noch nicht zum Gesamtkomplex des künstlerischen Schaffens als solchem gehört. Ähnliche Ausdrucksformen des «Aurignacien» werden dagegen häufig als Kunst betrachtet, weil sich neben Zeichen, die unsere Logik des 20. Jahrhunderts nicht als Bilder betrachtet, bereits Darstellungen finden, die für uns weniger hermetisch sind. Es handelt sich hierbei zweifellos um

184. Gravierung mit unbestimmten Motiven; oben rechts vielleicht ein Fisch (aus: J. Clottes – J. Courtin, 1994, S. 137).

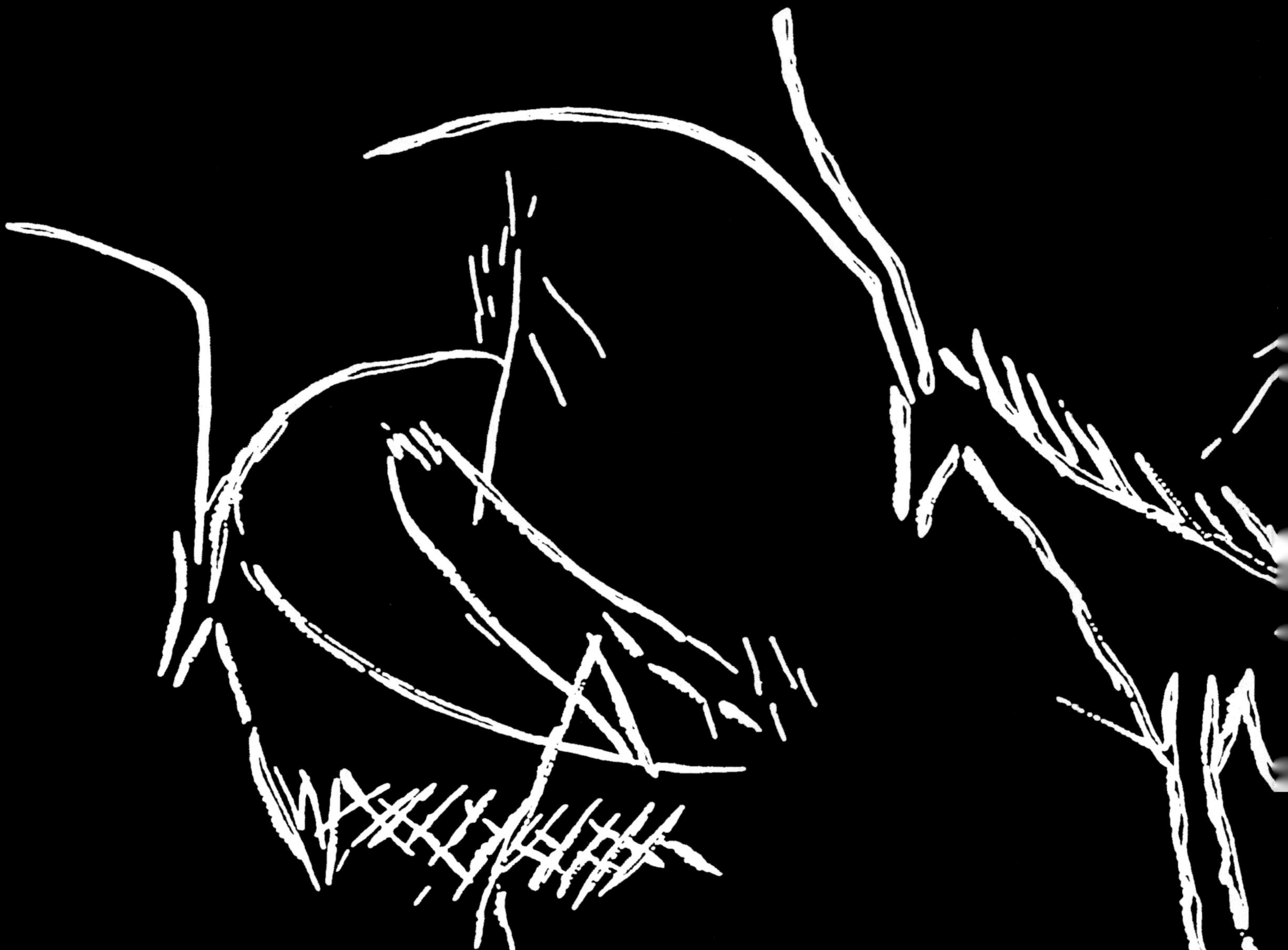

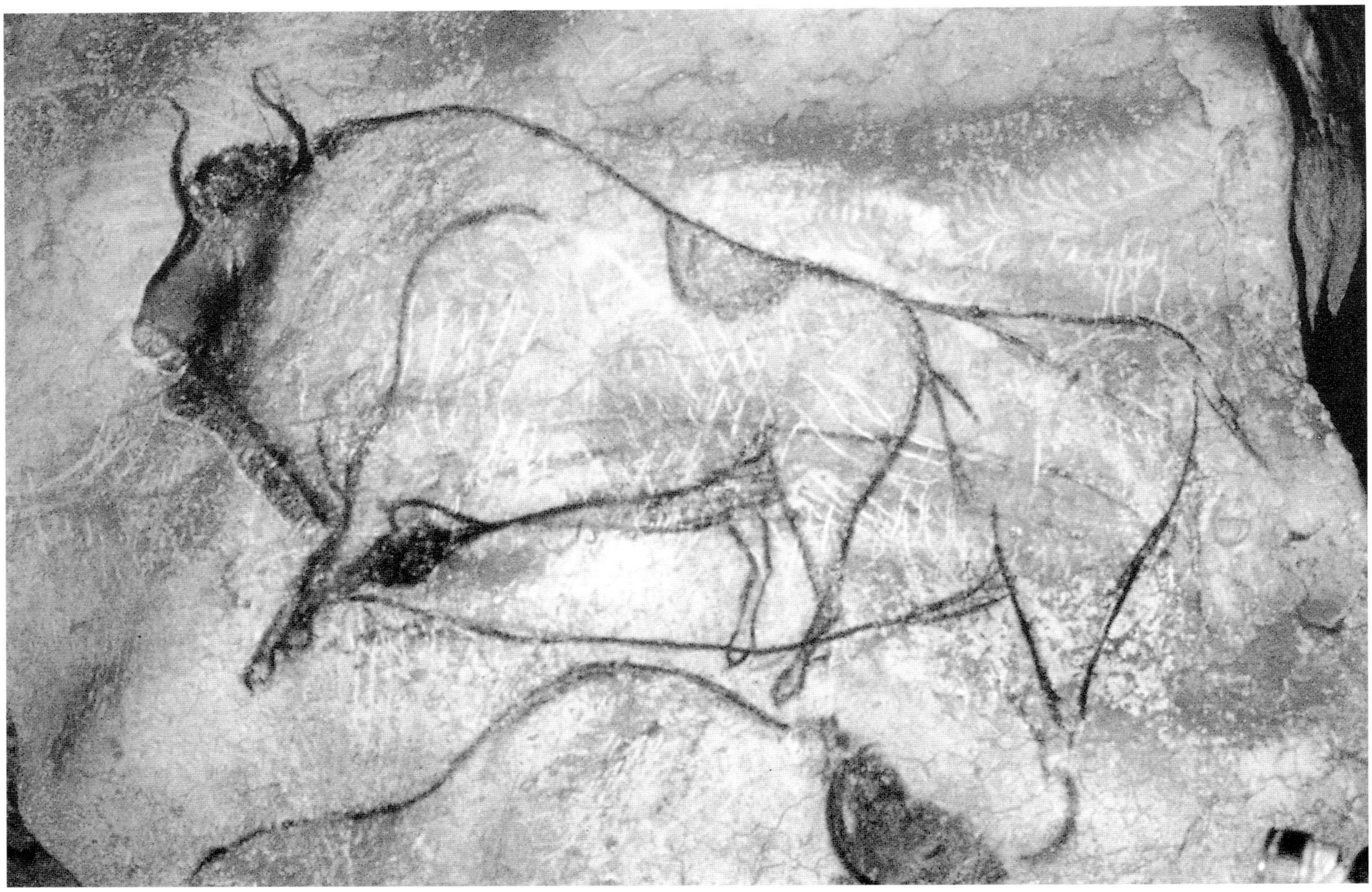

186. Oben: Große schwarze Bisons, über die Ritzen und Gravierungen einer Wand gemalt, die sich senkrecht gegenüber dem großen Paneel befindet. Höhle von Chauvet, Ardèche, Frankreich (aus: J.-M. Chauvet, E. Brunel Deschamps, C. Hillaire, La Grotte Chauvet, S. 113; Foto: Grazia Neri).

187. Rechte Seite: Dieses große Bild besteht links aus dem Paneel der Pferde und sich gegenüberstehenden Rhinozerossen; es folgt ein Bild mit Pferdeköpfen und eines mit zwei Katzen; in der mittleren Nische sieht man einen Bison mit sieben Pfoten (links), ein vertikales Tier und eine Kuh; die Rückseite der Wand enthält das Paneel der Rentiere. Man könnte daher annehmen, daß man dem Raum der Nische entsprechend eine gewisse Komposition mit Tieren verschiedener Spezies schaffen wollte. Höhle von Chauvet, Ardèche, Frankreich (aus: ebd., S. 52; Foto: Grazia Neri).

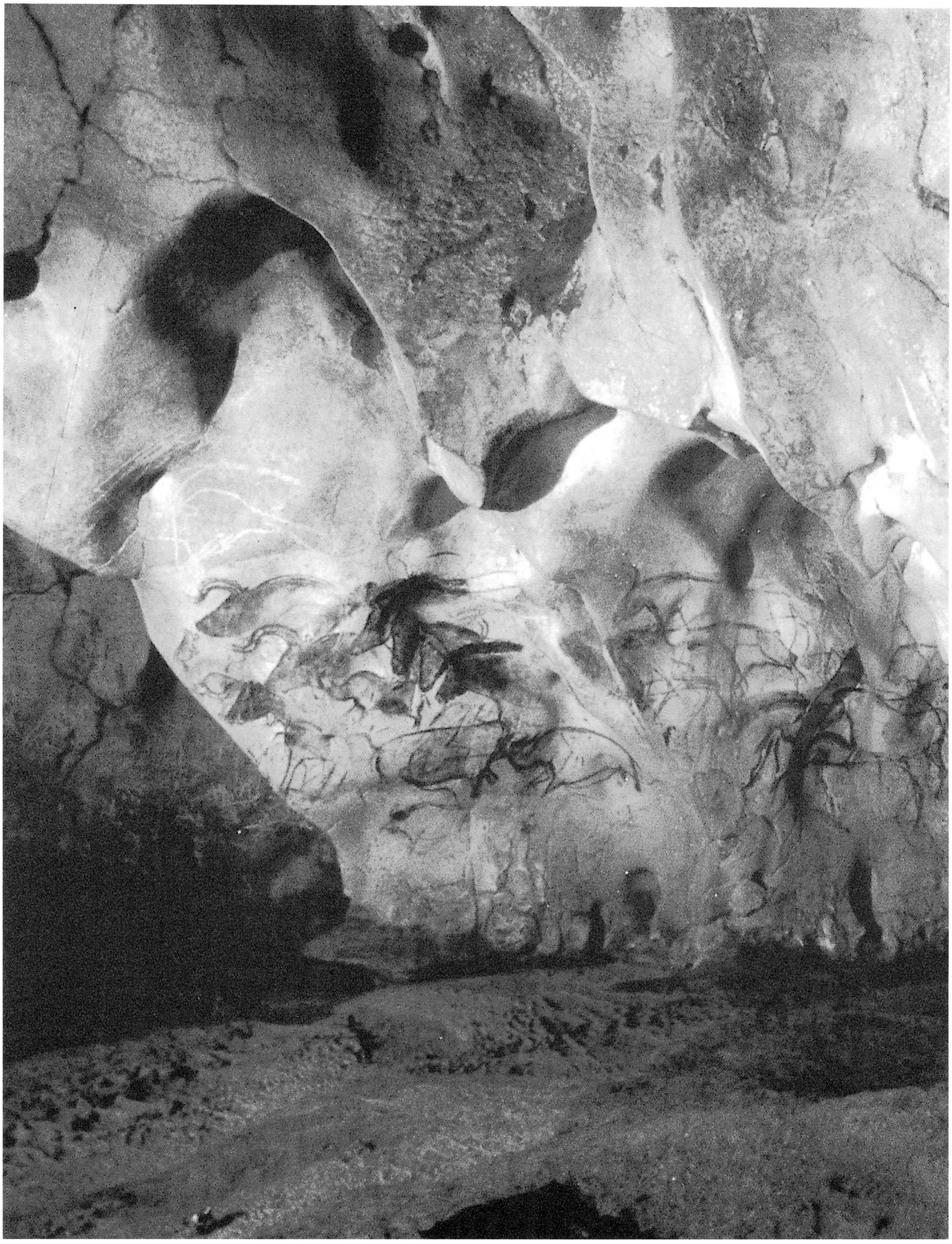

188. Zwei große Pferdefiguren, die sich gegenüberstehen. Ort: Piscos am Fluß Côa, Portugal. Syntax des Aurignacien-Solutréen (EA 95: V-34).

189. Relief mit Ziegen, Foz Côa in Portugal. Syntax des Aurignacien-Solutréen (EA 95: VIII-6).

190. Relief mit Ziegen im Stil des Magdalénien, Foz Côa in Portugal (EA 95-VI-II).

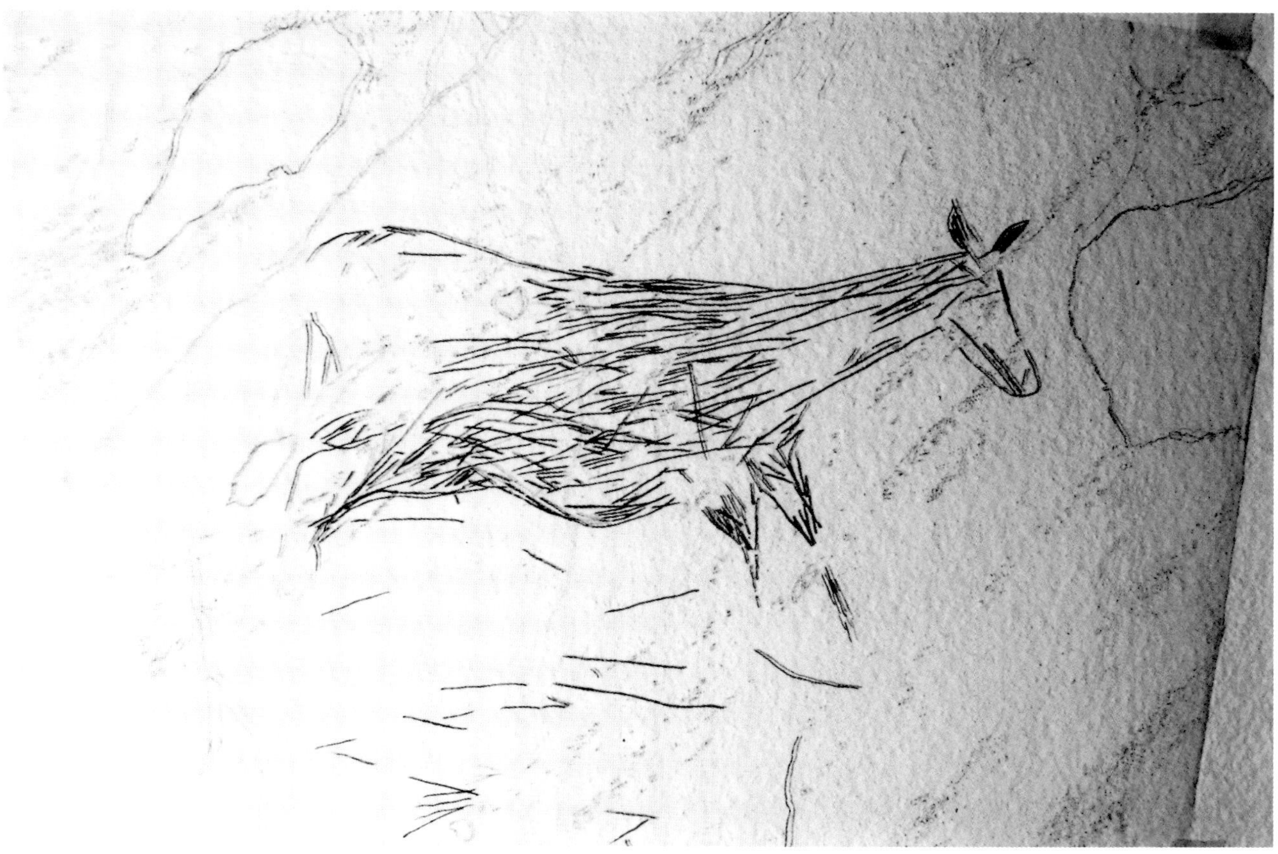

191. Relief eines Pferdes im Stil des Madgalénien, Foz Côa in Portugal (EA 95 X-12).

Ideogramme bzw. figurative Grapheme. Diese fehlen ganz in der ersten, protographischen Phase, auch wenn manche Forscher das Gegenteil zu beweisen suchen. Nach den Maßstäben des 20. Jahrhunderts fehlt in dieser Phase auch jeder ästhetische Sinn.

Von den Neandertalern stammen numerische und kognitive Zeichen, mit deren Hilfe man sich an Daten erinnern konnte. Figurative Darstellungen sind ihnen nicht sicher zuzuordnen. Diese eher seltenen Zeichen und Kerben finden sich auf manchen Gegenständen oder großen Steinblöcken. Es handelt sich um extrem einfache Zeichen, deren offensichtlich zufällige Verteilung dem improvisierten Charakter jedes einzelnen Zeichens entspricht. Außer der Notwendigkeit, sich an Zahlen zu erinnern, scheint es auf dieser Stufe noch keine weiteren intellektuellen Bedürfnisse gegeben zu haben, und in keinem Gebiet sind ausreichende Beispiele vorhanden, um ein kulturelles Paradigma aufzustellen. Es muß jedoch betont werden, daß diese Zeichen von einer Bevölkerung stammen, die mit dem Aufkommen des *Homo sapiens* ausstarb, so daß es keine direkte Kontinuität zwischen dieser protographischen Phase und den darauffolgenden Epochen zu geben scheint.

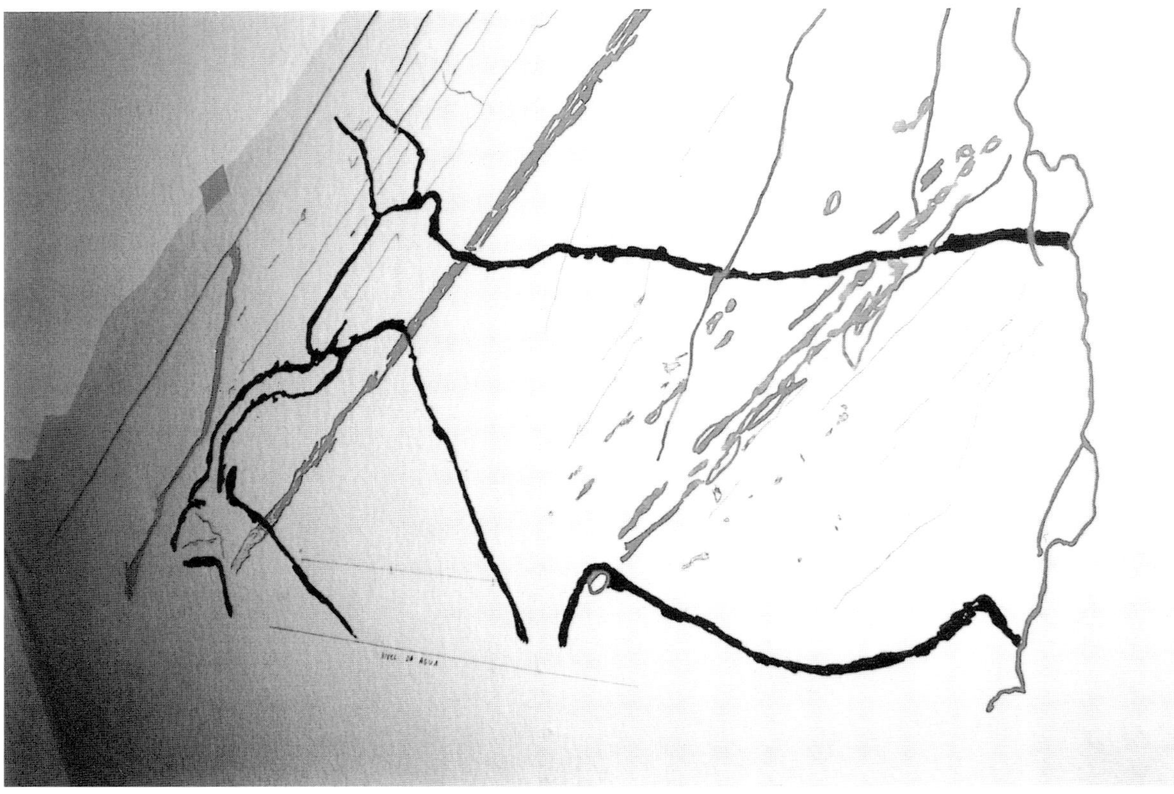

192. Abdruck eines Rindes, Foz Côa in Portugal. Syntax des Aurignacien-Solutréen (EA 95: II-26).

Chronologie des Jungpaläolithikums in Westeuropa

Daten (C 14)	Ende des 19. Jh.	30er Jahre	50er Jahre	80er Jahre	Stile der Wandkunst nach Leroi-Gourhan	Stile der Wandkunst nach Anati
(v. Chr.)						
5000			Mesolithikum	Epipaläolithikum und Mesolithikum		epipaläolithischer II Horizont Vorstellung von Synthese
10000		Madgalénien VI V IV III II I	Jüngeres Magdalénien Mittleres II Protomagdalénien I	Jüngeres Magdalénien Mittleres Frühes	STIL IV	Horizont des Magdalénien-Solutréen (figurative Assoziationen und Kompositionen) C
15000					STIL III	II B
	Solutréen	Solutréen und Protosolutréen	Solutréen Protosolutréen Aurignacien Protomagdalénien	Solutréen Inter-Gravetto-Solutréen		
20000		Jüngeres Aurignacien			STIL II	A Syntax vom Typ des Magdalénien
25000			Gravetto (Jüngeres Perigord)	Gravetto		Horizont des Aurignacien Castelperron (ideographische Schemata)
30000		Mittleres Aurignacien	Aurignacien II I	Aurignacien	STIL I	I
		Frühes Aurignacien	Castelperron (Frühes Castelperron)	Castelperron		Syntax vom Typ des Aurignacien
35000					Präfigurative Periode	Prä-Kunst (Kerben und *cupules*)
40000	Moustérien	Moustérien	Moustérien	Moustérien		Präfigurativ
45000						

193. Steinerne Tafel mit Gravierungen in der Höhle La Cocina, Spanien. Diese Art von schematischer Dekoration mit parallelen Linien charakterisiert häufig ein Wirtschaftssystem von Sammlern (Mollusken) und Wildbeutern, wie sie in Europa besonders zur Zeit des Mesolithikums lebten.

194. Felskunst der Höheren Jäger der spanischen Levante. Eine anthropozoomorphe Gestalt mit Waffe (aus: A. Beltrán, 1980, S. 42).

JÄGER UND SAMMLER

In verschiedenen Teilen der Welt finden wir extrem schematische Malereien zusammen mit Gravierungen. Vorherrschend sind dabei Anordnungen von Graphemen, die auf den ersten Blick abstrakt erscheinen. Zeichen für Zahlen, wiederholte Verbindungen von Punkten und Linien, sowie netzartige Motive bilden gemeinsam eine Syntax, die bei genauerer Untersuchung konstante Regeln und Begriffe enthüllt. Verschiedene Konzentrationen europäischer mesolithischer Kunst, wie in der spanischen Höhle «La Cocina», die Azilien-Kultur in Frankreich, die Maglemose-Kultur in Norddeutschland und Dänemark und die Romanelli-Kultur in Italien zählen zu diesem Typus, der jedoch auch in der Türkei, im Vorderen Orient, in Nordafrika, in Malawi und Sambia, in Südafrika, entlang dem südaustralischen Murray River und auf verschiedenen polynesischen Inseln vorkommt.

Diese Komplexe weisen zwei graphische Konstanten verschiedenen Typs auf: besondere Verbindungen von Punkten und Linien sowie Netzmotive wiederholen sich weltweit nahezu identisch. Ein weiteres repetitives Element wurde festgestellt: An den Fundorten dieser Kunst hat man häufig *escargotières* entdeckt, Überreste von Ansiedlungen, an denen sich Muscheln, Schnecken und andere Mollusken fanden. Hier muß es also einen Ernährungstyp und eine Wirtschaftsform gegeben haben, die im Sammeln kleiner Fluß- oder Sumpftiere bestand. Dieser Lebensweise scheint ein bestimmter graphischer Stil zu entsprechen, der sich in verschiedenen Gebieten weltweit wiederholt. Im Gegensatz zu anderen Kunsttypen der Jägerkulturen findet sich dieser Typ häufig an Seeufern, an Flüssen, in Sumpfgebieten und am Meer. Mehr als um Jäger muß es sich um Sammler, insbesondere von Mollusken, gehandelt haben. Diese Beschäftigung könnte eine besondere Vorliebe für Arithmetik und Schemata ausgelöst haben, wohingegen die Fähigkeit, große wilde Tiere zu beobachten, wie man sie in der Felskunst von im Wald lebenden Jagdvölkern feststellte, nicht gepflegt wurde.

HÖHERE JÄGER

Die Felskunst der Primitiven Jäger in Europa wurde in tiefen Höhlen ausgeführt, in die nie ein Sonnenstrahl drang. Nur in Ausnahmefällen, der Magoura-Höhle bei Bielogradchik in Bulgarien oder der Badisco-Höhle bei Lecce in Italien, sind Höhlenheiligtümer mythologischen oder kosmologischen Inhalts bekannt. Sie wurden von Völkern mit komplexem Wirtschaftssystem in neolithischer und chalkolithischer Zeit ausgeführt. Diese Heiligtümer sind charakteristisch für das Jungpaläolithikum, in späteren Epochen treffen wir sie nur noch sehr selten an.

In mesolithischer Zeit haben sich, wie bereits erwähnt, in verschiedenen Gebieten Kontinentaleuropas ideographische Komplexe entwickelt, die aus schematischen Darstellungen, Mäandern und Verbindungen aus Linien und Punkten bestanden sowie aus numerischen und ideographischen Zeichen. Dieser Horizont war in Westeuropa vor 8000 bis 12 000 Jahren vorhanden, ähnliche Gruppen finden sich ebenfalls im Mittelmeerraum, in Marokko, Algerien, Israel und der Türkei, jedoch auch in anderen Gebieten. Auf diesen schematischen Stil im kontinentalen und mediterranen Gebiet tifft man vor allem unter Felsüberhängen, in kleinen Höhlen und auf felsigen Flächen im Freien, deren geringe Ausdehnung auch auf die kleine Anzahl der dort lebenden Menschen schließen läßt. Die Jäger des Paläolithikums lebten größtenteils nicht in diesen geweihten Höhlen. Die mesolithischen Künstler dagegen scheinen in denselben Höhlen, die sie bebilderten, auch gelebt zu haben. Aufgrund geometrischer Mikrolithen und Kieselsteinspitzen in der Materialienkultur nimmt man an, daß diese Völker bereits Pfeil und Bogen kannten, obwohl

ihre Ikonographie nicht wirklich typisch für die Höheren Jägerkulturen ist. In anderen Gegenden, in Galicien und an der spanischen Levante, in Nordskandinavien und dem Alpengebiet, haben sich Felskunstkomplexe verschiedenen Typs entwickelt. Erst sehr spät, nach der Eiszeit am Ende des Pleistozäns, gelangten die Primitiven Jäger nach Nordskandinavien. Dies geschah zur selben Zeit, als die geweihten Höhlen im frankokantabrischen Gebiet aufgegeben wurden. Man verfolgt eine allmähliche Entwicklung dieser verspäteten Primitiven Jäger, die sich neue Technologien und Werkzeuge, darunter Pfeil und Bogen, aneigneten, worauf sich auch ihre Felskunstwerke entsprechend veränderten, indem sie sich von assoziativen Darstellungen nun allmählich zu anekdotischen und erzählenden Szenen entwickelten. Diese Werke der Höheren Jäger sind in Nordskandinavien und im arktischen Polarkreis auf Felsen im Freien erhalten, und zwar noch bis in die Zeit, als sich in Südeuropa städtische Siedlungen bildeten und das Metallzeitalter bereits begonnen hatte. In diesem nordskandinavischen Randgebiet mit geringer Bevölkerungsdichte haben die Primitiven Jägerkulturen überlebt; ihre Entwicklung zu Höheren Jägern mit einer Kunst, die ihre Lebens- und Denkweise widerspiegelt, dauerte mehrere Jahrtausende.

Ein analoger Prozeß fand in zwei Gebieten der Iberischen Halbinsel statt: in Galicien, mit Ausläufern bis zum Fluß Tago, und im Gebiet um Valencia, mit Ausläufern in die gesamte spanische Levante. Im Nordosten Spaniens entwickelte sich ein Zyklus von Felsgravierungen, der von verschiedenen Phasen der Primitiven zu den Entwickelten Jägern verlief und danach zu der gemischten Wirtschaftsform landbestellender und gleichzeitig mit Metall handelnder Bevölkerungen überging. Auch in der Levante entwickelte sich ein Bilderzyklus von der Phase der Primitiven hin zu den Entwickelten Jägern, also zu Völkern, deren Lebensunterhalt auf Viehzucht und Ernte beruht. Die Primitiven Jäger werden auch hier von einem statischen und idealisierten Stil charakterisiert, der Verbindungen von Ideogrammen mit Bilderschriftzeichen und gelegentlich auch mit Psychogrammen zeigt. Szenen kommen nicht vor, lediglich assoziative Verknüpfungen. Ein halbes Jahrhundert lang stritten sich Wissenschaftler über die Datierung der frühesten Phasen des levantinischen Zyklus. Trotz gegenteiliger Ansichten setzte sich die Vermutung durch, daß der Zyklus viel früher beginnt als bisher angenommen. Die Kunst der Höheren Jägerkulturen ist von realistischen Stilformen und häufig von einer Dynamik geprägt, die der hieratischen Statik der Primitiven Jäger deutlich entgegengesetzt ist. Die Szene ersetzt nun einfache Assoziationen, und die wichtigste dargestellte Waffe ist Pfeil und Bogen. Die sogenannten schematischen Phasen der

195. Felskunst der spanischen Levante. Mit den Höheren Jägern, die Pfeil und Bogen verwenden, entstehen Szenen im eigentlichen Sinn. Hier eine Jagdszene mit wilden Pferden; Ort: Benasal, Castellón; Abdruck von Gonzales Prats (aus: A. Beltrán, 1980, S. 29).

196. In der Kunst der spanischen Levante findet sich häufig eine extreme Stilisierung wie in diesem Beispiel einer anthropomorphen Figur aus dem Barranco di Valltorta, Castellón (aus: A. Beltrán, 1980, S. 21).

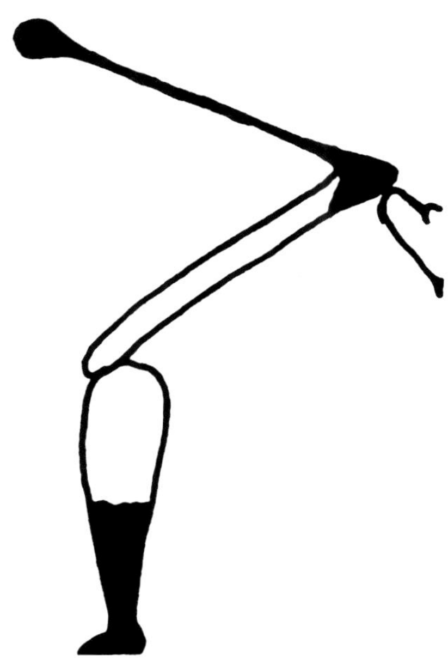

197. Ausschnitt eines Felsbildes von Cogul, Lérida. Zwei weibliche Figuren mit langen Röcken und zusammengebundenen Haaren (aus: A. Beltrán, 1980, S. 47).

198. Felsbild von Morella La Vella, Castellón. Szene mit dramatischer Bewegung, einen Kampf zwischen Bogenschützen darstellend. Cueva del Roure, Morella (Castellón). Abdruck von Gonzales Prats (aus: A. Beltrán, 1980, S. 45).

levantinischen Kunst und der Malereien, die in den inneren Kordilleren der Halbinsel gefunden wurden, zeigen Darstellungen von Ziegen und Rindern. Daraus kann man schließen, daß Herden und Viehzucht zusammen mit der Jagd die wichtigsten Überlebensquellen waren. Auch im Alpengebiet kommen noch spät Primitive Jäger im epipaläolithischen Stil vor, den man mit gleichzeitigen Felsgravierungen in Nordskandinavien, auf der Iberischen Halbinsel und auf maghrebinischem und syrisch-palästinischem Gebiet vergleichen kann. Das Weiterbestehen primitiver Merkmale in wenig besiedelten Randgebieten findet sich in verschiedenen Regionen und Epochen. Zwei Tendenzen haben dazu beigetragen: Ethnische Gruppen in Randgebieten neigen dazu, konservativer zu sein; und gleichzeitig können konservative und schwache Gruppen von einer starken, auf Innovation ausgerichteten Bevölkerung an den Rand gedrängt worden sein. In den Alpen finden wir die früheste Phase der Felskunst auf freien Flächen, nämlich im Valcamonica und im österreichischen Toten Gebirge; sie ist epipaläolithisch, der Stil wird als protocamunisch bezeichnet und besteht aus großen Tierfiguren und Symbolen. In Österreich sind auch anthropomorphe Frauenfiguren bekannt, die in primitivem Stil gemalt sind. Szenen sind nicht vorhanden, lediglich Assoziationen mit Darstellungen von Lanzen, Bumerangs und Keulen. Auch Pfeil und Bogen kommen nicht vor. Die darauffolgende Phase stammt von Völkern mit gemischtem Wirtschaftssystem, eine Phase der Höheren Jäger scheint es weder im Alpengebiet noch in Südskandinavien gegeben zu haben.

GEMISCHTE WIRTSCHAFTSFORM

Der zweite Zyklus der europäischen Felskunst stammt von Völkern mit gemischtem Wirtschaftssystem, deren Lebensweise sich entwickelte, als sich die Kunst der Primitiven Jäger bereits in ihrer Schlußphase befand. Die wichtigsten Konzentrationen dieses zweiten Zyklus befinden sich auf der Iberischen Halbinsel, in Südfrankreich, im Alpengebiet und in Süditalien, in den skandinavischen Ländern und in Karelien, im Kaukasus und in Gobustan. Weitere Fundorte sind in Irland, Schottland, Jugoslawien, Bulgarien, Albanien und Griechenland. In den Alpen zeigen die Formen der epipaläolithischen Kunst eine ziemlich drastische Veränderung. Im als protocamunisch bezeichneten epipaläolithischen Stil bilden Tierdarstellungen und Symbole die wichtigsten Motive. In den darauffolgenden neolithischen Stilformen, CAM-I und CAM-II, werden die anthropomorphen Figuren zum Hauptmotiv. Von da an erkennt man eine parallele stilistische Entwicklung in den verschiedenen Gruppen der Felskunst. Mit dem Beginn des Römischen Reiches scheint die Felskunst in ganz Europa aufgehört zu haben. Manchmal hat der Einfall mächtiger Völker und der Kontakt mit einer urbanen und gelehrten Kultur die Felskunst noch früher beendet. Bisweilen hat diese Tradition aber auch fortbestanden oder wurde, wie im Valcamonica, im Mittelalter wieder aufgenommen.

Die vollständigste stilistische Sequenz in Europa finden wir im Valcamonica (im Nordosten der Lombardei), in Bohuslän (Südschweden), in Galicien, im Nordwesten der Iberischen Halbinsel, sowie in Gobustan am südöstlichen Ufer des Kaspischen Meeres. Hervorzuheben ist dabei die megalithische Kunst mit Gravierungen, religiösen Bildern und Skulpturen von Grabstätten. Der gesamte Zyklus der megalithischen Kunst geht auf das Neolithikum zurück und konzentriert sich auf die drei Hauptgebiete Irland, Britannien und den Westen der Iberischen Halbinsel; weniger bedeutende Orte sind in ganz Europa verstreut. Neuesten Forschungen zufolge handelt es sich um eine magische Kunst, die okkulte Kräfte im Innern des Steins wecken sollte, wohin sich die Seelen der Toten geflüchtet hatten.

Die Kunst war also ein Mittel der Kommunikation zwischen dieser Welt und dem Jenseits. Manchmal erscheint sie wie eine Art Beschwichtigung, bei der die Priesterklasse beteiligt war. Die Felskunst in Südskandinavien, im Valcamonica und im Nordwesten der Iberischen Halbinsel wurde von der Berührung mit der megalithischen Welt beeinflußt und nahm ikonographische Elemente, ähnliche Vorstel-

199. Felsgravierung aus Luine, Valcamonica, Italien. Tierfigur aus der Anfangsphase, protocamunische Zeit, vor etwa 9000 Jahren. Der Stil der Höheren Jäger dauerte damals noch an, es gibt jedoch keine Kompositionen aus Bilderschriftzeichen und Ideogrammen mehr wie in den Jahrtausenden davor. Schlußphase der Primitiven Jäger. Von den cupules *nimmt man an, daß sie später entstanden sind (aus: E. Anati, 1982a, S. 143).*

200. Darstellung des Sonnenkults? Zu beiden Seiten der Strahlen aussendenden Scheibe befinden sich zwei kleinere Scheiben. Coren del Valento, Fels 59. Periode II A-B. Maße: 1,75 x 0,9 m (aus: E. Anati, 1982a, S. 162).

lungen und vielleicht auch vergleichbare soziale Verhaltensmuster an. Daher erscheinen die megalithischen Ideogramme in der Felskunst des späten Neolithikums in verschiedenen Teilen Europas.

Die Fundorte in den europäischen Regionen Rußlands befinden sich in Karelien, an den Ufern des Onega- und des Ladoga-Sees und an der Küste des Weißen Meeres. Weitere Ansammlungen sind an den Ufern der Wolga sowie in Georgien, Armenien und Aserbeidschan bekannt. In Gobustan ist eine Gruppe im gleichen Stil und mit einer ununterbrochenen Aufeinanderfolge der stilistischen Bereiche vom 8. Jahrtausend bis zum Mittelalter belegt. Ähnlich lange Sequenzen der postpaläolithischen Kunst sind im Valcamonica, in Schweden und Spanien bekannt. In Gorbustan ist die Felskunst noch wenig erforscht, ihre Vermischung europäischer mit asiatischen Elementen könnte jedoch von besonderem Interesse sein.

Das Valcamonica ist das reichste Felskunstgebiet in Europa, sowohl quantitativ als auch in seiner Aufeinanderfolge von Stilen mit vielen Besonderheiten. Sechs Perioden mit zahlreichen Unterphasen erstrecken sich über einen Zeitraum von 10 000 Jahren, also fast über das gesamte Holozän. In diesem Alpental im Norden von Brescia zeigt sich uns eine Sequenz der ersten Jägerkulturen, die nach der Eiszeit im Quartär hierher kamen, wo sie sich bis zum Beginn des Römischen Reiches aufhielten und teilweise noch bis ins Mittelalter weiterbestanden.

SUCHE NACH MODELLEN

Die genannten stilistischen und typologischen Aspekte zeigen eine parallele Entwicklung in verschiedenen Teilen Europas, im spanischen Galicien, in Südskandi-

navien und Gobustan. Jenseits lokaler Merkmale weisen diese Trends «phänomenologische» Charaktere auf, die auf verschiedene Weise gedeutet wurden: Sie wurden als Zeugnis dafür angesehen, daß sich viele Vorstellungen und Bräuche verbreiteten, die als Grundlage der Felsbildikonographie galten. Sie wurden auch als Hinweis auf die Konstanten in der visuellen Sprache interpretiert, die weniger auf direkte Beziehungen als auf parallele Entwicklungen weisen, und sie wurden als «Resonanz» oder als die Folge einer Art von Gruppentelepathie betrachtet.

Die grundlegenden Motive sind die gleichen, die wir bereits für die Primitiven Jäger festgestellt haben: Es gibt fünf Hauptmotive, deren Typologie und Assoziationsmodell von Epoche zu Epoche und manchmal auch von Gruppe zu Gruppe variiert. Wie in anderen Kontinenten fehlen auch hier weitgehend Elemente der «modernen» Kunst wie Landschaften, Blumen, Bäume oder Bildnisse von Individuen. Die Anzahl der topographischen Darstellungen, der Gegenstände und Ideogramme wechselt von Phase zu Phase und von einem geographischen Gebiet zum anderen. Die Felskunst im Valcamonica zeigt zum Beispiel, vor allem seit dem Beginn der späten Bronzezeit, zwei häufig wiederkehrende Elemente: einerseits die Darstellung räumlicher Strukturen, offensichtlich Pfahlbauten oder «Hütten», andererseits Kampfszenen zwischen zwei bewaffneten Gegnern. In der gleichzeitig entstandenen Felskunst Südskandinaviens scheint die Rolle, die im Valcamonica den «Hütten» zukommt, von Darstellungen der Flöße übernommen zu werden. Der bewaffnete Kampf im Valcamonica findet hier seinen Widerpart wohl in der Darstellung sportlicher oder akrobatischer Szenen. Die grundlegende Syntax, die die Regeln der Verbindung zwischen den Figuren festsetzt, ist jedoch derart ähnlich, daß sie das Ergebnis der gleichen Logik und des gleichen logischen Assoziationstypus sein könnte. Hütte und Boot, Spiele der Gladiatoren und Spiele der

201. Männliche Figur eines Betenden mit einer Gruppe von Hunden, den ersten domestizierten Tieren im Valcamonica. Foppe di Nadro, Fels 27, Periode I-II A (Neolithikum: 5.–6. Jahrtausend v. Chr.). Maße: 85 x 60 cm (aus: E. Anati, 1982a, S. 160).

202. Dieser gravierte Stein von Engelstrup, derzeit im Nationalmuseum von Kopenhagen, bezieht sich vermutlich auf einen Ursprungsmythos, eine Reise über das Meer, sowie auf einen Sonnen- und Schlangenkult (unveröffentlichter Abdruck von E. Anati, 1956).

203. Erotische Szene auf Felsgravierungen des Valcamonica in Foppe di Nadro. Mann und Frau beim Akt der Vereinigung, eine kleine Wolke entsteigt ihrem Kopf. Der betonte Bauch der Frau könnte «Schwangerschaft» bedeuten, die Brüste sind als zwei Punkte zu beiden Seiten des Oberkörpers angegeben (aus: E. Anati, 1982a, S. 168).

Akrobaten müssen in verschiedenen Kontexten eine vergleichbare Rolle eingenommen haben.

Man könnte daraus schließen, daß der soziale und ökonomische Kontext sich in Vorstellungen widerspiegelt, die sich wiederum auf die Ausdrucksformen der Bildkunst niederschlagen. Vergleichende Studien ermöglichen es, die Felskunst auch als einen Spiegel bestimmter ökonomischer und sozialer Bedingungen zu betrachten. Die Typologie stellt hierfür ein grundlegendes Element dar, dessen quantitative Analysen manchmal in numerischen Tabellen wiedergegeben werden können. Sie zeigen Gemeinsamkeiten der Interessen, der Hoffnungen und Ängste der einzelnen Gruppen und erlauben uns, die Unterschiede innerhalb der generellen Merkmale zu entziffern. Aus dieser Betrachtung läßt sich erkennen, wie wichtig es ist, aus dem häufig komplexen Gewirr der bebilderten Oberflächen verschiedene Phasen herauszulösen und sie getrennt voneinander zu untersuchen. Die Typologie ist die Grammatik der Felskunst. Jedes Bilderschriftzeichen, Ideogramm oder Psychogramm ist wie das Wort eines Satzes, und fast immer stehen die Ideogramme mit den Bilderschriftzeichen in Verbindung, so daß sie als Assoziationen gesehen und gelesen werden müssen. Die Bilderschriftzeichen sind Figuren, in denen man Formen realer oder imaginärer Objekte, anthropomorphe und zoomorphe Figuren entdecken kann. Die *Ideogramme* sind synthetische und repetitive Zeichen, anthropomorphe und zoomorphe Schemata, «Bâtonnet»- und «Arbolet»-Zeichen, stilisierte Phalli und Vulven, kreisrunde Scheiben, Verbindungen von Punkten und Linien. Häufigkeit und Beständigkeit der Assoziationen weisen auf geläufige Vorstellungen bei einer bestimmten Anzahl von Ideogrammen hin. Die *Psychogramme* scheinen weder Objekte noch Symbole darzustellen. Sie sind Explosionen, heftige Entladungen von Energie, die vielleicht noch subtilere Empfindungen oder Wahrnehmungen darstellen. Neben der Grammatik ist eine Syntax vorhanden. Der Versuch, über Konstanten zu einer Syntax zu finden, ist die einzige Möglichkeit, zum Verständnis der Inhalte zu gelangen.

Wie in anderen Kontinenten kann man auch in Europa drei Assoziationstypen ausmachen: einfache Verbindungen, Sequenzen oder Kompositionen und Szenen. Szenen tauchen in allen späten Phasen der Felskunst auf. Die älteste in Europa bekannte Szene in der sizilianischen Addaura-Höhle am Monte Pellegrino stellt ein Ritual oder ein Schauspiel dar. Sie ist vor etwa 9000 Jahren entstanden. Bei den Primitiven Jägern kommen Szenen nur ganz selten vor oder fehlen ganz. Kompositionen und Sequenzen mit komplexer Syntax sind in den späten Phasen der Felskunst selten. Wir finden sie hingegen sowohl bei den Jägern als auch bei den frühen Ackerbauern. Einfache Assoziationen lassen sich in allen Epochen nachweisen.

In Europa scheinen alle vier Haupthorizonte der Felskunst vorzukommen, jedoch in verschiedener Gewichtung. Die Kunst des Jungpaläolithikums geht auf die Primitiven Jäger zurück. Die Höheren Jäger dagegen treten deutlicher in der Malerei der spanischen Levante auf, bei den Felsgravierungen Gobustans und in den entwickelten Phasen der Felskunst Nordskandinaviens. Sonst sind nur wenige Spuren von ihnen zu finden, etwa in den großen Komplexen im Valcamonica und in Südskandinavien. Die Kunst der Hirten findet sich hauptsächlich in schematischen Bildern auf der Iberischen Halbinsel und mit sporadischen Gruppen in Südfrankreich; große Komplexe der Hirtenvölker wie im Vorderen Orient und in Nordafrika sind hier nicht bekannt. Die Werke von Völkern mit gemischtem Wirtschaftssystem, die in ihren Szenen das Alltagsleben, Ereignisse der Mythologie und der übernatürlichen Welt darstellen, bilden die Mehrzahl der Felskunstwerke im späten europäischen Zyklus. Von Skandinavien bis zu den Alpen, von Gobustan bis Armenien sind dies Werke von Stammesgruppen, die zwar Jagd und Wildbeute beibehalten, sich jedoch bereits auch mit Ackerbau und Viehzucht beschäftigen.

204. Felsgravierung aus dem Valcamonica: «Der Tempel von Nadro». Große Konstruktion mit einer Reihe kleinerer räumlicher Strukturen als Basis. Auf der Vorderseite sieht man ein seltsames anthropomorphes Bild und auf dem Dach einige Äxte. Über der zentralen Konstruktion ist eine große, tiefe cupule; *weitere* cupules *auch seitlich darunter, in Reihen angeordnet. Es handelt sich wahrscheinlich um einen Tempel, um eine «Marae» oder um ein Geisterhaus. Unter den früheren Figuren ist eine Reihe konzentrischer Scheiben. Foppe di Nadro, Fels 27, Periode IV-C (frühe Eisenzeit: 850–700 v. Chr.). Maße des Reliefs: 60 x 90 cm (aus: E. Anati, 1982a, S. 12).*

Diese vergleichenden Betrachtungen der europäischen Felskunst können eine erste Vorstellung von der Zukunft vermitteln, die dieser Forschungssektor hat. Über zwei Generationen lang wurden viele Anstrengungen auf die Entdeckung, Erforschung und Beschreibung gerichtet. Heute besteht die Herausforderung darin, die Felskunst zu entziffern, ihre Motivation, ihre logischen und assoziativen Schritte zu begreifen.

DAS VALCAMONICA IM ALPENGEBIET

205. Phantastischer Vogel, vielleicht ein himmlischer Botschafter, vom Felsen 27 in Foppe di Nadro, Periode IV-D (700–550 v. Chr.) (aus: E. Anati, 1982a, S. 137).

Die Felskunst im Valcamonica wurde zu einem Symbol der Lombardei. Sie war der erste italienische Beitrag, der in die angesehene Liste des «Weltkulturerbes» der UNESCO aufgenommen wurde. Manche werden sich vielleicht fragen, warum diese vor ein paar tausend Jahren auf Felsoberflächen gravierten Figuren zum Symbol der Lombardei wurden und für die kulturelle Kontinuität dieser Region stehen; und man könnte sich auch fragen, warum diese internationale Aufmerksamkeit entstanden ist.

Die Verteilungskarte der Felskunst in Norditalien weist sporadische Funde auf dem ganzen Territorium nach, quantitativ befinden sich jedoch über 93 Prozent der prähistorischen Bilder im Alpengebiet und 90 Prozent davon im Valcamonica. Etwa 300 000 Figuren sind bislang bekannt. Eine weitere Konzentration befindet sich im Veltlin; dorthin könnte sie vom Valcamonica aus im Lauf verschiedener Epochen, vom späten Neolithikum bis zum Beginn der Eisenzeit, gelangt sein.

In der Gebirgskette, die über Ligurien bis zum Piemont, von der Lombardei, Südtirol, Friaul-Venetien bis zum Karst verläuft, wurden zahlreiche Fundorte entdeckt, von denen viele noch nicht ausreichend erforscht sind. Auch die Bedeutung dieses kulturellen Erbes wurde noch nicht voll und ganz begriffen. Für viele Fundorte fehlt sogar eine chronologische Analyse, aus der eine Datierung ableitbar wäre.

Mit den Komplexen, die sich in den französischen Seealpen befinden (Monte Bego), im schweizerischen Wallis (Martigny und St-Léonard), in Graubünden (Carschenna), im Val Bregaglia, im Engadin und im österreichischen Toten Gebirge, stellen die Alpen eine überaus wichtige Provinz der prähistorischen Felskunst dar.

Über einzelne Komplexe wurden bereits Studien erstellt: Anati über das Valcamonica, Burgstaller über das Tote Gebirge, De Lumley über den Monte Bego, Gallay u. a. über das schweizerische Wallis. Die alpine Felskunst erscheint darin als ein Phänomen, das mit dem Holozän begann – als die Eisgletscher des Quartärs zurückgingen und das Gebiet für Menschen bewohnbar wurde –, und das dann über 10 000 Jahre lang andauerte. Die Felskunst illustriert uns die Geschichte des Alpenvolkes vom Einfall der ersten Banden Primitiver Jäger, über die allmähliche Integration der Nahrungsmittelproduktion und die Kolonialisierung durch Ackerbauern und Hirten im Neolithikum und Chalkolithikum. Sie spiegelt die Vorstellungswelt ebenso wider wie die ökonomische und soziale Entwicklung in der Bronze- und Eisenzeit bis zum Beginn des römischen Imperiums. Die Tradition, Felsen zu bebildern, endete abrupt mit der römischen Herrschaft. Es handelte sich damals jedoch nur um ein stagnierendes Moment, denn die Tradition wurde im Mittelalter wieder aufgenommen, und sporadisch sind solche Werke noch viel später entstanden. Während man aus Süd- und Mittelitalien sowohl Gravierungen als auch Felsmalereien kennt, besteht die Felskunst im Alpengebiet vor allem aus Gra-

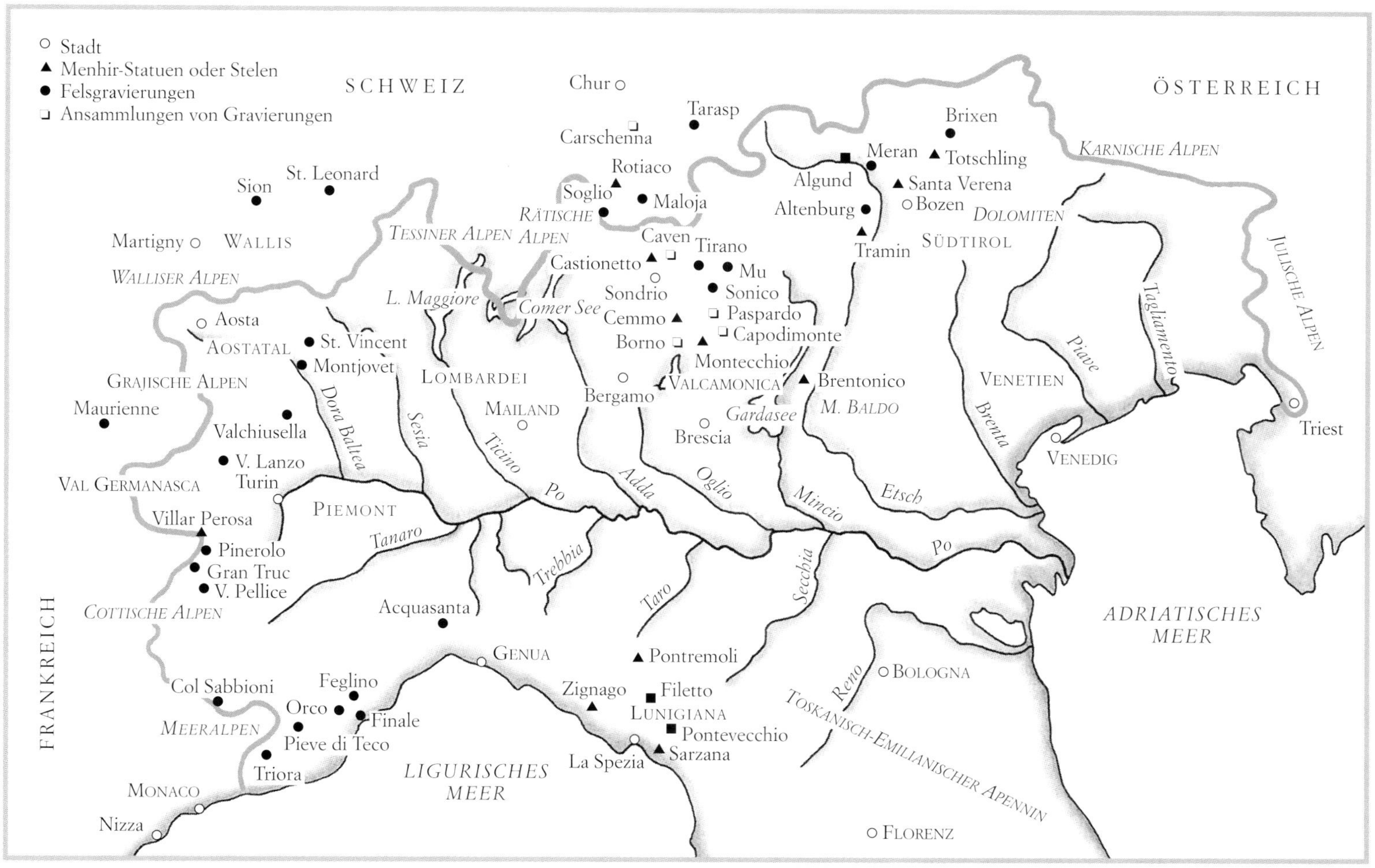

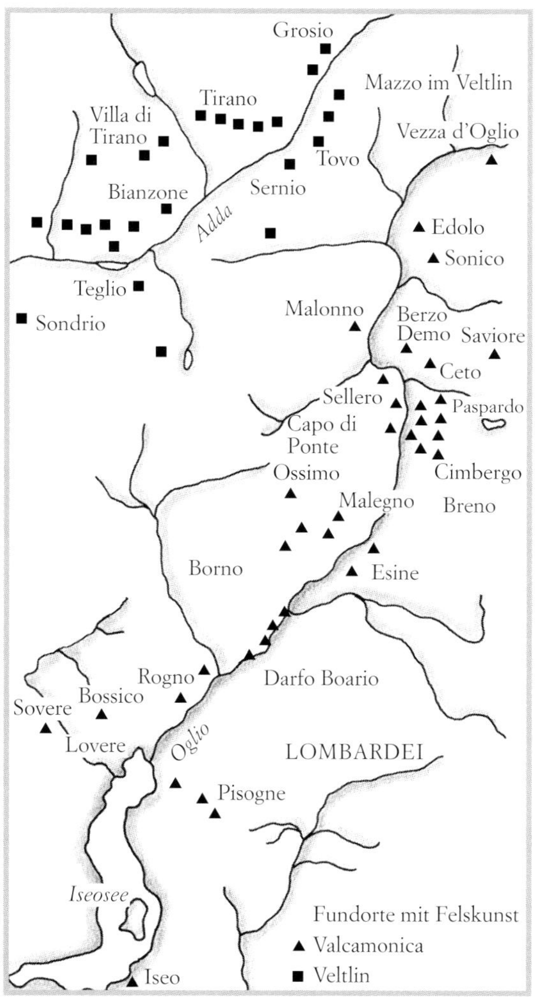

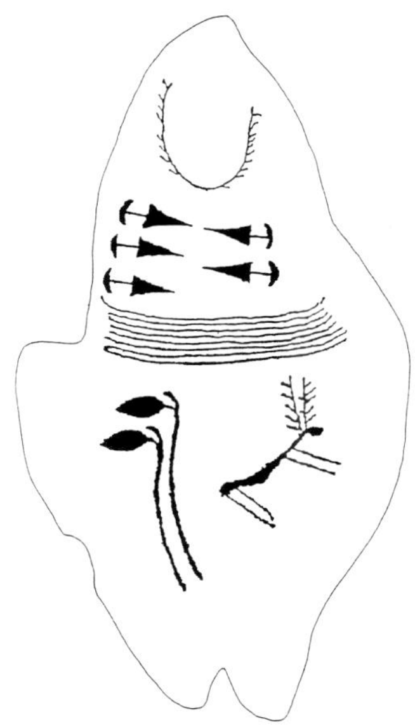

206. Große Komposition mit zwei Pinien. Valcamonica, Paspardo, chalkolithische Periode, spätes 4. Jahrt. v. Chr (aus: E. Anati, 1994, S. 147).

207. Im Valcamonica finden sich zahlreiche topographische Darstellungen, die man als die frühesten Landkarten Europas ansehen kann. Einige davon stellen vermutlich tatsächliche Gebiete dar, andere dagegen imaginative Territorien, die von einer phantastischen Welt erzählen könnten. Auf dieser Seite: Abdruck der «Landkarte von Bedolina», große topographische Darstellung aus der Bronzezeit (aus: E. Anati, 1982a, S. 68–69).

208. Tiermetapher. Felsgravierung aus Luine, Valcamonica, Italien. Die Verbindung von Tieren könnte bei den frühen Höheren Jägern häufig eine metaphorische Bedeutung gehabt haben. In vielen Fällen scheint die Tierfigur auch den Gegenstand, die Person oder die Macht darzustellen, die mit dem Namen oder der Eigenschaft des Tieres korrespondiert. Auf diesem Paneel sind zwei Tiere verbunden, ein Elch und eine kleinere Wildziege (aus: E. Anati, 1982b, S. 101).

210. Folgende Seite: Ein soziales Ereignis. Felsgravierung von Naquane, Valcamonica, Italien. Komposition schematischer anthropomorpher Figuren. Die anthropomorphe Figur unten, in der Mitte, trägt einen Tierkopf, vielleicht eine Maske? Gleich darüber sendet eine menschliche Figur mit großen Händen Energie von ihrem Körper aus. Sie wurde als Schamane interpretiert. Man kann viele paarweise angeordnete Figuren erkennen, von denen jeweils eine keinen Kopf hat. Bei anderen Stammesgesellschaften wurde solche «Paare» als die Trennung von «Körper und Seele» eines Individuums interpretiert (aus: E. Anati, 1982a, S. 163).

209. Felsgravierung aus dem Valcamonica. Idol oder maskenartige Figur, wobei zwei natürliche Löcher im Fels, die teilweise von Menschenhand geglättet wurden, als Augen benutzt wurden. Luine, Felsen 49-B. Periode II-C (spätes Neolithikum: 3300–3000 v. Chr.). Maße: 60 x 45 cm (aus: E. Anati, 1982a, S. 180).

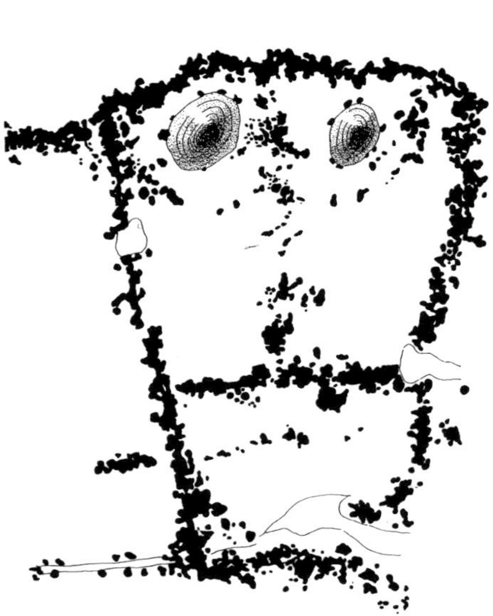

vierungen, was aber auch durch deren bessere Konservierung bedingt sein mag. Von den Malereien könnte angenommen werden, daß sie sich größtenteils nicht erhalten haben. Im Valcamonica beweisen die seltenen Bilder, die Farbspuren auf manchen Felsen sowie Farbmaterial, das man bei Ausgrabungen unterhalb der Felsen gefunden hat, auch Mahlsteine und kleine Mörser mit Resten von Farbe, die vermutlich aufgelöst wurde, daß viele Gravierungen wahrscheinlich mit Farbe ausgemalt waren. Sie müssen sich zur Zeit ihrer Entstehung also sehr von ihrem heutigen Aussehen unterschieden haben und sehr viel prägnanter gewesen sein. Die Verwendung von Farbe war wahrscheinlich weit verbreitet. Es ist daher nicht auszuschließen, daß vielleicht einmal noch gut erhaltene Malereien in einer vor der Witterung geschützten, abgelegenen Höhle zum Vorschein kommen könnten.

Im Alpengebiet gibt es hauptsächlich drei Typen von Felskunst:

A. Eine stark symbolisch-abstrakte Kunst (die manche gar nicht für Kunst halten), die aus *cupules* und fließenden Linien besteht. Sie zeigt repetitive Merkmale und enthält vermutlich auch wichtige Konstanten.

B. Eine figurative – oder uns zumindest so erscheinende – Kunst, die Elemente wie anthropomorphe Figuren, Tiere, räumliche Strukturen, Hütten, Waffen und Werkzeuge erkennen läßt und sich auf Felsen befindet.

C. Schließlich gibt es Monumente und Statuen, verzierte Stelen oder Menhire, häufig auf beweglichen Steinen, mit symbolischem Charakter. Diese drei Felskunsttypen finden wir im Valcamonica, im Veltlin, im Val Bregaglia und in umliegenden Tälern. Sie begegnen uns ebenfalls in Ligurien, im Piemont, im Aosta-Tal, im Wallis, in Graubünden und in Südtirol.

Im Valcamonica finden sich die Felsen mit *cupules* häufig am Rand von Arealen mit figurativen Bebilderungen und entlang der Pfade, die zu ihnen hinführen. Sie könnten also als Wegzeichen oder Stationen fungiert haben, die zu den geweihten

Orten führten. Die großen Felsen mit figurativen Gravierungen stellen dagegen immense Ansammlungen von großer Dichte dar, wie Luine bei Boario Terme, Nadro (bei Ceto), Cimbergo, Paspardo, Capo di Ponte und Serreo, wo man in jedem Gebiet bis zu 100 bebilderte Oberflächen mit Tausenden von Figuren kennt. Die monumentalen Darstellungen mit Zeichen der Sonnenscheibe, mit Dolchen, Äxten, Hellebarden, anthropomorphen und zoomorphen Figuren sind vorwiegend auf die Hochebene von Ossimo-Borno konzentriert, sporadisch jedoch auch an anderen Orten vorhanden.

Während bis vor kurzem die Tendenz vorherrschte, den typologischen Unterschied der drei Felskunstarten mit einer verschiedenen chronologischen Entstehung zu erklären, geht man nun nach den jüngsten Entdeckungen davon aus, daß es sich um drei verschiedene Ausdrucksformen handelt, die jedoch parallel zueinander entstanden sind. Vielleicht kann man sogar annehmen, daß die sogenannte «Monumentalkunst» gleichzeitig mit jenen Bildern auf horizontalen und von Gletschern geglätteten Oberflächen entstanden ist, die man mit dem durchaus fragwürdigen Begriff «profan» bezeichnet hat.

212. Große mäanderförmige anthropomorphe Figur. Kopf, Körper und Arme bestehen aus mehreren Mäandern. Unter der Figur, in der Mitte, ist ein Idol mit Verzierungen im Zickzackmuster abgebildet. Periode II-C oder letzte Periode. Luine, Felsen 34. Maße: 2,30 x 0,90 m (aus: E. Anati, 1982a, S. 184).

211. Vorhergehende Seite: Das sogenannte «Idol von Sonico». Felsgravierung der frühen Ackerbauern. Sonico, Valcamonica, Italien. Ein «Kind-Gott» mit angedeuteten anthropomorphen Zügen ist von seinen Ideogrammen umgeben. Der «Körper» der anthropomorphen Gestalt wird von horizontalen Linien unterteilt. Die oberste trennt den runden, maskenartigen Kopf (Himmel) vom unteren Teil des Körpers und besteht aus zwei Vierecken (Gebiet). Innerhalb der Vierecke finden sich indikative Symbole, darunter ein Bukranium und eine Axt. Der untere, leicht dreieckige Teil, ist von einem Netz aus Punkten (den Untertanen) überzogen (aus: E. Anati, 1982a, S. 183).

213. Felsgravierung der Gruppen mit komplexem Wirtschaftssystem. Valcamonica, Italien. Ein Mann und drei Frauen tanzen und geben Töne und Rhythmen von sich, die durch Ideogramme über ihren Köpfen ausgedrückt sind (aus: E. Anati, 1989a, S. 208).

214. Zwei Gestalten kämpfen gegen zwei böse Geister. Es folgen ihnen zwei Schutzgeister, an denen sich das Profil der Gestalten wiederholt. Seradina San Rocco, Felsen 1. Periode IV-C im Valcamonica (frühe Eisenzeit: 850–750 v. Chr.) (aus: E. Anati, 1982a, S. 300).

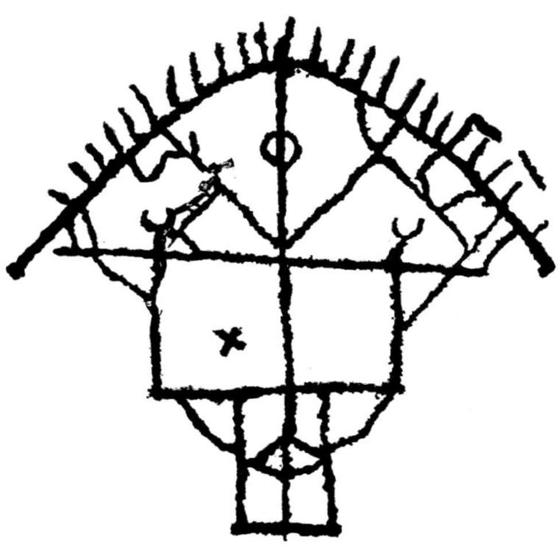

215. Große Kulthütte, im Innern mit zwei Bukranien verziert. Ihre Unterteilung in drei Ebenen – das Dach, der Raum darunter sowie die Wohnebene – spiegelt eine genaue Vorstellung wider, mit der die Hütte als Emblem dem Universum gleichgesetzt wird. Jede Linie und jedes Zeichen sind genau begründet. Periode IV-D. Coren del Valent, Fels 60. Maße: 10,5 x 1,00 m (aus: E. Anati, 1982a, S. 313).

Von einer gewissen Gleichzeitigkeit kann man ausgehen, auch wenn sich die jeweiligen Kategorien in ihrer Thematik, Typologie und vermutlich auch in ihrer Funktion voneinander unterscheiden. Alle drei drücken ein geistiges Bedürfnis des Menschen aus, wir wissen jedoch nicht, welche Praxis und welcher Glaube mit ihnen verbunden waren.

Bei der Kunst auf großen bebilderten Felsen scheint es vom Neolithikum an bis zur späten Eisenzeit eine Kontinuität zu geben, also vom 6. Jahrtausend v. Chr. bis fast zum Beginn unserer Zeitrechnung, wodurch sich eine längere Sequenz ergibt als bei der Monumentalkunst. Neuere Forschungen scheinen darauf hinzudeuten, daß diese Kunst größtenteils mit dem Totenkult in Zusammenhang steht und man durch sie Verbindung zu den Geistern der Ahnen aufnehmen wollte.

Noch davor waren sporadisch Figuren in einem «protocamunischen» Stil, vom Beginn des 10. Jahrtausends v. Chr. an, entstanden. Bislang ist nicht bekannt, ob es eine ununterbrochene Kontinuität zwischen diesem primitiven Horizont und der Sequenz des Neolithikums gibt. Die Figuren des protocamunischen Stils stehen in Zusammenhang mit Beschwörungsformeln für die Jagd. Sie zeigen den typischen Stil der Jägerkulturen und illustrieren eine Denkweise, die gegen Ende dieser Epoche unterbrochen wird.

Alle bislang bekannten Werke der Monumentalkunst gehen auf das Chalkolithikum und den Beginn der frühen Bronzezeit zurück, also auf das späte 4. und das 3. Jahrtausend v. Chr. Es handelt sich um die Ausdrucksformen einer kosmischen Vision, die auf die Denkweise der ersten indoeuropäischen Völker, die Metall bearbeiteten und Handel trieben, zurückgeht.

Vorhanden sind ebenso Gruppen von *cupules*, die mit Waffendarstellungen aus der Bronzezeit (in Nadro) verbunden sind; andere (in Seradina) sind über Gravierungen aus der Eisenzeit gemalt und in römischer Zeit entstanden, vielleicht sogar erst im Mittelalter. Diese kreisförmigen Aushöhlungen wurden also über eine sehr lange Zeitspanne hinweg geschaffen.

Soweit es uns bekannt ist, stellen die *cupules* («Schälchen») das am längsten andauernde Modell der Bebilderung in Europa dar. In mehreren französischen und spanischen Höhlen gibt es *cupules*, die man auch in paläolithischen Schichten gefunden hat. Am Fundort La Ferrassie in der Dordogne hat L. Peyrony bereits vor fünfzig Jahren Steinblöcke gefunden, die er Schichten des mittleren Paläolithikums zuordnete. Falls dies zutrifft, würde sich das Phänomen der *cupules* über mindestens 50 000 Jahre erstrecken, da es auch noch im Mittelalter und später vorkommt. Im Alpengebiet gibt es folglich drei ikonographische, teilweise parallele Phänomene mit verschiedenen Inhalten und Bedeutungen. Die Dauer bestimmter besonderer Stile, wie die der Kunst auf großen unbeweglichen Felsen, ist jedoch begrenzt; bekannt sind uns die Daten der Monumentalwerke, und bekannt ist auch, daß die Felsen mit *cupules* zwar ihre Typologie und Anordnung verändern, jedoch über die Zeiten hinweg anzutreffen sind.

216. Ausschnitt des Felsens Nr. 6 in Foppe di Nadro mit verschiedenen Phasen der Bebilderung. Auf der rechten Seite befinden sich Darstellungen erotischen Charakters: ganz rechts sieht man eine Paarung. Links davon scheint eine Frau von einem Hund berührt zu werden. Zwischen den beiden Figuren befindet sich weiter oben ein seltsames anthropomorphes Wesen mit gespreizten Beinen und hochgehobenen Armen, das zu defäkieren scheint. Epoche IV-C (frühe Eisenzeit: 850–700 v. Chr.). Maße: 60 x 45 cm (aus: E. Anati, 1982a, S. 301).

217. Der «etruskische Krieger». Große Darstellung aus der Periode mit etruskischem Einfluß, etwa 400 v. Chr. Periode IV-F. Schwert, Helm, Schild und kurze Tunika illustrieren den damaligen Kleidungsstil. Naquane, Felsen Nr. 50. Höhe des Reliefs: 2,15 m (aus: E. Anati, 1982a, S. 313).

Perioden der alpinen Felskunst

Horizont	Versuchte Datierung	Periode der Felskunst	Geläufige Bezeichnung	Umgebung	Anmerkungen
gebildet		post-camunisch	mittelalterlich römisch		Provinzen mit größeren politischen Einheiten, die Felskunst verliert ihre kultische Bedeutung
gemischte Wirtschaftsform	2000	IV/C-F	Eisenzeit	sub-atlantisch gemäßigt mit Schwankungen	
	2900	IV/ A-B III/ B-D	Bronzezeit	subboreal, abnehmende Hitze mit Trocken-phasen	große Entwicklung des Handels und der Bearbeitung von Metall, Stämme mit autoritärer Regierung
	4500	III/A	Chalko-lithikum		Beginn der Metall-bearbeitung, Verwendung von Rad und Wagen, Menhir-Statuen
Jäger und Frühe Ackerbauern	5200	II	Jüngeres Neolithikum	atlantisch Feuchtheiß (Optimum) Klimatisch	komplexes Wirtschafts-system, beginnender Ackerbau, Viehaufzucht. Jagd und Sammeln bestehen weiter, kleine Menschen-gruppen
	6000	I	Jüngeres Neolithikum		
Primitive Jäger	7500	proto-camunisch	Epipaläo-lithikum	boreal und präboreal, ansteigende Temperatur, anfangs kalt	Clans von Primitiven Jägern, kein Gebrauch von Pfeil und Bogen
	10000				

218. Der Gott «Cernunnos». Darstellung einer Gottheit mit Hirschgeweih, mit einer «torques» am Arm und einer Schlange um den Körper. Sie hält einen Dolch in der Hand. Zurla, Periode IV-E (mittlere Eisenzeit: 500–400 v. Chr.). Maße: 60 x 90 cm (aus: E. Anati, 1982a, S. 312).

Skandinavien

219. *Die Kunst aus der Endzeit der Primitiven Jäger kann nicht nur die äußeren Formen darstellen, sondern auch den Inhalt der inneren Struktur. Einige Tiere und menschliche Wesen dieser großen Felsgravierung von etwa 5 m Länge aus Vingen, Norwegen, zeigen das, was man für eine strukturelle oder schematische Darstellung ihrer Anatomie hielt. Dieser Stil wird als «Stil der Röntgenstrahlen» bezeichnet (Abdruck von E. Bakka, 1973).*

220. *Menhir-Statue aus Vinebrogaard. Das angedeutete anthropomorphe Gesicht oben ist von einer Kette umgeben. Schlange und Scheibe mit* cupules *in der Mitte sind miteinander verbunden wie bei manchen bebilderten Punkten in Morbihan, Bretagne (aus einem unveröffentlichten Abdruck von E. Anati, 1956).*

In den Anfangsphasen zeigen die arktischen Felsgravierungen Skandinaviens den gleichen Stil und die gleiche Thematik wie die der primitiven Jägerkulturen. Dieser Komplex steht im Gegensatz zur zweiten skandinavischen Gruppe, die wir aufgrund ihres erzählenden Charakters als «realistisch» bezeichnen und in der sich gleichsam ein komplexes Wirtschaftssystem auf der Grundlage von Viehzucht, Ackerbau, Fischfang und Jagd sowie Seefahrt und Handel spiegelt. Im Süden Skandinaviens hat man bislang noch keine deutlichen Übergangsphasen ausgemacht. Diese sehr verschiedenen Gruppen im Norden und im Süden stehen offenbar in keiner Verbindung miteinander, von wenigen ungeklärten Fällen einmal abgesehen. Zweifellos handelt es sich um zwei Stämme, die zeitlich, geographisch und ethnisch voneinander wohl unterschieden sind.

An verschiedenen norwegischen Fundorten und vor allem in der Region von Beitstaden und im schwedischen Namforsen finden sich vorwiegend zwei Typen von Gravierungen auf denselben Felsen. Ungeachtet der Bemühungen mancher Kollegen sind die Übergangsphasen nicht klar erkennbar, und jede Gruppe behält ihren Charakter bei. In Namforsen versuchte man, eine Übergangsphase zu erkennen. Diese Gravierungen gleichen jedoch der Gruppe am Onega-See, und nichts läßt auf eine Zeit des Übergangs schließen: Im Gegensatz zu der südskandinavischen arktischen Kunst mit ihren großflächigen Darstellungen bewegungsloser Tiere besteht hier eine Kunstvorstellung und eine «Psychologie» weiter, die mit den primitiven Jägerkulturen verbunden bleibt. Die Jagd und auch der Fischfang waren von fundamentaler Bedeutung, denn dargestellt sind Fische, Netze und Reusen.

Zwei Hauptphasen kann man innerhalb dieser Kunst unterscheiden. Die erste ist der paläolithischen Vorstellung verwandt: die Harmonie der Formen und Linien, der Sinn für die Einheit der Figuren sowie auch die Technik der Gravierung ähneln bestimmten Wandgravierungen in den Höhlen. Die zweite hat neue figurative und ästhetische Elemente angenommen, sie ist durch eckige, ziemlich schematische Figuren gekennzeichnet sowie durch Tiere mit Körpern voller seltsamer, noch nicht entzifferter Zeichen. Sie erinnert an die Figuren mit X-förmigen Zeichen, wie sie in der Kunst von Jägerkulturen auftauchen. Der Künstler stellt nicht nur dar, was er sieht, sondern auch, was ihm von der Anatomie der Tiere bekannt ist. Diese zweite Phase weist Verbindungen mit späteren Werken in Sibirien auf. Häufig findet sich auch eine überraschende Ähnlichkeit mit der Schamanenkunst jüngerer ostsibirischer Stämme, bei den Samoyeden und verschiedenen Eskimostämmen in Alaska.

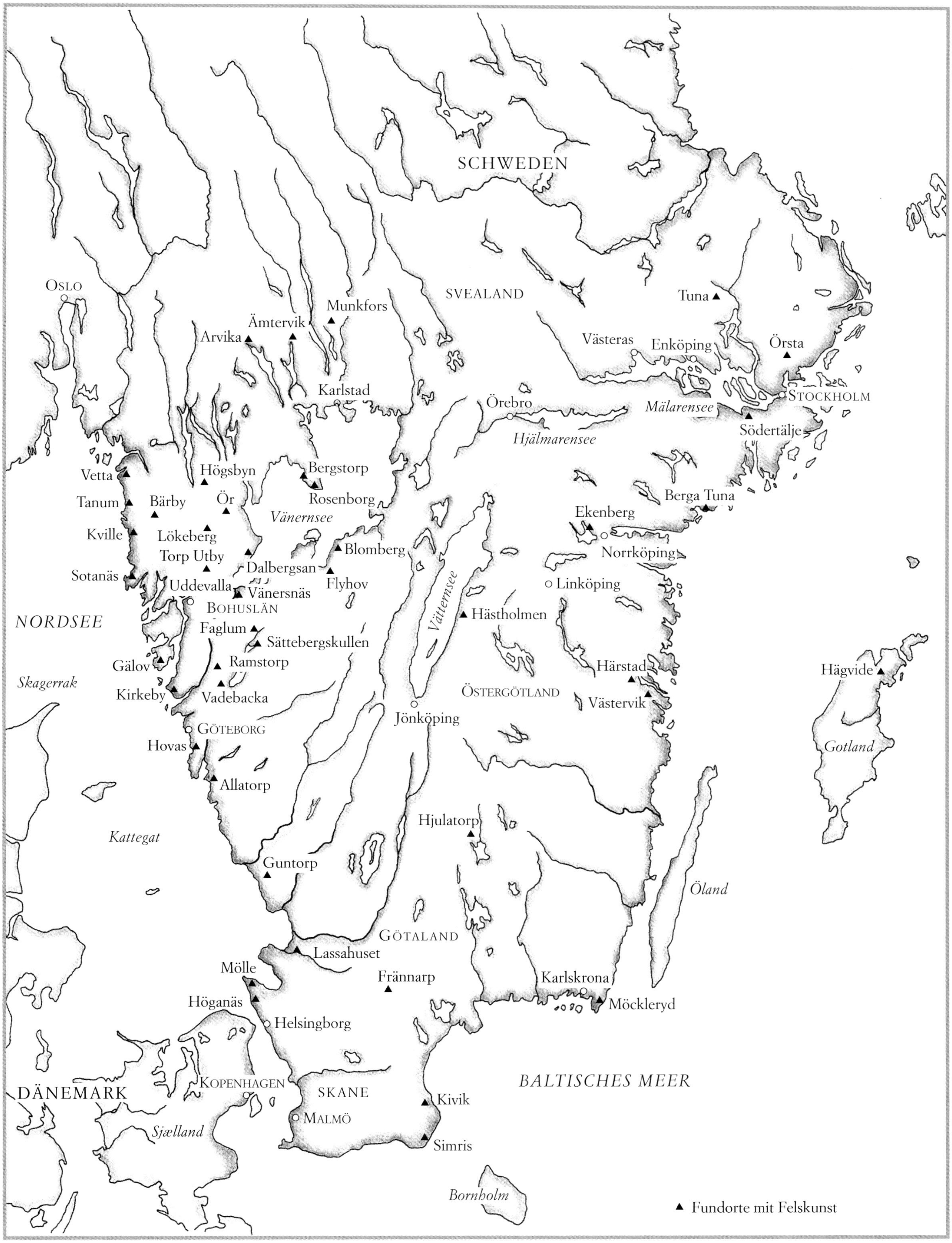
SCHWEDEN
SVEALAND
OSLO
Munkfors
Ämtervik
Arvika
Tuna
Västeras
Enköping
Örsta
Karlstad
Örebro
STOCKHOLM
Mälarensee
Hjälmarensee
Södertälje
Högsbyn
Bergstorp
Vetta
Rosenborg
Tanum
Bärby
Ör
Berga Tuna
Vänernsee
Ekenberg
Kville
Lökeberg
Norrköping
Blomberg
Torp Utby
Dalbergsan
Sotanäs
Flyhov
Linköping
Uddevalla
Vänersnäs
BOHUSLÄN
Hästholmen
NORDSEE
Vätternsee
Faglum
Sättebergskullen
Ramstorp
Härstad
Gälov
Hägvide
Skagerrak
ÖSTERGÖTLAND
Kirkeby
Vadebacka
Västervik
Jönköping
GÖTEBORG
Hovas
Gotland
Allatorp
Hjulatorp
Kattegat
Guntorp
Öland
GÖTALAND
Lassahuset
Mölle
Frännarp
Karlskrona
Höganäs
Möckleryd
Helsingborg
BALTISCHES MEER
KOPENHAGEN
SKANE
DÄNEMARK
Kivik
MALMÖ
Sjælland
Simris
Bornholm
▲ Fundorte mit Felskunst

221. *Mann und Frau mit großen Händen, aus Rished, Askum im Bohuslän (aus einem unveröffentlichten Abdruck von E. Anati, 1956).*

222. *Zwei Gestalten in betender Position vor einem Symbol in Form einer Schaufel. Während eine Gestalt große Hände mit fünf Fingern hat, ist die andere mit dreifingrigen Händen dargestellt (aus dem Gebiet von Bohuslän).*

224. *Folgende Seite: Schematischer Abdruck eines Felsens in Backa aus der späten Bronzezeit. Im Laufe mehrerer Jahrhunderte sind verschiedene Generationen immer wieder zum selben Felsen zurückgekehrt, um hier ihre Botschaften zu hinterlassen (nach E. Brand, 1919).*

223. *Szene mit zwei Booten. Auf dem einen befindet sich das Schaufelzeichen, auf dem anderen drei Gestalten mit dreifingrigen Händen in betender Position (aus der Region von Bohuslän).*

Die Werke, die dieser Kunst am nächsten kommen, sind weniger die Gravierungen als die kleinen Tierstatuen aus Stein, Knochen und Holz sowie andere plastische Objekte aus Lappland, Finnland und dem Nordosten Rußlands, in denen man häufig Verbindungen zur arktischen Kunst Skandinaviens, vom Onega-See und vom Vyg-Fluß sehen wollte. Eine hölzerne Elchfigur aus Gorbunovo im Zentralural könnte die getreue Reproduktion einer der Gravierungen von Beitstaden oder Bogge sein.

Der zweite große Komplex der skandinavischen Felskunst konzentriert sich auf neun Hauptgebiete, im Süden Schwedens, in Norwegen und Dänemark. Die südskandinavische Gruppe beginnt im Neolithikum und brachte in diese Region eine Kultur und Traditionen mit, die teilweise vom Kontinent kamen und die in derselben Epoche auch in den Alpen und andernorts in Europa zu finden sind. Die inhaltlichen und figurativen Verbindungen zur megalithischen Kunst sind offensichtlich, und es ist wahrscheinlich, daß deren Kenntnis von den europäischen Atlantikküsten stammte. Unter dem figurativen Aspekt gibt es eine vollständige und klare Unterscheidung zwischen der nordischen und der südskandinavischen Kunst. Bei letzterer existiert bereits eine höher entwickelte Idee von der beschreibenden Komposition als in der arktischen Kunst. Die im Norden seltene menschliche Gestalt ist hier geläufiger. Auch die stilistische und psychologische Darstellungsweise unterscheidet sich völlig und spiegelt zwei verschiedene Welten wider: Das arktische Modell ist vor allem von Tierkulten, Jagd- und Fischfangszenen inspiriert. In Südskandinavien beschäftigen sich die Menschen mit dem Sonnenkult, mit Ritualen, bei denen kultische Boote eine Rolle spielen, und mit einer komplexen Mythologie. In ihrer Kunst erkennt man, wie sie in den Launen der Natur nach Vernunft und Logik suchten.

Möglicherweise hat die arktische Kunst in Nord- und Mittelskandinavien bis zum 2. Jahrtausend unserer Zeit weiterexistiert. In ihren letzten Phasen wäre sie dann gleichzeitig mit der südskandinavischen entstanden. Sie bewahrte jedoch bis zuletzt den Geist der Jägerkulturen. Die nordskandinavische Felskunst kannte von Anfang an den Ackerbau und wies daneben viele Elemente der Völker mit komplexem Wirtschaftssystem auf. Ihr Ziel war es vor allem, die Regeln innerhalb einer Ordnung zu erkennen, nach der sich die Mächte um die Menschen bewegten und mit denen sie rechnen mußten. Dem Menschen gilt der erste Gedanke bei jeder Überlegung, während bei den Jägerkulturen die Beute das wichtigste Element darstellt.

225. Felsgravierung eines Bootes, das von zwei Pferden gezogen wird. Noch heute werden die Boote häufig über den Landweg von einem Ufer zum anderen gezogen, und wenn es zugefroren ist, auch über das Wasser. Eine Gestalt steht wie vor einem Wagen am Bug, und eine zweite Gestalt steht betend vor den Pferden, dazwischen ein Ideogramm. Felsgravierung aus Ekenberg, Östergötland (Abdruck von A. Norden, 1925).

226. Unten, links: Darstellung eines Bootes der Eisenzeit aus Hästholmen (aus einem unveröffentlichten Abdruck von E. Anati, 1956).

227. Rechts: Mehrere Äxte aus der späten Bronze- und der Eisenzeit, die auf demselben Felsen dargestellt sind. Östergötland (aus einem unveröffentlichten Abdruck von E. Anati, 1956).

Eine der wichtigsten Besonderheiten dieses südskandinavischen Zyklus ist die Schiffahrt. Viele Schiffe, die hier dargestellt sind, transportieren Menschen, Geister und Fetische, für die man feierliche Zeremonien abhält. Leere Schiffe kommen von unbekannten Orten und steuern auf geheimnisvolle Gestade zu.
Die südskandinavische Kunst hat immer Verbindungen mit dem Kontinent aufrechterhalten. In allen Phasen findet man importierte Elemente und kontinentale Einflüsse. Dies bestätigt auch, was bereits von archäologischen Ausgrabungen, durch Waffen, Werkzeuge, Keramik, auch durch Gräber und Bestattungsriten bekannt ist. Die Identität und die Originalität der Felsgravierungen beweist uns, trotz zahlreicher äußerer Einflüsse, die kulturelle Einheit und Persönlichkeit der Menschen, die in den bewaldeten und felsigen Gegenden Skandinaviens zu Hause waren.
Äußere Einflüsse in den primitivsten Phasen der südskandinavischen Felsgravierungen, vor allem in Dänemark und an der Südküste Norwegens, sind an Zeichen und Zeichenkomplexen erkennbar, die der megalithischen atlantischen Kunst der Bretagne und Irlands ähneln. Es handelt sich lediglich um vereinzelte, jedoch durchaus bezeichnende Entdeckungen, selbst da, wo sich in Norwegen sonst keine megalithischen Gräber fanden. Wenn diese Analogie, wie es scheint, auf eine Beziehung schließen läßt, sind diese Bebilderungen in neolithischer Periode und nicht in der Bronzezeit entstanden, wie manche Forscher annehmen möchten.
Im Bronzezeitalter muß es häufige Kontakte mit Italien und Südeuropa gegeben

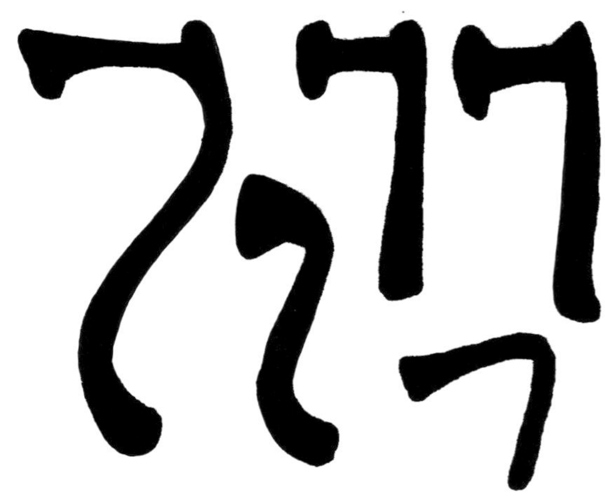

haben. Seit der Handel entlang der großen transkontinentalen Route seinen Aufschwung nahm, über die die Griechen den Amber transportierten, den sie an der Mündung der Elba in Jütland sammelten, zeigt sich in den Felgravierungen auch der Einfluß Mykenes. Das wichtigste Element mykenischer Kultur, jedenfalls nach dem Ausweis der Felskunst, sind die auf megalithischen Grabtafeln eingravierten Kriegswagen der Mykener in Kivic, auf den Felsen von Frannarp, Simris und weiteren Orten Skaniens, in Bohuslän, in Bogge, im Süden Norwegens, in Vilfara und in Östergötland.

Dieselben Wagen wurden im 15. Jahrhundert vor unserer Zeitrechnung auch auf die Felsen des Valcamonica eingraviert. Sie finden sich ebenfalls auf den Grabstelen in der Nähe des Löwentores von Mykene und im Lauf der zweiten Hälfte des 2. Jahrtausends dann überall in der mykenischen Welt.

Von den Gravierungen im Gebiet von Simris abgesehen, die von Althin untersucht wurden und die eine beachtliche Anzahl typischer Äxte aus verschiedenen Phasen der skandinavischen Bronzezeit enthalten, befindet sich der für die Chronologie wichtigste Komplex, der von Norden untersucht wurde, in Norkoping. Zahlreiche Figuren mit Schwertern, Dolchen und Äxten aus der Bronzezeit ermöglichten eine genaue Datierung. Im Bohuslän taucht dieser Stil im gleichen Zusammenhang auf. Hier gibt es jedoch auch eine frühere Phase, in der die Gravierungen häufig tiefer eingeritzt sind und deren Darstellungen perforierter Steinäxte ins späte Neolithikum fallen, wie Montelius mit seiner Chronologie festgestellt hat. Es finden sich

228, 229, 230. Mehrere Felskunstgravierungen aus Frannarp stellen zweirädrige Kriegswagen dar (aus: C.-A. Althin, 1945).

231. Folgende Seite: Synthese einer weiblichen Figur aus Fossum, Tanum. Die cupules *zwischen den Beinen geben das Geschlecht an, das auch durch die langen Haare hervorgehoben wird, die bereits damals die weibliche Gestalt kennzeichneten.*

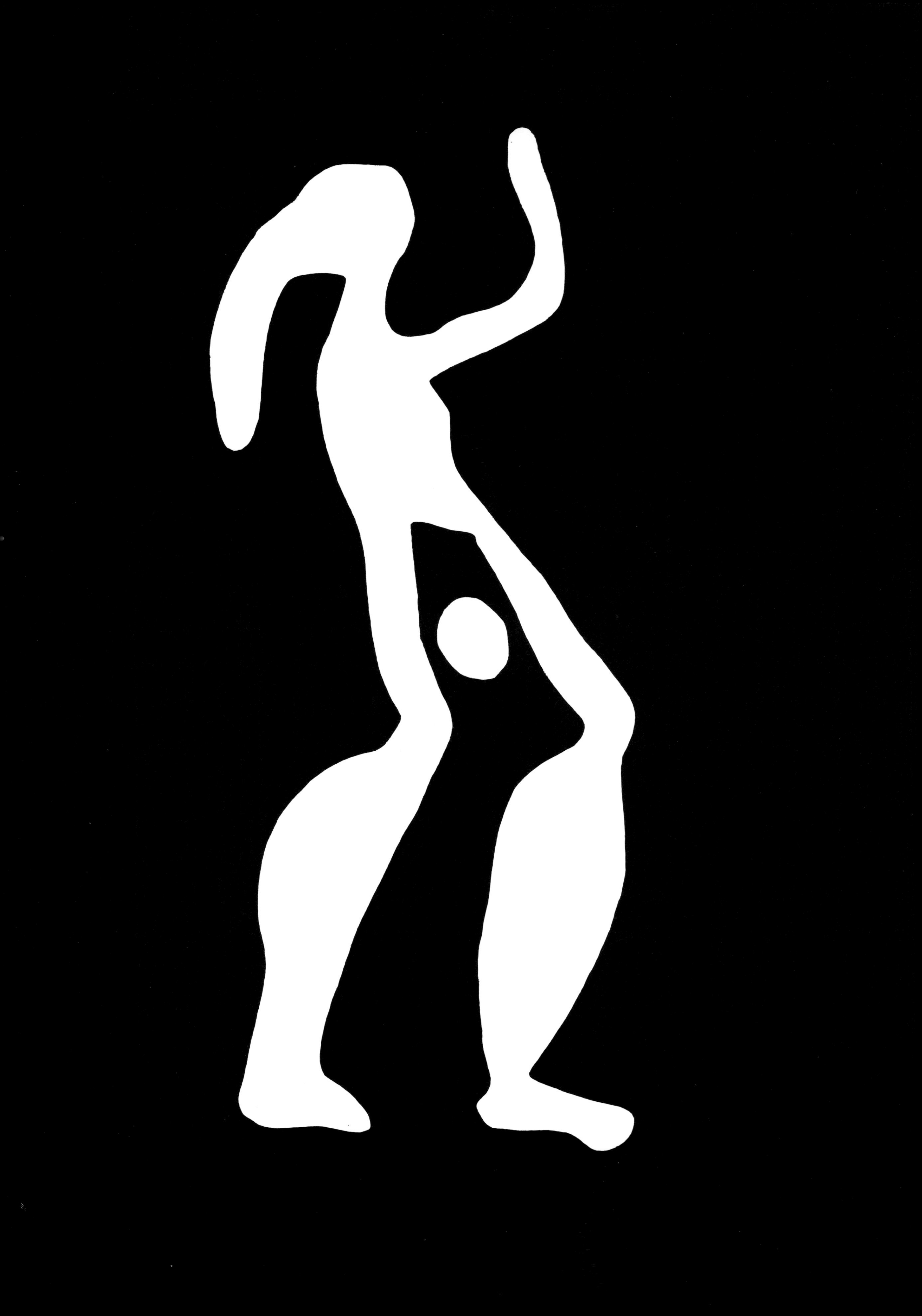

81. Oben: Das Bohuslän bietet eine der größten Konzentrationen der Felskunst des postpaläolithischen Europa. Dieselben Felsen wurden wiederholt bebildert, so daß die Szenen sich überlagern. Hier, in Kalleby Hagarna bei Tanum, erkennt man drei Phasen der Überlagerung. Die späteste Phase zeigt große Gestalten. Oben sind zwei Gestalten auf einem Boot dargestellt, das aus einer früheren Phase stammt und wiederverwendet wurde. Darunter spielen drei Gestalten Trompete: vermutlich kündigen sie die Ankunft zweier Gestalten vom Meer an. Es handelt sich wahrscheinlich um die Evozierung eines Ritus oder um eine mythologische Szene (aus einem Foto von E. Anati).

82. Folgende Doppelseite: Bebilderter Felsen bei Litsby, Tanum. Vermutlich stellt die über die früheren Bilder gemalte große ichthyophallische Figur mit der Lanze in der Hand eine kriegerische Gottheit aus der Eisenzeit dar. Im Vordergrund sind Schlitten zu erkennen (aus einem Foto von E. Anati: EUR 74).

83, 84, 85. Oben: Ausschnitt einer großen bebilderten Felswand in Viteycke bei Tanum. Oben die Darstellung einer rituellen Vereinigung von Mann und Frau. Sie geschieht im Schutz einer großen ichthyophallischen Gestalt, die eine perforierte Axt mit Stil in der Hand hält. Das Durchdringen der Griffs in die Öffnung der Axt hat eine offensichtlich sexuelle Bedeutung, wie auch die anderen Details dieser Szene. Die *cupules* scheinen die eine Tätigkeit, etwa wie die Verben «machen» oder «handeln», zu bedeuten. Eine Aushöhlung befindet sich zu Füßen der großen Gestalt, eine weitere zu Füßen des Paares und eine dritte neben der Axt. Weitere *cupules*, die nicht durch die rote Farbe hervorgehoben sind, sind ebenfalls auf der felsigen Oberfläche verteilt. Unten zwei Ausschnitte eines schematisch-dynamischen Stils von großer Wirkung (aus einem Foto von E. Anati).

86. Rechte Seite, oben: Backa-Brastad. Akkumulation von Graphemen auf einer Felsoberfläche. In einigen Fällen scheint es eine besondere Absicht gegeben zu haben, Überlagerungen zu vermeiden, besonders auf den oberen Teilen der Felsen. Im unteren Teil dagegen kommen Überlagerungen häufig vor. Der obere Teil gehört in verschiedene Phasen einer relativ späten Periode (Ende der Bronzezeit und Eisenzeit), während sich auf den unteren Teilen Figuren aus der Eisenzeit mit Darstellungen aus der mittleren Bronzezeit überlagern (aus einem Foto von E. Anati).

87, 88. Oben: Zwei Ausschnitte eines bebilderten Felsens bei Fossum. Auf dem linken Bild stellen zwei Gestalten mit einem Stock in der Hand vermutlich einen Tanz dar. Auf dem rechten Bild sieht man neben einer Scheibe kleine Gestalten und ein Wesen, das aus menschlichen Beinen, Hirschgeweih und einer Scheibe in der Mitte besteht. Auf seiner rechten Seite tritt ein das männliche Geschlecht beeutendes Schwert heraus (aus einem Foto von E. Anati).

Folgende Seite:
89. Ausschnitt einer Komposition mit Boot, *cupules* und Tierfiguren (aus einem Foto von E. Anati).

90. Backa-Brastad. Das Auftauchen des Wagens muß ein denkwürdiger Augenblick gewesen sein, der Bewunderung auslöste. Um den Wagen, der von Pferden gezogen wird und in einem Fall sogar von Stieren, erscheinen Gestalten mit betend oder staunend zum Himmel erhobenen Armen. Auch die Fußabdrücke lassen auf einen ehrerbietenden Akt schließen. Der Wagen wurde in Kontinentaleuropa in der mittleren Bronzezeit, im 3. Viertel des 2. Jahrtausends v. Chr., eingeführt (aus einem Foto von E. Anati).

91. Darstellungen von Booten in Hogbsyn am Flußufer. Sie waren wahrscheinlich durch Schwimmer in der Bronzezeit inspiriert worden (aus einem Foto von E. Anati).

auch Boote desselben Typs wie auf einem Schwert aus dem Beginn der Bronzezeit, das heute im Museum von Kopenhagen zu sehen ist.
In der Provinz Bohuslän finden sich die schönsten Gravierungen und die am reichsten bebilderten Felsen. Auch die Anzahl der Stile ist umfassender als in allen anderen Regionen. Hier scheint die Felskunst länger als andernorts weiterbestanden zu haben. Die Gravierungen aus dem Neolithikum und der Bronzezeit zeigen großformatige Gestalten, deren Beine und Fesseln sehr betont sind (die bekannteste Darstellung ist der «Riese von Lotsleby»). Dieser Stil ist aufgrund der Lanzen, der Äxte und Trompeten (Luren) in die letzte Phase der skandinavischen Bronzezeit datierbar, die der mittleren Eisenzeit in den Alpen entspricht.
Schließlich gibt es einen letzten Stil, der vor allem Krieger zeigt, die auf ihr Pferd steigen und die mit viereckigen Schildern und Lanzen bewaffnet sind. Die gleichen Schilder hat man auch in der Nähe des Schiffes von Hjortspring bog gefunden; sie sind charakteristisch für die letzten Jahrhunderte vor unserer Zeit. Im Valcamonica hat man einen ähnlichen Stil entdeckt, ebenso auf den Reliefszenen des berühmten silbernen Calderon von Gundestrup.
Die dänische Felskunst scheint innerhalb der skandinavischen Gruppe etwas abseits zu liegen. Es handelt sich um einen relativ kleinen Komplex, von dem bislang nur etwa siebzig Felsen bekannt sind. Hier sind deskriptive und belebte Darstellungen des südschwedischen Typs selten. Man unterscheidet zwei Hauptphasen: Die frühere enthält isolierte oder paarweise angeordnete Symbole, wie Sonnenzeichen, Schiffe und Fußabdrücke; die spätere Phase, die manchmal mit Begräbnissen in Verbindung steht, zeigt typische Gravierungen menschlicher Hände und Arme, die man sowohl auf unbeweglichen Felsen als auch auf Orthostaten und Grabsteinen finden kann.
Die Gesamtheit der südskandinavischen Felskunst umfaßt eine Sequenz von über 2000 Jahren. Sie endet zur Zeit des keltischen Einflusses, als die Nähe des römischen Imperiums zu spüren ist, kurz vor dem Beginn unserer Zeitrechnung.
In Skandinavien besteht die Felskunst also aus zwei separaten Zyklen: einmal dem arktischen Zyklus mit Verbindungen naturalistischer Tierfiguren und schematischer Symbole; dieser Zyklus scheint der fehlende Ring in einer Kette zu sein, der die Ren-Kultur des prähistorischen Europa mit der jüngeren Ren-Kultur im Gebiet des Polarkreises verbindet. Bei dem zweiten südskandinavischen Zyklus handelt es sich um eine realistische Kunst, die sowohl in der künstlerischen Vorstellung als auch in der Typologie des Dargestellten eine gewisse Ähnlichkeit mit der alpinen Felskunst aufweist, was auf eine parallele Entwicklung schließen läßt.

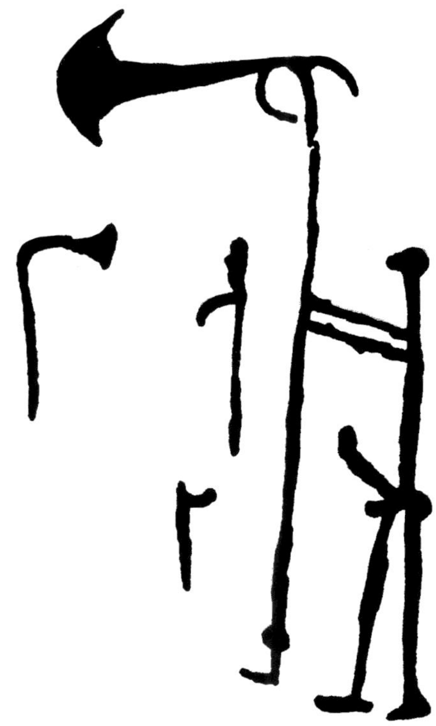

232. Ichthyophallische Gestalt mit großer Axt. Aus Simris, Skåne (nach Althin, 1945).

233. Oben: Gruppe von vier Figuren mit menschlichem Körper, Tierkopf und Flügeln. Aus Kallsängen, Bottra (nach J. Coles, 1990, S. 67).

234. Links: Darstellung einer sexuellen Vereinigung zwischen maskierten männlichen Gestalten und weiblichen Vogelwesen. Aus dem Gebiet von Tanum, Bohuslän (nach Brand, 1919).

92. Linke Seite: Gestalt ohne Arme, mit dicken Waden. Der Stil mit den dicken Waden ist typisch für das Gebiet von Tanum (nach einem Foto von E. Anati).

Die Felskunst in Skandinavien

Horizont	Versuchte Datierung	Periode	Stil	Nördl. Gruppen	Südl. Gruppen
gemischtes Wirtschaftssystem	2000	Eisenzeit und späte Bronzezeit	Jagd- und Kriegsszenen, große Idole		späte Phasen
	3000	Bronzezeit	mythische und initiatorische Szenen	spät	klassische Periode
	4000	Neolithikum	*cupules,* Boote und Ideogramme		megalithische Einflüsse
Höhere Jäger	5500	Mesolithikum	Szenen von Fischfang und Jagd, Pfeil und Bogen, Einführung der Szene		
Primitive Jäger	8000		komplexe Kompositionen	mittel	
	10 000		große Darstellungen von naturgetreuen, statischen Tieren, begleitet von Ideogrammen, Szenen fehlen	primitiv	
	12 000				

235, 236. Abdruck und Ausschnitt einer Darstellung, auf der drei mythologische Gestalten Trompete spielen. Aus Kalleby, bei Tanum (Abdruck von Oswald Almgren).

Die spanische Levante

237. Felsmalerei der Höheren Jäger in Cueva Remigia, Valltorta, Spanien. Bei einer mit Pfeil und Bogen bewaffneten Personengruppe wird jedes einzelne Individuum im Profil und mit unterschiedlicher Haartracht gezeigt, was auf ein Interesse an Details schließen läßt. Die Anordnung der gleichsam rhythmisch in einer Reihe laufenden Menschen weist auf eine gewisse Koordination hin. Präneolithische Phase im Gebiet der Levante (Abdruck nach J. Porcar, aus: E. Anati, 1992a, Abb. 6).

Die Bilder der spanischen Levanteküste haben von den dreißiger Jahren dieses Jahrhunderts an bis in die sechziger Jahre eine der heftigsten Debatten zwischen zwei verschiedenen Schulen ausgelöst. Die eine, angeführt von Abbé H. Breuil, hat sie dem Paläolithikum zugeordnet, die andere unter dem spanischen Wissenschaftler Jorda-Cerda vermutete ihre Entstehung im Metallzeitalter. Tatsache ist, daß beide Schulen von Voraussetzungen ausgingen, die jeweils teilweise richtig und teilweise falsch sind. Der Grundgedanke beider Denkansätze jedoch, nämlich der, das Phänomen als Episode innerhalb einer kurzen Zeitspanne mit einheitlichen Merkmalen anzusehen, konnte nicht aufrechterhalten werden. In den sechziger Jahren setzte die Erkenntnis ein, daß der Zyklus verschiedene Stile umfaßt und sich über mehrere Perioden erstreckt.
Herbert Kuhn, der sich als Wissenschaftler auf eine große Vorstellungsgabe und ungewöhnliche Intuition verlassen konnte und nach seinem Tod leider vergessen wurde, erkannte in der Levante und im Süden Spaniens drei Hauptphasen:
1. großformatige, naturalistische Tierfiguren;
2. Silhouetten von Tieren und laufenden Menschen;
3. stilisierte und geometrische Figuren ohne Naturalismus.

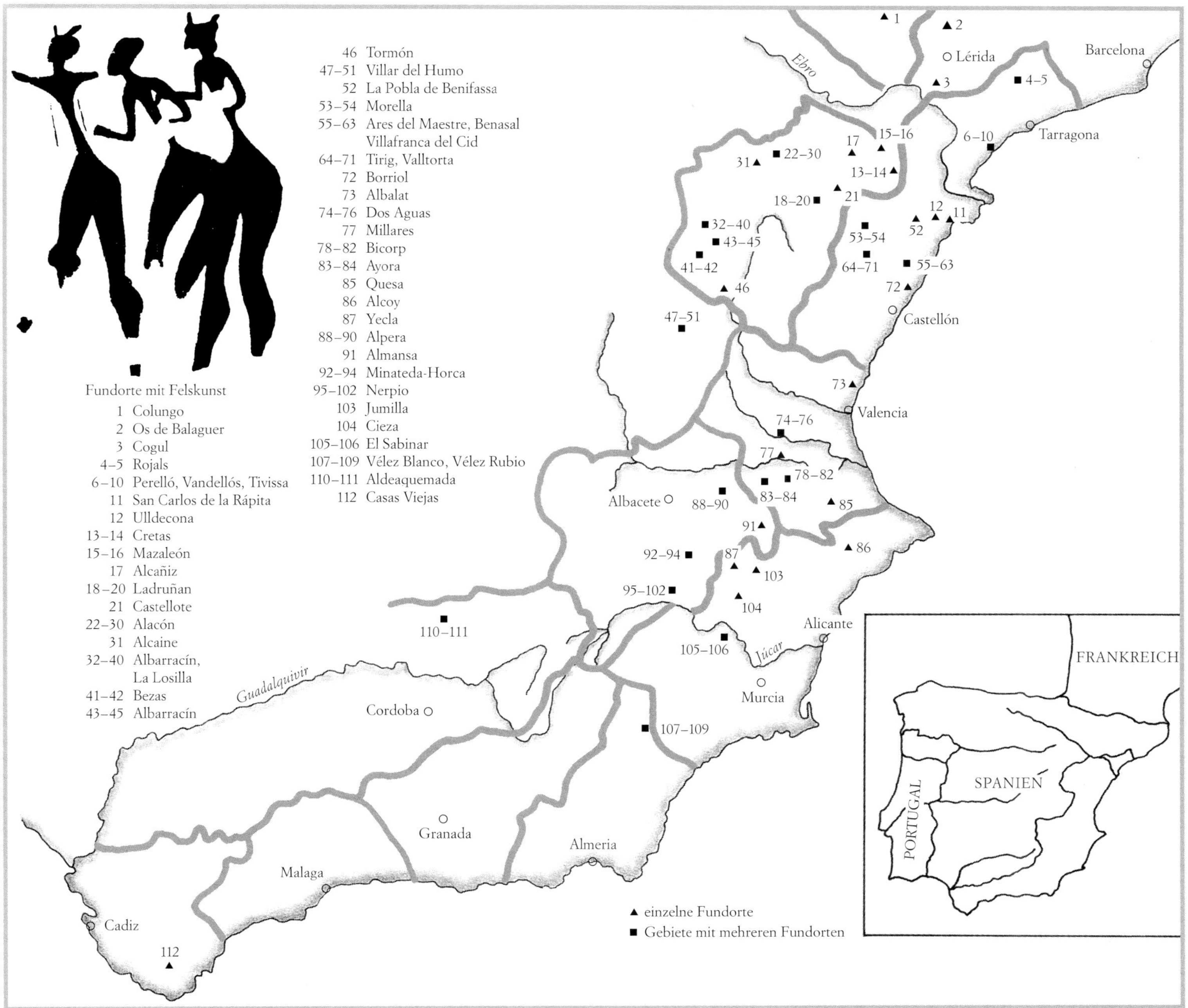

Der große spanische Archäologe Martin Almagro unterschied in dieser Kunst zahlreiche stilistische Komplexe, denen er eher geographischen als chronologischen Wert beimaß. Tatsächlich existieren beide Faktoren, der geographische und der chronologische. Ein vergleichendes Studium zeigt vor allem stilistische Unterschiede, die auf eine klar umrissene Chronologie schließen lassen. Die naturalistischen, bewegungslosen Darstellungen großformatiger Tiere in Albarracin, in Tormon oder im Val del Charco de Agua Amarga zählen zu den ältesten Wandmalereien: wo diese mit anderen figurativen Malereien zusammentreffen, sind letztere übermalt. In La Minateda sind die Bilder so stark zerstört, daß von den Überlagerungen, die Abbé Breuil noch erkennen konnte, nicht mehr viel zu sehen ist. Breuil hatte dreizehn Bilderserien festgestellt und deren relative Chronologie aufgrund der Überlagerungen festgesetzt. Breuil zufolge sind jedoch alle ins Paläolithikum datierbar. Die Malereien im Stil von Albarracin und Tormon gehören vor allem zur Serie II und IV. Die Serie I, laut Breuil die älteste, hat einen schematischen Charakter und besteht vor allem aus kleinformatigen Gestalten, die seltsamerweise denjenigen gleichen, die in Barranco de los Toricos, in Albarracin, gemalt sind. Die dritte Serie dagegen gleicht mehr dem klassischen Stil von Alpera und Valltorta.

238. Oben links: Statussymbole auf dem Kopf. Felsmalerei aus Cueva Castellon, Spanien. Jede der drei menschlichen Gestalten wird von den Attributen charakterisiert, die ihren Kopf schmücken. Die zentrale Figur scheint einen Hut zu tragen, während die beiden anderen mit Federn geschmückt sind (A. Beltran, 1980, S. 39).

Nach der Interpretation der Stratigraphie von Minateda durch Abbé Breuil spiegeln diese Unterschiede in den ersten Phasen das Zusammentreffen der aus dem Norden kommenden paläolithischen Jäger mit einer lokalen Bevölkerung wider. Zu Ehren der Spezialisten wollte er in diesem Fall einen archäologischen Jargon annehmen. Zwar widerspricht man sich gegenseitig, jedoch sind alle der Forschung und der Interpretation ergeben. Dieser Fall zeigt einmal mehr, daß es, neben der technischen und inhaltlichen Evolution, vielfältige Gründe für die Stilentwicklung in der Felskunst gibt, wobei die Kontakte mit der Außenwelt eine wichtige Rolle spielen.

In Barranco de los Toricos gibt es eine kleine Gruppe kleinformatiger Malereien, die sich in der Mitte des Felsüberhangs befinden und sowohl Gestalten als auch Tiere umfassen. Sie sind weniger sorgfältig ausgeführt als die großen wilden Rinder, die sie umgeben und scheinen fast die mächtigen, großformatigen Tiere auf derselben Wand zu imitieren. Abbé Breuils Theorie in bezug auf die Stratigraphie von Minateda könnte auch dieses kuriose Detail erklären.

In den letzten Jahren hat sich der ohnehin schon viele Seiten umfassende Streit durch neue Fundorte in der Levante noch mehr verkompliziert: ein Stil, der sich von den anderen unterscheidet, stellt monströse, anthropomorphe Wesen dar, die von Ideogrammen begleitet sind; mit dargestellt sind Pflanzenmotive, Blätter und zierliche Bäume. Stratigraphisch gesehen, gehört dieser Stil zu den ältesten, es finden sich jedoch in ihm keine großen, naturalistischen und statischen Tiere wie in den frühesten Horizonten. Diese Bilder könnten in einem Stadium der Halluzination entstanden sein, da sie andere Merkmale als die bei den Primitiven Jägern üblichen aufweisen. Sie zeigen jedoch in Vorstellung, Stil und Thematik bemerkenswerte Ähnlichkeiten mit den afrikanischen Felsmalereien der Sahara und Tansanias, die den Primitiven Sammlern zugeschrieben werden. Wie diese, so scheinen auch andere Zonen Ausdruck einer Gruppe von Sammlern zu sein, deren Sequenz zwischen den Primitiven und den Höheren Jägerkulturen einzuordnen ist.

240. Darstellung der Höheren Jäger. Valltorta, Castellón, Spanien. Rentierjagd mit Pfeil und Bogen. Die dynamische Bewegung ist ein häufig anzutreffendes Charakteristikum der Darstellungen der Höheren Jäger (A. Beltrán, 1980, S. 36).

239. Vorhergehende Seite: Dyamische Darstellung von Menschen. Felsgravierungen der Höheren Jäger. Cueva del Civil, Valltorta, Castellón, Spanien. Eleganz und Stilisierung der Formen sind häufig Merkmale der Jäger, die Pfeil und Bogen verwenden. Bei diesem Bild wurden menschliche Gestalten in dynamischem Stil akkumuliert. Übereinandergelagert sind mindestens drei verschiedene Gruppen von Bildern (Abdruck von U. Obermaier, in: A. Beltrán, 1980, S. 38).

241. Über die Doppelseite: Abdruck einer großen Tafel aus Alpera, Albacate. Auf dieser 14 Meter langen Wand finden sich die Spuren von prähistorischen Künstlern aus mehreren tausend Jahren (aus: A. Beltrán, S. 25).

242. Gruppe von marschierenden Gestalten, einige mit Bogen. El Cingele, Castellón. Die Kunst der spanischen Levante nimmt gelegentlich vor-impressionistische Aspekte an (aus: A. Beltrán, 1982, S. 45).

Die Felskunst der spanischen Levante

Horizont	Versuchte Datierung	Periode	Stil	Anmerkungen
gemischtes Wirtschafts-system	2500	Metallzeitalter	schematisch	Hausziegen und -rinder, domestiziertes Pferd, Darstellungen von Waffen und Utensilien aus dem 2. und 3. Jahrtausend v. Chr.
Jäger und Viehzüchter	5000	Neolithikum	realistisch-schematisch	Kontakte zu Jägerkulturen mit gemischtem Wirtschaftssystem
Höhere Jäger	7000		realistisch-dynamisch	Pfeil und Bogen, Jägerclans, Haushund
Primitive Sammler	8500	Epi-paläolithikum	stilisiert-begrifflich	Darstellungen von Phantasiewesen, Verwendung von Halluzinogenen
Primitive Jäger	10 000		naturalistisch-statisch	große naturgetreue, statische Tierfiguren, begleitet von Ideogrammen, Reste von Fauna aus dem Pleistozän
	12 000			

XI. Nord- und Südamerika

Von der Beringstraße bis nach Feuerland, von einem Polarkreis zum anderen, war, soweit wir wissen, erstmals eine Subspezies des *Homo sapiens* eingedrungen. Es gibt jedenfalls keine Zeugnisse darüber, daß dort zuvor schon Hominiden gelebt hätten. Das früheste Datum für diesen Einfall des *Homo sapiens* kann kaum älter als 50 000 Jahre sein. Bis zum Ende des Pleistozäns, vor 14 000 Jahren, ist es unwahrscheinlich, daß Menschen über das Meer dorthin gelangt sind. Die erste Bevölkerung Nord- und Südamerikas muß über die Meerenge von Bering aus Asien gekommen sein. Diese Stämme sind in verschiedenen Wellen eingetroffen, in Zeiten, in denen die Meerenge passierbar war, weil der Meeresspiegel damals niedriger war und sich das heute zwischen Asien und Amerika versunkene Land noch fast berührte. Vielleicht haben diese Menschen die Meerenge auch passiert, als das Wasser zugeeist war. Ihre Traditionen, ihre Art und Weise, Kunst zu schaffen, haben sie mitgebracht.

In der Dynamik der Einfälle auf beiden Kontinenten übte jede neue Welle Druck auf die schwächeren oder technisch weniger fortschrittlichen Stämme aus, die in Richtung Süden und in Gebiete abgedrängt wurden, die kein Lebensraum der anderen waren. Aber es war nicht nur dieser Druck, der die Menschen veranlaßt hat, die immensen, nahezu leeren Gebiete zu durchqueren. Entdeckergeist, Neugier und Erkenntnisdrang haben den *Homo sapiens* seit jeher charakterisiert.

Abgesehen von einigen tausend verzierten Gegenständen, besteht fast die ganze prähistorische Kunst Amerikas aus einigen Millionen von Felsmalereien und Gravierungen, die sich in verschieden großen Komplexen und von einem äußeren Ende zum anderen finden. Die großen Ansammlungen der Felskunst liegen ebenso wie die längsten Zyklen vor allem auf der Westseite, von Britisch-Kolumbien bis Chile. In Nordamerika sind die Einfallswege und die wichtigsten Straßen, auf denen sich verschiedene Völker fortbewegten, zweifellos an der flachen Westküste und in den Great Plains. Die Küstenebene war bis vor 12 000 Jahren sehr viel größer. Als sich der Meeresspiegel gegen Ende des Pleistozäns um 120 Meter anhob, wich der Küstenverlauf beträchtlich zurück, wobei zweifellos wichtige Zeugnisse des menschlichen Lebens überschwemmt wurden. Die Relikte, die auf den heutigen Inseln der Westküste erhalten sind, sind vermutlich nur ein winziger Teil dessen, was das Meer verbirgt.

Durch die Gebirgsketten, die die Küste von den weiten Ebenen trennen, haben die Kulturen der beiden großen Durchgangsstraßen mit der Zeit verschiedene Merkmale und Entwicklungsformen angenommen. Die Expansion nach Osten muß von den Great Plains ihren Ausgang genommen haben.

Die Stämme, die über die Beringstraße in das Flußtal des Yukon hinaufkamen, sahen sich einem unendlich weiten Gebiet gegenüber, das reich an Jagdbeute und wildwachsenden Früchten war und auf Tausende von Kilometern völlig unbegrenzt schien. Die Stämme, die an der Küste entlang eingefallen sind, sich Richtung Süden

243. Maskenartiges Bild in roter Farbe bei Tyee, Fluß Skeena, Britisch-Kolumbien (aus: C. Grant, 1983, S. 15).

an der Küste weiterbewegten oder mit kleinen Küstenschiffen an ihr entlangfuhren, hatten beschränkteren, engeren Raum zur Verfügung, wodurch der Druck der nachfolgenden Wellen von Neuankömmlingen stärker spürbar war. Wenn eine Gruppe in einem Gebiet angekommen war, vom dem sie schlecht wieder zurückkehren konnte – der Halbinsel Niederkalifornien zum Beispiel –, so ließ sie sich dort nieder, ergriff vom Land Besitz und nutzte die verfügbaren Ressourcen, um das Leben und die Vorstellungswelt von nun an darauf auszurichten. Aber wo auch immer der Weg weiterführte, ging der Mensch vorwärts.

Als sich der Meeresspiegel hob und der Erde Millionen von Quadratkilometern wegnahm, war der Mensch in der Meerenge von Magellano angelangt.

244. Reichtum, durch Kupfer dargestellt. Felsgravierungen des komplexen Wirtschaftssystems mit Metallverarbeitung. Beaumont Island, Britisch-Kolumbien, Kanada. Die Felsgravierungen stellen Kupfermassel dar, die ausgesuchten Gästen bei der «potmatch»-Zeremonie anläßlich einer Hochzeit oder dem Tod eines Oberhaupts dargeboten werden, wenn der Gastgeber seinen Reichtum zeigt, um an politischem oder sozialem Prestige zu gewinnen. Diese Gewohnheit existierte noch in Erzählungen des 19. Jahrhunderts, auch die Form der Blöcke war gleich geblieben (B. & R. Hill, 1974, S. 276).

NORDAMERIKA

245. *Betender mit gebeugten Knien vor einer Sonnenscheibe mit 13 Strahlen. Die ersten Maisanbauer wenden sich an die Kräfte der Natur. Felsgravierung in roter Farbe, Carrizo Plain, Kalifornien, USA (Abdruck von Van Tilburg, 1983).*

Über die nordamerikanische Felskunst wurden bereits umfassende Werke verfaßt, während solche Studien für Südamerika derzeit noch fehlen. Trotz mancher Widersprüchlichkeiten gibt es verschiedene Vorschläge, die Stile zu klassifizieren und zu datieren. Es ist unwahrscheinlich, daß sich die Felskunst in Nordamerika später als in Südamerika entwickelt hat, vielmehr ist anzunehmen, daß die nordamerikanische Felskunst ebenso alt ist wie die südamerikanische. Allerdings sind die bislang ältesten Funde nur 12 000 Jahre alt, während aus Südamerika viel ältere Funde bekannt sind.
Es ist noch schwierig, für Nordamerika ein allgemeines Bild der stilistischen Entwicklung aufzustellen. Von den zahlreichen Fundorten der Vereinigten Staaten und Kanadas ist bislang fast nur Kunst der Höheren Jägerkulturen bekannt. Die Kunst der Primitiven Jäger ist dagegen selten. In den Great Plains und im Südwesten findet man auch Felskunst von Stämmen mit gemischter Wirtschaftsform. In Nordamerika fehlt, wie übrigens auf dem gesamten amerikanischen Gebiet, Felskunst der Hirtenstämme. Dieser Kunsttypus findet sich bislang nur auf eng begrenztem Gebiet, in Asien, dem Vorderen Orient und Afrika, sporadisch in Europa. Im Südwesten der Vereinigten Staaten kommt die Kunst der Sammler häufig vor und zeigt dieselben Merkmale wie analoge Komplexe in Afrika: anthropomorphe und zoomorphe monströse Gestalten, ebenso Pflanzenmotive; Pflanzen mit halluzinatorischer Wirkung weisen auf einen großzügigen Gebrauch von Drogen hin.
In Britisch-Kolumbien und im Staat Washington trifft man auf einen primitiven Stil von Fischern, der bemerkenswerte Analogien zum Stil der Fischer und Jäger in Nieder-Kalifornien aufweist.
Die bis heute umfassendste Sequenz in Nordamerika, dank derer wir Einzelheiten aufzeigen können, wurde im Seminole Canyon in Texas entdeckt. In allen westlichen Bundesstaaten finden sich große Konzentrationen, in Britisch-Kolumbien, vom Staat Washington bis Oregon, in Kalifornien, Neu Mexiko und Texas.
In Nordamerika wird die Felskunst bereits seit einem Jahrhundert erforscht. Die hervorragende Untersuchung von Garrick Mallery, *Picture Writing of the American Indians*, die 1893 erschien, ist nach wie vor weltweit ein großer Klassiker der Fachliteratur.
Die geographische Unterteilung der Stile und wichtigsten Merkmale, wie sie Campbell Grant (1968) vorgeschlagen hat, besitzt immer noch Gültigkeit. Er unterteilt den Kontinent in neun große Gebiete der Felskunst (s. Übersicht). Sie sehen im großen und ganzen folgendermaßen aus:
1. Der äußerste Norden, der weite Teile Alaskas und den äußersten Norden Kanadas umfaßt.
2. Die nordischen Wälder: das restliche Kanada und Alaska, außer dem Küstengebiet und dem südlichen Gebiet von Manitoba und Saskatchewan, die den äußersten Norden der Great Plains darstellen.

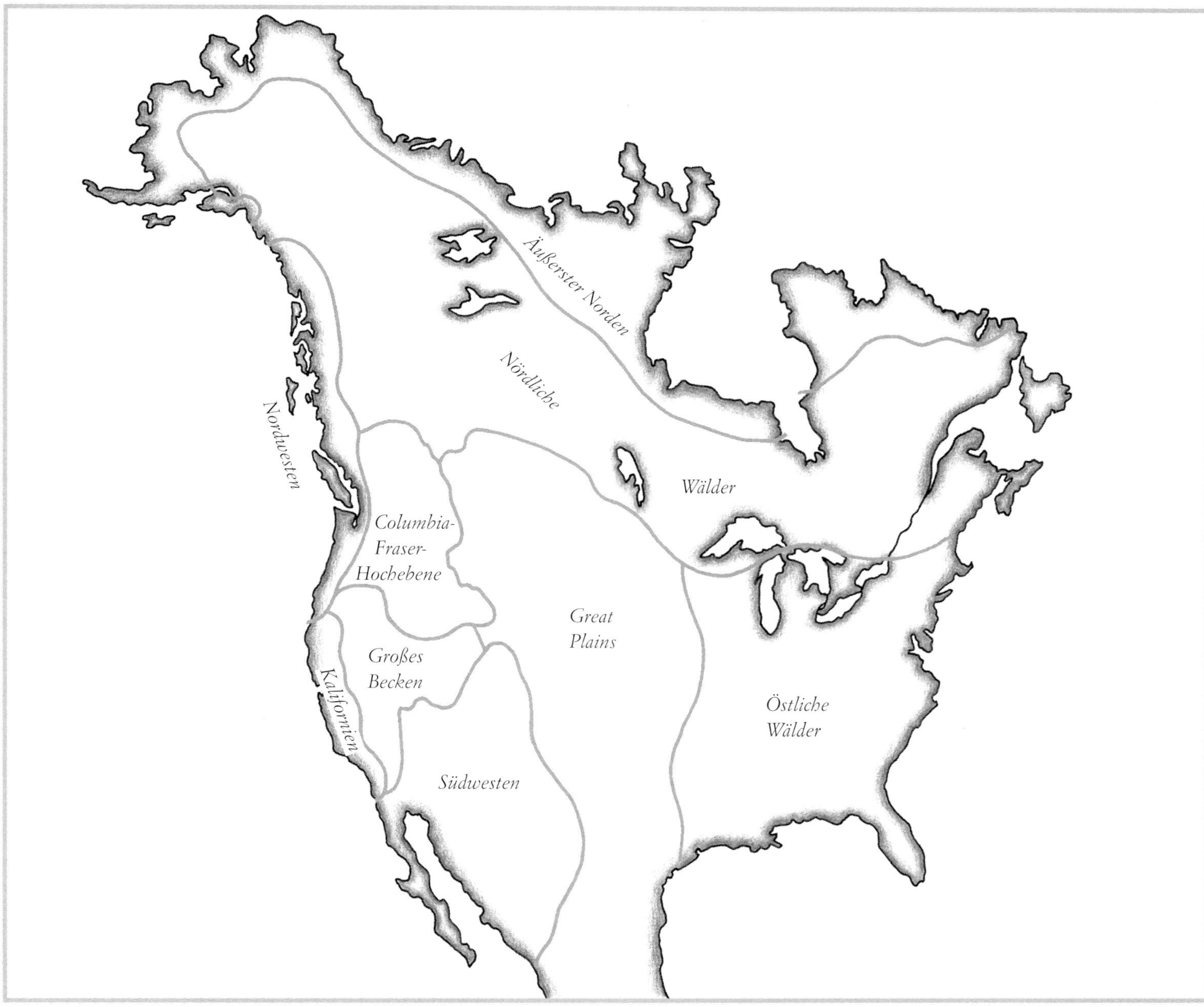

3. Der Nordwesten, der die Küstengebiete Britisch-Kolumbiens, des Staates Washington und Oregons umfaßt.
4. Columbia-Fraser: der südöstliche Teil von Britisch-Kolumbien, das gesamte Gebiet des Staates Washington und das von Idaho.
5. Westkalifornien: das Gebiet Kaliforniens im Westen der Sierra Nevada.
6. Das große Becken: umfaßt etwa Nevada, den östlichen Teil Kaliforniens und den westlichen Teil Utahs.
7. Der Südwesten: das Gebiet von Colorado bis zum Flußbecken des Rio Grande.
8. Die Great Plains: das Gebiet, wo sich bis zu Beginn des Jahrhunderts die großen Weideflächen befanden, also vom Gebirge bis zum Mississippi.
9. Die östlichen Wälder: das Gebiet, das bis zum 19. Jahrhundert aus weiten Wäldern bestand. Heute ist dies der Osten der USA mit seinem Dickicht aus Stahlbeton, von Chicago bis New York.
In einem der umfangreichsten Werke über die nordamerikanische Felskunst hat Klaus Wellman (1979) eine stilistische Unterteilung innerhalb jedes Gebiets versucht. In den Hauptlinien kommen die Stile der Primitiven Jäger in der Dokumentation nur selten vor und zwar im Westen der Gebirge. In allen Gebieten findet sich

246. Unterteilung der geographisch-kulturellen Gebiete, nach Campbell Grant.

247. Die mächtigen Geister des Stammes Shoshoni. Felsgravierung aus Dinwoody Lake, Wyoming, USA. Wie mehrere Stämme Nordamerikas haben auch die Shoshoni die Geister vor den felsigen Oberflächen angerufen, auf denen sie dargestellt waren. Nach ihrer Tradition «lebten die Geister im Felsen»; diese Bilder «sind immer dagewesen». Jeder Geist kann an der Form und am Ideogramm, das ihn begleitet, erkannt werden (aus: C. Grant, 1983, S. 47).

eine große Stilvielfalt bei den Höheren Jägerkulturen, denen wir den überwiegenden Teil der amerikanischen Felskunst verdanken. Die Kunst der Sammler, die Drogen konsumierten, ist auf den Südwesten der USA konzentriert, während sich die Kunst der Stämme mit gemischter Wirtschaftsform vorwiegend in den Great Plains findet.

Bei der Entzifferung der nordamerikanischen Felskunst hat man in zwei Gebieten, in Britisch-Kolumbien und in den Great Plains, große Fortschritte erzielt. Dies gilt für die spätesten Phasen, die von den Vorfahren der Menschen geschaffen wurden, die heute noch dort leben. In beiden Gebieten hat man nach Entsprechungen zwischen mündlich überlieferten Mythen und der Felskunst gesucht. Wie Garrick Mallery bereits vor hundert Jahren annahm, hat sich die Felskunst als ideographische Schrift erwiesen, mit der man Traditionen, Mythen und Ereignisse, wirklicher oder phantastischer Natur, im Gedächtnis behalten und weitergeben wollte. Die metaphorische Bedeutung vieler Bebilderungen enthüllt aufschlußreiche Aspekte darüber, wie bestimmte Gruppen der amerindischen Bevölkerung vor der Berührung mit der westlichen Welt dachten und wie sie ihre Ideen entwickelten.

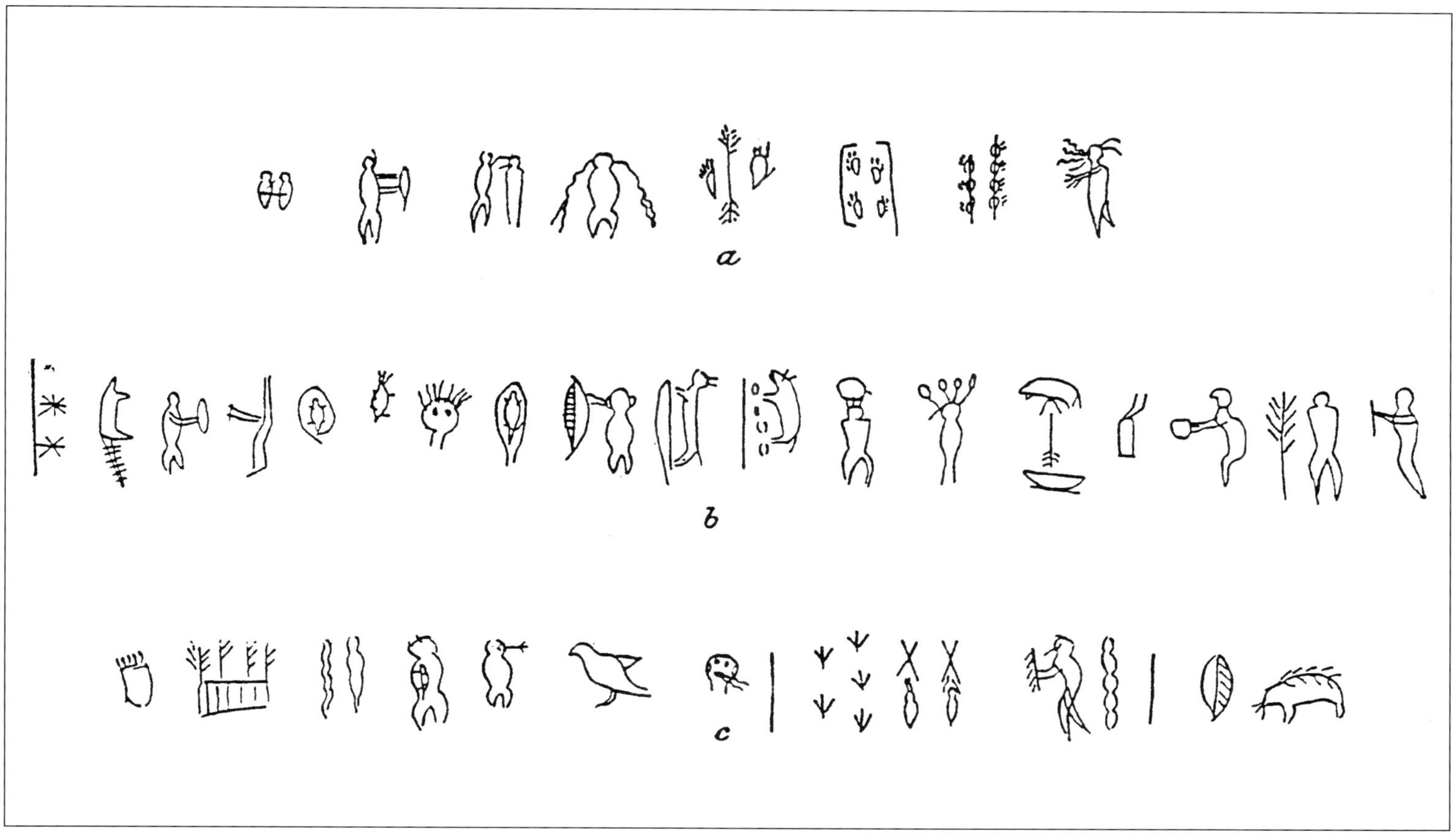

248. Graphische Vergegenwärtigung einer Geschichte, an die auch ein Lied des Stammes Ojibwa, in der Nähe des Red Lake, Kanada, erinnert (G. Mallery, 1988, Bd I, S. 245).

249. Felsgravierungen in Rot, Schwarz und Weiß, aus Rocky Hill, Exeter, Kalifornien, mit denen Naturgewalten in menschlicher Gestalt dargestellt sind (aus: C. Grant, 1983, S. 33).

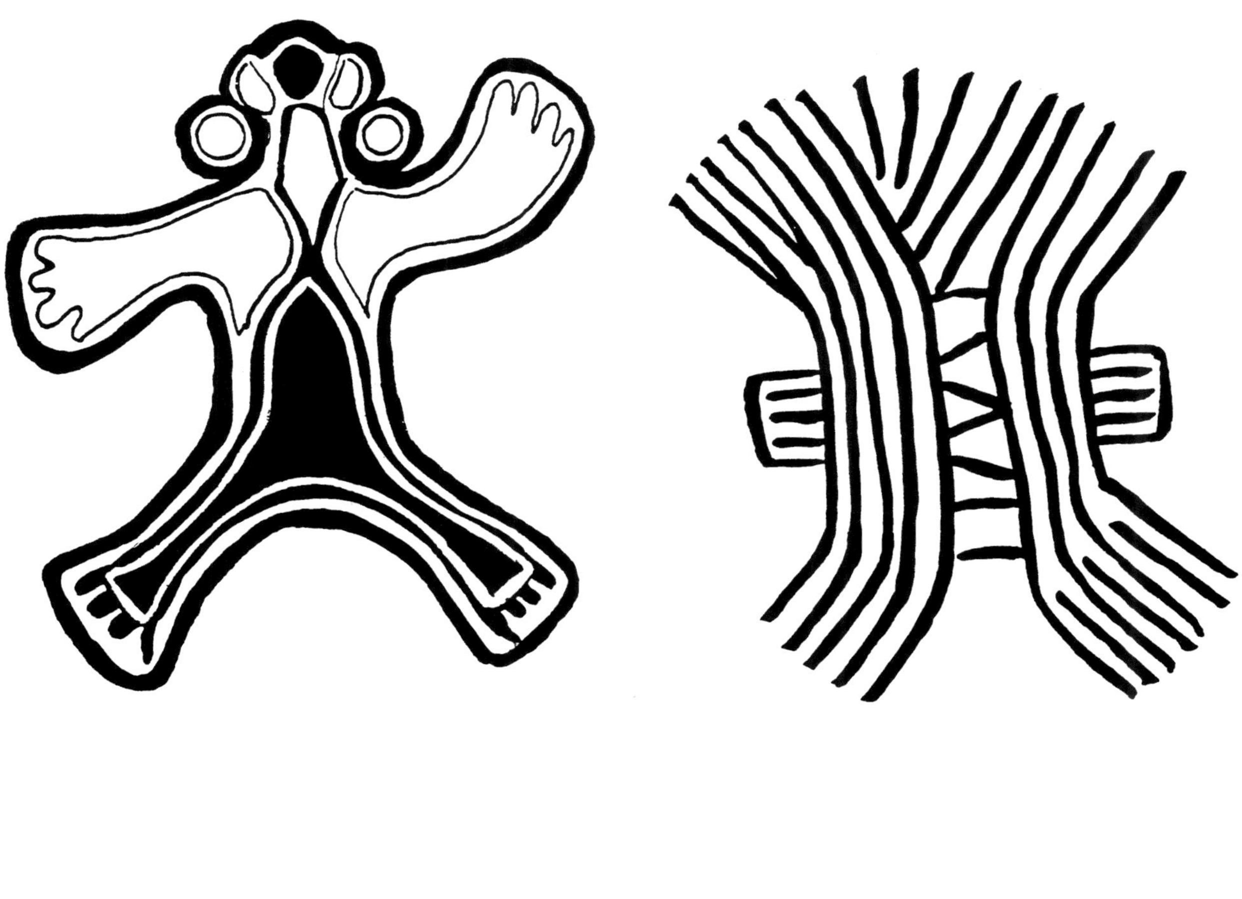

Britisch-Kolumbien

250, 251, 252. Maskenförmige Felsgravierungen aus Britisch-Kolumbien. Reihenfolge: Nevill, Jump Across Creek, Venn Passage (aus: B. & R. Hill, 1974, S. 266).

In Britisch-Kolumbien versuchte das Ehepaar Beth und Ray Hill (1974), die Mythologie zu rekonstruieren, die die Felsgravierungen erzählen. Die spätesten Stilbereiche dieser kanadischen Provinz stammen von Stämmen mit gemischtem Wirtschaftssystem, die bereits die Bearbeitung von Metall, vor allem von Kupfer, kannten, Fischfang im offenen Meer praktizierten und mit dem Ozean wohlvertraut waren. Sie besaßen solide Boote und begaben sich gern in das Abenteuer langer Überquerungen. Sie unterhielten weitreichende Handelsbeziehungen und importierten Kupfer aus dem einige hundert Kilometer entfernten Gebiet des Kanadischen Schilds, wo dieses Metall bereits vor 5000 Jahren abgebaut und verarbeitet wurde (J. Steinbring, BCSP, 13–14, 1976).

Die Felsgravierungen zeigen Meerungeheuer und asiatisch beeinflußte Drachen sowie gigantische Masken, die den Felsgravierungen in Nordchina und an den Flüssen Amur und Ussuri im äußersten Osten Sibiriens ähneln. Dort hat Alexei Okladnikov neolithische Fundorte mit Keramikgegenständen ausgegraben. Diese sind mit maskenähnlichen Gestalten und anderen Motiven verziert, wie sie häufig im entsprechenden Komplex der Felskunst vorkommen. Okladnikov kam dadurch zu verschiedenen Datierungen zwischen 4000 und 2000 v. Chr. (C 14 nicht geeicht). Falls man bei den vergleichbaren Figuren von Britisch-Kolumbien von einem asiatischen Einfluß sprechen kann, müßte er in dieselbe Zeit fallen, in der diese Figuren in Asien entstanden sind.

Über die Datierung der spätesten Phasen der Felskunst in Britisch-Kolumbien gibt es voneinander abweichende Hypothesen. Der Stil mit Masken und phantastischen Wesen wurde bis in die neuere Zeit fortgesetzt. Auch die Tradition des Totempfahls und Darstellungen auf organischem Material haben sich teilweise bis heute erhalten. Die jüngsten Darstellungen zeigen jedoch unterschiedliche Merkmale und wesentlich organischere und komplexere Stile. Außerdem fehlen in dieser Kunst der letzten fünfhundert Jahre manche Drachen und Seeungeheuer, wie sie in der Felskunst geläufig waren. Vermutlich begannen die «späten Phasen» vor einigen tausend Jahren, aber bislang gibt es keine gesicherten Daten, die exakte Thesen ermöglichen könnten.

Die Felskunst Britisch-Kolumbiens wurde bereits ausführlich beschrieben, es fehlen jedoch noch analytische und organische Untersuchungen. Zwei Stilbereiche lassen sich unterscheiden:

1. Die späten Stile, die bereits erwähnt wurden.
2. Die primitiven Stile.

Bei den späten Stilen hat man drei Horizonte ausgemacht, die auch chronologische Bedeutung haben könnten:

1. Stil der anthropomorphen Figuren mit kurzen Beinen und mit anthropo-zoomorphen Gesichtern; vermutlich die späteste Phase. Die Gesichter sind schematisch dargestellt.

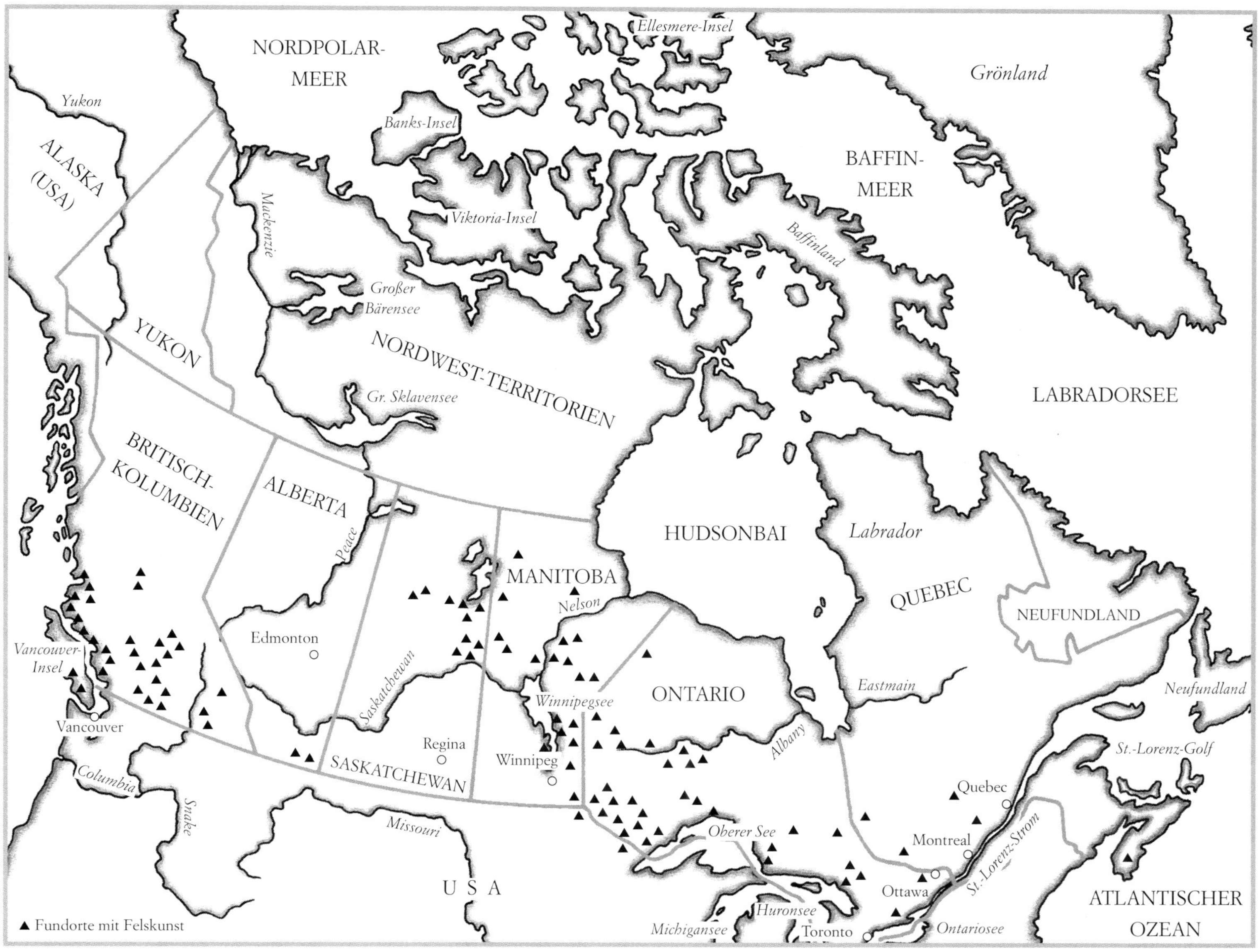

253. Felsgravierungen von Cape Alitak, Insel Kodiac, Britisch-Kolumbien. Idealisierung von Fischformen, wohl im Blick auf die wichtigste wirtschaftliche Ressource der dortigen Bevölkerung (aus: B. & R. Hill, 1974, S. 231).

254. Felsgravierung aus Makah, Washington. Im Innern eines Tieres mit Fischkörper und Wolfskopf ist ein Hai dargestellt. Unter dem Auge ist das charakteristische Zeichen der Träne, das für gewöhnlich «das Auge, das weint» genannt wird (aus: C. Grant, 1983, S. 22).

255. «Die mythischen Zwillinge kommen vom Meer.» Drei Felsgravierungen aus dem Staat Washington, USA, und aus Britisch-Kolumbien, Kanada, evozieren einen Ursprungsmythos, der sich in vielen Felsgravierungen an der Westküste Nordamerikas bewahrt hat. An einen ähnlichen Mythos erinnert die Felskunst im äußersten Osten Sibirien (aus: C. Grant, 1983, S. 26).

2. Ausgearbeiteter Stil. Anthropomorphe und zoomorphe Figuren, phantastische Wesen, mit reich ausgeführten inneren Dekorationen. Die Gesichter sind sorgfältig dargestellt und komplex.
3. Stil der tief eingeritzten Gravierungen. Phantastische Wesen und Masken mit relativ einfachen, schematisierten Formen, begleitet von *cupules*.

Diverse mythologische Motive werden in den verschiedenen Phasen wiederholt. Darstellungen der Zwillingsbrüder göttlicher Abstammung und Entstehungsmythen finden sich auch bei anderen Stämmen Nordamerikas und Sibiriens. Die Vorstellungen, die sie repräsentieren, sind wahrscheinlich asiatischen Ursprungs. Die Seeungeheuer stehen vermutlich in Beziehung mit Geschichten von einer großen Reise über das Meer, mit Abenteuern wie in der Odyssee, die teilweise auch noch in den Mythen historischer Epochen erhalten sind. Die Masken könnten Vorstufen der Masken sein, wie wir sie von Schamanen aus historischer Zeit kennen.

Bei den primitiven Stilen hat man derzeit zwei Gruppen von Bebilderungen ausgemacht, die beide im Küstengebiet von Britisch-Kolumbien und im Staat Washington verbreitet sind. Einer der Stile zeigt besonderes Interesse an der Darstellung großer Fische, die andere Schicht ist dagegen vollkommen abstrakt. Ganze Felsoberflächen sind mit tiefen *cupules*, Gruppen von konzentrischen Kreisen, linearen Gravierungen, einige von phallischem Aussehen, eingeritzten stilisierten Vulven und anderen repetitiven Ideogrammen versehen. Derzeit kann man lediglich feststellen, daß beide Stile Vorläufer der «späten» imaginativen Komplexe sind.

Britisch-Kolumbien ist wie ein natürlicher Brückenkopf Asiens auf dem amerikanischen Kontinent. Die Epochen, die der europäischen Kolonialisierung voraus-

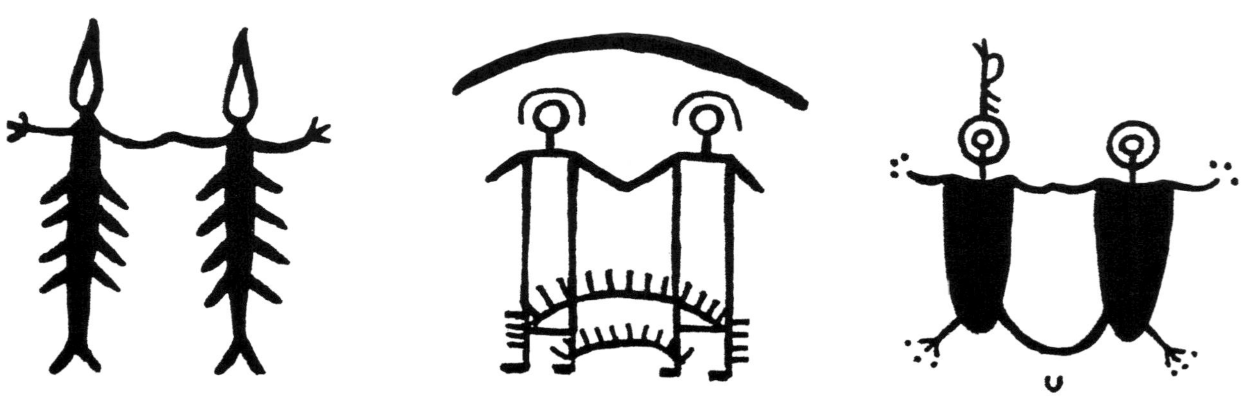

256. *Natürliche Landschaft der Insel Gabriola, Kanada (Foto: E. Anati).*

257. *Unten links: Gravierung des farbigen Kopfes von Tsaglaglalal, der mythischen Herrscherin. Dalles, Britisch-Kolumbien, Washington (Foto: J. Hillis).*

258. *Rechts: Insel Gabriola, Kanada. Ein bebilderter Felsen im Walddickicht (Foto: E. Anati).*

261. Oben: Tief eingeritzte Monster und Drachen in einem der zahlreichen bebilderten Felsen von Nanaimo auf der Insel von Varcouco.

262. Mitte: Ausschnitt aus der Darstellung eines Drachens auf einem Felsen von Nanaimo.

263. Unten: Abdruck der Figur, die auf dem Foto erscheint (K. Wellman).

Vorhergehende Seite:
259. Oben: Seeungeheuer der Fischer. Felsgravierungen von Nanaimo, Britisch-Kolumbien, Kanada. In verschiedenen Gebieten um den Pazifik wurden Geister des Meeres eingeritzt und bemalt. Wie wir von neueren Holzskulpturen und Totempfahlen wissen, scheinen sie mächtige Geister darzustellen, deren Tätigkeiten, Merkmale und Eigenschaften in Mythen und volkstümlichen Legenden überliefert wurden (aus: B. & R. Hill, 1974, S. 101).

260. Unten: Seeungeheuer, das eine starke Ähnlichkeit mit den Drachen aus der primitiven Zeit aufweist. Darstellungen dieser Art haben eine Debatte über den möglicherweise orientalischen Ursprung dieser Mythologie und die Symbolik dieser Völker ausgelöst.

264. Anthropomorpher Geist vom Fluß Okamagen, Britisch-Kolumbien, vielleicht die Darstellung einer frühen Spezies, von der lokalen Mythologie verändert. Das ursprünglich hellbraune Bild wurde später dunkelbraun übermalt (aus: C. Grant, 1983, Abb. 42).

265. Folgende Seite: Die Macht des Felsens. Eine Geistermaske aus Fulford Harbour, Salt Spring Island, Britisch-Kolumbien. Die Augen sind verschieden: eines hat zwei Ringe, das andere drei. Der Mund könnte der eines Raubfischs sein (aus: B. & R. Hill, 1974, S. 87).

266. *Eine geheimnisvolle Reise der Algonquian-Menschen. Agawa, Ontario, Kanada. Diese Malereien in roter Farbe, die man für älter als 2000 Jahre hält, finden sich auf einem vertikalen Felsen des Oberen Sees, der von den Wellen geglättet wurde; von den lokalen Stämmen wird der Fels immer noch mit großem Respekt behandelt. Nach der Tradition evoziert er die Geschichte einer Gruppe von Menschen, die im Kanu auf dem Oberen See die Geister der Unterwelt treffen. Mishipizhiv, oder der Geist des schwarzen Panthers, und die Große Schlange mit Beinen (Abdruck aus: S. Dewdney, 1962, S. 85).*

267. *Der «Herr der Fische». Felsgravierung der Gruppen mit beginnendem gemischtem Wirtschaftssystem, Return Channel, Britisch-Kolumbien, Kanada. Die Darstellung, vielleicht auch die Maske eines Urgeistes, ist wie ein zweites Gesicht eines Fischgeistes, der mit dem auf seinem Körper eingeritzten Ideogramm identifiziert wird. Die lange Zunge, die aus seinem Mund heraustritt, bedeutet «atmen» oder «Lebensenergie aussenden» (aus: B. & R. Hill, 1974, S. 166).*

gingen, sahen auf diesem Gebiet viele Stämme ankommen, durchziehen oder bleiben. Einige kamen aus dem Norden, zu Land oder zu Schiff an der Küste entlang, und in den letzten 12 000 Jahren kamen andere zu Schiff über das Meer. Manche siedelten sich fest an, andere zogen nur durch. Das zum Landesinnern durch ein Gebirge geschützte Gebiet mit seinem relativ milden Klima, mit vielen Inseln und Buchten, bot sich für Fischfang und Jagd geradezu an. Reiche Süßwasserquellen und Wälder lieferten unerschöpfliche Holzvorräte und machten die Region zu einem kleinen Paradies. Viele der Stämme, die sich jahrtausendelang hier aufhielten, schufen Felsgravierungen, Bilder, Holzplastiken, verzierte Webarbeiten, Bastmatten, Schmuck aus Federn und dem Flaum der Vögel, Halsschmuck aus Stein und Muscheln, sowie andere Werke, die ihrem Denken entsprachen und die bislang nur teilweise und nur einem kleinen Publikum bekannt sind. Die Überreste dieser Kreativität enthüllen eine große Vorstellungskraft und einen bedeutenden

Formenreichtum. Für die Geschichte der Kunst und der Religionen stellen sie ein wichtiges Zeugnis dar. Vor allem aber zeigt ein vergleichendes Studium, das auch andere Aspekte der Archäologie mit einbezieht, Verbindungen zwischen Asien sowie nahen und weit entfernten Regionen des amerikanischen Kontinents. Diese Zeugnisse bieten daher eine außergewöhnliche Gelegenheit, um tragende Elemente der Siedlungsgeschichte Amerikas zu erheben.
Neben verschiedenen deskriptiven Studien sind bereits auch wichtige ethnographische Untersuchungen über die Kunst und die Kultur der Stämme aus jüngerer Zeit vorhanden. Doch obwohl bereits eine gewisse Bibliographie erstellt worden ist, wurde dieses immense Erbe unter historisch-archäologischem Aspekt noch nicht ausreichend analysiert. Auch unter dem Aspekt der Kunstgeschichte gibt es noch viel, sehr viel zu tun.

268. Abdruck der Darstellung 259 (aus: B. & R. Hill, 1974, S. 201).

Texas

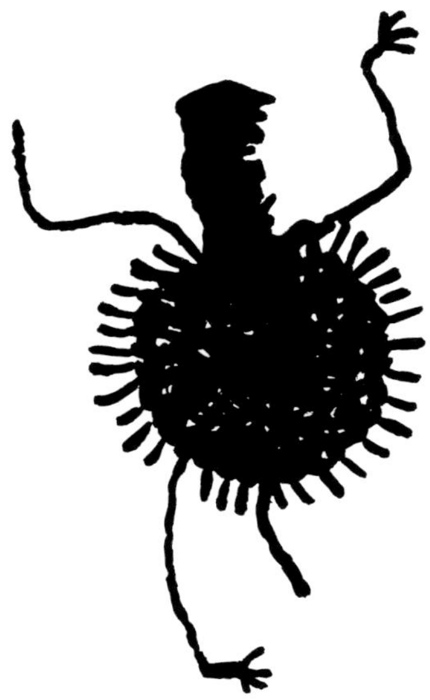

269. Anthropomorphe schildförmige Darstellung aus dem Seminole Canyon. Der runde Schild, der den Körper bedeckt, ist von 29 Strahlen umgeben, die sich vielleicht auf den Mondsee beziehen. Wahrscheinlich aus späterer Zeit (nach einem Abdruck von K. Wellman).

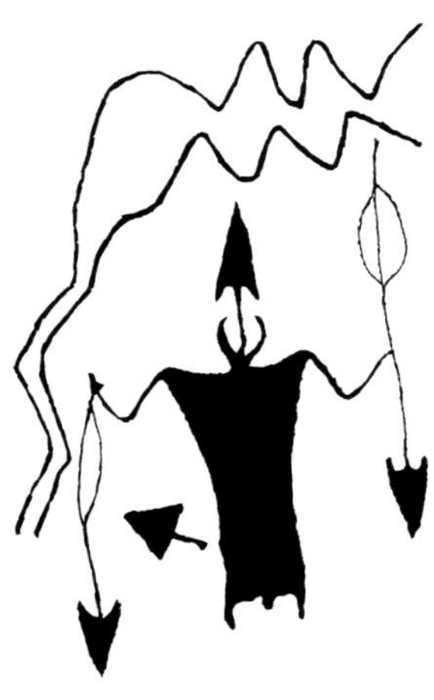

270. Geist der Lanze. Anthropomorphe Figur mit zwei Lanzen in den Händen sowie einer, die aus dem Kopf austritt. Die Form der Spitze entspricht der des sog. Shumila Poiat, wodurch die Darstellung in eine ziemlich primitiven Phase eingeordnet werden kann. Über dem Geist sind zwei Zeichen, die Blitze bedeuten oder die Macht des Geistes symbolisieren, der Blitze hervorbringt. Die frühe indianische Mythologie zeigt einige Ähnlichkeiten mit der Mythologie der Alten Welt (aus einem Abdruck von K. Wellman).

Der Fluß Rio Grande do Sul markiert heute die Grenze zwischen dem amerikanischen Staat Texas und Mexiko. Hier treffen von texanischer Seite der Pecos River, Seminole Canyon, Cow Creek und Devils River zusammen. Tiefe Täler mit überhängenden Felsvorsprüngen durchziehen die große, montone Hochebene, die Halbwüste des «Edwards Plateau». Die in diesen Canyons liegenden etwa zweihundert Höhlen bilden eines der reichsten Erbe an Felskunst in Nordamerika, das trotz Ausgrabungen und trotz der Publikation mehrerer Monographien noch fast unbekannt geblieben ist. In einigen Höhlen, deren Größe der sprichwörtlichen Weite von Texas entspricht, sind archäologische Schichten von außergewöhnlicher Dichte vorhanden. Im Seminole Canyon zum Beispiel haben Überschwemmungen die Terrasse vor einer Höhle unterteilt, bei der man eine Aufeinanderfolge anthropischer Schichten von je 30 Metern erkennt, die sich im Lauf der Jahrtausende angesammelt haben. Viele andere Höhlen zeigen in Schichten von über zehn Metern Dicke Überreste menschlichen Lebens. In den einzelnen Sektionen finden sich Reste von Materialienkultur, lithische Werkzeuge, Keramikfragmente, Pflanzenmatten, Stoffreste, Leder, bearbeitete Tierhaut und Holzgegenstände aus mindestens 12 000 Jahren.

Dank des ungewöhnlich trockenen Klimas haben sich die organischen Materialien überraschend gut erhalten, so daß Harry Shafer von der Universität San Antonio Matten und Reste von Sandalen aus Pflanzenfasern gefunden hat, die auf die Primitiven Jäger vor etwa 10 000 Jahren zurückgehen.

Das Museum von San Antonio, der Hauptstadt des Distrikts, veranstaltete 1987/88 eine Ausstellung über prähistorische Kunst und das Leben in den Höhlen dieses Gebiets. Unter anderem wurde die große Höhle «Hinds Cave» rekonstruiert, wo die Forscher in der Mitte der Behausung einen großen Eingangssaal, drei Gemeinschaftsräume mit zahlreichen Herdstellen und weiter im Innern zwei Zonen mit Lagerstellen sowie eine etwas abseits liegende Latrine ausgemacht haben. Eine der Höhlen war wie ein modernes Haus unterteilt. Dort übten phähistorische Menschen in den verschiedenen Sektoren verschiedene Funktionen aus. Aber mehr als jede Ausstellung beeindrucken uns die Höhlen selbst in ihrem Reichtum an Funktionen, Formen und Proportionen, der auch die Phantasie des prähistorischen Menschen angeregt haben muß.

Zu den Überresten an Materialienkultur zählen auch Kunstgegenstände, darunter eine gewisse Anzahl einzigartig bemalter Schalen. Was diesen beeindruckenden archäologischen Komplex aber vor allem charakterisiert, ist die Felskunst. Es sind hauptsächlich Malereien, jedoch auch Gravierungen, die Tausende von fortlaufenden Metern der Felsoberfläche bedecken. Einige bebilderte Wände haben eine ausreichende Sequenz von Überlagerungen, so daß man die Hauptlinien der Stilbereiche mitsamt den entsprechenden Denk- und Lebensweisen verfolgen kann. Die frühesten Phasen zeigen vorwiegend Tierfiguren, die mit Zeichen oder Ideo-

Fundorte mit Felskunst in Höhlen («Cave») und an Felsüberhängen («Shelter»)

1 Bonfire Shelter
2 Eagle Cave
3 Devil's Mouth Site
4 Hinds Cave
5 Baker Cave
6 Fate Bell Shelter
7 Arenosa Shelter
8 Perry Calk Site
9 Centipede Cave
10 Damp Cave
11 Coontail Spin Shelter
12 Mosquito Cave
13 Conejo Shelter
14 Devil's Rockshelter
15 Moorehead Cave
16 Parida Cave
17 Castle Canyon
18 Javelina Bluff
19 Infierno Site
20 Vaquero Alcove
21 Horsehoe Ranch Caves
22 Langtry Creek Burial Cave
23 Perpetual Care Shelter
24 Nopal Terrace
25 Painted Rock Canyon
26 Shumla Caves

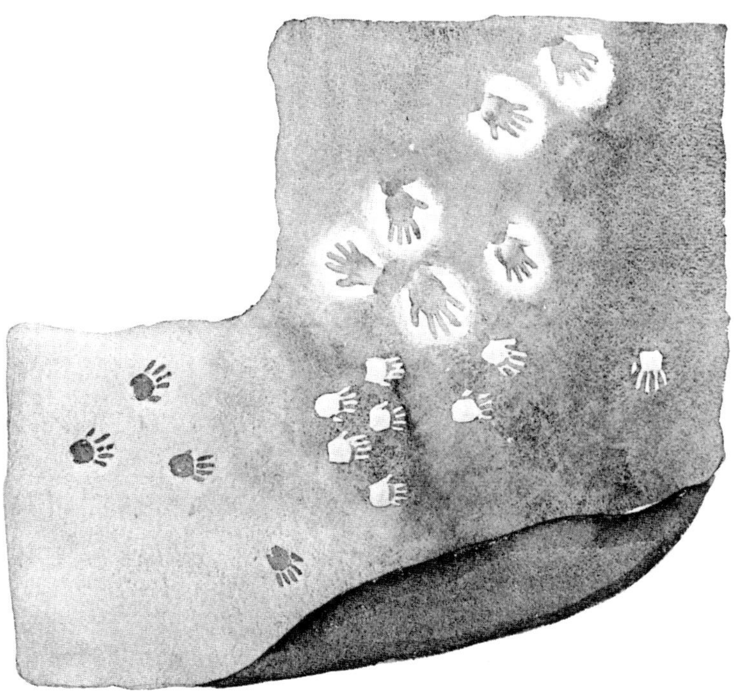

271. Felsige Oberfläche, auf der Handabdrücke aus drei verschiedenen Stadien zurückblieben. Zweimal positiv, zweimal negativ. Fort Davis, Valverde, Texas (aus: F. Kirkland, 1967, S. 133).

grammen verbunden sind. Dieser Stil fällt in die Zeit der Primitiven Jäger, die Pfeil und Bogen noch nicht kannten. Es folgt eine Periode ausladender Kreativität von Stämmen, deren Wirtschaft auf dem Sammeln wilder Früchte beruhte und die Kunst in einem halluzinatorischen Zustand produzierten. Diesem Stil überlagert, findet sich eine Sequenz der Höheren Jäger, die schon den Bogen benutzten. Schließlich folgen einige Stile, die von Stämmen geschaffen wurden, die unter anderem bereits eine erste Landwirtschaft betrieben.

DER ARCHÄOLOGISCHE KONTEXT

Die Felskunst zeigt uns eine Aufeinanderfolge vier großer Perioden, die zumindest teilweise den Phasen der Materialienkultur entsprechen. Die Kunst der Primitiven Jäger ist vermutlich in der Zeit der primitiven Kulturen der Clovis, Folson und Golondrinas entstanden, deren Produkte man auch in den archäologischen Schichten dieser Höhlen fand und die man in den Zeitraum zwischen 12 000 und 9000 Jahren vor heute datieren kann. Merkmal dieser lithischen Komplexe sind die Spitzen der Wurfspeere, deren älteste man als «fluted points» bezeichnet. Später tauchen Klingenspitzen mit konkaver Form auf. In Bonfire Shelter hat eine Feuerstelle mit Essensresten – zahlreiche Knochen ausgestorbener Tiere – in Verbindung mit lithischen Funden eine C 14-Datierung von etwa 10 500 Jahren ermöglicht.
Die Völker mit komplexer Wirtschaftsform hält man für die Vorfahren der «Plain Indians», der Indianer dieser Ebene aus historischer Zeit. Die beiden Horizonte zwischen den Sammlern und den Höheren Jägern sind in die Zeit zwischen 10 500 Jahren vor heute und dem Beginn unserer Zeitrechnung zu datieren.
In Bonfire Shelter haben die Ausgrabungen von Solveig Turpin einige Schichten der Höheren Jägerkulturen mit zahlreichen Bisonknochen ans Licht gebracht. Diese Tierart war zusammen mit verschiedenen Pflanzenarten in diesem Gebiet bis vor etwa 10 000 Jahren reichlich vorhanden. In der Folgezeit taucht sie dann erst nach einer langen Pause erneut auf, un zwar vor 4500 Jahren.
Man hat vermutet, daß diese reiche Fauna mit der Existenz von Jagdvölkern zusammenfällt: bis vor 10 000 Jahren lebten hier Primitive Jäger, dann nach der Zeit von vor 4500 Jahren Höhere Jäger. Dazwischen, in einem Zeitraum von über 5000 Jahren, entstanden Siedlungen und Felsbilder der Stämme, die hauptsächlich von Wildbeute lebten.
Weitere Funde von großem kulturellem Interesse ergaben sich bei den Ausgrabungen der Höhle «Baker Cave» im Rahmen verschiedener Expeditionen von 1962 an. Durch die Radiokarbonbestimmung konnte man eine über 8000 Jahre umfassende Chronologie der Schichten ausmachen. Gegenstände aus organischem Material sind aus den Schichten der letzten 6000 Jahre vorhanden, Pfeilspitzen wurden vor 4000 Jahren, in der sogenannten Valverde-Kultur, gebräuchlich. Diese stammt von einem der ersten Völker, dem Pfeil und Bogen zur wichtigsten Waffe wurde. In den ältesten Phasen gibt es vor allem Spitzen von Wurfspießen, aber auch Messerklingen und Reibwerkzeuge, wie man sie aus Nordamerika von vor 12 000 Jahren an kennt.
Manche Forscher halten die Clovis-Kultur für asiatischen Ursprungs. Sie zeigt jedoch auch hervorragende doppelseitige Bearbeitungen sowie Werkzeugformen, deren deutlichste Parallelen außerhalb des amerikanischen Kontinents weniger in Asien zu finden sind, sondern vielmehr im Solutréen Westeuropas. Weiter im Norden des Gebiets, in Anziok, im Staat Wyoming, hat man eine Begräbnisstätte im Stil der Clovis-Kultur gefunden. Hier zeigen die Skelette zweier Erwachsener an den Knochen Spuren von rotem Ocker, wie man es auch bei Grabstätten im europäischen Jungpaläolitikum antrifft, wo offensichtlich vergleichbare Gewohnheiten

272. Szene eines Tanzes aus der Nähe von El Paso (Texas), die dem 18. Jahrhundert zugeordnet wird, vielleicht von Apachen geschaffen. Die Tänzer tragen eine rituelle Kopfbedeckung, zwei von ihnen sind maskiert (aus einem Abdruck von K. Wellman).

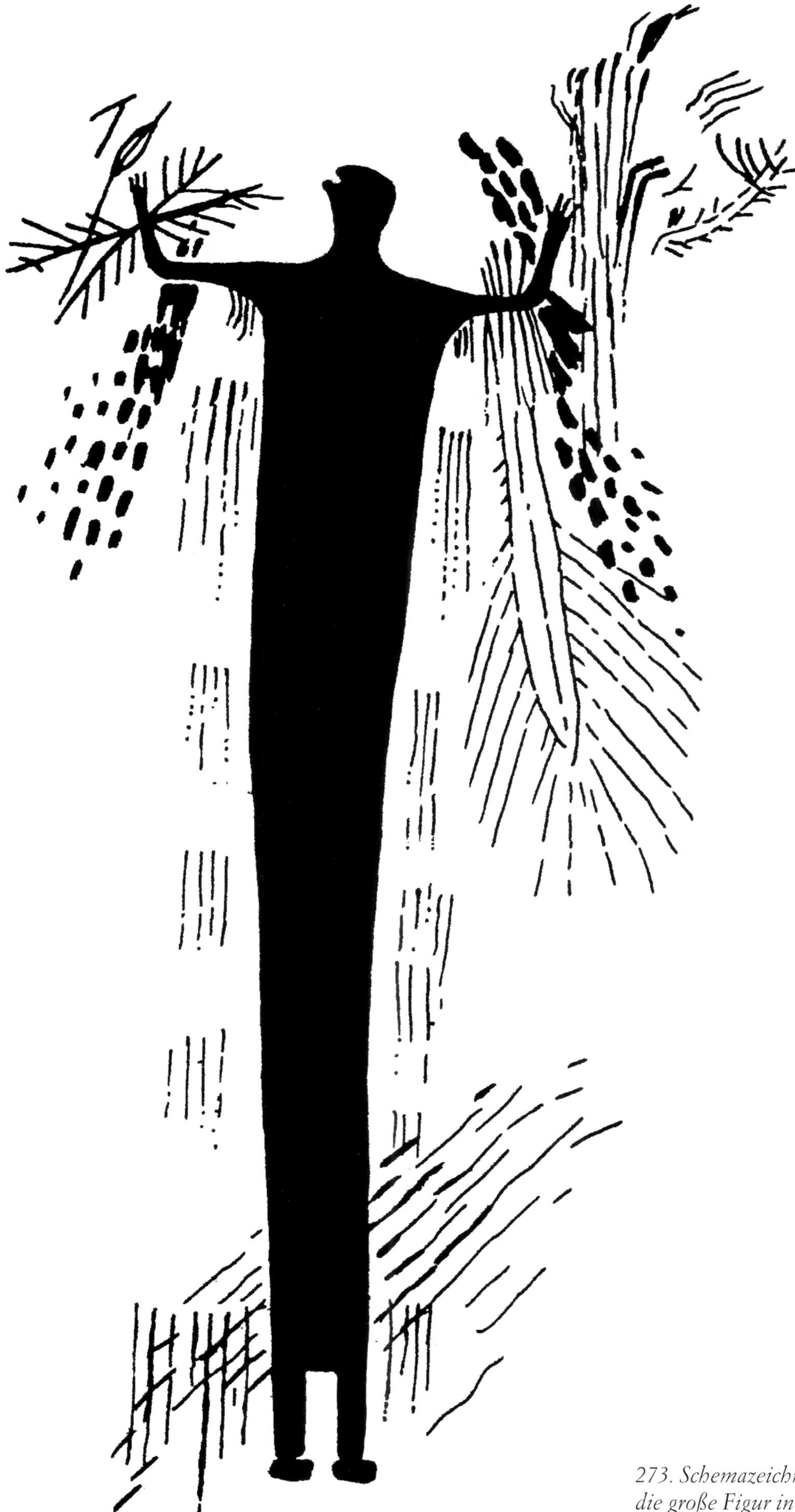

273. Schemazeichnung von Wellman: die große Figur in Rot (Foto: N. Cirani, XI-3/4).

herrschten. Auch das Schaffen von Felskunst hatten diese Stämme mit den Menschen der Alten Welt gemeinsam.

PRIMITIVE JÄGER

Die erste Phase der Bebilderungen von «Panther's Cave» (Seminole Canyon) besteht aus Tierfiguren gleichen Stils und gleicher Assoziationen wie bei den Primitiven Jägern der Alten Welt. Die Bilder sind verblaßt, und zahlreiche Übermalungen machen sie schlecht lesbar. Zu erkennen ist zumindest ein Hirsch mit langem, verzweigtem Geweih. Diese Tierart ist hier seit vielen tausend Jahren ausgestorben und könnte auch im derzeitigen Klima dieses Gebietes gar nicht überleben. Die erstarrte Bewegung, die verzerrte Perspektive, die detaillierte und gleichzeitig idealisierte Darstellung, die Verbindung von Tierfiguren mit häufigen Ideogrammen lassen uns diesen Stil den Primitiven Jägern zuordnen.

Auf der umliegenden Hochebene finden sich Orte mit Felsgravierungen, von denen einige noch älter sein könnten. Sie unterscheiden sich vollständig von den Malereien, da sie vor allem aus Ideogrammen bestehen: *cupules*, pfeil- und baumartige Zeichen, Dreiecke und stilisierte Vulven. Dieser Typus der Felskunst ist auch im übrigen Texas weit verbreitet, derzeit sind jedoch noch keine Daten aus dem archäologischen und chronologischen Kontext bekannt. Es handelt sich jedenfalls um den bildlichen Ausdruck einer Vorstellungswelt, die sich von den Darstellungen aus der ersten Phase in Panther's Cave unterscheidet. Sie sind vermutlich von einer anderen Kultur geschaffen worden; diese könnte zu den Primitiven Jägern gehören und ist wahrscheinlich primitiver als die Kunst der gemalten Figuren: Die Gravierungen zeigen Merkmale des Aurignacien, während die Bilder Charakteristika des Magdalénien aufweisen. Diese nach Ortsnamen gebildeten Begriffe, die sich auf europäische Kulturen beziehen, werden auf der ganzen Welt für bestimmte Typen der Felskunst angewandt, auch wenn die entsprechenden Kulturen in der betreffenden Gegend nicht vorkamen.

Bilder der Primitiven Jägerkulturen finden sich nur sporadisch, so daß man den Eindruck gewinnt, daß diese Menschen nur selten ihre wenigen bebilderten Höhlen aufsuchten. Erst danach kommt es zu einer wahren Explosion des künstlerischen Schaffens mit vielen tausend Figuren auf Hunderten von Felsoberflächen. In dieser Zeit werden die Höhlen über einen langen Zeitraum hinweg dann täglich von vielen Menschen aufgesucht.

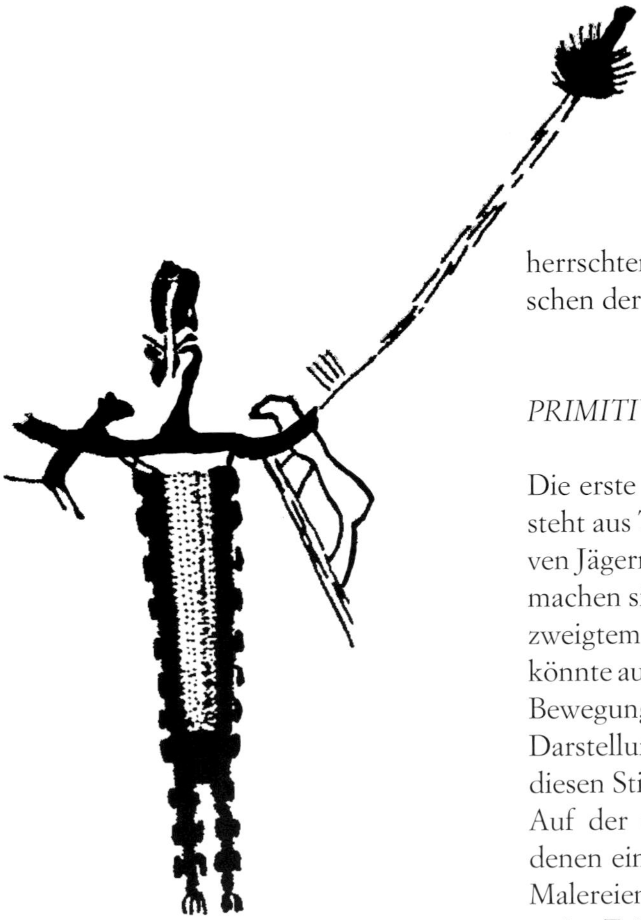

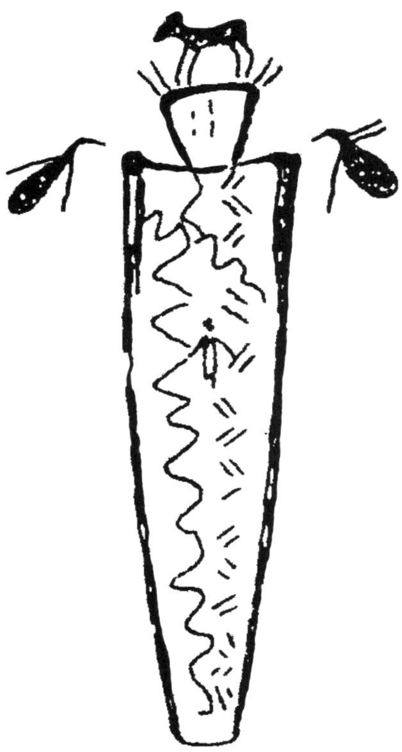

274. Der Geist der Tiere. Zwei Darstellungen anthropomorpher Geister sind mit zoomorphen Figuren verbunden, die eine aus Seminole Canyon (Texas), die andere aus Barrier Canyon (Utah). Es gibt zahlreiche Stilunterschiede, der Inhalt bleibt jedoch gleich (aus einem Abdruck von K. Wellman, 1979).

PRIMITIVE SAMMLER («EARLY FOOD-GATHERERS»)

Die große kreative Explosion in der texanischen Felskunst beginnt mit einer Bevölkerung, deren wirtschaftliche Tätigkeit im Sammeln wilder Früchte bestand und deren Ernährungsweise vorwiegend vegetarisch war. Diese werden als «Early Food-Gatherers» bezeichnet. Sie lebten in einer Zeit, in der die Vegetation noch ganz anders war, als sie es in dieser heutigen Halbwüste ist.

Ihre Felskunst ist gekennzeichnet durch anthropomorphe und phantastische Figuren, die größtenteils in einem Zustand der Halluzination oder sonstig veränderter Sinneswahrnehmung geschaffen wurden. Zahlreiche Pflanzen, Kakteen, Blätter, Blumen und Früchte erscheinen teilweise als Bestandteil des anthropomorphen Körpers oder seiner Extremitäten. Die Tierfiguren sind, verglichen mit früheren oder späteren Horizonten, quantitativ begrenzt, ihre Typologie ist jedoch besonders aufschlußreich. Während die dargestellten Tiere bei den Jagdvölkern zum größten Teil zur Jagdbeute gehören, sind es bei den Sammlern phantastische Tiere,

anthropo-zoomorphe Darstellungen und gefährliche Tiere wie Schlangen und Panther mit vermutlich totemistischer Bedeutung. Die gesamte Kunst der Sammler zeigt also außergewöhnlichen Phantasiereichtum, mehr mit Verwandlungen als mit Darstellungen, sowie mit einer großen Anzahl von Ideogrammen neben den Bilderschriftzeichen.
Wie in der Kunst der Primitiven Jäger – und im Gegensatz zu der der Höheren Jäger – sind Szenen anekdotisch-erzählenden Charakters wenig geläufig, während ein großer Teil der Kompositionen symbolische Assoziationen zwischen Bilderschriftzeichen und Ideogrammen zeigt. Eine immense Ansammlung surrealistischer, vielfarbiger Figuren hat einmal die Höhlenwände bedeckt. Auf verschiedenen Oberflächen erkennt man bis zu zwanzig Schichten dieses Horizonts mit bemerkenswerter Stilvielfalt, die große Fauna kommt jedoch fast nicht vor. Unter den Tieren findet man vor allem kleine Tiere wie Schildkröten, Schlangen, Vögel und Nagetiere, manchmal in größerer Dimension als in der Wirklichkeit. Solche Tiere könnten eher Totems oder metaphorische Figuren gewesen sein als Jagdbeute.
Diese komplexen Höhlenwände mit zahllosen Übermalungen und sehr unterschiedlichem Grad der Konservierung innerhalb der Sequenzen lassen uns annehmen, daß die Lebensweise der Sammler viele tausend Jahre andauerte. Es ist interessant, daß in der Materialienkultur desselben Gebiets aus weit zurückliegender Zeit typische Werkzeuge von Stämmen ans Licht gebracht wurden, deren Ernährungsweise vorwiegend auf Pflanzenprodukten beruhte. Bereits in der Golondrina-Kultur, die mindestens 9000 Jahre alt ist, finden sich hervorragend gearbeitete zweiseitige Äxte aus Kieselstein, mit denen Pflanzen zerteilt werden konnten, sowie große Steine zum Mahlen von Getreide. Beide Werkzeuge tauchen in Westeuropa frühestens 2000 Jahre später auf, etwa zur gleichen Zeit, als sie auch im mittleren Orient belegt sind. Um derartige Verfahren des Schneidens, Sammelns und des Zerkleinerns auszuüben, waren sorgfältig gearbeitete, nahezu identische Werk-

275. Gruppe anthropomorpher Figuren, in gelber Farbe gemalt, mit zusammengebundenen Haaren. Eine der Gestalten hält einen rechteckigen Gegenstand in der Hand. Es könnte sich um das indianische Stammesoberhaupt handeln, das seine Botschaft zu den Spaniern bringt. Big Bend Region, Texas (aus einem Abdruck von K. Wellman, 1979).

276. Anthropomorphe Figur mit leerem Gesicht (im archäologischen Jargon: «Kopf mit Griff») und mit dreifingrigen Händen. Malerei in roter Farbe im Guadalupe National Park, Texas (nach einem Abdruck von K. Wellman).

zeuge aus ähnlichen Primärmaterialien in den verschiedenen Teilen der Welt notwendig. Dies bedeutet jedoch nicht zwingend einen direkten Kontakt oder Einfluß zwischen den verschiedenen Völkern, die über Entfernungen vieler Tausend Kilometer hinweg durch Meere und Gletscher voneinander getrennt waren. Gemeinsame Wurzeln und «Archetypen» sind nicht auszuschließen, aber vermutlich hat doch jede Gruppe die eigene Erfindungsgabe und Fähigkeit angesichts ähnlicher Probleme benutzt, so daß es zu diesen analogen Resultaten kam.
Beim Studium der verfügbaren Dokumentation zeigen sich jedoch auch grundlegende Unterschiede. Auf texanischem Gebiet besitzt die Felskunst ganz eigene Merkmale des Stils und der Thematik, für die man derzeit, außerhalb des Südwestens der Vereinigten Staaten sowie im mexikanischen Niederkalifornien, keine Parallelen kennt. Die verwendeten Techniken sind für die Primitiven Sammler jedoch die gleichen wie in der Sahara und in Tansania, auch die Farbskala ist sehr ähnlich.
Sowohl im mittelöstlichen Gebiet des Fruchtbaren Halbmonds als auch in Kontinentaleuropa, wo man lithische Werkzeuge der gleichen Form findet, sind Horizonte von Sammlern bislang selten. Hier finden sich Steinäxte und Mahlsteine desselben Typs, wie sie von den ersten Nahrungsmittelproduzenten geschaffen wurden. In der Sahara und in Tansania kennt man sehr ähnliche Mahlsteine, die, wie in Texas, von Sammlern wildwachsender Früchte stammen.
Feststellen läßt sich auch eine gewisse Analogie in den äußeren Bedingungen der drei Gebiete. In der zentralen Sahara herrschte ebenso wie in Zentraltansania und wahrscheinlich auch in Texas zur Zeit der Primitiven Sammler ein viel feuchteres Klima als heute. Alle drei Gebiete waren vermutlich wichtige Einzugsbecken, was in Tansania und am Rio Grande noch zu erkennen, in der Sahara aber gänzlich verschwunden ist. In allen drei Gebieten gibt es eine Felskunstproduktion von außerordentlichem Phantasiereichtum und mit analogen Formen, Themen, Assoziationen und Vorstellungen.
Die Vegetation hat sicher eine Fülle wildwachsender Früchte geliefert, wobei den Pflanzen mit halluzinatorischer Wirkung besondere Bedeutung zukommt: in allen drei Gebieten nehmen diese halluzinogenen Pflanzen, je nach Region variierend, eine wichtige Rolle in der Ikonographie ein.
In einigen Höhlen von Seminole gibt es Darstellungen von Wesen, die Merkmale von Menschen, Tieren und Pflanzen miteinander verbinden, wie etwa am Beispiel einer großen Darstellung mit aufgerichtetem menschlichem Körper, einem Tierkopf und den Armen, die sich in einen Kaktus verwandeln, zu sehen ist. Ebenfalls zahlreich sind phantastische Gestalten mit Gesichtern ohne Augen, Nase und Mund, die häufig von Wurfspießen getroffen oder durchbohrt werden. Diese Elemente wiederholen sich auch bei den Felskunstkomplexen in Tansania und der Sahara. Festzustellen ist auch die große Ähnlichkeit mit analogen Bildern in Mexiko, vor allem auf der Halbinsel von Niederkalifornien. Und im besonderen Fall, auch aufgrund der geographischen Nähe, ist es nicht auszuschließen, daß diese Ähnlichkeiten auf eine gewisse Verwandtschaft zwischen den beiden Gruppen schließen lassen.

HÖHERE JÄGER

In der Epoche der Höheren Jäger kam es auf dem gesamten nordamerikanischen Kontinent zur größten Entwicklung der Felskunst. Vielleicht sollte hier daran erinnert werden, daß sich das gleiche Phänomen auch in Südafrika und in weiten Gebieten Sibiriens zeigt. In Kalifornien, Utah und Neu-Mexiko gibt es Hunderttausende von Bildern und Felsgravierungen der relativ späten Jagdvölker, die bereits

95, 96. Oben und rechte Seite: Panther Cave, Seminole Canyon. Mythische Gestalten. Auf der linken Seite befindet sich, mit über 3 m Höhe, ein hybrides Wesen mit anthropomorphem Körper, zoomorphem Kopf und Pflanzenarmen. Aus den Armen wachsen halluzinogene Kakteen, während der Körper Energiestrahlen aussendet. Rechts oben stellen eine Reihe von Lanzen und eine Reihe von Äxten wahrscheinlich Votivgaben dar, die später als die Bilder entstanden sind. Weiter unten rechts destillieren Gestalten in Rot mit Zweigen in der Hand eine Flüssigkeit. Der Gestalt nähert sich ein Vierfüßler, der teilweise von Kalkablagerungen verdeckt wurde. Auf dem Foto daneben ein Ausschnitt der Gestalt in Rot.

Vorhergehende Seite:
93. Oben: Abdruck von Händen (Canyon Fatehell, Texas). Relativ neue Bilder; man beachte, daß sie auf einen Teil der Felswand gemalt wurden, von der absichtlich die Schicht abgetragen wurde, auf der sich die früheren Bilder befanden.

94. Unten: Cueva Perrida, Texas. Anhäufung von Bildern aus verschiedenen Phasen. Das geometrische Motiv stammt aus der Kultur der «Basket Makers» zu Beginn unserer Zeitrechnung.

97, 98, 99. Oben, rechts und rechte Seite: Panther Cave, Seminole Canyon. Gesamtansicht und Ausschnitt einer chronologischen Sequenz. In der Mitte sieht man eine große anthropomorphe Gestalt von über 2 m Höhe. Die Fläche des Gesichts wurde absichtlich frei gelassen. Die Arme enden in einem Kaktus, die Gestalt hat einen Vogelschwanz, der «fliegen» bedeutet. Diese Gestalt, mit der eine frühere, von Jägerkulturen stammenden Phase übermalt ist, gehört in eine «vegetarische» Phase, in der ausgiebig Gebrauch von Drogen gemacht wurde. Rechts und links erkennt man anthropomorphe Figuren aus einer späteren Phase mit zweifarbigen Bildern in Rot und Schwarz.

Folgende Seiten:
100, 101. Panther Cave, Seminole Canyon. Polychrome Figuren, bei denen Weiß, Gelb, Rot, Braun, Grau und Schwarz verwendet wurde. Die Überlagerungen lassen die Aufeinanderfolge von mindestens sechs Phasen auf einer relativ kleinen Oberfläche erkennen.

102, 103. Gesamtansicht des Panther Cave, Seminole Canyon. Die große Wand im Hintergrund ist vom Innern der Höhle aus gesehen.

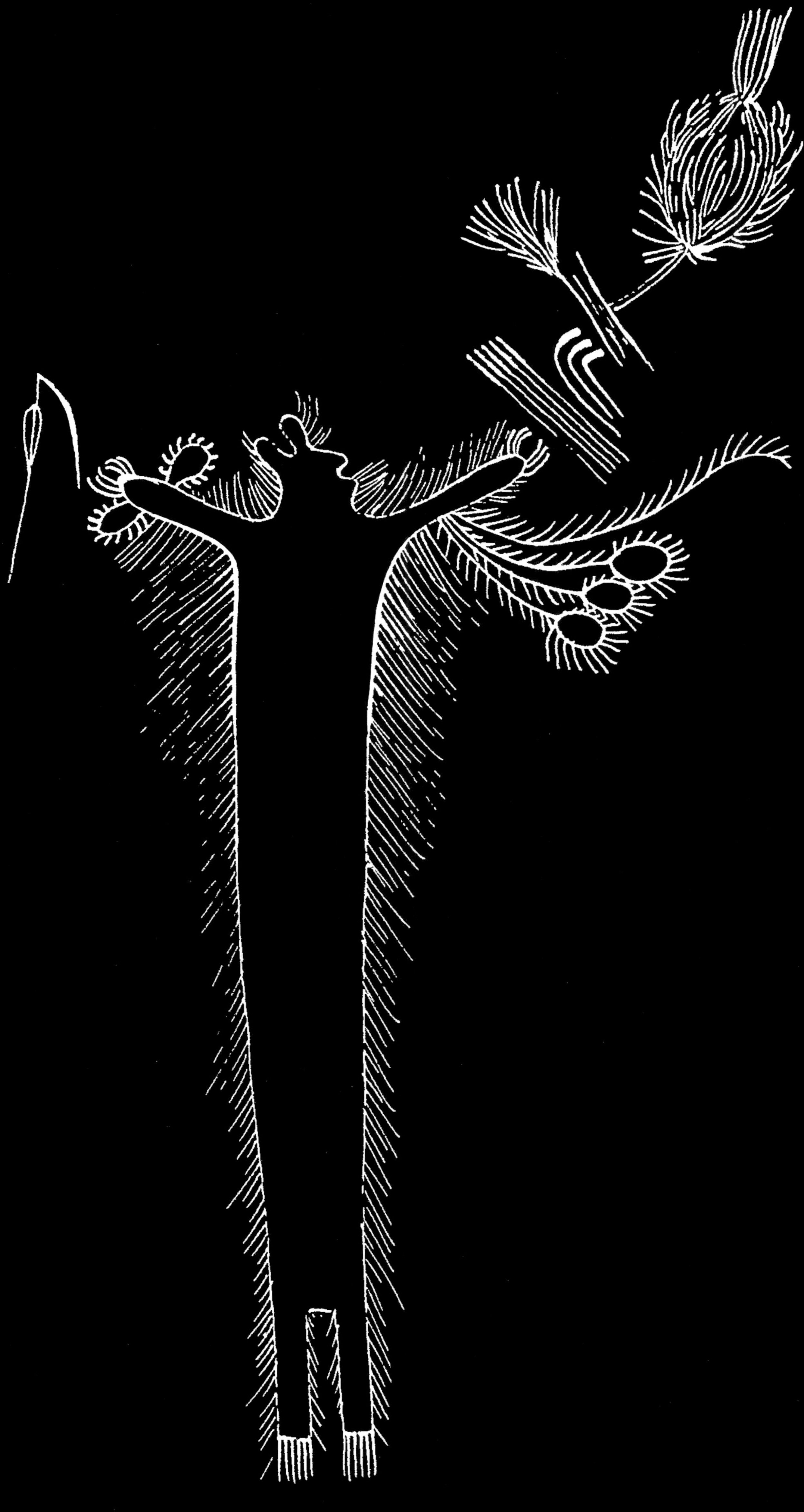

Pfeil und Bogen kannten und deren visuelle Vorstellung deskriptive und anekdotische Szenen mit einschloß. Die Lebensweise, die dieser Horizont widerspiegelt, muß in anderen Teilen des nordamerikanischen Kontinents schon längst vorhanden gewesen sein, als sie sich auf den Südwesten von Texas ausdehnte. In diesem Gebiet kann man ihren Beginn vor 4500 bis 4000 Jahren annehmen. Gleichzeitig bestanden weiterhin Enklaven von Sammlern fort, die ihre Traditionen weiterführten. In mindestens zwei Höhlen des Seminole Canyon gibt es Übermalungen, die ein Alternieren beider Traditionen in der späten Phase der Sammler zeigen.
Die Höheren Jäger waren Bogenschützen, sie jagten Tiere mittlerer Größe, verschiedene Antilopenarten, jedoch auch Großwild wie Bisons und kleine Tiere wie Füchse, Kojoten, Nagetiere und Vögel. Sie waren gute Handwerker und erfahrene Jäger, jedoch mit einer nur begrenzten Vorstellungsgabe ausgestattet. Dies zeigt sich an einer repetitiven und häufig auch monotonen Ikonographie. Im Gegensatz zur Lebensweise der Sammler, die der wirtschaftlichen Aktivität nur sekundäre Bedeutung beimaßen, scheint man aus der Felskunst dieser Jägerkultur erkennen zu können, daß diese Menschen derart darauf konzentriert waren, ihre ökonomischen Probleme zu lösen, daß nur wenig Raum für intellektuelle Vergnügung blieb. Sie lebten praktisch in einer funktionalen und auf Effizienz ausgerichteten Gesellschaft, was am oberflächlichen Realismus der Szenen gut erkennbar ist. Jagdszenen,

Vorhergehende Seite:
277. Schemazeichnung Wellmans von der hybriden Gestalt aus der Farbdarstellung 95. Die seitlichen Figuren eines Pfeilwerfers mit gefiederten Pfeilen, Lanzen, Äxten und Früchten sind vermutlich ergänzte Votivbilder.

Tänze, Riten und reale wie mythologische Ereignisse gehören zu den wichtigsten und häufig wiederkehrenden Themen.
Die deskriptive und anekdotische Szene, der ein bestimmtes Ereignis zugrunde liegt, taucht hier offensichtlich zum ersten Mal auf. Das spezifische Ereignis ist jedoch unbedeutend: die Jagd auf eine Antilope oder ein Stammesfest haben eine sehr begrenzte graphische, ästhetische und ideologische Dimension. Dennoch gibt es auch Szenen mythologischen Charakters, in denen die Geister der Urahnen und die Helden der Legenden evoziert werden. Diese Darstellungen finden sich aber nicht im texanischen Pecos, sondern am häufigsten in Neu-Mexiko, Kalifornien und Utah.

278. Entlang der Doppelseite: Felsgravierungen mythisch-historischen Charakters in einem Tal des Rio Grande, im Norden von Albuquerque, Neu-Mexiko, USA. Geschichte des «Urvaters aus dem Schlamm». Die Felsgravierungen erzählen Schritt für Schritt die Geschichte vom «Jungen mit dem Wasserkrug», die den Ethnographen seit Beginn des Jahrhunderts bekannt ist. Die detaillierte Lektüre dieser Petroglyphen hat den metaphorisch-erzählenden Charakter der Felskunst in den Dörfern enthüllt (aus: C. Patterson-Rudolph, 1990, S. 44).

KULTUREN MIT GEMISCHTEM WIRTSCHAFTSSYSTEM

Die letzte Phase der künstlerischen Sequenz des Seminole Canyon und des Pecos präsentiert eine Welt von Menschengruppen mit gemischter Ökonomie, welche die Jagd mit früher Landwirtschaft, dem Maisanbau, verbinden. Die Zeichnungen sind schematisch und stereotyp, und möglicherweise sind dies auch die Charakteristika der Gesellschaft, die sie hervorbrachte. Geflochtene Schalen und andere Gegen-

279. Sog. Kachina-Decke oder Schutzgeist mit großen runden Augen und geometrischen Verzierungen am Stamm. Felsgravierung, Hueco Tanks bei El Paso, Texas (aus einem Abdruck von K. Wellman).

280. Kleiner Teufel mit Schwanz und Harke. Pain Rock, Texas. Man kann daraus vielleicht schließen, daß die Vorstellung vom Teufel in der europäischen Mythologie nicht neu ist und sich vergleichbare Vorstellungen auch andernorts fanden (nach K. Wellman).

stände aus Pflanzengeflecht sowie großartige verzierte Keramiken stellten diese Völker her, die nicht mehr in Höhlen lebten, sondern diese lediglich noch als Kult- und Versammlungsorte aufsuchten. Sie wohnten in Dörfern aus Stein, häufig zu Füßen der mächtigen Felsüberhänge, und sie sind die Vorväter der «Plain Indians», die in historischer Zeit die großen Ebenen bevölkerten. In den halbunterirdischen Kivas für Kultzwecke und Versammlungen, die in jedem Dorf errichtet werden, haben ihre Nachfahren die Erinnerung an die urzeitlichen Höhlen im Herzen jeder Siedlung bewahrt. Hier hatten jahrtausendelang die Zeremonien ihrer Vorfahren stattgefunden.

Die Felskunst wird zu einer Verbindung von Ideogrammen oder repetitiven Symbolen mit konstanten Werten. Tatsächlich haben die Völker mit komplexem Wirtschaftssystem auch hier die Felskunst in eine Art ideographischer Schrift verwandelt. Mit ihrer Hilfe überlieferten sie Legenden, Ereignisse der Alltagschronik und allgemeine Informationen. Sie erreichten dabei einen Grad der Symbolisierung, der den ersten chinesischen Schriftzeichen sehr ähnlich ist. Auch sind zahlreiche Analogien mit den graphischen Möglichkeiten des mittleren Orients und Ägyptens offenkundig. Wäre ihre natürliche Entwicklung nicht von der Ankunft der Europäer gestört worden, hätten sie vielleicht eine eigene Schriftform erreicht.

Man nimmt an, daß diese Phase mit den ersten Europäern oder kurz davor einsetzte. In anderen fruchtbaren Gebieten, sowohl in Mexiko als auch in den Great Plains, setzten ein solcher Kunststil und eine derartige Lebensweise bereits viel früher ein. Was die Produktion von Nahrungsmitteln betrifft, so sind die Gebiete des Seminole und des Pecos bis heute Randzonen.

Die letzten Phasen der texanischen Felskunst spiegeln eine Zeit der Dekadenz wider. Trotz der technischen Neuerungen, der Entwicklung der Landwirtschaft und der Nahrungsproduktion, der Ritualisierung des Soziallebens und der Bedeutung

Die Felskunst im Seminole Canyon

Horizont	Versuchte Datierung	Materialien-kultur	Umgebung	Anmerkungen
gemischtes Wirtschaftsystem		Plain Indians Basket Makers	wie derzeit	Kultivierung von Mais – geometrische Motive, die heute noch gebräuchlich sind
	1000			
Höhere Jäger		Valverde	wie derzeit	Pfeil und Bogen, Jagd auf Tiere mittlerer Größe und auf Bisons
	4500			
Primitive Sammler		Baker	feuchter, die Vegetation ist reich an wildwachsenden Früchten	Wildbeute und Fischfang
	10 000			
Primitive Jäger	?	Golondrina – Folsom Clovis	Grasland	Jagd auf große Tiere

der Stammessolidarität war das künstlerische Schaffen nicht mehr das gleiche. Vermutlich war der Niedergang größtenteils auf den Einfall einer fremden Mentalität in ihr Territorium zurückzuführen, vielleicht der europäischen. Die Dekadenz beginnt jedoch bereits schon vor der Kolonialisierung, und vielleicht spiegelt diese Krise auch das Unbehagen einer Gesellschaft wider, die erschöpft war und sich erneuern mußte.
Der Höhepunkt des Felskunstzyklus dieser Region fiel in die Zeit der Sammler, deren Felskunst eine großartige kreative Ausdrucksfähigkeit von ungewöhnlicher Wucht annahm. Man kann diese Phase als eine der großen Epochen des Kunstschaffens in der Geschichte der Menschheit betrachten.
Die Felskunst dieses Gebiets, das heute eine fast verlassene Halbwüste ist, eröffnet uns Einblick in einen Zeitraum von über 12 000 Jahren, dessen künstlerische Spuren zwar noch wenig bekannt sind, jedoch als Wunder an Kreativität und als großartiger Ausdruck des menschlichen Geistes betrachtet werden können.

281. Schematische Darstellung des Kopfes eines Kojoten, in Weiß auf die Decke eines kleinen Felsüberhangs gemalt. Fort Hancock, Texas (nach K. Wellman).

Lateinamerika

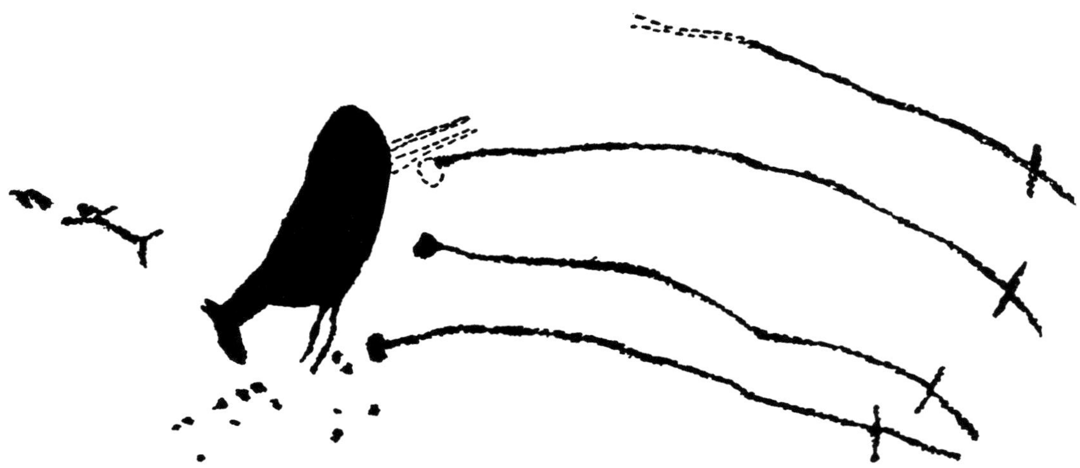

282. *Jagdszene mit «boleadores». Cuevas de Las Manos, Rio Pinturas, Periode der Höheren Jäger, aus der Phase, die auf die der «Handabdrücke» folgt (aus: J. Schobinger–C. J. Gradin, 1985, S. 28).*

283. *Bild eines anthropomorphen Wesens; vielleicht ein Geist, der mit dem Blitz oder atmosphärischen Unwettern zusammenhängt, in violetter Farbe, aus Charca Mata, Santa Cruz (Argentinien). Der Punkt auf der rechten Seite bedeutet Aktion und ist vielleicht mit dem Verb «machen» zu identifizieren, so daß die Figur fast eine Anrufung der Naturgewalten sein könnte (aus: J. Schobinger–C. J. Gradin, 1985, S. 32).*

Angesichts der Einfallswege und des Verlaufs, den die schrittweise Besiedlung nimmt, stellt sich die Frage, warum die typologisch und inhaltlich frühesten Werke der Felskunst aus Süd- und nicht aus Nordamerika stammen. Auch die mit etwa 43 000 Jahren bislang frühesten Datierungen stammen aus der südlichen Hemisphäre. Die früheste Radiokarbon-Datierung einer athropischen Schicht stammt aus dem nordbrasilianischen Goias (C 14 nicht geeicht); einige Forscher haben jedoch an dieser Datierung Zweifel angemeldet.

Bemerkenswert ist, daß ein vergleichbares Phänomen in Australien registriert wurde. Auch hier kam die Bevölkerung des Subkontinents zwangsläufig aus dem Norden, während die ältesten bekannten Fundorte im Süden liegen, am äußersten Gegenpol des Einfalls. In beiden Fällen betragen die Entfernungen Tausende von Kilometern. Man könnte fast annehmen, daß sich die prähistorischen Künstler sofort an die Arbeit machten, nachdem ihre Wanderung beendet war.

Die frühesten Fundorte der Felskunst Lateinamerikas befinden sich in Brasilien. Die archäologischen Ausgrabungen am Fundort von Pedra Furada, im Staat Piaui, haben Reste von Werkzeugen und Herdstellen ans Licht gebracht. Entdeckt wurden mehrere stratigraphische Schichten, die Fragmente von Felsen mit roten Farbspuren enthielten, welche von der darüberliegenden Wand abgefallen waren. Sie sind etwa 29 900, 26 300, 25 000 und 17 000 Jahre alt (Datierungen nach C 14 nicht geeicht). In einer kleinen bebilderten Grotte in Calderao do Rodrigues wurde eine archäologische Schicht nach dem C 14-Test auf ein Alter von etwa 18 600 Jahren datiert. In Brasilien finden sich immense Konzentrationen von Felsbildern sowie Gravierungen, deren tatsächliche zahlenmäßige Dimension nur annähernd vorstellbar ist. Die große Mehrzahl spiegelt eine Denkweise der Jäger und Höheren Sammler wider, innerhalb dieser Kategorie gibt es jedoch Dutzende von Stilen und *facies*. Bekannt sind sporadische Komplexe, wie sie typisch für die Primitiven Jäger sind; daneben finden sich Gruppen, die die Denkweise von Kulturen mit erstem gemischtem Wirtschaftssystem zeigen.

Die Einteilung in Primitive Jäger, Jäger und Höhere Sammler sowie Gruppen mit gemischtem Wirtschaftssystem kennt hier nicht die gleiche relative Chronologie, wie sie für den größten Teil der vergleichbaren Fälle anderer Kontinente gilt. Vermutlich ließen die Primitiven Jäger als erste ihre Spuren zurück, dann haben sich jedoch Felskunstgruppen mit zunächst «primitiven» Merkmalen an denselben Felswänden auch mit anderen Malereien des höher entwickelten Typs versucht. Auch Sammler und Frühe Ackerbauern treten in einen Prozeß ein, bei dem sie Be-

bilderungen auf Oberflächen anbringen. Man kann daher annehmen, daß Kulturen mit unterschiedlichen wirtschaftlichen Merkmalen dasselbe Gebiet und dieselben Oberflächen für ihre Malereien benutzt haben oder daß sie sich zumindest gegenseitig im Lauf der Jahrhunderte abwechselten.
In Patagonien befinden sich die Felsbilder vom Typ der Primitiven Jäger an Felsüberhängen und in Höhlen. In einer Höhle namens Los Toldos hat A. Cardich archäologische Schichten ausgegraben, die die gleichen Farbmaterialien enthielten, wie sie für die vor 12600 Jahren (nach C 14 ungeeicht) entstandenen verwendet wurden. Am Rio Pinturas, in der Provinz von Chubut, zeigen die «Cueva de las Manos Pintas» und andere Felsüberhänge großartige Komplexe, wo der – häufig negative und nicht positive – Abdruck der Hand als Figur dominiert. Wie in den Komplexen des Aurignaciens in Europa und auf vergleichbaren Bildern in Australien sind sie manchmal mit Zickzackmotiven und anderen Ideogrammen, mit Tierabdrücken und Tierfiguren, kombiniert.
Die stratigraphische Analyse läßt mindestens sechs Phasen erkennen, von denen vier zum Horizont der Primitiven Jäger gehören, der lange fortbestanden haben muß. Eine höhere Phase wird mit der Toldese-Kultur in Verbindung gebracht, die nach dem C 14-Test etwa 7300 Jahre alt ist. Die Tierfiguren (Kamele) tauchen bereits in dieser Phase auf, werden jedoch erst in den folgenden Perioden, die gemischte Merkmale der Primitiven und der Höheren Jäger zeigen, zum beherrschenden Element. Die Tiere scheinen Herden zu bilden, manchmal könnte es sich bereits um Szenen handeln. Anthropomorphe Gestalten kommen fast nicht vor, so daß man nicht von anekdotischen Szenen sprechen kann. Außerdem sind keine Elemente vorhanden, die Aussagen darüber ermöglichen, ob Pfeil und Bogen bereits verwendet wurden. Vielleicht ist der Bogen erst später nach Patagonien gelangt.
In Peru und im Norden Chiles registriert man eine lange Sequenz von Jägern und Sammlern. Auf diesem Gebiet findet sich auch ein besonderer Typ der Felskunst aus monumentalen Figuren, die mit Kieseln auf den Abhang der Hügel gezeichnet wurden («Geoglyphs» und «Pebble Drawings»). Darstellungen dieses Typs finden sich auch andernorts in Amerika, vor allem in Kalifornien und in Britisch-Kolumbien. Der berühmteste Ort dieser Kieselsteinfiguren ist Nazca, aber die Praxis ist auf größerem Gebiet verbreitet. Überraschend dabei ist, daß viele dieser Figuren als Ganze nur aus der Luft gesehen werden können, was nicht wenige Science-Fiction-Spekulationen ausgelöst hat. Tatsächlich ist uns bekannt, daß viele Fels-

284. Felsgravierungen der frühen Nahrungsmittelproduzenten. Eine Anfangsphase der Gruppen mit «gemischtem Wirtschaftssystem». Toro Muerte, Peru. Eine Szene mit Tanz und Musik, wo die Rhythmen und Klänge graphisch mit Punkten und Linien um die Tänzer dargestellt sind. Jeder Tänzer trägt eine andere Maske, die seine Identität (oder seine Rolle während des Tanzes) angibt (aus: A. Núñes Jiménez, 1986, Bd. 4, S. 469).

285. Stilisierung in der Kunst der Primitiven Jäger. Provinz von Santa Cruz, Argentinien. Die tief eingeritzten Zeichen wurden als stilisierte Vulven interpretiert. Das erste Zeichen weist verschiedene anatomische Details auf. Die anderen beiden sind schematischer (aus: J. Schobinger–C. Gradin, 1985, S. 36).

286. Bilderschriftzeichen und Ideogramme. Assoziation von zwei anthropomorphen Wesen mit Symbolen. Der Abdruck stammt von einer Felsgravierung mit über einem Meter Länge in der Wüste von Sonoro, Mexiko (Foto: D. Ballereau, 1988).

104. Oben: Sierra von San Borjita, Muleje, Baja California. Oberfläche mit tiefen primitiven Gravierungen, wobei stilisierte Vulven und phallische Symbole vorherrschen. In der Mitte eine anthropomorphe Figur.

105. Folgende Doppelseite: Sierra von San Borjita. Decke der Höhle von Muleje mit der Darstellung großer anthropomorpher Figuren in Weiß und Schwarz, von denen einige größer als 2 m sind. Es handelt sich wahrscheinlich um einen Fundort, an dem Initiationsriten stattfanden. Zu erkennen sind hier böse und gute Urgeister, die bei der Zeremonie kultisch dargestellt wurden; häufig wurde mit Pfeilen auf sie gezielt, womit man ihr Eingreifen provozieren oder gegen das Fehlen ihrer Hilfe protestieren wollte.

106, 107. Oben: Zwei Ansichten des außergewöhnlichen Fundorts von Pedra Pintas, Niederkalifornien, wo unzählige Bebilderungen große Meerestiere wie Wale oder Haie darstellen. Dieser Fundort ist jedoch fünf Tagesmärsche vom Meer entfernt. Das Gebiet gilt als Ort, wo sich die Stämme treffen, um bei ihren Zereomien Urgeister anzurufen und sich des Überlebens der Stammesmitglieder zu versichern.

108, 109. Oben: Trinidad, bei Muleje. Stratigraphische Sequenz mit Felsbildern aus verschiedenen Perioden mit einem kleinen Felsüberhang unter einem Felsen. Gesamtansicht und Ausschnitt.

110, 111. Folgende Seite: Ausschnitt der Decke von Muleje. Auf dem Foto links erkennt man die verschiedenen Phasen der Überlagerungen. Foto rechts: Man beachte die Verwendung von Naturkräften als Quelle der Inspiration. Man erkennt auch, daß die Bilder zuerst mit Umrißlinien in weißer Farbe skizziert und später mit anderen Farben ausgemalt wurden.

112. Oben: «Höhle der Schlangen», Mexiko. Große bebilderte Oberfläche mit stratigraphischer Sequenz. Man erkennt verschiedene Phasen der Jäger, der sich zwei Phasen der Sammler überlagern, eine davon mit einer großen Schlange, die andere mit einer Reihe von Figuren in Rot und Schwarz.

113. Rechte Seite: Rio Pinturas, Chubut, Patagonien, Argentinien. Felsüberhang unter einem Felsen mit Abdrücken von Händen. Wahrscheinlich war das der Ort von Initiationsriten, an dem die Neuinitiierten den Abdruck ihrer Hand als Geste der Unterwerfung unter die sozialen Regeln zurückließen (mit freundlicher Genehmigung von G. Ligabue).

Die Felskunst Niederkaliforniens

Horizont	Versuchte Datierung	Technik	Stil
gemischtes Wirtschaftssystem		vorwiegend Bilder	schematische und abstrakte Motive, Darstellungen der Maispflanze
	1000		
Fischer, Jäger und Sammler		Gravierungen und Bilder	Meerungeheuer, Wale und Haie, Mythologie einer unterseeischen Welt
	4000		
Sammler und Jäger		Bilder	Anthropo-zoomorphe Darstellungen, phantastische Wesen, Assoziationen und wenige Szenen, Kunst im Zustand der Halluzination produziert
	8000		
Primitive Jäger	?	Bilder und sporadisch Gravierungen	große Tierfiguren und Ideogramme, Assoziationen, keine Szenen

287. Maskenartige Darstellung vom wichtigsten Fundort der «quebrada» von Aguas Blancas, San Juan (aus: J. Schobinger–C. J. Gradin, 1985, S. 63).

kunstwerke Botschaften an Geister und übernatürliche Kräfte darstellten, die sich in den Felsen verbargen. Die Figuren aus Kieselsteinen waren wahrscheinlich an himmlische Kräfte gerichtet. Sie wurden in der Absicht geschaffen, daß sie vom Himmel aus zu sehen sein sollten. Aber an wen waren sie gerichtet? An wirkliche Wesen, Geister oder Götter? Einige könnten mit Sonnen- oder Mondkulten in Zusammenhang stehen.

Nordargentinien, Bolivien, Chile und Peru zeigen reiche Sequenzen sowohl an Bildern als auch an Gravierungen, vorwiegend von Jägern und Sammlern, die vermutlich bis in jüngere Epochen weiterexistierten. Bislang fehlen noch exaktere stratigraphische Analysen und Chronologien.

In Mittelamerika gibt es eine wichtige Sequenz auf der Halbinsel Niederkalifornien. Figuren in zahlreichen Stilen, die untereinander stark divergieren, sind häufig auf derselben Oberfläche vorhanden, was ein erstes Gerüst einer stratigraphischen Sequenz ermöglicht, die sich auch für andere Gebiete Amerikas als nützlich erweisen kann (BCSP 21, S. 107). Eine erste Untersuchung im Süden der Halbinsel ließ vier große Horizonte erkennen, die sich immer in der gleichen stratigraphischen Folge finden:

I. Charakteristisch für den frühesten Horizont der *PRIMITIVEN JÄGER* sind Ideogramme, Abdrücke der Hände und Darstellungen meist großformatiger, monochromer Tiere, die höchstens mit einer roten Umrißlinie versehen sind. Im selben Stilbereich finden sich tief eingeritzte Gravierungen, bei denen stilisierte Vulven vorherrschen. Sie stammen ebenfalls vorwiegend von primitiven Jägerkulturen,

288. Kult der Vegetation. Felsbilder der letzten Sammler. Toca da Extrema. II. Piaui, Brasilien. Zwölf Personen beten eine Pflanze an. Eine Person ist frontal dargestellt, während die anderen elf im Profil zu sehen sind. Die Arme dieser ichthyophallischen Wesen sind zur Pflanze hin ausgestreckt, so als wenn sie der Pflanze danken wollten. Die Pflanze scheint aphrodisierende Eigenschaften zu besitzen (aus: N. Guidon, 1984, S. 63).

gelegentlich aber auch von anderen Gruppen. Dieser Stil ist auch im Südwesten der Vereinigten Staaten weit verbreitet.

II. Es folgt ein Horizont der *SAMMLER UND JÄGER* mit einer Fülle anthropomorpher, anthropo-zoomorpher und monströs zoomorpher Figuren. Viele Darstellungen sind zweifarbig in Rot und Schwarz gehalten. Die phantastischen Formen, die häufige Darstellung anthropomorpher Gestalten, die von Spitzen und Wurfspießen durchbohrt sind, könnten auf Halluzinogene schließen lassen. Ein ähnlicher Stil, der sich auch in Kalifornien, Neu-Mexiko und im Süden von Texas findet, hat seine spektakulärste Ausprägung im Seminole Canyon.

III. Die Künstler der *FISCHER, JÄGER UND SAMMLER* zeigen bemalte Figuren in einer großen Farbvielfalt, Weiß, Grün, Rot und Schwarz, auch bei Felsgravierungen. Wichtigstes Thema sind Fische, darunter Haifische und phantastische Seeungeheuer. Zahlreiche Phantasiewesen in Fischform, als Vierfüßler oder als anthropomorphe Gestalten gehen auf Stämme zurück, für die der Fischfang, die Jagd und die Wildbeute, wohl in dieser Reihenfolge, große wirtschaftliche Bedeutung hatten. Möglicherweise machten auch sie übermäßigen Gebrauch von Halluzinogenen. Wale, Haifische und andere große Tiere des Meeres sind sogar an Fundorten dar-

289. Mit Äxten bewaffnete Krieger kehren mit einer Trophäe und Federn auf dem Kopf von der Schlacht zurück. Felsmalerei aus Carahua Si, Salta, Argentinien (aus: J. Schobinger–C. J. Gradin, S. 74).

Oben:
114. Links: Der Rio Pinturas, Chubut, Argentinien. Hier entstanden an verschiedenen Orten bis vor 13 000 Jahren zahlreiche Bilder (aus: J. Schobinger – C. J. Gradin, Abb. 46).

115. Rechts: Tief eingeritzte Oberfläche in Cerro Morado in Norquin, Argentinien. Ein Gebiet mit *cupules* hat sich um den zentralen Punkt der Felsen entwickelt, wo sich gravierte Vulven, sternen- und schlangenförmige Zeichen befinden, die wahrscheinlich aus formativer Zeit stammen (aus: J. Schobinger – C. J. Gradin, Abb. 123).

116. Rechts: Anthropomorphe Maske aus der Provinz von Catamarca vom Beginn unseres Zeitalters. Die Linien unter den Augen stellen Weinen dar; sie bezeichnen wahrscheinlich die Identität der Figur als Urgeist, dem durch das Verhalten der Menschenwesen Schmerz zugefügt wird (aus: J. Schobinger – C. J. Gradin, Abb. 90).

117. Rechte Seite: Rio Pinturas, Patagonien, Argentinien. Felsüberhang eines Felsens mit Bildern, die negative Abdrücke der Hand, Zickzackmotive und weitere Ideogramme darstellen. In einer folgenden Phase wurde das Bild um Vierfüßler ergänzt (mit freundlicher Genehmigung von G. Ligabue).

290. *Rechts: Gruppe von anthropomorphen Figuren bei einer Zeremonie. Jede Gestalt trägt ein charakteristisches Ideogramm auf dem Kopf. Auf der rechten Seite könnte das vegetale Element den Anlaß der Zeremonie anzeigen: ein Baum oder eine Frucht von besonderer Bedeutung. Eine der Gestalten scheint eine Flöte oder etwas ähnliches im Mund zu halten. Aus Quebrada de Palca, Peru (aus: A. N. Jimenez, 1986, S. 575).*

291. *Unten: Anthropomorphe elusive Gestalt: Mensch oder Geist? Felsgravierung von Pedra Calada, Las Plumas, Chubut, Patagonien, Argentinien. Das zentrale Bild, das etwa 1,40 m hoch ist, wird von sehr gebräuchlichen Ideogrammen begleitet: Scheiben, Halbkreise mit kleiner Aushöhlung in der Mitte, Linien und Gruppen von Linien (aus: J. Schobinger – C. J. Gradin, 1985, S. 36).*

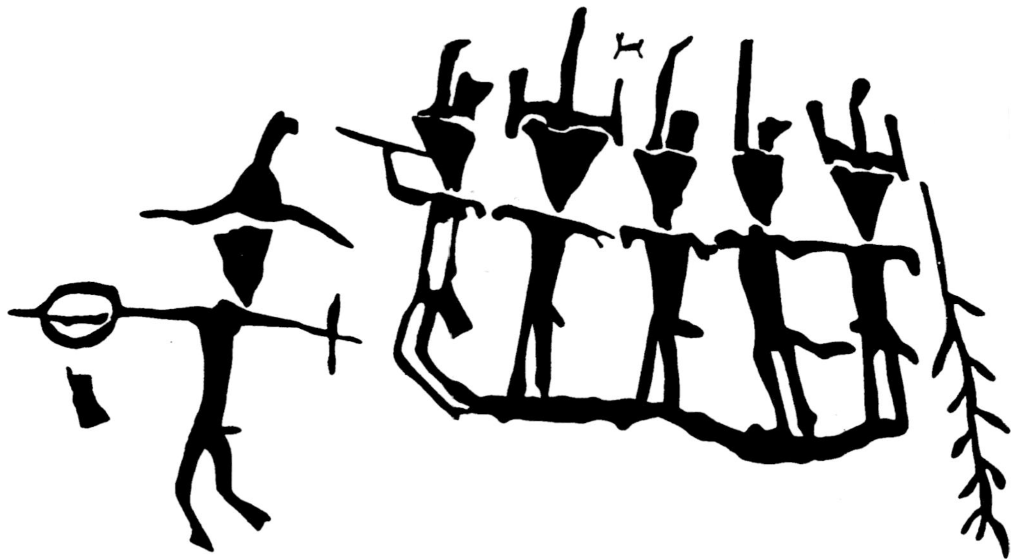

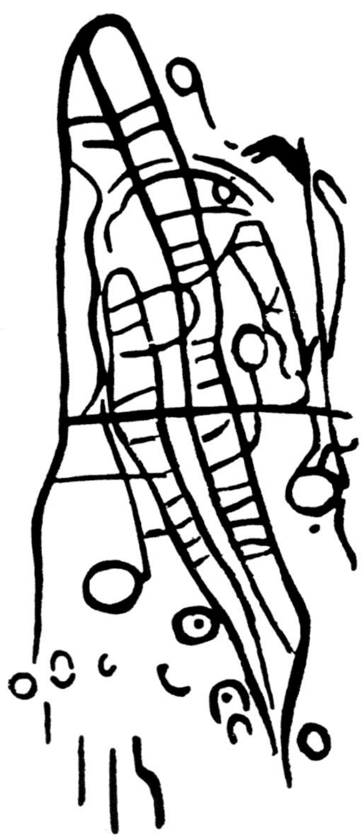

292. *Schwarzes Felsbild, das eine große Gruppe von Guanaki in Cueva Grande del Feo, Argentinien, darstellt. Eine Bevölkerung von Jägern hat wild lebende Guanaki wie Haustiere domestiziert. Der Stil mit in Reihen angeordneten Tieren ist typisch für die Viehzüchter: Hier handelt es sich jedoch um einen Ausnahmefall, da die Darstellung von Jägern stammt (aus: J. Schobinger – C. J. Gradin, 1985, Abb. 58).*

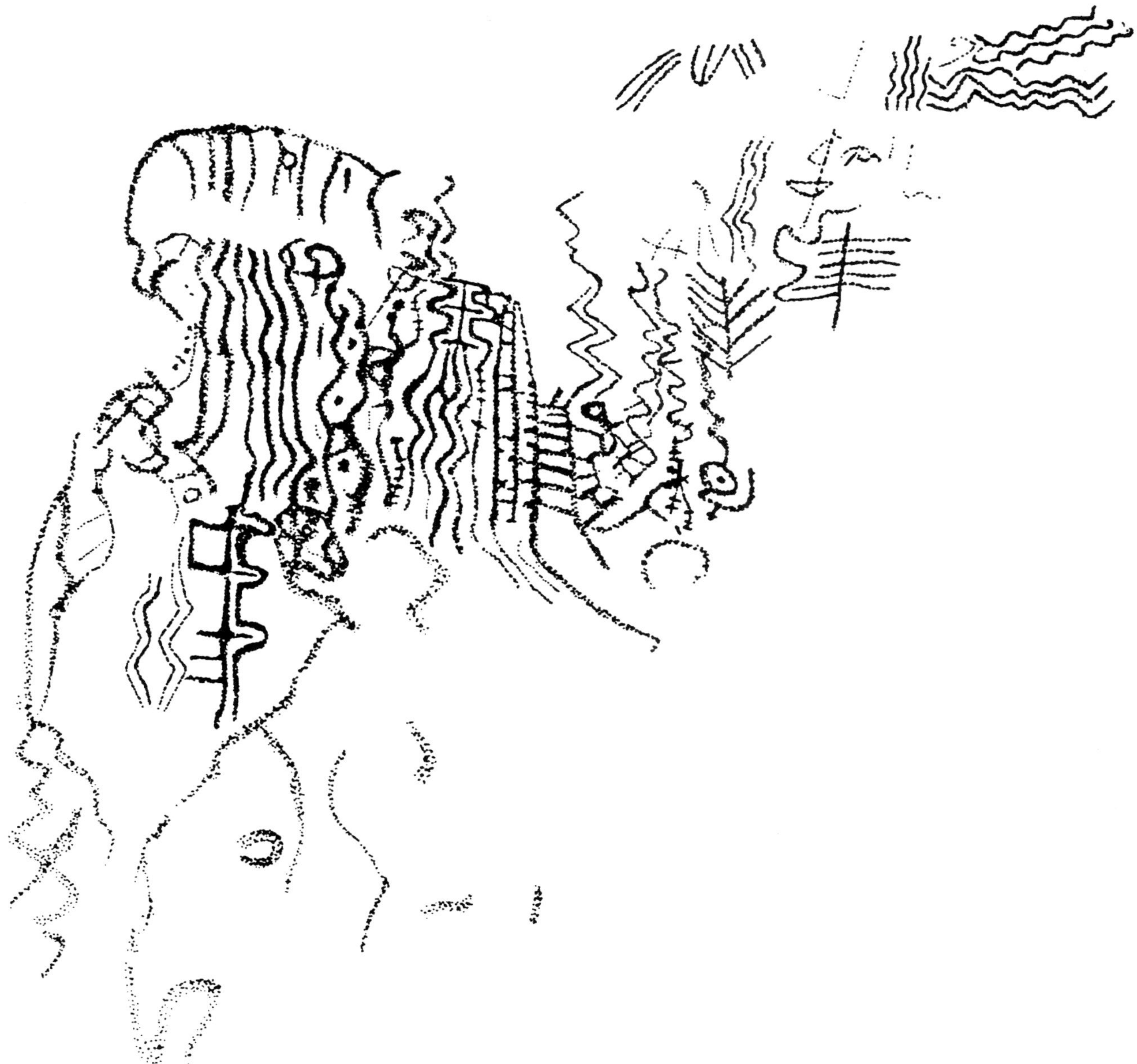

gestellt, die sich mehrere Tage Fußmarsch von der Küste entfernt befinden. Interessant ist die Analogie zur Felskunst Britisch-Kolumbiens.

293. Felsgravierung aus Casa de Piedra, Flußtal des Nequen. Dieser Stil mit schematischen Kompositionen dauert lange an und begann wahrscheinlich sehr früh (aus: J. Schobinger–C. J. Gradin, 1985, S. 78).

IV. *GEMISCHTES WIRTSCHAFTSSYSTEM*: Die jüngste Phase – vor den modernen Schriften, die sich ihr überlagern – besteht aus vorwiegend abstrakten und geometrischen Motiven, ähnlich denen, die jüngere präkolumbianische Keramiken verzieren. Es finden sich sowohl Malereien, vorwiegend in Weiß, Braun und Schwarz, als auch Felsgravierungen. Auch Pflanzenmotive trifft man an, häufig ein schematisch gezeichneter Strauch, der Mais darstellen könnte.
Die Grundlinien bildet die Sequenz: Primitive Jäger – Sammler und Jäger – Fischer, Jäger und Sammler – Stämme mit gemischtem Wirtschaftssystem. Die Ähnlichkeit der ersten beiden Horizonte mit denen, die man im Südwesten der USA gefunden hat, weist auf die weite Verbreitung bestimmter Modelle hin. Ein bescheidenes, aber nützliches deskriptives Werk über die Felskunst in Lateinamerika wurde unlängst von Suzana Manzon publiziert. Zusammenfassende Studien über Argentinien wurden von Juan Schobinger und Carlos J. Gradin, über Brasilien von Annette Laming-Emperaire und von Niède Guidon verfaßt. Mit den ersten Arbeiten von Osvaldo Menghin und vielen anderen bilden diese Werke die Basis für eine zukünftige systematische Erforschung der Felskunst Südamerikas.

118. Folgende Seite: Cueva de las Manos. Pintas, Rio Pinturas, Chubut, Patagonien, Argentinien. Ansammlung von Bilderschriften und Ideogrammen (nach G. Ligabue).

ATLANTISCHER OZEAN
PAZIFISCHER OZEAN
Caracas
Orinoco
Bogotá
AMAZONISCHE
Río Negro
Manaus
Belém
Amazonas
WÄLDER
Tapajos
Madeira
Xingu
Araguaia
Recife
MATO GROSSO
Brasilia
Lima
Titicacasee
La Paz
GRAN CHACO
Rio de Janeiro
São Paulo
Salado
Paraná
Buenos Aires
Montevideo
Santiago
Colorado
Río Negro
KARIBISCH-AMAZONISCHES GEBIET
ECUADOR
OSTEN BRASILIENS
HOCHLAND DER ANDEN
OHNE FELSKUNST
PATAGONISCHE STEPPE
Fundorte mit Felskunst
1 Maddensee oder Alajuela-Stausee
2 Río Pedregal (El Jobo)
3 Taima-Taima und Cucuruchú
4 Tibitó und Tequendama
5 El Inga
6 Chobshi
7 Siches und Quebrada Honda
8 Paiján und Pampa de los Fósiles
9 Quirihuac und La Cumbre
10 Guitarrero und Quishqui Puncu
11 Pampa de Lampas
12 Lauricocha, Chaclarragra und Ranracancha
13 Ambo und Pampa de Junín
14 Ancón
15 Tres Ventanas (Chilca Alta)
16 Jaywamachay und Puente
17 Huanaqueros (Yarabamba)
18 Sumbay
19 Toquepala und Tarata
20 Viscachani
21 Salar de Huasco
22 Salar de Soronal
23 Cordigliera di Lípez
24 Tuina
25 San Pedro de Atacama
26 Puna de Jujuy (Inca-Cueva und Huachichocana)
27 Saladillo und Turilari
28 Quebrada de Las Conchas
29 Valle di Santa María (Ampajango und Yape)
30 Totoral und Chilitanca
31 Vinchina und Las Pircas
32 Gualcamayo (Höhle von Peñoncito)
33 Cárcamo
34 San Pedro Viejo de Pichasca
35 La Fortuna
36 Pampa de Olaén (Ayampitín)
37 Intihuasi
38 Queredo
39 Tagua-Tagua
40 Casa de Piedra
41 Höhlen von Traful und von Cuyín Manzano
42 Nochaco
43 Bahía Solano
44 Riparo delle Mani dipinte (Las Pulgas)
45 Alto Río Pinturas (Höhle von Mani), Riparo Charcamata, Torrente Feo und Poggio Casa de Piedra (Burmeister-See)
46 La Martita und El Verano
47 Los Toldos
48 El Ceibo
49 Höhlen von Fell und von Palli-Aike
50 Marazzi und Tres Arroyos, Poggio degli Ona
51 Englefield-Insel
52 El Túnel
53 Poggio La China und Poggio El Sombrero
54 Valizas und Santa Teresa
55 Río Negro
56 Laranjito
57 Río Claro (Alice Boer)
58 Lagõa Santa (Cerca Grande und Lapa Vermelha)
59 Formosa und Niquelandia
60 Gebiet von Central
61 São Raimundo Nonato

XII. Ozeanien

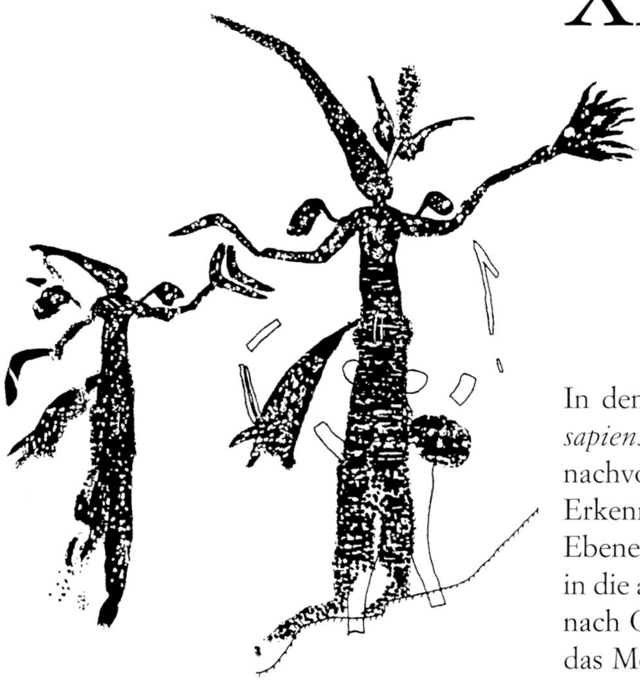

294. Felsbild im Gebiet von Kimberley, Australien. Es stellt zwei Gestalten mit besonderem Kopfschmuck dar; die größere hält eine angezündete Fackel in der Hand. Das Bild stammt aus der sogenannten Bumerang-Phase. Monochromatische Gruppe vom Typ «bradshau», wahrscheinlich im 5. Jahrtausend v. Chr. entstanden (aus: D. Welch, 1993, Umschlagzeichnung).

In den vorhergehenden Kapiteln haben wir die geistigen Abenteuer des *Homo sapiens* und sein unaufhaltsames Vordringen in die verschiedenen Winkel der Erde nachvollzogen. Von Afrika aus kam er nach Asien und nach Europa. Forschergeist, Erkenntnisdrang und der Ehrgeiz, die Welt zu entdecken, ließen ihn die einsamen Ebenen Sibiriens durchschreiten und die Beringstraße überqueren, von wo aus er in die amerikanischen Regionen bis nach Feuerland kam. Von Asien aus ist er auch nach Ozeanien gelangt, und hier kam zum Abenteuer zu Land die Odyssee über das Meer hinzu. Die Spuren seiner Kreativität finden sich an den unerwartetsten Stellen, denn die Felskunst ist auf den Inseln ebenso reichlich vorhanden wie auf den Kontinenten. Selbst wenn man an den Osterinseln anlegt, die am weitesten entfernt von jedem Kontinent sind, fallen einem sofort die Felsgravierungen ins Auge.

In Ozeanien treffen wir auf die wichtigsten Felskunst-Ansammlungen des australischen Kontinents; kleinere Komplexe sind im ganzen Pazifikraum verstreut, mit wichtigen Fundorten auf Hawaii, in Neuguinea und auf den Osterinseln. Die dichtesten Fundorte außerhalb Australiens befinden sich an den drei äußersten Punkten des Pazifiks. Es scheint so, als wiederhole sich hier ein Phänomen, das bereits mehrfach registriert wurde: Der Mensch hat seine größten Werke häufig dann geschaffen, wenn er, nolens, volens, bei seiner Wanderung innehalten mußte, weil er am Ende des Weges angekommen war.

Während wir in Neuguinea ziemlich unterschiedliche Stile antreffen, die darauf hinweisen, daß die Felskunst hier in verschiedenen Perioden entstand, zeigt sich auf den Osterinseln und auf Hawaii ein ziemlich homogener Stil. Beide Male könnte es sich also um eine einzige Stilperiode handeln, die relativ lang andauerte. Auf der Osterinsel gehören die herausragenden Bilder und Reliefgravierungen zur selben Kultur, die auch die monumentalen Plastiken hervorgebracht hat. In Neuseeland gibt es verschiedene Höhlen, Felsüberhänge und Fundorte im Freien, mit sorgfältig dargestellten Bildern und Gravierungen, die von den Maori während der letzten Jahrhunderte geschaffen wurden.

In Australien weisen verschiedene Datierungen darauf hin, daß sich das Schaffen von Felskunst hier über mehr als 20 000 Jahre erstreckt. Vermutlich wurden die Fähigkeit und das Bedürfnis, Kunst hervorzubringen, von den ersten Bewohnern Australiens vor 40 000 Jahren mitgebracht. Das älteste gesicherte Datum liefert die Koonalda-Höhle im äußersten Südwesten Südaustraliens, westlich von Adelaide. Nach der Radiokarbonbestimmung (C 14 ungeeicht) entstanden die graphischen Zeichen auf den Wänden dieser tiefen Höhle vor über 20 000 Jahren. Komplexe von Gravierungen auf der Halbinsel York sind nach diesem Verfahren noch etwa 15 000 Jahre älter. Neuere Betrachtungen schlagen noch frühere Datierungen vor, die bei etwa 40 000 Jahren liegen. Mit dem C 14-Test hat man hier die organischen Intrusionen der Patina auf der gravierten Fläche untersucht. Diese Daten sind je-

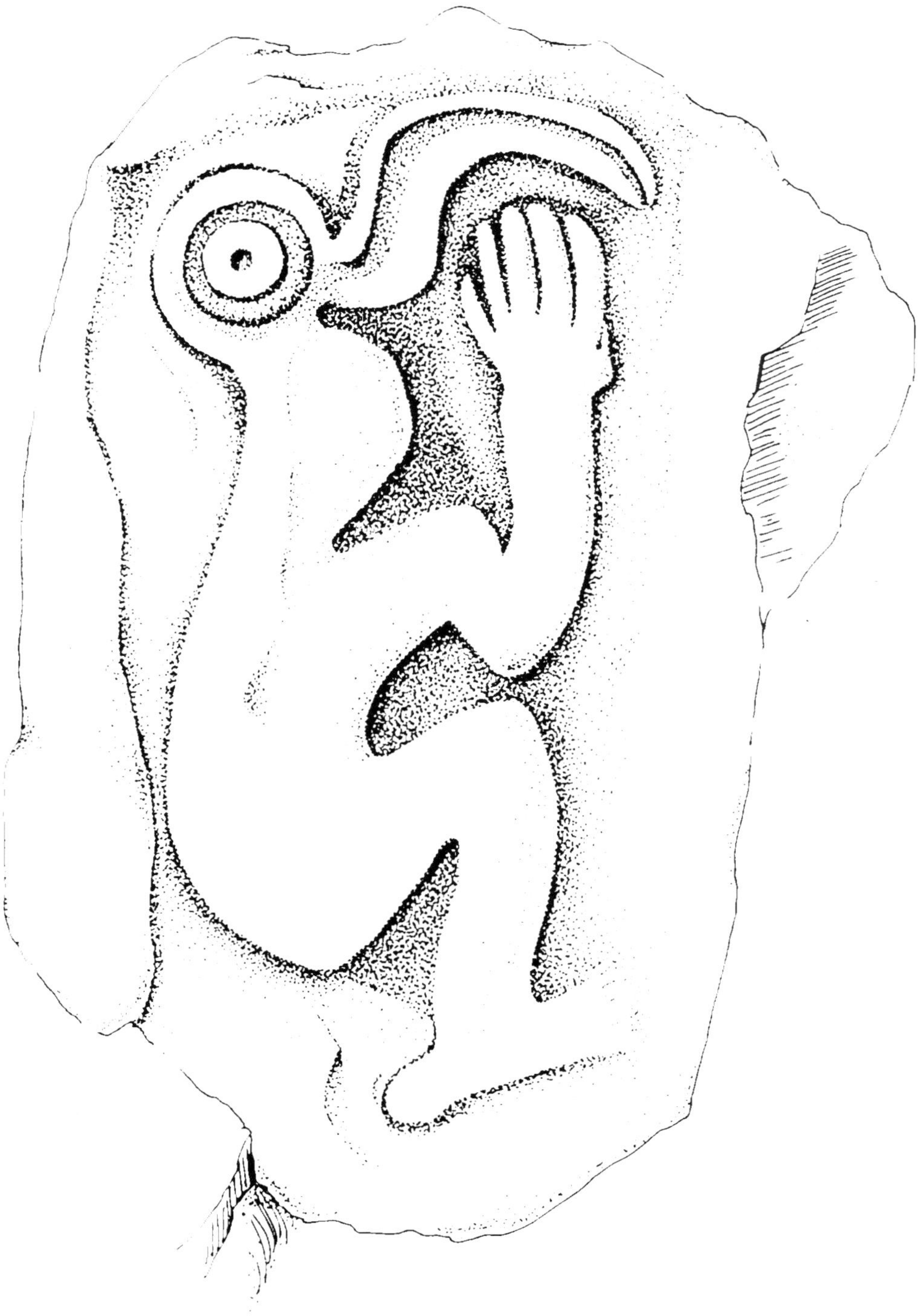

295, 296. Felsgravierung von der Osterinsel. Oben: Hochrelief des mythischen Vogelmenschen. Unten: anthropomorphe Seehunde, phantastische Wesen des Meeres (aus: G. Lee, 1986, S. 146 u. 181).

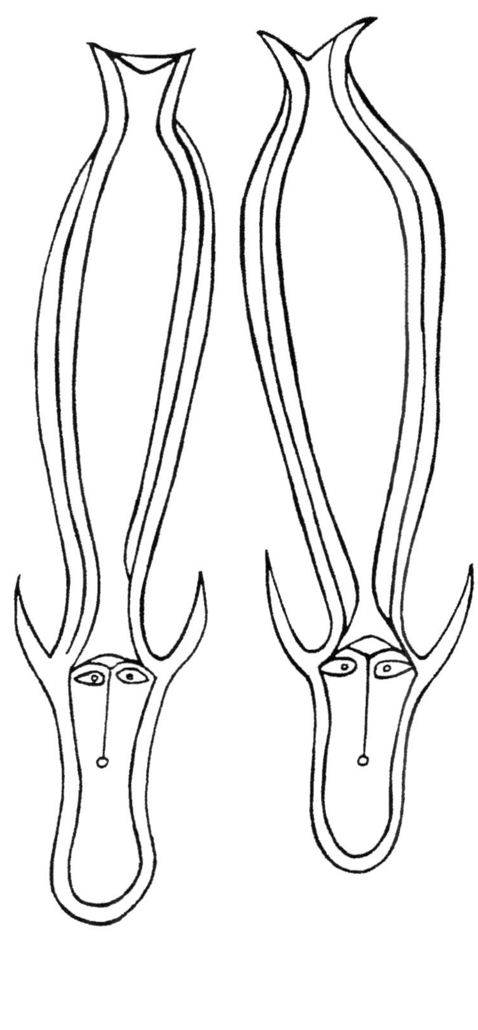

297. Felsbilder aus dem Gebiet von Arnhem. Dargestellt sind die beiden «urzeitlichen Schwestern», ein Motiv, das in der Mythologie der Aborigines häufig vorkommt (nach einem Abdruck von John Clegg).

298. Zwei Personen mit ihren Waffen: Speer, Wurfspieß und Bumerang. Felsbilder in Dunkelrot vom Upper East Alligator River. Die Frisur weist auf die Identität. Höhe der größeren Figur etwa 65 cm (aus: D. Lewis, 1988, S. 219).

doch problematisch, denn durch den Gravierungsprozeß kann Material auf die umgebende Oberfläche gelangt sein. Die frühen Datierungen sind zwar nicht auszuschließen, erfordern jedoch noch eine genauere Untersuchung.

In Australien schaffen die Aborigines bis heute Felskunst. In ihrer Erinnerung sind die Beweggründe erhalten geblieben, die den Menschen veranlaßt haben, diese Werke hervorzubringen und die großen und kleinen Höhlen als heilige Orte zu betrachten, in denen bestimmte Rituale vollzogen wurden. Jüngere Untersuchungen im Gebiet von Sidney, auf der Halbinsel von York, im Kimberley, im Archipelag von Dampier und in Südaustralien enthüllen die ganze Dimension der australischen Felskunst, wo jedes der genannten Gebiete über eine Million Darstellungen umfaßt.

Untersuchungen in Tasmanien zeigen, daß hier die Kunst als Folge der Abwanderungsbewegung aus Australien und durch Kontakte mit den Bewohnern Australiens vor dem Anstieg des Meeresspiegels, gegen Ende des Pleistozäns, vor etwa 12 000 Jahren, entstand. Die Bewohner Tasmaniens sind Menschen australischer Herkunft, die durch den Anstieg des Meeresspiegels hier isoliert wurden.

Der australische Dingo, der als Haushund vor etwa 8000 Jahren domestiziert wurde, hat auch den Stil der Felskunst beeinflußt. Von diesem Zeitpunkt an stellt der Hund ein Leitfossil für die Datierung dar. Der Dingo ist jedoch nie bis nach Tasmanien gelangt, wo die primitiven Phasen eine viel längere Dauer hatten. Der australische Subkontinent kennt sehr unterschiedliche klimatische Bedingungen und natürliche Ressourcen. So zeigt auch die Felskunst verschiedene Stile, von denen sich einige auf dem gesamten Subkontinent verbreiten, andere dagegen enger begrenzt sind.

Die Unterteilung der Felskunst in vier große Kategorien, wie sie für andere Kontinente gilt, erübrigt sich in Australien, da alle Werke, außer den eindeutig modernen, typologisch den Primitiven Jägerkulturen zuzuordnen sind. Auch die Inhalte, bei deren Deutung uns die Aborigines helfen, zeigen die Assoziationen der Primitiven Jäger und beruhen auf der Metapher und der Assoziation von Bilderschriftzeichen und Ideogrammen. Selten und nur in bestimmten Gebieten und Zusammenhängen finden sich Szenen anekdotischen, episodischen oder erzählenden Charakters. Es gibt jedoch komplexe Assoziationen, über die die Erzählung verläuft; diese evoziert häufig Mythen, deren verschiedene Ereignisse oder auch deren Gesamtheit auf einem einzigen Bild, in einer einheitlichen Montage von Graphemen, erzählt wird.

Die Untersuchung der australischen Felskunst wird durch einen anderen Kunsttypus unterstützt, nämlich die Bilder auf Baumrinde, die beweglich sind und in allen Museen der Welt Platz finden können. Sie werden von den Künstlern selbst erklärt und spiegeln denselben Typus der Vorstellungen und der Symbolisierung wider, den wir auch in der Felskunst finden.

Wie bereits erwähnt, gibt es zahlreiche begrenzte lokale Stile mit weiter Verbreitung. In groben Zügen kann man sechs große stilistische Horizonte der Felskunst ausmachen, die in den verschiedenen Territorien Australiens verbreitet sind:

1. Der *Koonalda-Stil* findet sich vor allem in Südaustralien und in Victoria. Er besteht aus Felsgravierungen sowie parallelen oder verschlungenen Linien. Manche Zeichen können Zahlen bedeuten, andere scheinen fast ein Spiel zu sein, bei dem zufällige Formen entstanden. Der Koonalda-Stil ist über 20 000 Jahre alt, man ist jedoch noch nicht in der Lage, seine exakte Dauer festzustellen.

2. Der *Murray-River-Stil* ist weit verbreitet am Fluß Murray in Tasmanien und auf der Halbinsel York. In Laura wurde er in einer archäologischen Schicht gefunden, die durch C 14 (nicht geeicht) auf ein Alter von 15 450 Jahren datiert wurde; möglicherweise könnte er noch älter sein. Auch sein Vorhandensein in Tasmanien weist auf ein Alter von 12 000 Jahren. Häufig wiederkehrende Elemente wie «hufeisen-

förmige» Vulven, Vierecke, punktierte Kreise, Reihen von parallelen Linien und wiederholte Assoziationen von Linien, Punkten oder *cupules* zählen zu den häufigsten Motiven, die oft auf derselben Oberfläche wiederholt werden.
3. Der *Panaramitee-Stil* findet sich in Südaustralien, in New South Wales, in Queensland und in den Northern Territories. Er gehört ebenfalls zur «prä-Dingo»-Sequenz und ist wahrscheinlich über 8000 Jahre alt. Er besteht aus Gravierungen, mit Elementen wie Hand- oder Fußabdrücken, zu ovalen Kreisen geschlossenen Punkten, die man als Eier im Nest ansieht, mit Zeichen in Form von Bumerangs, schematisierten Tierfiguren und leicht anthropomorphen schematisierten Gesichtern. In Queensland wie auch in Tasmanien und in den Northern Territories gibt es Bilder, die vorwiegend Hand- und Fußabdrücke sowie Bumerangs zeigen, außerdem Tierreliefs, die ein weiterer Aspekt desselben Stils sein könnten.
4. *Der Sidney-Stil.* Dieser Stil findet sich vor allem im östlichen Teil Australiens und hat, wie die zuvor genannten, wahrscheinlich lange existiert, auch wenn bislang noch keine genauen Daten zur Verfügung stehen. In Westaustralien, in der Nähe von Dampier, scheinen ähnliche Gravierungen viel jüngeren Datums zu sein als im Osten. Dieser Stil besteht vorwiegend aus großen Figuren mit Umrißlinien, Tierdarstellungen mit Ideogrammen, vermutlich Eiern, die mit der Fortpflanzung zu tun haben könnten. Bekannt sind ebenfalls Darstellungen mythologischer und anthropomorpher Wesen beim Akt der Paarung.
5. Der *klassische Laura-Stil* ist in Queensland, in den Northern Territories und in Westaustralien verbreitet. Er findet sich vorwiegend im Norden des Subkontinents. Im Laura-Stil gibt es eine Aufeinanderfolge von über 20 Phasen von Bildern, von denen einige zweifarbig und über noch ältere Gravierungen im Murray-River-Stil

299. Zweifarbige Figur: der Kopf ist innen mit roter Farbe gezeichnet, der Rest dunkelbraun; Ort: Garradj, Gebiet von Arnhem (aus: D. Lewis, 1988, S. 261).

300. Die gravierte Oberfläche auf einem felsigen Überhang zeigt die «Syntax des Aurignaciens». Murray River, Australien. Das schematische Profil eines Vierfüßlers ist von Ideogrammen umgeben. Das Zeichen, das man für eine stilisierte Vulva halten könnte, nimmt (wahrscheinlich mit einem weiteren Zeichen) einen zentralen Platz ein. Vorhanden sind Aneinanderreihungen von Punkten, Linien, Gruppen von Linien und mehrfach wiederholte Ideogramme aus Punkt und Linie. Primitive Phase, wahrscheinlich aus der Zeit vor über 12 000 Jahren (aus: E. Anati, 1994b, S. 78).

und im Panaramitee-Stil gemalt sind. Der klassische Laura-Stil besteht aus schönen statischen Bildern, die «Geister» darstellen sowie anthropomorphe Figuren, Tiere, Handabdrücke, Ideogramme und Gegenstände. Er enthält eine größere Themenvielfalt als alle vorhergehenden Stile und bezeugt kreative Innovation und einen sehr entwickelten ästhetischen Sinn. Die Kompositionen scheinen einer komplexeren Anordnung zu folgen. Dieser Stil hat in Laura, im Gebiet von Arnhem, in Dampier und Kimberley lokal verschiedene Ausprägungen und umfaßt sowohl Malereien als auch Gravierungen.

6. Der *komplexe figurative Arnhem-Stil* hat etwa dasselbe Verbreitungsgebiet, ist jedoch im Gebiet von Arnhem und in den Kimberleys dichter anzutreffen als in Queensland oder in Westaustralien. Auch hier kennt man lokale Ausprägungen. Der Stil besteht vor allem aus komplexen Darstellungen mit einer großen Themenvielfalt vor allem mythologischen und magischen Charakters. Gelegentlich finden sich auch anekdotische Szenen, deren anthropomorphe oder zoomorphe Protagonisten, dank einer wunderbaren künstlerischen Vorstellungsgabe, in reichen Einzelheiten und vielen Farben erscheinen. Dies ist der einzige Stil, der Szenen im eigentlichen Sinn umfaßt, auch wenn diese, verglichen mit den anderen Darstellungen, eher selten sind. Zudem ist er in Australien der einzige polychrome Stil und zweifellos der komplexeste und geistreichste. In manchen Gebieten ist er auf Felswänden im Freien und in Felsüberhängen ebenso wie auf Baumrinden dargestellt.

Diese Sequenz von Stilen, die hier nur schematisch wiedergegeben werden kann, zeigt sechs Hauptlinien der australischen Geschichte, aus einer Periode von über 20 000 Jahren. Es hat den Anschein, daß sich die früheste bekannte Kunst im Süden des Subkontinents findet, wo wir auch auf die ältesten Spuren des Menschen treffen. Dennoch ist der Mensch zuerst in den Norden Australiens gelangt, der als einziges Gebiet nicht durch Tausende von Kilometern über den Ozean hinweg vom Rest der Welt getrennt ist. Im Norden scheinen zwei jüngere Stile ein kulturelles Niveau widerzuspiegeln, das in Mittel- oder Südaustralien nie erreicht wurde. Bemerkenswert ist die Tatsache, daß die australische Sequenz in ihren Hauptlinien ähnliche Merkmale zeigt wie die Kunst der Primitiven Jäger in Asien und vielleicht auch in Europa: in Koonalda findet sich eine präfigurative Phase, danach eine ideographische Phase mit einfachen Assoziationen im Murray- und Panaramitee-Stil, der dem Aurignacien vergleichbar wäre, und schließlich die vorwiegend figurative Phase mit Verbindungen von Bilderschriftzeichen und Ideogrammen in den Stilen von Laura, Sidney und Arnhem. In dieser letzten Phase sind die Darstellungen polychrom und erreichen ihre höchste graphische und inhaltliche Ausdrucksmög-

302. Assoziation von Ideogrammen der Primitiven Jäger. Felsbilder aus Queensland, wo auch Gravierungen entdeckt wurden (wie auf der Zeichnung angedeutet). Negativabdrücke menschlicher Hände sind verbunden mit Negativen von Tiergliedern, Zickzackmotiven und Werkzeugen («Syntax des Aurignaciens»). Länge des Ausschnitts: 1,50 m (Foto: J. Clegg, 1983).

301. Vorhergehende Seite: Cannon Hill, Gebiet von Arnhem. Gruppe von drei stark stilisierten männlichen Gestalten, deren Köpfe und möglicherweise weitere Teile vielleicht mit einem Pigment gemalt waren, das nicht erhalten geblieben ist. Erhalten blieb nur ein blasses Weiß (aus: D. Lewis, 1988, S. 265).

303. Gestalt mit großer Frisur, Speer, Wurfspieß und drei Bumerangs, von dunkelroter Farbe, etwa 40 cm hoch. Nourlangie Rock Area, Gebiet von Arnhem (aus: D. Lewis, 1988, S. 221).

304. Felsgravierung der Salomon-Inseln mit Figuren und Booten. Schlangenförmige Sonnenscheibe und andere Ideogramme feiern die große Fahrt, die die ersten Bewohner auf ihre Insel brachte. Verschiedene Bebilderungen dieser Art scheinen mit ihren ursprünglichen Merkmalen die besonderen Vorstellungsinhalte ihrer Schöpfer zu enthüllen, die eine gewisse Affinität zu analogen Bebilderungen in der Alten Welt haben (aus: D. Roe, 1992, S. 123).

305. Sequenz von schematischen anthropomorphen Figuren in einer über 7 m langen Reihe; Ort: Puako, Hawaii (aus: H. Cox–E. Stasak, 1970, S. 45).

lichkeit. Australien und Tasmanien zeigen eine Dichte in der Aufeinanderfolge der Stile und der Dauer, die im Pazifikraum einmalig ist. Eine Ausnahme stellt jedoch Melanesien dar, wohin der Mensch erst wesentlich später kam, als er wahrscheinlich bereits auf einer anderen kulturellen Entwicklungsstufe stand. Im Pazifikraum gibt es keine Werke der Primitiven Jägerkulturen. Die Gravierungen und Bilder spiegeln vorwiegend eine bereits komplexe Wirtschaftsform in einer lokal geprägten Vorstellungswelt wider. Eine offene Frage bleibt Neuguinea: dorthin gelangte der Mensch noch bevor er nach Australien kam; die Felsbilder sind jedoch relativ neuen Datums, Bilder der Primitiven Jäger sind bislang unbekannt.

124. Oben: Die bebilderten Felsblöcke innerhalb der zeremoniellen Umgrenzung von Mata Ngarau, in Orongo, umrahmen die Inseln von Moto Kaokao, Motu Iti, Motu Nui. Die Umgrenzung erhebt sich auf steilen Klippen; 300 m über dem Meer war der bedeutendste heilige Ort. Hier sangen und beteten die Priester den Vogelmenschen um Erfolg der Frühjahrsriten an, während sich die Gegner in das von Haien heimgesuchte Meer stürzten: sie versuchten, die am weitesten entfernte Insel Motu Nui zu erreichen, um hier die Ankunft der Zugvögel zu erwarten und das erste Ei der Jahreszeit zu erobern.

Vorhergehende Seiten:
119. Petroglyph eines Fisches, der an ein menschliches Gesicht mit verlängerten Ohren und Federkopfschmuck erinnert, in der Nähe des Fundorts von Vai Tara Kai Ua, an der nordöstlichen Küste. Das Gebiet ist überreich an flachen Lava-Oberflächen, die sich für Felsgravierungen geradezu anboten.

120. Großer und sehr schöner Petroglyph eines Thunfisches (200 cm) mit angedeutetem Rückgrat, Tongariki. Die Petroglyphen grenzen an ein mit Kieseln gepflastertes Gebiet, wo sich wahrscheinlich in der Form eines umgekehrten Kanus der Wohnort eines Würdenträgers befand.

121. Das Meer an der südwestlichen Küste, vom Eingang der Höhle Ana Kai Tangata aus gesehen.

122. Innenraum der Höhle Kai Tangata, der «Höhle der Kannibalen». Die Legende berichtet von makabren Festen, die während der Zeremonien zu Ehren des Vogelmenschen hier abgehalten wurden. Archäologische Ausgrabungen haben Menschenknochen zum Vorschein gebracht.

123. Die Volte der Höhle Ana Kai Tangata ist mit einer in Rot gemalten und Weiß umgrenzten Vogeldarstellung verziert. Die Bilder sind so hoch oben angesiedelt, daß zu ihrer Ausführung wahrscheinlich ein Gerüst notwendig war. Es ist nicht bekannt, ob es zwischen diesen Bildern und den kannibalischen Festen einen Zusammenhang gibt.

306. Gruppe von Gestalten aus Nabarlek, Gebiet von Arnhem, 85 cm hoch. Bild in dunkelroter Farbe (aus: D. Lewis, 1988, S. 306).

Vorhergehende Seiten:
125. Petroglyph, das einen Vogelmenschen darstellt, im zeremoniellen Raum von Mata Ngarau, in Orongo, am Rand des Kraters Rano Kau, im äußersten Südwesten. Jeder Felsblock dieses geheiligten Ortes ist mehrfach mit Motiven des Vogelmenschen graviert, *make-make* Gesichtern, Vögeln, stilisierten Vulven etc. Der Vogelmensch besteht aus einem kauernden menschlichen Körper mit Vogelkopf und Schnabel.

126. Detail mit einem Vogelmenschen im Petroglyph des großen Felsblocks in Tongariki. Man beachte die exakte Ausführung der Hände und des Schnabels.

127. Drei beachtliche Beispiele des Vogelmenschen im Tiefrelief auf einem großen Felsblock in Tongariki, in Verbindung mit anderen Figuren. Sie sind im Kreis angeordnet und erscheinen, wie viele andere Felskunstmotive der Insel, mit kleinen Aushöhlungen, kleinen kreisrunden Dellen, versehen. Dokumentiert wurden 459 Darstellungen des Vogelmenschen, fast alle in dem zeremoniellen Kreis von Orongo. In Tongariki sind es zwölf.

128. Linke Seite: Zwei *moai* auf den äußeren Abhängen des Rano Raraku. Der rechte zeigt auf der Brust ein eingraviertes Segelboot aus historischer Zeit. Allen *moai* aus Rano Raraku fehlten die Augenhöhlen. Erst nachdem sie auf dem *ahu* angesiedelt wurden, öffnete man ihnen die Augen und ihr *mana*, ihre übernatürliche Macht, wurde aktiviert.

307. Unten: Vogelmensch, Felsgravierung aus Moanalua, Oahu, Hawaii (aus: H. Cox – E. Stasak, 1970, S. 76).

AUSTRALIEN: DIE KUNST DER ABORIGINES

308. Ein Gebiet von mehreren hundert Metern Länge entlang des Flusses Dali in Nordaustralien gilt als heilige Zone. Seine großartige Galerie von Felsbildern erstreckt sich über 15 km. Hierher kehren die Aborigines in regelmäßigen Abständen zurück, um geheime Riten auszuführen. Auf die Wände sind vorzeitliche Wesen gemalt, wie das oben abgebildete, das die «Schlange des Regenbogens» darstellt, ein von verschiedenen nordaustralischen Stämmen verehrtes mythisches Wesen (nach Stanner, aus: R. Layton, 1981, S. 34).

Über Hunderte von Generationen hinweg suchten und fanden die australischen Aborigines Bedeutungen für jede einzelne Form der Natur, für jeden Felsen, jeden Hügel sowie für all die Elemente, die Teil ihrer natürlichen Umgebung waren: Regen und Wind, Tiere und Bäume. Alles erschien ihnen durch natürliche Kräfte in der «Epoche der Träume», von Geistern in ihrer unumstößlichen Logik ersonnen, gewollt, geschaffen, modelliert und zum Leben erweckt, und alles mußte begriffen und respektiert werden. Jede Form der Natur rief die Erinnerung an ein Epos wach, jede Höhle ist voller Legenden, jeder Brunnen trägt mehr Geschichten in sich als eines unserer Denkmäler. Jedes noch so kleine Detail der unbeweglichen und glühendheißen Landschaft, von der die Menschen Tag für Tag umgeben sind, ist erfüllt von Leben, von Aktion, vom Urgrund des Seins. Der Mensch und die Natur sind eine Einheit. Die bebilderten Oberflächen der Höhlen und Schluchten sind ebenso heilige Schriften, in denen die Geschichten und die Mythen des Volkes überliefert sind, wie die Veden, die Bibel oder der Koran. Hierhin kehren die Geister zurück, um ihre Macht zu offenbaren. Der Mythos ist Glaube und Sitte, und er stiftet Identität.

Man müßte nun fragen, welche Bedeutung es für die Stämme der Aborigines hat, daß das Territorium, in dem sie jahrtausendelang leben und das sie in ihr Denken einbeziehen, seit vierzigtausend Jahren Schritt für Schritt erobert wird. Den Aborigines ist nämlich jede Vorstellung fremd, die Natur zu besitzen. Für sie ist es vielmehr die Natur in ihren vielfältigen Ausprägungen, die den Menschen besitzt oder ihn zumindest in sich aufnimmt und sein Schicksal bestimmt.

Umgeben von dieser Natur in ihrem Urzustand, wo heute noch weniger als ein Einwohner auf einen Quadratkilometer kommt, hat man das Gefühl einer unendlichen Weite, in der Steine, Pflanzen, Tiere, Menschen und Geister in enger Symbiose leben. Hier taucht der Mensch in seine Umgebung ein und lebt im heiteren Bewußtsein in seiner Welt, in welcher Realität und Vorstellung untrennbar verbunden sind und somit eine Einheit darstellen, in der das Reale imaginativ und das Imaginative real ist.

Der Eukalyptus ist die häufigste und typischste Pflanze. Die Rinden dieses Baums werden seit unvordenklichen Zeiten zum Bau von Kanus und Hütten verwendet, vor allem in manchen Küstengebieten und entlang der Flüsse. Diese Rinde findet zahlreiche Verwendungsmöglichkeiten, denn sie ist das am besten zu handhabende Grundmaterial. Den australischen Aborigines eignet eine auffallende Neigung zu künstlerischem Schaffen. Wo die Baumrinde für nützliche Funktionen verwendet

wurde, gab es auch Versuche, sie für Kunstwerke zu nutzen. Das innere Gesicht der Rinde mit ihren Maserungen, mit ihrer warmen Farbe in neutralem Ocker ist typisch für die Natur in vielen Teilen des Kontinents. Die rauhe, aber ziemlich homogene Struktur verfügt über alle Eigenschaften, die die Phantasie und das Denken des Künstlers anregen. Ebenso hat auch die Oberfläche der Felsen mit ihren natürlichen Formen, ihren Spalten und Kanten den Menschen inspiriert, die Linien der Natur, die sich seinem Auge zeigten und seiner Phantasie als Empfänger von Botschaften darboten, in neuen Farben und Formen zu ergänzen.

Sieht man von den verbreiteten jüngeren Beispielen ab, so sind die Bilder auf Baumrinde vor allem im Gebiet von Arnhem entstanden, wo auch die höchste Konzentration von Felsbildern anzutreffen ist. Das war jedenfalls die Situation, wie sie die ersten Europäer dort vor zwei Jahrhunderten vorfanden. Felsbilder und Gravierungen finden sich jedoch auf fast dem gesamten Gebiet Australiens. Möglicherweise war auch die Gewohnheit, Baumrinde zu bemalen, in weiten Teilen des Kontinents üblich.

Auch in Tasmanien gibt es Felsbilder und Gravierungen, die zahlreiche Gemeinsamkeiten mit denen des Kontinents aufweisen. Tasmanien wurde gegen Ende des

309. Erzählende Szene des Totenkults. Syntax der Höheren Jäger. Cannon Hill. Arnhem, Australien. Diese Szene besteht aus zwei Teilen. Rechts tragen zwei Gestalten einen Toten, ihnen folgt eine kleine menschliche Figur, die eine Axt trägt. Links sind zwei Gestalten für die Jagd ausgerüstet: eine der beiden ist größer und zeigt zwei Speere von bemerkenswerter Form und einen sorgfältig gearbeiteten Wurfspieß. Die Armmuskeln sind betont. Diese Figur scheint die hervorragenden Eigenschaften des verstorbenen Mannes hervorzuheben (aus: D. Lewis, 1988, S. 370).

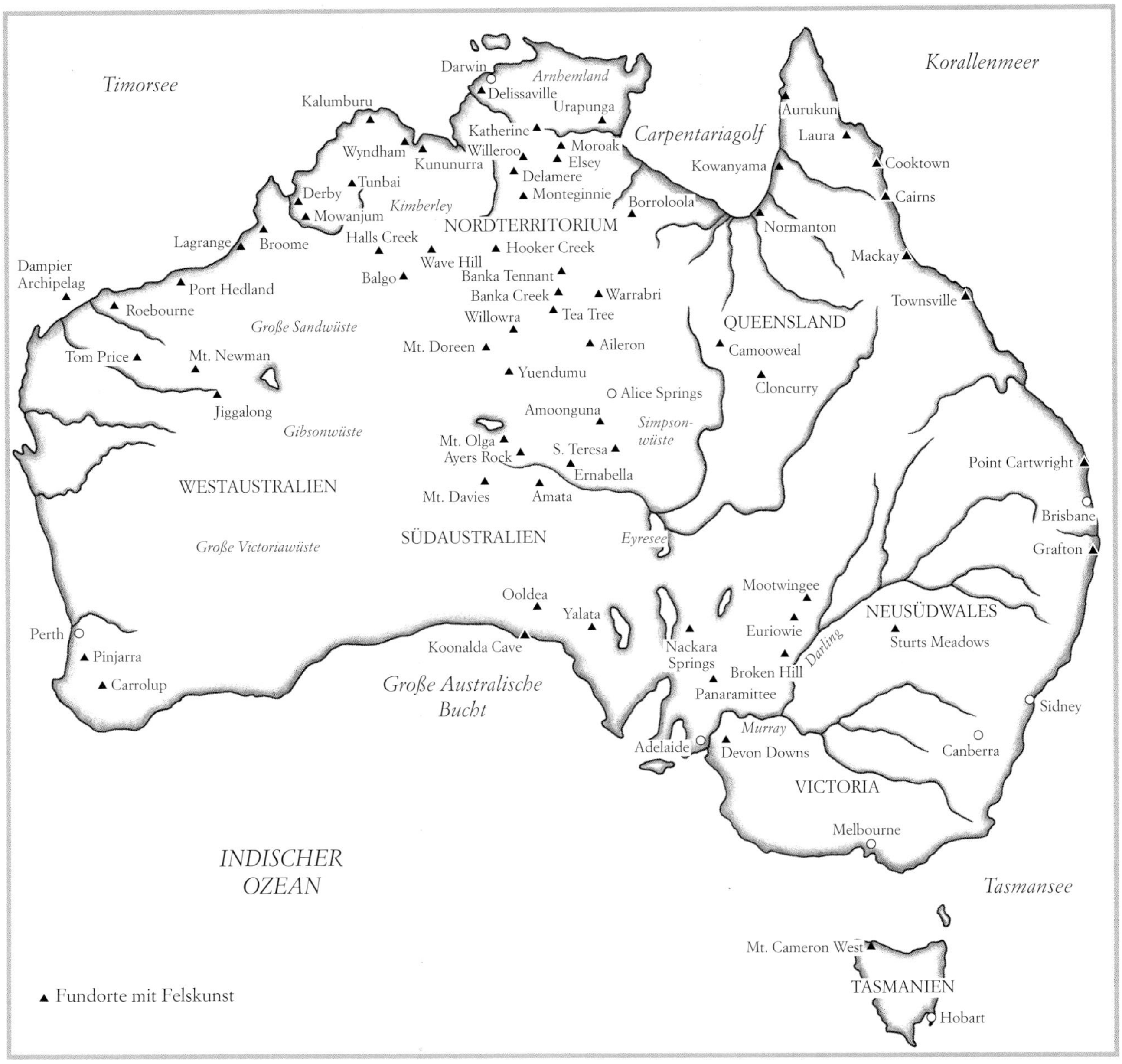

Pleistozäns, vor etwa 12 000 Jahren, zu einer Insel, als sich der Meeresspiegel um etwa 120 Meter anhob. Der letzte Kontakt Tasmaniens mit dem australischen Kontinent liegt also 12 000 Jahre zurück; seitdem trafen sich Tasmanier und Australier nicht mehr unmittelbar. Forschungsreisende des letzten Jahrhunderts haben von Tasmaniern geschaffene Bilder auf Rinde gesehen. Felsen zu bebildern sowie Baumrinde zu bemalen hat auf dieser Insel, wie auch in anderen Teilen Australiens, eine jahrtausendlange Tradition, die auf die Zeit zurückgeht, als sich die Insel vom Kontinent trennte.

Man nimmt an, daß der Entstehung der Bilder vor dem Erscheinen der Europäer vor allem eine intitiatorische und didaktische Absicht zugrunde lag. Die Ältesten schufen Bilder mit Figuren mythologischen Charakters, mit Symbolen und Tieren totemistischer Bedeutung, um Legenden wachzurufen. Dies geschah in einer raffinierten, metaphorischen Sprache mit vielen unausgesprochenen Bezügen, die eine tiefe Sensibilität für Allegorien zeigt. Ebenso wurden Bilder zu magischen und rituellen Zwecken geschaffen. Zu diesen Beweggründen gesellten sich persönlicher Geschmack, die Kreativität und die Phantasie des Künstlers.

Bis vor wenigen Jahren lebten die australischen Aborigines in Jägerclans und benutzten hauptsächlich Lanze, Bumerang und Wurfspieß als Waffen; Pfeil und Bogen kannten sie jedoch nicht. Noch heute verarbeiten sie Kieselsteine und Quarzit, um lithische Werkzeuge paläolithischen Typs herzustellen. Sie jagen Emus, Känguruhs und Krokodile, aber auch kleine Tiere wie Schlangen, Mäuse, Fledermäuse und Seevögel. Am Meer und entlang der Flüsse ist der Fischfang ihre wichtigste Überlebensquelle. Sie sammeln wildwachsende Früchte, Knollen, eßbare Kräuter und Wildgetreide. Diese Nahrungsmittel werden ausschließlich über der glühenden Kohle zubereitet. Das Feuer wird mit einem Stöckchen entfacht, das man zwischen den Händen reibt. Sie halten nur ein Haustier, den Dingo, den australischen Hund, der von Melanesiern vor etwa achttausend Jahren nach Australien mitgebracht wurde. In den Kategorien der europäischen Archäologie wären die australischen Ureinwohner noch Steinzeitmenschen, und tatsächlich sind sie eines der wenigen, derzeit noch auf der Erde lebenden Völker, auf das diese Bezeichnung zutrifft. Sie gehören unserer Spezies, dem *Homo sapiens sapiens,* an und sind vor etwa vierzigtausend Jahren nach Australien gekommen, noch bevor unser direkter Vorfahr in Europa einwanderte.

Die Aborigines haben eine solche Symbiose mit der Natur erreicht, daß sie unbesorgt von der Jagd und der Wildbeute leben können, ohne jede Notwendigkeit, Nahrungsmittel herzustellen, folglich also auch ohne jeden Anreiz, komplexere Methoden für ihr Überleben zu erfinden. Sie haben ihre Traditionen nach Australien mitgebracht, ihre technischen Kenntnisse, lithische Werkzeuge herzustellen, Holz zu formen, Feuer anzuzünden und Häute zu gerben. Vermutlich haben sie auch das Bedürfnis mitgebracht, Kunst zu schaffen. Spuren künstlerischer Kreativität gibt es fast von Beginn an. Während verschiedene Stile der Felskunst charakteristisch für bestimmte Areale und Perioden sind, finden sich andere auf dem gesamten Kontinent und über viele Jahrtausende hinweg.

Die Berührung mit der europäischen Gesellschaft hat ihr Leben entfremdet. Heute ist ihr Überleben in der Form, in der es ihnen einst entsprach, auf immer enger werdende Gebiete begrenzt. Die Aborigines, die tatsächlich noch auf der Grundlage ihrer eigenen Traditionen und Überlebensstrategien leben, sind in wenigen Jahren zum Verschwinden verurteilt. Es gibt kein Zurück. Das Bier in Dosen, das Fernsehen, der Sozialstaat und die Gewerkschaft, der Distriktsarzt, der Missionar, die Schule und die Prostitution haben ihre Existenz traumatisch verändert.

Mit dem Verschwinden einer Lebensweise und aller Traditionen, die damit verbunden sind, kann unweigerlich auch keine von diesen Traditionen inspirierte Kunst mehr geschaffen werden. Dieser Prozeß hat bereits begonnen, und die Kunst der Aborigines, wie sie heute produziert wird, ist, auch in höchster Qualität, von wenigen Fällen abgesehen nicht mehr die wie noch vor einigen Jahren. Ursprüngliche Bilder auf Felsen und Baumrinde, wie sie innerhalb des Stammes, im Sinn der Tradition und mit der ganzen Kenntnis deren mythologischer und kultureller Bedeutung geschaffen wurden, werden zwangsläufig immer seltener. Die Aborigines sind mit einem Schlag Bürger des 20. Jahrhunderts geworden – und die von ihren eigenen professionellen Künstlern geschaffenen Imitationen werden von Händlern vertrieben und haben bereits einen beachtlichen Markt gefunden.

Nur wenige Jahre bleiben noch, um dieses ursprüngliche Ambiente zu erleben und zu begreifen. Bis zum Ende des Jahrtausends werden davon nur noch verfremdete und künstliche Teile übriggeblieben sein. Wenig Zeit bleibt uns, bevor wir auch die letzte Chance versäumen. Aber das, was wir inzwischen wissen, ermöglicht uns einen direkten Kontakt mit der Vorstellungswelt der Primitiven Jäger, wo wir wertvolle Daten sammeln können.

Die Bilder der australischen Aborigines sind heute eines der wenigen Beispiele der Kunst von Primitiven Jägern im «wilden Zustand», deren Bedeutung die Künstler selbst oder ihre Nachfahren, die die gleichen Traditionen wahren, noch erklären können. Für den Paläoethnologen sind diese Bilder eine einmalige Möglichkeit,

310. Felsgravierung der Sammler und Jäger in Koongarra Saddle, Kakadu, Northern Territories, Australien. Ein Paar unglücklicher Mimi-Geister. Der männliche Geist, mit großem, birnenförmigem Kopf, hält einen häßlichen Speer, der mit dem Wurfspieß nicht geworfen werden kann (den man in seinen Händen nicht erkennt). Die Frau mit langen Haaren hat «gebundene Beine» (zwei Linien zwischen den Beinen), vielleicht mit der Bedeutung von «nicht kopulieren können». Beide Gestalten sind nicht in der Lage, ihre spezifische Aufgabe zu erfüllen (aus: D. Welch, 1990, S. 122, Abb. 35).

311. Felsgravierung des Dopiere-Archipelags in Westaustralien, die eine Paarung darstellt. Gum Tree Valley (aus: M. Lorblanchet, 1992, S. 57, Abb. 24).

312. Dynamischer Stil. Felsbild in hellem Rot. Gruppe von Jägern, die den Speer werfen. Zwei der Gestalten sind offensichtlich nackt, während die dritte einen Lendenschurz trägt und eine Tasche in der Hand hält. Magela Creek, Arnhem (aus: D. Lewis, 1988, S. 333).

313. Folgende Seite: Ein außerordentlich interessantes Phänomen im Gebiet von Kimberley sind die vor einigen Jahrtausenden entstandenen Felsbilder, die bekleidete und geschmückte menschliche Wesen darstellen, obwohl die Aborigines vor der Ankunft der Europäer hier nackt lebten. Die mittlere Figur ist 1,25 m hoch, trägt einen Zopf, der an die Haartracht von Eurasiern erinnert, und eine phantasievolle Bekleidung (nach D. Welch, 1993, S. 18, Abb. 6).

direkt mit der kulturellen Wirklichkeit und der künstlerischen Vorstellungswelt von Völkern in Berührung zu kommen, die heute noch voll und ganz im Steinzeitalter leben.

Die Felsbilder, die Gravierungen und die Bilder auf Baumrinde gehören zur breiten Skala mit visuellen Schöpfungen aus Holz, verzierten Keramikschalen, mit Lanzen, Wurfspießen und verschiedenen Holzwerkzeugen, Körben und Behältern, vor Ort ausgeführten Verzierungen auf Baumstämmen, Grabsteinen, totemistischen Pfählen, Zeichnungen im Sand, Malereien und Tätowierungen des menschlichen Körpers. Aber zur Kunst der Aborigines gehören auch Ausdrucksformen wie Musik, Tanz, Sprechgesang, das Erzählen von Geschichten aus einer überaus reichen Mythologie.

Im intellektuellen Leben der Aborigines bilden all diese kreativen Ausdrucksformen ein organisches Ganzes. Sie sind Ausdruck einer ständigen Suche nach Kontakt zum Übernatürlichen, Ausdruck des Bedürfnisses, eine Verbindung mit dem Zeitalter der Träume, mit der Vorzeit herzustellen, in der sie den Ursprung von Leben und Tod fanden, als noch eine Symbiose zwischen dem Menschen und der Tierwelt, zwischen dem Menschen, seiner natürlichen Umgebung und der sozialen Struktur herrschte, die wiederum die Beziehungen zwischen den Menschen und Völkern bestimmte.

Bis vor wenigen Jahren hielt man die Kunst der Aborigines für ein relativ junges Phänomen. Erst im Lauf der letzten Generation konnte man die Geschichte der australischen Kunst zumindest in ihren großen Linien rekonstruieren und verschiedene Schlüsselpunkte einer Entwicklung ausmachen, die außergewöhnlich lange andauerte.

In der Koonalda-Höhle bei Adelaide sowie an einigen anderen Orten Südaustraliens befinden sich die ältesten nicht-figurativen Felsgravierungen. Sie ähneln den europäischen Darstellungen des Aurignaciens, die in den noch weichen Lehm mit den vier Fingern der Hand gezeichnet wurden. Französische Archäologen haben sie als «Makkaroni-Zeichen» bezeichnet. In Koonalda haben Kohlereste zu Füßen der Wand nach dem C14-Test (nicht geeicht) eine Datierung auf ein Alter von etwa 23 700 und 21 200 Jahren ermöglicht. Auf der Halbinsel von York, bei Laura, zei-

314. Pflanzendarstellung der Sammler. Felsbild von Nabarlek, Arnhem, Australien. Anthropomorphisierte «yam» mit Gliedern und Köpfen aus Knollen. Die Bilder sind dunkelrot, während die natürliche Farbe der «yam» ein gelbliches Braun ist. Die Farbe wird aufgrund ihrer symbolischen Bedeutung verwendet, nicht wegen der «naturalistischen» Darstellung des anthropomorphen Knollengewächses (aus: D. Lewis, 1988, S. 290).

gen Felsgravierungen im Stil des Aurignaciens repetitive Ideogramme mit Vulven, Bäumen, Tierabdrücken, *cupules* und Kreisen sowie Folgen paralleler Linien, die vielleicht Zahlen bedeuten.

In der Höhle «Early Man Shelter» waren diese Bebilderungen auf der hinteren Wand mit archäologischen Schichten bedeckt, die sich erst später angesammelt hatten. Diese Schichten wurden nach der Radiokarbonbestimmung (nicht geeicht) auf ein Alter von etwa 15 450, 13 200 und 12 600 Jahre datiert. Als sich diese archäologischen Schichten bildeten, mußten die offensichtlich älteren Malereien bereits ihre primäre Funktion verloren haben.

In verschiedenen Höhlen im Flußtal des Murray, in Südaustralien, zeigt ein sehr ähnlicher figurativer Stil komplexere Kompositionen, gemeinsam mit assoziativen Sequenzen desselben Typs, wie man sie im Aurignacien in Europa fand. Überreste sehr alter lithischer Werkzeuge im selben Gebiet haben zu der Annahme geführt, daß diese Malereien im Pleistozän entstanden sind. Sie gehören jedoch zum selben Horizont wie die Höhle «Early Man Shelter» und vergleichbare Gruppen in verschiedenen Teilen Australiens.

Soweit wir heute wissen, sind die frühesten künstlerischen Ausdrucksformen auf dem australischen Subkontinent die Zeichen im Koonalda-Stil, die vor mehr als 20 000 Jahren entstanden sind. Der «Murray-Stil» folgt mit kurzem Abstand und ist sowohl in Süd- als auch in Nordaustralien und in Tasmanien verbreitet. Wie bereits erwähnt, wurde diese Insel infolge der Anhebung des Meeresspiegels gegen Ende des Pleistozäns abgetrennt. Daraus hat man abgeleitet, daß dieser Stil im Pleistozän, also vor 12 000 Jahren, nach Tasmanien kam.

Eine dritte stilistische Gruppe von Felsgravierungen, deren Beginn in das Pleistozän fallen könnte, erscheint wie eine direkte Weiterentwicklung des vorangegangenen. Typisch für den «Panaramitee-Stil», der seinen Namen nach dem Fundort in der Nähe des Flusses Murray erhielt, sind Verbindungen von Tierabdrücken, Kreisen, Linien und eine begrenzte Skala von Ideogrammen, manchmal in einer geordneten oder repetitiven Sequenz ausgeführt. Datierungsversuche nach der Patina scheinen das beachtlich frühe Entstehungsdatum zu bestätigen. Wie die beiden vorausgegangenen Stile wird er als «prä-Dingo» bezeichnet. Dieser Haushund der

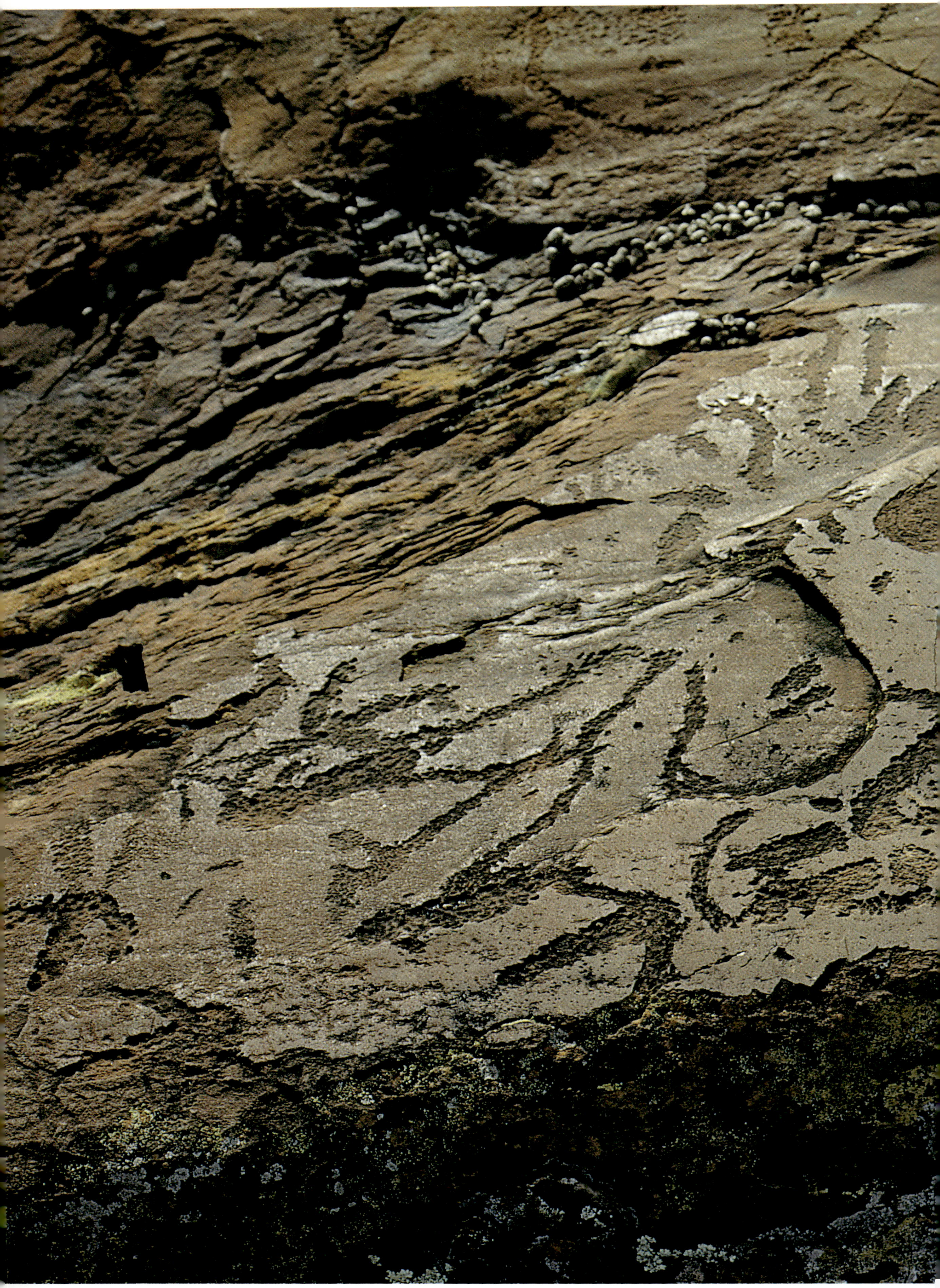

129, 130, 131, 132, 133. Oben, rechts und vorhergehende Seiten: Die Darstellung auf S. 377 zeigt eine Verbindung von Ideogrammen in Panaramitee, Südaustralien. Ein grandioses Zentrum für Zeremonien hat Hunderte von bebilderten Felsen mit hermetischen Ideogrammen zurückgelassen: Abdrücke von Menschen und Tieren, ferner Zeichen, die Nester mit Eiern darstellen, sowie Bilderschriftzeichen mit verschiedenen symbolischen Bedeutungen. Dieser grandiose Komplex ist Tausende von Jahren alt und wird von den Aborigines noch heute als heiliger Ort betrachtet. Die Assoziationen der Ideogramme zeigen eine Syntax, die man in Europa als «Aurignacien» bzeichnet; es handelt sich um eine extrem einfache und kompakte Logik, die die Zeichen wie Wörter einer Sprache benutzt und noch heute, nach Tausenden von Jahren, zutreffend ist. Die Doppelseite und die vorhergehende Seite zeigen verschiedene Ansichten dieses außergewöhnlichen Fundorts.

134. In der wunderbaren Natur von Laura, auf der Halbinsel York, finden sich auf dem Ausläufer zur Insel von Papua Hunderte von bebilderten kleinen Höhlen, die von den Aborigines geschaffen wurden. Mitten im dichten Wald stellen diese Orte Zeugnisse einer grandiosen künstlerischen Tätigkeit dar, die ihre Schöpfer der Natur anvertrauten.

135. Folgende Doppelseite: Ausschnitt einer bebilderten Oberfläche in einer kleinen Höhle mit Namen Giant Horse; eine der letzten Bebilderungen stellt ein weißes Pferd dar, das erst zu Beginn unseres Jahrhunderts entstand. Man kann die Überlagerungen von 10 Schichten der zuvor entstandenen Bilder ausmachen. Diese grafischen Darstellungen vieler Generationen erzählen eine tausendjährige Geschichte.

136, 137, 138, 139. Felsbilder von Laura. Die Tradition, Felsen zu bebildern, hat sich über viele Jahrtausende bis in unsere Zeit erhalten. Nur fehlt heute der Anlaß für diese künstlerische Aktivität, weil sich die Aborigines im Lauf ihres Europäisierungsprozesses eine neue Kultur angeeignet haben: Ihre Lebensgewohnheiten ändern sich ebenso wie ihre Sprache und ihre Religion, so daß die Felsbilder ihren Sinn verlieren. Die Felsen sind tausendjährige Zeugnisse, die auch die Aborigines nur noch schwer lesen und in ihrer ganzen Bedeutung verstehen können.

140. Vorhergehende Doppelseite: Die auf der felsigen Oberfläche anzutreffenden ikonographischen Schichten verleihen dem Fundort seine besondere Würde. In einem konstanten Prozeß der Wiederverwendung der Felsoberfläche haben sich die Bilder jahrtausendelang überlagert. Den Darstellungen selbst kommt keine Macht zu, die Macht liegt bei den Geistern, die sich im Felsen befinden. Die Bilder beschränken sich darauf, diese Energien zu repräsentieren und bei dem, der das geweihte Gebiet betritt, Furcht auszulösen.

141. Links: Große Figuren von Meerestieren, einige über 2 m groß. Felsgravierungen im Norden von Sidney.

142, 143. Folgende Seite: Im selben Gebiet, im Norden von Sidney, zeigen die Felsgravierungen auch anthropomorphe Figuren, vor allem Paare von Männern und Frauen, die die besondere Begegnung der beiden Geschlechter bedeuten könnten. Diese großformatigen Felsgravierungen sind äußerst eindrucksvoll. Die Figuren spielen mit den natürlichen Formen des Felsens und bilden harmonische Schöpfungen. In der Ansicht der heutigen Aborigines sind es die Urgeister aus der «Epoche der Träume», die hier ihre Zeugnisse zurückließen.

Australier scheint vor etwa 8000 Jahren eingeführt worden zu sein. Da er in der chronologischen Sequenz der australischen Archäologie vorher nicht erscheint, könnte er ein Anhaltspunkt der Datierung sein.
Einige Wissenschaftler nehmen an, daß die Fähigkeit und das Bedürfnis, Kunst zu schaffen, mit den ersten Menschen Australiens vor etwa 40 000 Jahren ins Land kam. Auch in Australien sind die beiden großen Tendenzen der Kunst bekannt, wie wir sie auch von den Primitiven Jägern in Afrika, Asien und Europa her kennen. Die eine wird – nach den beiden europäischen Kulturen des Jungpaläolithikums, die bestimmte Charakteristika des Kunstschaffens aufweisen – als Aurignacien, die andere als Madgalénien bezeichnet. Diese beiden Begriffe werden auch für Felskunsttypen in Australien benutzt, obwohl die entsprechenden Materialienkulturen hier nie existiert haben. Die drei Gravierungsstile, von denen bislang die Rede war, gehören in die graphische Tradition des Aurignaciens. Andere Gruppen, vor allem im Norden Australiens, nähern sich eher einer ikonographischen Strömung an, wie sie für das Magdalénien typisch ist: hier finden Bilderschriftzeichen und Ideogramme bzw. Figuren und Symbole zu einer komplexen Syntax mit spezifischen Inhalten.
Im Gebiet von Arnhem haben sich die Lebensbedingungen mit dem Ansteigen des Meeresspiegels gegen Ende des Pleistozäns beachtlich verändert. Weite hügelige Weidegebiete sanken unter Wasser, aus ihnen entstand das Meer von Arafura. Das Gebiet von Arnhem war eine kontinentale, halbtrockene Zone und hat sich in ein Sumpfgebiet am Meeresufer verwandelt. Die ältesten bekannten Felsbilder sind vor diesem Ereignis entstanden. Dargestellt sind ausgestorbene Tiere wie der tasmanische Tiger und verschiedene Beuteltiere des Pleistozäns. Im Repertoire fehlen Darstellungen von Wasserpflanzen und von Tieren wie Krokodile, Schildkröten und Fische, die später die Felskunst dieses Gebiets charakterisieren.
Seit das Meer Neuguinea und Tasmanien von Australien abgetrennt hat, fanden in jeder geographischen Einheit getrennte Entwicklungen statt. So haben sich auch zahlreiche Felskunststile entwickelt, bei denen man Phasen unterscheidet, die bis in unsere Zeit aufeinanderfolgten. In Australien finden sich drei Hauptgruppen: der «Sydney-Stil» mit großen anthropomorphen und zoomorphen, tiefeingeritzten Figuren, der klassische «Laura-Stil» mit Gestalten und phantastischen Gestalten mit klaren Umrißlinien. Schließlich gibt es den komplexen «Arnhem-Stil», ebenfalls mit Malereien, für den «Röntgenstrahlen» (X-Form) und raffiniert ausgeführte, symbolische und dekorative Motive innerhalb der Bilder typisch sind.
In den letzten zwölftausend Jahren haben sich verschiedene graphische und figurative Tendenzen in den einzelnen Regionen entwickelt. Bei den Aborigines geht man von derselben ethnischen Abstammung aus, auch wenn sie über zweihundert Sprachen sprechen und in sehr unterschiedlichen Umgebungen und Landschaften leben: von der Wüste bis zu tropischen Wäldern und Gebirgen, die einen Teil des

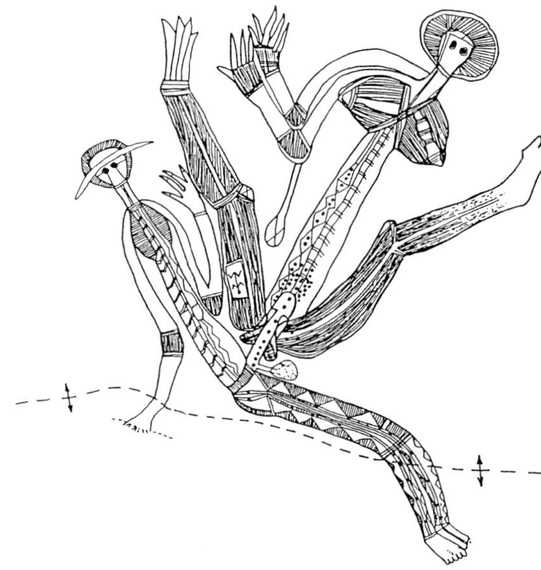

315. Paarungsszene. Bemerkenswert ist das Kind auf dem Schenkel der Frau. Arnhem, Nordaustralien (aus: R. G. Gunn, 1992, S. 192).

316. Gruppe von vier laufenden Frauen. Felsbild in Rot von Unbalanja (aus: C. P. Mountford, 1956, S. 115).

317. *Felsbild in Orangerot, das zwei Gestalten auf einem Boot darstellt. Das Bild erzählt von einer Reise der Urgeister in der Epoche der Träume (Nationalpark von Kakadu, Australien).*

Jahres über schneebedeckt sind. Die verschiedenen Gruppen verfügen über unterschiedliche natürliche Ressourcen, und ihre Lebensweise spiegelt die Anpassung an unterschiedliche Verhältnisse wider.

Man fragt sich, wie sehr sich die Lebensweise der Aborigines in 40 000 Jahren tatsächlich verändert hat. Wir wissen, daß sich einige Techniken, etwa die zur Ausführung lithischer Werkzeuge, in diesen Jahrtausenden verändert haben. Bekannt ist auch, daß sich die Gruppen an eine jeweils andere äußere Umgebung anpassen mußten. Und wir wissen, daß es stilistische Veränderungen im künstlerischen Schaffen gab.

Die Kunst ist ein Teil der Lebensweise, und vielleicht ist es immer so gewesen. Manche Zeremonien sind ohne künstlerische Schöpfungen – visueller oder musikalischer Art – nicht denkbar, und ein Kunstschaffen ohne mythologische oder ideologische Bedeutung ist ebenso undenkbar. Manche Aspekte der Mythologie oder der Vorstellungswelt könnten ohne künstlerische Schöpfungen nicht im Gedächtnis bleiben. Jedes einzelne Element der Kultur wirkt als verstärkender Faktor für die anderen. In der Kunst der Aborigines findet man eine Synthese der kreativen Fähigkeiten, des Geschmacks, der Glaubensformen, der Traditionen, der Denk- und Lebensweise, der Menschen, aus deren Mitte die Künstler hervorgingen. Jedes ursprüngliche Bild ist ein Dokument, ein Zeugnis des großen künstlerischen Verdienstes und der besonderen kulturellen Bedeutung, das uns in den kulturellen Kontext der Aborigines wie in eine großartige Synthese zurückführt.

Außer zu initiatorischen und didaktischen Zwecken dienten zahlreiche Bilder dazu, einen günstigen Zauber zu bewirken. Sie zeigen vor allem die Jagd und den Fischfang. Bilder, die das Tier darstellen, wie es vom Jäger verletzt oder vom freundlich gesinnten Geist beherrscht wird, versichern noch vor dem Beginn der Jagd, daß das Tier gefangen wird. In diesen Fällen gilt dem Tier die wichtigste Darstellung. Der

Jäger und die Geister sind Zugaben, die kleiner und weniger aufmerksam dargestellt werden. Dieses Merkmal gilt unter anderem auch für die Kunst anderer Primitiver Jäger.
Daneben gibt es Tiere und Pflanzen mit totemistischer Bedeutung, deren Verbreitung in einem doppeldeutigen Sinn durch die Darstellung gefördert werden sollte: in ihrer Eigenschaft als Nahrungsquelle und als symbolische Vertreter des Stammes. In der Mythologie der Aborigines mischen sich viele Geister in das Leben der Menschen ein: Sie sind die Hauptursache für Erfolg oder Mißerfolg, für das Erreichen eines Ziels oder das Scheitern eines Unternehmens. Die wichtigsten sind die Geister mit Namen *Mimi*, die häufig als sehr dünne anthropomorphe Gestalten dargestellt sind und im archäologischen Jargon auch «Strichmännchen» genannt werden. Sie stellen wohlmeinende und lustige Waldkobolde dar.
Daneben gibt es die Geister der *Maam,* teuflische Kraftmenschen mit überdimensionalen Sexualorganen, die man gern zur Ursache ungewollter Schwangerschaften oder anderer Übel erklärt, welche den unbeschwerten Verlauf der sozialen Beziehungen stören. Sie tauchen oft in Träumen auf und stellen ein wichtiges Surrogat dar. Auch diese Symbole von Gut und Böse, von Lust und Last, von Sicht-Entziehen und Sich-Anpassen sind häufig in den Bildern der Aborigines verewigt.
Ebenso finden sich Malereien, die ausschließlich Symbole darstellen, über die der Wissenschaftler keinerlei Quellen besitzt, es sei denn, er wäre in aller Form von einem lokalen Weisen initiiert und in die Einzelheiten der «Geschichte» eingeweiht.
Viele auf den ersten Blick geometrische oder schematische Zeichen stellen als Ideogramme Begriffe dar, die sich wie eine Bilderschrift lesen lassen: Mann, Frau, Geist, Wasser, Erde, Vegetation, Wolken, Wind, Feuer. Einige dieser Symbole besitzen in verschiedenen Teilen Australiens nur eine einzige Form und Bedeutung, während andere Zeichen charakteristisch für eine bestimmte Zone oder eine ethnische Gruppe sein können. Bei Hausrat und Bildern auf Baumrinde läßt sich dadurch auf die genaue Herkunft des Werkes schließen. Im letzten Jahrhundert haben zahlreiche Veränderungen stattgefunden. Der künstlerische Stil hat einen Prozeß verschiedener Rationalisierungsphasen durchgemacht, der zweifellos auf den Zusammenstoß mit westlicher Zivilisation zurückzuführen ist. Die früheren Bilder zeigen fast immer eine deutlich sakrale Bedeutung; sie stellen das dar, was den Künstler interessierte, was ihn zum Schaffen veranlaßte, sie symbolisieren Geister der Urahnen, totemistische Tiere und Heiligtümer. Sie finden sich häufig an heiligen Orten und dienten im Rahmen von Initiationsriten als sichtbare Hilfsmittel, um den Initiierten die Traditionen des Stammes zu vermitteln. Viele Bilder durften Nicht-Initiierten gar nicht gezeigt werden; manche wurden zwar gezeigt, ihre Bedeutung durfte jedoch nicht erklärt werden. Viele Fundorte der Felskunst sind heute noch den Initiierten vorbehalten: kein anderer darf sie betreten.
Wieder andere Bilder haben profanen Charakter: Unter den neueren Schöpfungen stellen sie den größten Teil dar. Die profanen Bilder stellen vorwiegend die Jagd und den Fischfang dar, daneben aber auch andere Momente des Alltagslebens und Beschreibungen des Tier- oder Pflanzenlebens. Es gibt Bilder anekdotischen Charakters, die sich manchmal auf Episoden mit Geistern oder Beziehungen zwischen Menschen und Geistern beziehen und bei denen auch eine Spur Ironie nicht fehlt. Für den Paläoethnologen besteht der außergewöhnliche Umstand in Australien darin, daß die heutigen Aborigines in der Lage sind, die vor Jahrtausenden entstandene Felskunst zu erklären. Zwar haben sich stilistische Veränderungen und regionale Tendenzen entwickelt. Doch obwohl sich der Aborigin mit dem eigenen Clan und seinem Stamm identifiziert, kann er auch die Werke der anderen erklären. Dreißigtausend oder dreihunderttausend Jahre zählt die «Epoche der Träume», die in dunkler Vorzeit begann und in der die Logik, der Assoziationstypus, die Ideo-

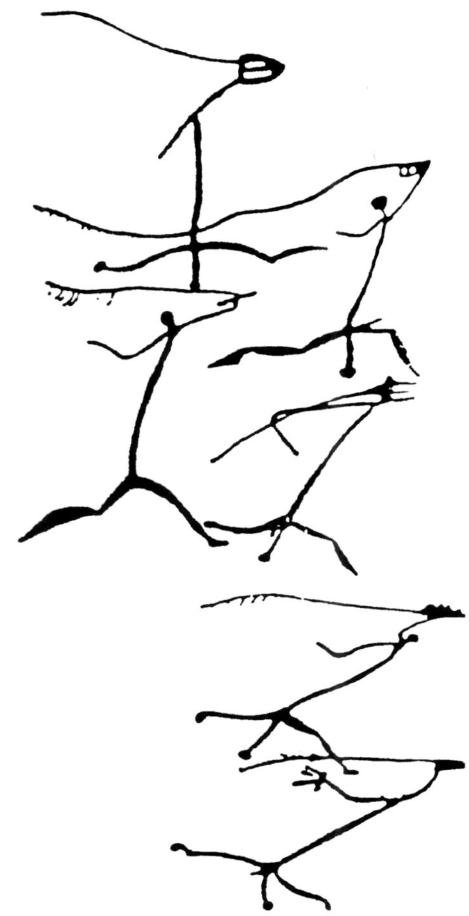

318. Gruppe von laufenden menschlichen Figuren, die mit Speeren werfen. Dynamische Szene. Nationalpark von Kakadu (aus: I. P. Haskovec, 1992, S. 158).

319. Folgende Seite: Bild eines Känguruhs, Nourlangie, Nordaustralien. Bemerkenswert und typisch für eine primitive Phase sind die gemalten Punkte auf dem Körper und der transparente Stil der Beine. Länge 65 cm (aus: D. Lewis, 1988, S. 209, Abb. 57).

gramme und die Psychogramme konstant bleiben. Auch regionale Unterschiede bei den Bilderschriftzeichen, die jedoch nach ihrer ethnischen Herkunft identifizierbar sind, können meistens von allen entziffert und verstanden werden. Besondere Aspekte betreffen lokale Ereignisse oder Probleme. Der Aborigin eines anderen Gebiets weiß, ob ein Bild von nebensächlichen Faktoren beeinflußt wurde. Auch wenn ihm diese nicht bekannt sind, wird er den Geist und die Vorstellungen verstehen. Jenseits der gesprochenen Sprache gibt es eine universale bildhafte Ausdrucksform, so daß ein Bild gelesen und verstanden werden kann, auch wenn es sich in einem anderen Idiom ausdrückt.
Die einzige Kunst, die die Aborigines nicht leicht erklären können, sind die Felsgravierungen der frühesten Phasen. Die Zeichen von Koonalda, ebenso wie die vom Murray River oder von Panaramitee, rufen sogar bei ihnen Erstaunen hervor. Sie werden als Werk von Geistern aus der Epoche der Träume betrachtet. Der Aborigin, der uns Panaramitee zeigte, kommentierte: «Diese Geister sprachen eine Geheimsprache.» Sie schien ihm «geheim», weil er sie nicht verstand. Auffallend ist, daß die Felskunst als «eine Sprache sprechen» definiert wird. Die australische Felskunst kann, von den frühesten Phasen im Stil des Aurignaciens abgesehen, von den Aborigines entziffert, gelesen und erklärt werden. Sie ist ein offenes Fenster auf Jahrtausende intellektueller Abenteuer des Menschen.

Perioden der Felskunst in Australien

Horizont	Versuchte Datierung	Periode	Geläufige Bezeichnung	Umgebung	Anmerkungen
	heute bis 400	Arnhem-Komplex	«Patterned body»	wie heute	«Post-Cook», anekdotische Szenen
	heute bis 6000	klassischer «Laura-Stil»	Totemtiere	ähnlich wie heute	«Post-Dingo», thematische Assoziationen
	1000 bis 10 000	«Sidney-Stil»	große Menschen und Tiere, mit Umrißlinien	Klima mit Regenperioden	Fruchtbarkeitskult
	5000 bis 12 000	«Panaramitee-Stil»	figürliche Gravierungen	feucht, mit Seen in heutigen Wüstengebieten, Bilder von Krokodilen	teilweise Ideogramme
	10 000 bis 20 000	«Murray-Stil»	Assoziationen nach Art des Aurignaciens	feucht	Sequenzen und Assoziationen mit Ideogrammen
	vor 20 000	«Koonalda-Stil»	«Makkaroni-Stil»	?	numerische und kognitive Zeichen

XIII. Die Geschichte des Menschen

Die Geschichte des Menschen ist ein häufig behandeltes Thema. Die ersten Hominiden gehen auf die Zeit vor vier Millionen Jahren zurück, und die ersten geformten Werkzeuge (nicht der Stock oder der Stein, den der erste Mensch zur Hand nahm, um ihn zu werfen oder um sich zu verteidigen, wie es manche Affen auch taten) sind über zwei Millionen Jahre alt.

In seiner physischen und gedanklichen Evolution brauchte der Mensch viel Zeit zur Aneignung des für sein Überleben entscheidenden Wissens- und Kenntnisstandes. Seit zwei Millionen Jahren basiert das Leben des Menschen auf der Verwendung von Werkzeugen, die seine Arme verstärken und verlängern. Die Entdeckung des Feuers war vielleicht die größte Errungenschaft, denn hätte der Mensch nicht gelernt, das Feuer zu beherrschen, so hätte er sich nie Nahrung zubereiten können; auch wäre er nie bis nach Amerika gekommen, denn dazu mußte er Sibirien durchqueren, um dann über die Beringstraße nach Alaska und Nordkanada zu gelangen. Ohne die Beherrschung des Feuers besäße der Mensch heute nicht die Vorstellungskraft und die Phantasie, die ihm eigen ist. Sich in der Wärme des Feuers aufzuhalten, seine die Phantasie und Vorstellungskraft anregenden züngelnden Flammen zu betrachten, sich im Clan, in der Gruppe, in der Familie um die häusliche Feuerstelle zu versammeln, ist heute noch ein Symbol unserer Gesellschaft und Lebensweise; und das gilt nicht nur für die westliche Welt, wo diese Werte schon fast wieder vergessen sind, sondern vor allem für jene Stämme, die heute noch 60 Prozent der Erdoberfläche besiedeln.

Später kamen andere Ausdrucksformen der intellektuellen Fähigkeiten des Menschen hinzu. Vor etwa 100 000 Jahren (die Zeitabstände werden immer kürzer) gab es die ersten geplanten Grabstätten, mit denen der Mensch begann, seine Toten zu bestatten. Begräbnisse sind vielleicht der älteste Ausdruck einer intellektuellen Überlegung. Die große Revolution jedoch ereignete sich vor etwa 50 000 Jahren, als sich ein Wesen mit dem Namen *Homo sapiens* auf der Erde verbreitet hat. Außer den besonderen physischen Zügen, die uns heute edler erscheinen als das Aussehen der Affenmenschen und ihrer Neandertaler-Cousins, besaß er eine mündliche Ausdrucksfähigkeit, die unendlich viel größer und artikulierter war als die all seiner Vorgänger. Zudem war er zu handwerklicher Arbeit in der Lage und konnte sehr viel raffiniertere Werkzeuge herstellen. Aber vor allem besaß dieses Wesen, das *sapiens* war, seine eigene «Logik», die es unter anderem dazu inspirierte, eine Vorstellung des «Übernatürlichen» und ritualisierte Verhaltensweisen zu entwickeln, Kulte und Kultorte zu schaffen und Kunst hervorzubringen. Seine Merkmale sind von so besonderer Art, daß man auf einen einzigen Ursprung schließen könnte, zumal es nahezu undenkbar ist, daß ein solcher Zusammenfall von Elementen sich an verschiedenen Orten auf dieselbe Weise ereignet haben könnte. Man nimmt an, daß der *Homo sapiens* aus Afrika stammt, wo auch die ältesten Zeugnisse seiner Existenz gefunden wurden. Von da aus hat er sich wahrscheinlich

320. *Felsgravierung der Gruppen mit komplexem Wirtschaftssystem. Valcamonica, Italien. Ein Mann und drei Frauen tanzen und geben Töne und Rhythmen von sich, die mit Ideogrammen ausgedrückt werden (aus: E. Anati, 1989a, S. 208).*

auf der ganzen Welt verbreitet, so daß wir letzlich alle von diesem gemeinsamen Ahnen abstammen.

Der *Homo sapiens* besaß ganz besondere Merkmale. Zu seiner Zeit hätte man ihn für ein zurückgebliebenes Individuum halten können, denn während die Paläanthropen mit etwa zwölf Jahren selbständig wurden, erreichte der *Homo sapiens* erst mit 16 bis 17 Jahren dieses Niveau. Im Wald, in der Savanne oder in der Wüste machte ihn diese vergleichsweise lange Abhängigkeit von Eltern und Familie verwundbarer.

Die längere Kindheit brachte aber zugleich eine Reihe außergewöhnlicher Faktoren mit sich: einerseits war dieser Heranwachsende sicher viel abhängiger von seiner Gruppe und weniger autonom, also leichter als die übrigen primitiven Anthropoiden eine Beute von Elementen der Natur, von Tieren und Krankheiten. Andererseits jedoch nimmt sein Gehirn in der Zeit des Heranwachsens viel markantere Mechanismen des Aneignens und Formens an. In der Phase seines Wachstums hat das Individuum größere Möglichkeiten, die eigenen intellektuellen Fähigkeiten zu formen und in seiner Erinnerung eine größere Anzahl von Fakten anzusammeln. Bei diesem *Homo sapiens* war die Kindersterblichkeit wahrscheinlich viel größer als bei anderen Primaten. Sie stellte eine Selektion dar. Auf der anderen Seite aber haben die Überlebenden in ihrer Erinnerung eine Anzahl von Daten zusammengetragen, die sehr viel umfangreicher war als die anderer Prima-

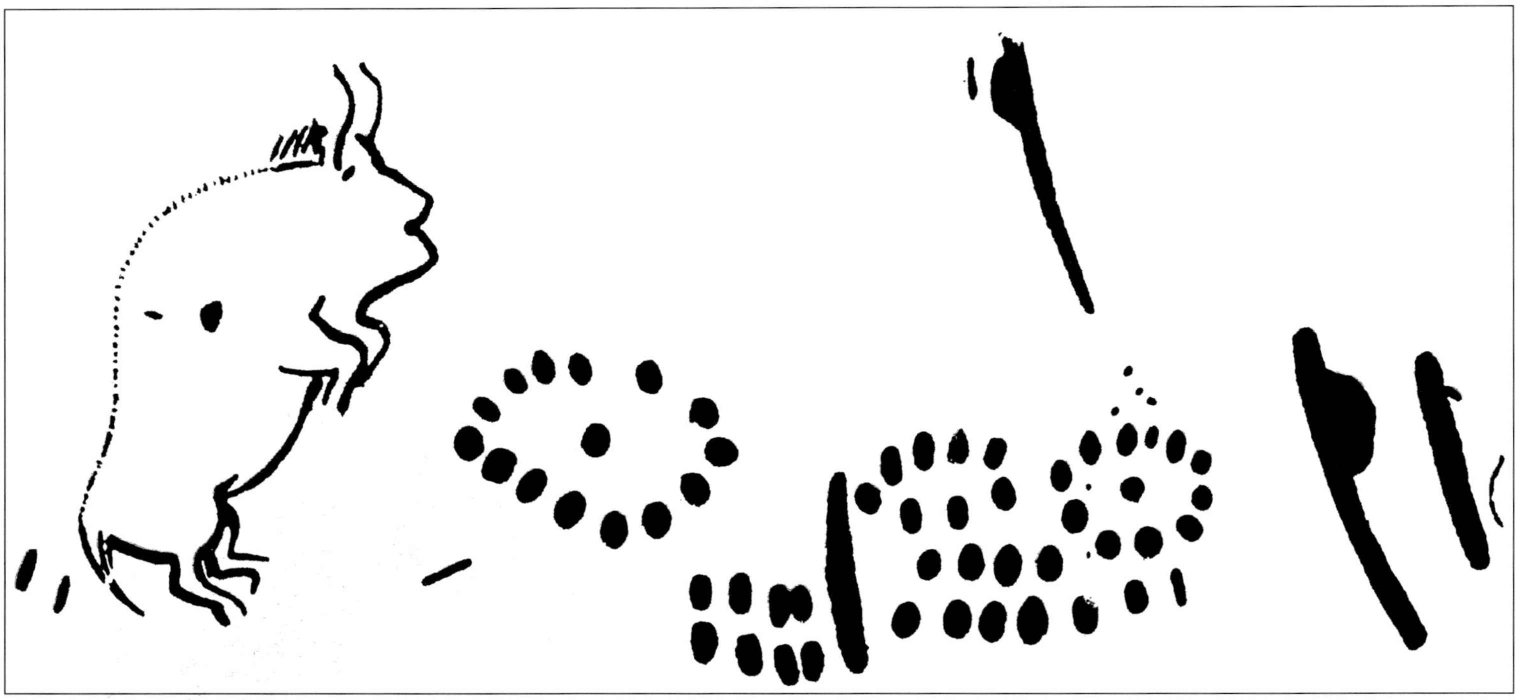

321. *Komposition in Rot, die auf eine Höhlenwand in Niaux, Ariège, Frankreich, gemalt ist. Assoziative Syntax der Primitiven Jäger: eine Gruppe aus Punkten, Stäbchen und Klaviformen bildet einen Bison mit aufeinanderfolgenden Ideogrammen (Zeichnung aus: M. Raphael, 1945).*

ten. Auf diese Weise kam es zu einem progressiven Ansteigen von Kenntnissen und Informationen. Während die Fähigkeit, sich etwas anzueignen, bei den anderen Primaten extrem langsam erfolgte, gelang es diesem neuen Wesen, von Generation zu Generation zu einer immer größeren Anzahl von Kenntnissen zu gelangen. Wahrscheinlich ist genau dies das Geheimnis seines großen Erfolgs.

Man hat sich häufig gefragt, aus welchem Grund sich der *Homo sapiens* von seinem Herkunftsland entfernt hat. Es gibt dazu eine Unzahl von Theorien. Man hat von einer Periode großer Dürre gesprochen, die den Menschen dazu gezwungen habe, sich andere Gebiete zu suchen, auch vom Aussterben der Fauna aufgrund sehr entwickelter Jagdtechniken, oder von Katastrophen und Epidemien, die den Menschen genötigt haben könnten, sich andere Wohnorte zu suchen. Man hat auch eine demographische Explosion in Betracht gezogen, die verschiedene Menschengruppen gezwungen haben könnte, sich Ressourcen in weniger dicht bevölkerten Zonen zu suchen. Erwogen wurden sogar Möglichkeiten, die absurd erscheinen mögen, es aber vielleicht nicht ganz und gar sind: ein Überlebenskampf zwischen zwei gänzlich verschiedenen Wesen, dem Menschen und der Ratte. Die Ratten hätten demnach die vom Menschen bewohnten Gebiete heimgesucht und irgendwann die Übermacht besessen; sie waren so zahlreich und aufdringlich, daß der Mensch ihnen den Raum schließlich überlassen hat.

Im Grunde genommen wissen wir nicht, welche dieser Theorien richtig ist. In jeder könnte ein wahrer Kern enthalten sein, aber ebenso ist es denkbar, daß der eigentliche Grund noch gar nicht gefunden wurde. Tatsache ist, daß zu einem bestimmten Zeitpunkt das Bedürfnis entstand, den eigenen Lebensraum auszudehnen. In einer für prähistorische Verhältnisse überaus kurzen Zeit, das heißt innerhalb von 7000 bis 8000 Jahren, ist der Mensch dann überall hingelangt: nach Asien, Amerika, Australien und nach Europa. Nach unserem heutigen Kenntnisstand war Europa der letzte Kontinent, den der Mensch erreicht hat. Der *Homo sapiens*, der die Welt eroberte, der nach Amerika, Australien und andere Gebiete kam, die die großen Eroberer unserer Geschichte noch nicht einmal dem Namen nach kannten, war als Individuum mit einer verhängnisvollen Neugier ausgestattet, die es nicht zuließ, daß ihm in seiner Umgebung etwas unbekannt blieb. In dieser Neugier, die das Verhalten des *Homo sapiens* von Anfang an kennzeichnet, besteht unsere große

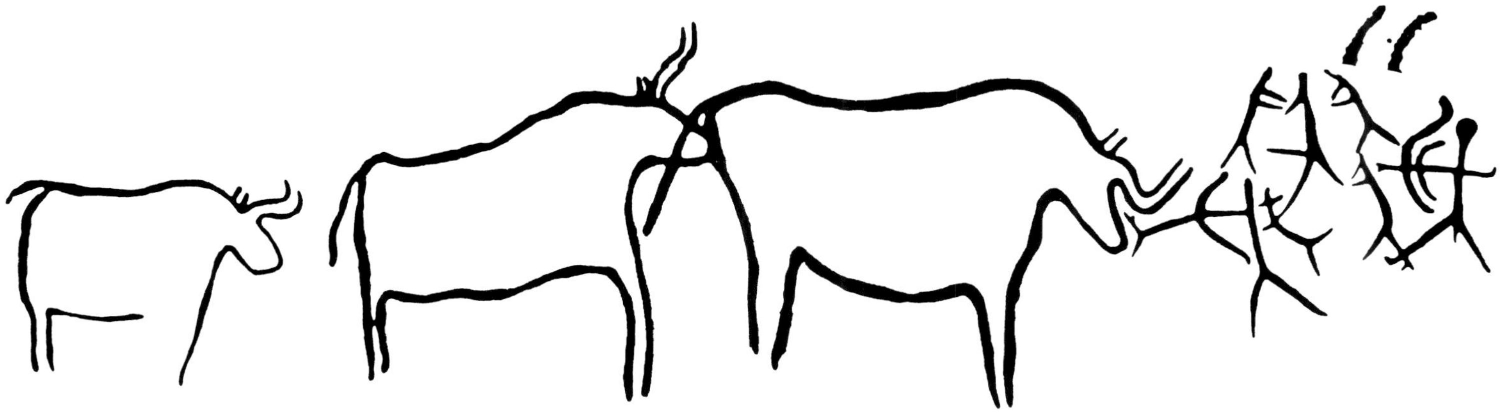

322. Akkumulation von Figuren. Drei Figuren von Rindern, tief eingeritzt, von den Primitiven Jägern ausgeführt, stellen eine assoziative Sequenz dar. Von der Assoziation zur Szene: die anthropomorphen Figuren mit Pfeil und Hund (rechts) wurden von Höheren Jägern ergänzt. Sie bilden eine «Szene», die die früheren Figuren mit einbezieht. Gobustan (aus: I. M. Djafarsade, 1973 / aus: E. Anati, 1989a, S. 230f.).

Ressource. Wehe dem, der nicht neugierig ist! Die Neugier treibt uns dazu, mehr wissen und verstehen zu wollen, und das ist die Grundlage des Seins.

Als erstes und einziges aller Lebewesen verfügte der *Homo sapiens* über ein «Paket» neuer Fähigkeiten und neuer Bedürfnisse – der Ästhetik, der Harmonie, des Kunstschaffens – und besaß die Fähigkeit zur Abstraktion, zur Synthese, zur Symbolisierung und begrifflichen Vorstellung.

Diese Fähigkeiten und Merkmale hat er in alle Kontinente mitgebracht. Nicht nur die Fähigkeit, Kunst zu schaffen, empfand er, sondern auch das Bedürfnis danach. Der *Homo sapiens* besaß von Anfang an eine reiche Innenwelt, die ihn dazu veranlaßte, sich etwas vorzustellen, zu synthetisieren und zu visualisieren. Dieselben Bedürfnisse haben den Menschen vielleicht zu anderen großen Errungenschaften geführt: zur Vorstellung des Religiösen und der Fähigkeit, vernunftgemäß zu denken, eine Philosophie zu entwerfen, eine Analyse der Tatsachen aufzustellen, um ihren Sinn zu begreifen. Diese neuen Dimensionen des Intellekts zeigen sich zum ersten Mal in der Kunst. Denn sie ist Zeugnis eines Wesens, das die eigentlichen Dimensionen des Menschen besitzt, wie wir ihn begreifen: Er definiert sich weniger über sein physisches Aussehen, sondern durch seinen Intellekt.

Es gibt Phänomene, die wir nicht erklären können, wie zum Beispiel die Tatsache, daß überall da, wo der *Homo sapiens* nicht hingelangte, die anderen Spezies der Hominiden ausgestorben sind. Häufig wurde der *Homo sapiens* von der volkstümlichen Wissenschaft als mordender Barbar dargestellt, der überall, wo er hinkam, die Männer umbrachte und von den Frauen Besitz ergriff. Auch in der romantischen Vision der urzeitlichen Wanderung stellte man sich vor, wie der *Homo sapiens* in die Höhlen eindrang und die früheren Bewohner umbrachte. Einer ähnlichen Hypothese zufolge war der *Homo sapiens* gesunder Träger einer Krankheit, die er jedoch übertrug. Die Kunst der Anfänge, das heißt der ersten 30 000 bis 40 000 Jahre, zeigt auf der ganzen Welt ähnliche Merkmale. Man hat angenommen, daß unser direkter Vorfahr nicht nur die Gewohnheit, Kunst zu produzieren, mit sich brachte, sondern auch eine bestimmte Art von Logik. Denn überall ist die Kunst nicht nur in ihrem Stil ähnlich, sondern auch in der Thematik und in der konstanten Assoziation von Ideogrammen und Bilderschriftzeichen, von Symbolen und Figuren, die eine Syntax bilden. Die einzelnen Figuren und Symbole sind die

323. Felsgravierung in Alaska. Drei Ideogramme der Paläo-Eskimos aus dem Tuxedni Bay wiederholen Zeichen, wie sie von den Primitiven Jägern in anderen Gegenden verwendet wurden: ein dreigeteiltes Zeichen (eines Vogels?), eine stilisierte Vulva und eine Reihe von zehn Kerben zwischen zwei Zeilen (aus: F. de Laguna, 1933, S. 20).

324. Folgende Seite: Kunst der Höheren Jäger. Kampfszene, die den Zusammenstoß zweier Gruppen von Bogenschützen zeigt. Die Pfeile fliegen hin und her. Farben: Rot und Weiß. Der Grund des Konflikts ist vielleicht das blutspuckende Tier, das von einem Pfeil getroffen ist, dargestellt auf der linken Seite des Bildes. De Rust, Kap-Provinz, Südafrika (aus: J. D. Lewis-Williams, 1983, S. 35).

Grammatik, aber eine Sprache ohne Syntax kann man nicht entziffern. Deshalb war es eine visuelle Sprache, die auf der ganzen Welt ähnlich war. Wir finden bebilderte Wände mit den gleichen Bildern und den gleichen Assoziationen in allen Kontinenten.

Im späten Pleistozän, das heißt vor 12 000 bis 15 000 Jahren, gibt es die ersten großen Unterschiede, die sich dann vor 8000 oder 7000 Jahren verstärken, als sich verschiedene soziale Gruppen formieren, als sich die Wirtschaftsformen verändern und spezialisieren und als sich Gesellschaften von Ackerbauern und Hirten bilden. Seit dieser Zeit wird dann auch die gesamte Welt des Menschen von lokalen Merkmalen geprägt. Gleichzeitig entstehen die unterschiedlichen Sprachen, wie wir sie aus der sogenannten historischen Zeit kennen.

Als Jäger benutzte der Mensch seine Waffen, um sich Nahrung zu verschaffen. Viele heutige Jägerstämme kennen weder Krieg noch Gewalt gegenüber Menschen und sind deshalb extrem verwundbar. Die australischen Aborigines sind freundlich und zuvorkommend gegenüber jedem, der ihr Territorium betritt. Sie ließen sich völlig von den Kolonisatoren beherrschen, weil ihnen jeder mentale Mechanismus zur Verteidigung fehlt. Einer der Begriffe, die in der politischen, religiösen und philosophischen Demagogie unserer Gesellschaft am häufigsten verwendet werden, ist das Wort «Frieden». In der Sprache der Jäger ist es gar nicht bekannt, weil es das Wort «Krieg» implizieren würde. Der Krieg, der bewaffnete Kampf, Töten für das «Vaterland» als Zeichen der Tugend, sind Charakteristika der urbanen Gesellschaften.

Die Hypothese einer ursprünglichen geistigen Einheit widerspricht der Vorstellung Darwins, daß es eine lineare Evolution gab, derzufolge sich der Mensch allmählich auf der ganzen Welt entwickelt hat, wobei seine verschiedenen Sprachen und Gewohnheiten entstanden. Heute scheint man fast definitv behaupten zu können, daß die Entwicklung anders verlief. Nach einer Reihe großer Experimente ist die Menschheit mit dem Attribut *sapiens* aus einem Clan entstanden, der in irgendeinem «irdischen Paradies» in Zentral- oder Ostafrika, wahrscheinlich aus der Verbindung zweier Clans oder vielleicht auch zweier Einzelwesen, einer Frau und einem Mann, entstand, die der Ursprung der gesamten Menschheit waren. Man kann daher sehr wohl den ungeheuren Wert der Mythologie als Spiegel des kollektiven Gedächtnisses verstehen: sie ist Zeugnis einer Erinnerung, die nach Jahrtausenden aus dem Unbewußten aufgetaucht ist, und sie muß daher zwangsläufig einen wahren Kern enthalten, auch wenn dieser freilich idealisiert oder in eine Metapher verwandelt wurde. Dies gilt nicht nur für die westliche, sondern auch für die buddhistische Mythologie oder die Glaubensform der australischen Völker. Die Mythologie enthält eine tiefe Wahrheit, die jeder bereits in sich trägt. Ich beziehe mich insbesondere auf den symbolischen und allegorischen Mythos von Adam und Eva, dem ersten Paar des irdischen Paradieses, bei dem es sich gewiß um eine Idealisierung handelt. Wir wissen nicht genau, wie sich die Dinge ereignet haben, aber diese Vorstellung eines ursprünglichen Paares, oder wahrscheinlicher eines Clans oder zweier Gruppen, die den Ursprung der gesamten Menschheit bilden, taucht heute in jeder wissenschaftlichen Forschung auf. Ein zweiter Mythos erzählt vom Turmbau zu Babel, in dem wir in den letzten 10 000 Jahren gelebt haben. Die biblische Erzählung spiegelt effektiv das wider, was die Wissenschaft gerade ans Licht bringt. Heute scheint man bestätigen zu können, daß für den *Homo sapiens* des Pleistozäns eine universelle Sprache existierte, deren Logik die gleiche war, wie sie sich in der Grammatik und der Syntax der Kunst der Primitiven Jäger widerspiegelt. Später haben lokale Entwicklungen zu verschiedenen Sprachen geführt, so daß sich die Menschen von jenem Augenblick an weniger verstanden als zuvor. Sie haben nicht nur verschiedene Sprachen und unterschiedliche Kunsttendenzen entwickelt, sondern vor allem auch spezifische Denkweisen.

325. Folgende Seite: Anthropo-zoomorphes Felsbild mit dem Namen «der Zauberer». Höhle von Les Trois Frères, Ariège, Frankreich (Abdruck von H. Breuil).

Man hat verschiedene Kategorien auf der Basis der Typologie, der Thematik, des Assoziationstypus und der Komposition ausfindig gemacht. Auf der Grundlage dieser Kriterien unterscheidet man vier Hauptgruppen: die Kunst der *Primitiven Jäger,* die Pfeil und Bogen noch nicht kannten und die in der Regel große Tiere wie Elefanten, Giraffen und Flußpferde jagten; die *Höheren Jäger,* die Pfeil und Bogen kannten, in kleineren Gruppen lebten und vorwiegend Tiere mittlerer Größe wie Hirsche, Rehe, Gazellen, Steinböcke, auch Hasen und Wildenten jagten. Drittens die *Hirten,* die sich vorwiegend der Viehzucht widmeten, und schließlich die Gruppen mit *komplexem Wirtschaftssystem,* die bis zur urbanen Epoche Ackerbauern waren. Die Hochkulturen, die zu den komplexen Wirtschaftssystemen zählen, sind viel stärker differenziert. Innerhalb dieser großen Kategorien gibt es gemeinsame Elemente, die wir Archetypen, Paradigmen oder charakteristische Elemente nennen. Zuerst gab es ausschließlich Primitive Jäger; die anderen Kategorien haben sich in den letzten 12 000 Jahren herangebildet.

Die Gesamtheit der in der prähistorischen Kunst dargestellten Objekte ist extrem begrenzt. Von Ausnahmefällen abgesehen, finden wir keine Porträts, Landschaften, Bäume, Naturdarstellungen wie Wolken, Himmel oder den Horizont, sondern lediglich spezifische Darstellungen einer Thematik, die spontan ausgewählt wurde. Wir finden jedoch Ideogramme, die Wind, Regen, Wolken, Wiesen, Berge und all das bedeuten, was in den späteren Phasen dann zur Landschaft wird. Die graphischen Zeichen stellen Begriffe dar, und die Syntax spiegelt diese Charakteristik wider. Kunst zu schaffen war kein Zeitvertreib, sondern eine extrem ernsthafte Beschäftigung, die es dem Menschen erlaubte, etwas darzulegen und vitale Aspekte seiner existentiellen Beziehung mit den Elementen seiner Umgebung zu definieren.

Beim Menschen in den Hochkulturen gibt es dagegen verschiedene Entwicklungen. Aber obwohl sich die Thematik wesentlich erweitert hat und die stilistischen und begrifflichen Differenzierungen bei den verschiedenen Schulen und Tendenzen der Hochkulturen viel artikulierter und komplexer sind als bei den Stammeskulturen ohne Schrift, blieben einige Archetypen und Paradigmen konstant erhalten.

Heute finden wir bei den großen Meistern, von Giotto bis Mirò und Chagall, Elemente, die auch in der prähistorischen Kunst existierten, – selbst wenn die heutigen Künstler sich dessen nicht mehr bewußt sind. Ein grundlegendes Charakteristikum aller Kunst ist es, unbewußte Botschaften zu übermitteln, bei denen der Künstler selbst als Leitfaden gilt, und zwar von Anfang bis zum Ende der Geschichte der figurativen Darstellung.

Die Varianten und Differenzierungen eines einheitlichen begrifflichen Systems spiegeln, vor allem in den letzten 12 000 Jahren, die jeweilige Mode, die Gebräuche und die Ästhetik wider.

Eines der Charakteristika der Hochkulturen besteht darin, daß die Konkretheit des Ziels verlorenging. Die Einzelheiten gewinnen häufig die Überhand über das Existentielle, nicht nur in der Kunst, sondern auch in anderen Aspekten des Lebens. Die Kunst als solche aber stirbt nie. Nach 30 000 Jahren beschäftigen wir uns noch mit den paläolithischen Malereien. Der Künstler als Medium stirbt. Die Kunst jedoch ist ewig.

XIV. Resümee

Der Kultur kommt die Aufgabe zu, den Intellekt zum Leben zu erwecken, ihn anzuregen, den Menschen zu erneuern und ihn fähig zu machen, das Heute zu bereichern und das Morgen vorzubereiten. All das, was ihn förmlich aufsaugt oder gar verstummen läßt, hat mit Kultur nichts zu tun.

Der Mensch ist ein Wesen, das zum Ausdruck von Gefühlen, zu Kunst, Philosophie und Religion fähig ist. In diesen Gewohnheiten drückt sich seine Identität aus. Die Suche nach sich selbst ist die Basis all dessen, und die Kultur – wenn sie als solche bezeichnet werden kann – muß uns zum Denken, zum Gebrauch der Vernunft, zur Diskussion, zum Begreifen und zur Begegnung anregen. Die Kultur muß eine geistige Symbiose zwischen Menschen schaffen, die miteinander kommunizieren, um sich gegenseitig zu bereichern und anzuregen.

Fast immer gilt das Hauptinteresse des Menschen ihm selbst, auch wenn er das nicht wahrhaben will. Was ihn bei anderen Menschen anzieht und anregt, verdankt sich der Intuition, daß er über die Begegnung mit ihnen etwas Neues von sich selbst entdecken und realisieren kann. Wir machen uns auf die Suche nach dem anderen, weil wir hoffen, dabei uns selbst zu entdecken.

Die Felskunst aller Kontinente ist ein immenses Archiv der Geschichte des Menschen. Sie ist ein Zusammenspiel von Zeichen, Symbolen, Ideogrammen, Bilderschriftzeichen und Psychogrammen, die der Mensch auf den Felsen, im Freien und im Innern der Höhlen zurückgelassen hat.

Die künstlerischen Ausdrucksformen des *Homo sapiens* haben sich in den letzten 40 000 Jahren differenziert. Außer über die Malerei, die Dekoration und die bildliche Darstellung äußerte er sich durch die Musik, den Tanz, das Schaffen von Gegenständen, denen er ästhetische Formen verlieh, bis zur Schmückung des eigenen Körpers, den er anziehender oder weniger verwundbar machen wollte.

Vermutlich ist Holz das in der Steinzeit am häufigsten verwendete Material, das sich jedoch nicht erhalten hat. Daneben gab es Tierhäute, Matten, Blätter und viele andere Materialien, die heute noch bei den Stämmen in Gebrauch sind. Manchmal wurden Hilfsmittel verwendet, die von selbst wieder verschwanden. Fast alle Stammesvölker führen Zeichnungen im Sand aus, die sich mit dem ersten Wind oder dem ersten Regen auflösen. Von all dem ist keine Spur zurückgeblieben, außer in den seltenen Fällen, wenn diese Zeichnungen im Sand oder im Lehm innerhalb von Höhlen ausgeführt worden sind, die dann aufgegeben wurden und verkalkten.

Außer der Felskunst gibt es die sogenannte Einrichtungskunst, das sind verzierte Gegenstände, Plaketten und kleine Figuren, die sich überall finden. Um die Bedeutung der Felskunst zu begreifen, muß man vor allem bedenken, daß sie sich *in situ* erhielt, also genau dort, wo der Mensch sie geschaffen hat. Diese Botschaften wurden nicht wegbewegt, sondern sie befinden sich noch am Ort ihres Entstehens. Und es handelt sich um Millionen von Graphemen, die über alle Kontinente verstreut sind. Die systematische Schrift wurde vor 5000 Jahren im mittleren Orient entwickelt; in Europa geschah dies vor 2500 Jahren. In den letzten zweihundert Jahren nun ist die Schrift in über die Hälfte der Gebiete gelangt. Sie ist also für jene wenigen Länder und für einen begrenzten Zeitraum das wichtigste Instrument, um Geschichte zu rekonstruieren.

Die Kunst, vor allem die Felskunst, ist überall dort verbreitet, wo der *Homo sapiens* seit 40 000 Jahren Fuß faßte, und sie hat ihn seither überallhin begleitet. Heute sind wir dabei, diese Bildersprache zu entschlüsseln. An dem Tag, an dem es uns gelingen wird, die Botschaften der Felskunst adäquat zu entziffern, werden wir 40 000 Jahre Geschichte kennen, die nicht nur die großen Reiche betrifft (deren zentralisierte Struktur die Schrift brauchte), sondern auch die Welt der Clans und der Stämme, all der Menschen, die sich auf improvisierte Weise und noch ganz ohne Apologien und Demagogien ausdrückten.

Bereits heute erscheint die Felskunst wie eine unerschöpfliche Quelle für die Kenntnis der Geschichte der Völker ohne Schrift, also der Geschichte jener Völker, die von der Geschichte ausgeschlossen blieben.

Über diese direkten Zeugnisse entdecken wir nicht nur die großen Etappen der menschlichen Entwicklung, der Geschichte, der Gesellschaft und der kulturellen Evolution, sondern auch Ängste und Freuden, die existentiellen Probleme, die sozialen Beziehungen und die Glaubensformen, die Ambitionen und die Idealisierungen vieler ausgestorbener oder ausgegrenzter Völker, die uns dank dieser Zeugnisse ihre Botschaften übermitteln konnten.

All dies eröffnet neue Horizonte für eine vollständigere Geschichtsschreibung, als es sie je zuvor gegeben hat. Es eröffnet auch neue Perspektiven für eine globale Vision der Kultur, der zeitlichen, räumlichen und inhaltlichen Dichte, die dem Abenteuer des Menschen eine neue Dimension verleiht.

Wie bereits zu Beginn erwähnt wurde, stellt dieser Band einen Streifzug durch einige grandiose Konzentrationen der Höhlenmalerei und Felskunst dar, wie sie sich auf verschiedenen Kontinenten, manchmal in unzugänglichen, schwer erreichbaren Gebieten befindet. Die gesammelte Dokumentation ist die Basis eines weltweiten Archivs, das mit der Zeit entwickelt und um neue Kapitel und weitere Vertiefungen bereichert werden wird. Doch das kulturelle Erbe, wie es hier vorgestellt wurde, befindet sich bedauerlicherweise in einem Prozeß der Zerstörung, so daß die Menschheit Gefahr läuft, es zu verlieren. Täglich löst sich irgendein Fragment von einer bebilderten Wand ab. Mit dem Sammeln der Dokumente fortzufahren bedeutet auch, sicherzugehen, daß wir Teile dieser Zeugnisse nicht für immer verlieren.

Bibliographie

Abkürzungen:

O = Generelle Pobleme
A = Asien (Ohne den Vorderen Orient)
B = Vorderer Orient
C–D = Afrika
E = Europa
F–G = Amerika
H = Ozeanien

BCN Mitteilungen des Centro Camuno di Studi Preistorici
BCSP Berichte des Centro Camuno di Studi Preistorici
BSPF Bulletin der Société Préhistorique Française

AA.VV.
1965 *The Relevance of Models for Social Anthropology*, London (Tavistock Publications).
AA.VV.
1981 *Altamira Symposium*, Actas del Symposium Internacional sobre Arte prehistórico celebrado en conmemoración del primer centenario del descubrimiento de las pinturas de Altamira (1879–1979), Madrid (Ministerio de Cultura).
ABRAMOVA Z. A.
1990 L'art mobilier paléolithique en Sibérie, *BCSP*, 25–26, S. 81–98.
ALCALDE DEL RIO H., BREUIL H. & SIERRA L.
1912 *Les Cavernes de la Région Cantabrique*, Monaco (Chêne).
ALEXANDER Robert K.
1970 Archeological Investigations at Parida Cave, Val Verde County, Texas, *Papers of the Texas Archeological Salvage Project*, Bd. 9, Austin, TX (The University of Texas at Austin).
1974 *The Archeological Investigation of Conejo Shelter: A Study of Cultural Stability at an Archaic Rockshelter Site in Southwestern Texas*. Ph. D. dissertation (Dept. of Anthropology, Univ. of Texas at Austin).
ALMAGRO BASCH M. & GARCIA GUINEA M. A.
1972 Santander Symposium, *Atti del Simposio Internazionale d'arte rupestre*, Madrid (Consejo Superior de Investigaciones Científicas).
ALWOOD J., ANDERSON L. G. & DAHL Ö.
1977 *Logic in Linguistics*, Cambridge (Cambridge University Press).
ANATI Emmanuel
1959 Mission archéologique au Mont Bego au cours de l'été 1957, *BSPF*, Bd. LVI/5–6, S. 315–317.
1960a *La Civilisation du Val Camonica*, Paris (Arthaud).
1960b La grande roche de Naquane, *Archives de l'Institut de Paléontologie Humaine*, Mémoire 21, Paris (Masson orientaliste), Teil 3: Sector J–Q. Qahra range to Najran.
1960c Quelques reflections sur l'art rupestre d'Europe, *BSPF*, Bd. 67/11–12, S. 692–712.
1962 Prehistoric trade and the puzzle of Jericho, *BASOR*, Nr. 167, S. 25–31.
1963 *La Palestina prima degli Ebrei*, 2 Bde., Milano (Il Saggiatore); *Palestine Before the Hebrews*, New York (Knopf).

1968a Arte immobiliare della tarda preistoria nel Sud della Francia e nell'Italia del Nord, BCSP, Bd. 2, S. 57–68.
1968b *Arte rupestre nelle regioni occidentali della Penisola Iberica*, Archivi, Bd. 2, Capo di Ponte (Edizioni del Centro).
1968c *Rock-Art in Central Arabia*, Bde. 1–2: Corpus of the Rock Engravings, Teil 1, Publications de l'Inst. Orientaliste de Louvain, Nr. 3, Louvain (Inst. Orientaliste del'Univ. Catholique de Louvain).
1972a *Arte preistorica in Anatolia*, Capo di Ponte (Edizioni del Centro).
1972b *I Massi di Cemmo*, Capo di Ponte (Edizioni del Centro), 2. Aufl.
1972c *I Pugnali*, Capo di Ponte (Edizioni del Centro).
1972d *Rock-Art in Central Arabia*, Bd. 3: Corpus of the Rock Engravings, Teile 1 und 2, Publications de l'Inst. Orientaliste de Louvain, Nr. 4, Louvain (Inst. Orientaliste del'Univ. Catholique de Louvain), Teil 1: General Information; Teil 2: Sectors A–H, From Ta'if to Mahash Wells.
1973 La stele di Triora (Liguria), BCSP, Bd. 10, S. 101–126.
1974a *Origini della civiltà camuna*, Capo di Ponte (Edizioni del Centro), 2. Aufl.
1974b *Rock-Art in Central Arabia*, Bd. 4: Corpus of the Rock Engravings, Teil 3, Publication de l'Inst. Orientaliste de Louvain, Nr. 6, Louvain (Inst. Orientaliste del'Univ. Catholique de Louvain), Teil 3: Sector J–Q. Qahra range to Najran.
1974c Lo stile sub-naturalistico camuno e l'origine dell'arte rupestre alpina, BCSP, Bd. 11, S. 59–83.
1975 *Evoluzione e stile*, Capo di Ponte (Edizioni del Centro).
1976 *Metodi di rilevamento e di analisi dell'arte rupestre*, SC, Bd. 7, Capo di Ponte (Ediz. del Centro).
1977 Post-palaeolithic stylistic changes in rock art as illustrated by the Valcamonica cycle, in: P.J. Ucko (Hg.), *Form in Indigenous art*, S. 337–356.
1979 *L'arte rupestre del Negev e del Sinai*, Milano (Jaca Book).
1981a The Origins of Art, *Museum*, Bd. 33/4, 1981, S. 200–210, auch in englischer, französischer und spanischer Übersetzung.
1981b Arte rupestre: conservazione e comprensione, *Caesaraugusta*, Bd. 53–54, S. 139–147.
1982a *I Camuni. Alle radici della civiltà europea*, Le Grandi Stagioni, Milano (Jaca Book).
1982b *Luine Collina Sacra*, Archivi, Bd. 8, Capo di Ponte (Edizioni del Centro).
1982c La recherche et ses perspectives, Préface, *Préhistoire Ariègeoise*, Bd. 37, S. 5–10.
1983a *Gli elementi fondamentali della cultura*, Milano (Jaca Book).
1983b Saving the World's Rock Art, *Archaeology*, Bd. 36/2, S. 24–29.
1983c Art with a message that's loud and clear, *The Times* (Higher Education Supplement), London, 12.8.1983, S. 9.
1983d Rapporto del Direttore per l'anno 1980, BCSP, Bd. 20, S. 11–25.
1983e The State of Research in Rock Art. A World Report, in: E. Anati (Hg.), *Preservation and Presentation of Rock Art*, 1981–1983, Paris (UNESCO).
1983f Intellettualità dell'uomo preistorico: una visione in prospettiva, *Studi in onore di Dinu Adamesteanu*, Università di Lecce, S. 97–109.
1984 The State of Research in Rock Art, BCSP, Bd. 21, S. 13–56.
1986a Etat de la recherche sur l'art rupestre: report mondial, *L'Anthropologie*, Bd. 90/4, S. 783–800.
1986b Malawi cultural heritage with reference to rock art sites. Evaluation of rock art and training of specialist, *A report to UNESCO and to the governement of Malawi* (UNESCO Consultancy Mission to Malawi).
1986c *La Montagna di Dio. Har Karkom*, Milano (Jaca Book); New York (Rizzoli); Paris (Payot Weber).
1986d I primi pittori del mondo. Arte rupestre in Tanzania, *L'Umana Avventura*, Bd. 1, S. 39–49.
1986e The Rock Art of Tanzania and the East African Sequence, BCSP, Bd. 23, S. 15–68.
1986f Alle origini dell'arte, *Archeo*, Nr. 22, S. 26–31.
1987 Alle origini della civiltà europea. L'arte rupestre in Valcamonica, *Archeo Dossier*, Bd. 27, Novara (Istituto Geografico De Agostini).
1988 *Camuni. Alle radici della civiltà europea*, Milano (Jaca Book), 2. Aufl.
1989a *Origini dell'arte e della concettualità*, Milano (Jaca Book); Paris (Albin Michel).
1989b Simbolizzazione, concettualità e ritualismo dell'Homo Sapiens, in: J. Ries (Hg.), *Le origini e il problema dell'Homo Religiosus*, Milano (Jaca Book-Massimo).
1989c Valcamonica riscoperta, Brescia (Ecoedizioni).
1992a Arte rupestre e concettualità nell'età del Bronzo, in: D. Cocchi (Hg.), *L'età del Bronzo in Italia nei secoli dal XVI al XIV a.C., Viareggio 26–30 ottobre, 1989*, Rassegna di Archeologia, Bd. 10/1991–92, S. 603–609.
1992b Arte rupestre post-paleolitica dell'Italia settentrionale nel contesto europeo, *Atti della XXVIII Riunione Scientifica dell'Istituto Italiano di Preistoria e Protostoria*, S. 53–79.
1994a *Il Linguaggio delle Pietre*, Capo di Ponte (Edizioni del Centro).
1994b *Arte rupestre, il linguaggio dei primordi*, Capo di Ponte (Edizioni del Centro).
1994c *Helan Shan. Arte rupestre della Cina*, Capo di Ponte (Edizioni del Centro).
1995a *La religione delle origini*, Capo di Ponte (Edizioni del Centro).
1995b *Les racines de la culture*, Capo di Ponte (Edizioni del Centro).
ANATI E. (ed.)
1970 Valcamonica Symposium '68: *Art Préhistorique*, Atti del Simposio Internazionale d'Arte, Capo di Ponte (Edizioni del Centro).
1975 Valcamonica Symposium '72: *Les Religions de la Préhistoire*, Atti del Simposio Internazionale sulle religioni della preistoria, Capo di Ponte (Edizioni del Centro).
1983 Valcamonica Symposium '79: *Arte e religione*, Atti del Simposio Internazionale sulle espressioni intellettuali dell'uomo preistorico, Capo di Ponte (Edizioni del Centro).

ANATI E., FRADKIN A. & SIMOES DE ABREU M.
1984 Rock Art of Baja California Sur, *BCSP*, Bd. 21, S. 107–112.
ANDREWS R. L. & ADOVASIO J. M.
1980 Perishable Industries from Hinds Cave, Val Verde County, Texas. *Ethnology Monographs*, Bd. 5 (Dept. of Anthropology, Univ. of Pittsburg).
ARAMBOURG R. & JUDE P.
1955 La conquête du feu au Paléolithique, *Bull. de la Soc. d'Et. et Rech. Préhist.*, Les Eyzies, Nr. 5, S. 16–19.
ARBOGAST Rose-Marie
1989 Le rôle du chien au Néolithique, in: J.-P. MOHEN (Hg.), *Le temps de la préhistoire*, Paris (Edition Archeologia), Bd. 2, S. 74–75.
ARDREY R.
1969 *The Territorial Imperative*, London (Collins).
BACHELARD G.
1967 *La psychanalyse du feu*, Paris (Gallimard).
BAR-ADON Pessah
1980 *The cave of the treasure*, Jerusalem (The Israel Exploration Society).
BEDNARIK Robert G.
1985 Parietal finger markings in Australia, *BCSP*, Bd. 22, S. 83–88.
1992 Natural line markings on Palaeolithic Objects, *Anthropologie*, Bd. XXX/3, S. 233–240.
BÉGOUÉN H. & BREUIL H.
1958 *Les Cavernes du Volp. Trois-Frères – Tuc d'Audoubert*, Paris (IPH).
BELTRAN Antonio
1980 *L'arte Rupestre del Levante Spagnolo. Da cacciatori ad allevatori*, Milano (Jaca Book).
1988 L'art préhistorique Espanol: Nouveaux horizons et problèmes de la question, *BCSP*, Bd. 24, S. 13–44.
BENEDICT R.
1949 *Patterns of Culture*, New York (Mentor Books).
BIBERSON P.
1964 Torralba et Ambrona. Note sur deux stations acheuléenes de chasseurs d'Eléphants de la Vieille Castille, *Miscelanea en Homenaje al Abate Breuil*, Monografias VI, Barcelona (Instituto de Prehistoria y Archeologia), S. 201–248.
1968 Les gisements acheuléens de Torralba et Ambrona (Espagne). Nouvelles précisions, *L'Anthropologie*, Bd. 72/3–4, S. 241–278.
BICKNELL Clarence
1911 *The Prehistoric Rock Engravings in the Italian Maritime Alps*, Bordighera (Pietro Gibelli). Edizione italiana: *Guida delle incisioni rupestri preistoriche nelle Alpi Marittime italiane*, Bordighera (Istituto Internazionale di Studi Liguri), 1971.
BINFORD Lewis R.
1968 Methodological Considerations of the Archeological Use of Ethnographic Data, in: Lee R. B. & I. DeVore (Hgg.), *Man the Hunter*, Chicago (Aldine), S. 268–273.
1981 *Bones: Ancient Men and Modern Myths*, Orlando, FL (Academic Press).
BIRDSELL Joseph B.
1968 Some Predictions for the Pleistocene Based on Equilibrium Systems among Recent Hunter-Gatherers, in: Lee R. B. & I. DeVore (Hgg.), *Man the Hunter*, Chicago (Aldine), S. 229–240.
BLANC A. C.
1939 L'uomo fossile del Monte Circeo: un cranio neandertaliano nella grotta Guattori a San Felice Circeo, *Rendiconti Accademia Nazionale dei Lincei*, Bd. 29, S. 205–210.
BLISS Kathleen
1969 *The Future of Religion*, London (Penguin).
BLUM Harold F.
1970 On Growth of Art, in: E. Anati (Hg.), *Valcamonica Symposium*, Actes du Symposium International d'Art Préhistorique, S. 531–537.
BOAS Franz
1982 *Race, Language and Culture*, Chicago (University of Chicago Press).
BONIFAY Eugène
1964 La grotte du Rigourdou (Montignac, Dordogne). Stratigraphie et industrie lithique mousterienne, *L'Anthropologie*, Bd. 68/1–2, S. 49–64.
1975 Stratigraphie du quaternaire et âge des gisements préhistoriques de la zone litorale des Alpes Maritimes, *BSPF*, Bd. 72/7, S. 197–208.
1989 Les premières industries préhistoriques in Europe, in: J.-P. Mohen (Hg.), *Le temps de la préhistoire*, Paris (Edition Archeologia), Bd. 2, S. 106–110.
BORDES F.
1968 *Le Paléolithique dans le monde*, Paris (Hachette).
1969 Os percé moustérien et os gravé acheuléen du Pech de l'Aze II, Quaternaria, Bd. XI, S. 1–6.
1972 *A Tale of Two Caves*, London (Harper & Row).
BORDES F. & SONNEVILLE BORDES D. de
1970 The Significance of Variability in Palaeolithic Assemblages, *World Archaeology*, Bd. 2, S. 61–73.

BOSINSKI H.
1970 Magdalenian anthropomorphic figures at Gönnersdorf (Western Germany), *BCSP*, Bd. 5, S. 57–98.
BOWLER J. M., JONES H., ALLEN R. & THORNE A. G.
1970 Pleistocene Human Remains from Australia: Lake Mungo, Western New South Wales, *World Archaeology*, Bd. 2/1, S. 39–60.
BREUIL Henri
1930 La Préhistoire. Leçon d'ouverture de la Chaire de Préhistoire au Collège de France, *Revue des Cours et Conférences* (30. XII. 1929).
1932 La feu et l'industrie de pierre et d'os dans le gisement du «Sinanthropus» a Chou Kou Tien, *L'Anthropologie*, Bd. 42, S. 1–17.
1952 *Quatre cents siècles d'art pariétal*, Montignac (Centre d'études et de documentation préhistoriques).
BREUIL H. & BERGER-KIRCHNER L.
1960 L'art pariétal Franco-Cantabrique, in: *L'Age de Pierre*, Paris (Albin Michel), S. 8–64.
BROWER STAHL Ann
1984 Hominid Dietary Selection Before Fire, *Current Anthropology*, Bd. 25/2, S. 151–168.
BROOKS Robert R. R. & WAKANKAR Vishnu S.
1976 *Stone Age Painting in India*, New Haven-London (Yale University Press).
BRYANT Vaughn M. Jr. & SHAFER Harry J.
1977 The Late Quaternary Paleoenvironment of Texas: A Model for the Archeologist, *Bulletin of the Texas Archeological Society*, Bd. 48.
BRYSON Reid A.
1980 Ancient Climes on the Great Plains, *Natural History*, Bd. 89/6, S. 65–73.
BUTZER Karl W.
1980 Civilizations: Organisms or Systems, *American Scientist*, Bd. 68/5, S. 517–523.
BUTZER Karl W. et al.
1979 Dating and Context of Rock Engravings in Southern Africa, *Science*, Bd. 203, S. 1201–1214.
CAMPBELL T. N.
1972 Systematized Ethnohistory and Prehistoric Culture Sequences of Texas, *Bulletin of the Texas Archeological Society*, Bd. 43, S. 1–11.
CAMPS G.
1975 Symboles religieux dans l'art rupestre du Nord de l'Afrique, in: E. Anati (Hg.), *Valcamonica Symposium 1972*, S. 323–333.
CARROLL Michael P.
1984 Paleolithic Art and the Search for the Phylogenetic Origins of Symbolic Thought, *Current Anthropology*, Bd. 23.
CASSON R. W.
1981 *Language, Culture and Cognition*, New York (MacMillan).
CAVALLI-SFORZA L. L. (ed.)
1986 *African Pygmies*, New York (Academic Press).
CHILDE V. G.
1951 *Man Makes Himself*, London (Pelican).
1960 *I frammenti del passato. Archeologia della preistoria*, Milano (Feltrinelli).
1964 *What Happened in History*, London (Pelican).
CHOLLOT-VARAGNAC Marthe
1980 *Les origines du graphisme symbolique*, Paris (Fondation Singer-Polignac).
CLARK J. Desmond
1954 *The Prehistoric Cultures of the Horn of Africa*, Cambridge (Cambridge Univ. Press).
1968 Studies of Hunter-Gatherers as an Aid to the Interpretation of Prehistoric Societies, in: Lee R. B. & I. DeVore (Hgg.), *Man the Hunter*, Chicago (Aldine), S. 276–280.
1970 *The Prehistory of Africa*, London (Thames & Hudson).
CLARK J. Graham D.
1946 *From Savagery to Civilization*, London (Cobbett Press).
1952 *Prehistoric Europe, the Economic Basis*, London (Meuthen).
1967 *The Stone Age Hunters*, London (Thames & Hudson).
CLEGG J. K.
1977 The meaning of «schematisation», in: P. J. Ucko (Hg.), *Form in Indigenous Art*, S. 370–386.
CLEYET-MERLE Jean-Jacques
1989 La pêche préhistorique, in: J.-P. Mohen (Hg.), *Le temps de la préhistoire*, Paris (Edition Archeologia), Bd. 2, S. 69–71.
CLOTTES Jean
1989 L'art mobilier et pariétal des Pyrénées, in: J.-P. Mohen (Hg.), *Le temps de la préhistoire*, Paris (Edition Archeologia), Bd. 2, S. 168–171.
CLOTTES Jean & COURTIN Jean
1994 *La Grotte Cosquer*, Paris (Seuil).
CLOTTES J. & SIMONET R.
1972 Le réseau René Clastres de la Caverne de Niaux (Ariège), *BSPF*, Et. et Trav., Bd. 69/1, S. 293–323.
COLES J.
1990 *Images of the past*, Uddevalla (Risbergs).

COLLINS Michael B.
1969 Test Excavations at Amistad International Reservoir, Fall 1967, *Papers of the Texas Archeological Salvage Project*, Bd. 16 (The University of Texas at Austin).
COMRIE B.
1981 *Language Universals and Linguistic Typology*, Oxford (Blackwell).
COPPENS Yves
1984 *La scimmia, l'Africa e l'uomo*, Milano (Jaca Book).
1989 Hominidés, Hominidés et Hommes, in: J.-P. Mohen (Hg.), *Le temps de la préhistoire*, Paris (Edition Archeologia), Bd. 2, S. 2–21.
COX J. Halley & STASACK Edward
1970 *Hawaiian Petroglyphs*, Honolulu, HI (Bishop Museum Press).
DART R. A.
1968 *Australopithecus: Tool-User or Tool-Maker?*, Jerusalem (Israel Academy of Sciences and Humanities).
DARWIN Charles
1859 *The Origin of Species*, London (Down, Bromley & Kent).
1965 *The Expression of the Evolutions in Man and Animals*, Chicago (University of Chicago Press).
DAVENPORT J. W.
1938 Archeological Explorations at Eagle Cave, Langtry, Texas, *Bulletin*, Bd. 4, Witte Memorial Museum, San Antonio.
DAVIS Whitney et al.
1986 The Origins of Image Making, *Current Anthropology*, Bd. 27, S. 193–215.
DELPORTE Henri
1989 L'homme et son image, in: J.-P. Mohen (Hg.), *Le temps de la préhistoire*, Paris (Edition Archeologia), Bd. 2, S. 152–156.
DELPORTE Henri & PINÇON Geneviève
1989 L'art mobilier, in: J.-P. Mohen (Hg.), *Le temps de la préhistoire*, Paris (Edition Archeologia), Bd. 2, S. 157–160.
D'ERRICO Francesco & THÉVENIN André
1989 La notion du temps au Paléolithique et le problème des calendriers lunaires, in: J.-P. Mohen (Hg.), *Le temps de la préhistoire*, Paris (Edition Archeologia), Bd. 1, S. 46–47.
DEWDNEY Selwyn
1962 *Indian Rock Paintings of the Great Lakes*, Toronto (University of Toronto Press).
DIBBLE David S.
1965 Bonfire Shelter: A Stratified Bison Kill Site in the Amistad Reservoir Area, Val Verde County, Texas, *Texas Archeological Salvage Project Miscellaneous Papers*, Bd. 3 (The University of Texas at Austin).
1970 On the Significance of Additional Radiocarbon Dates from Bonfire Shelter, Texas, *Plains Anthropologist*, Bd. 15/50, S. 251–254.
DIBBLE David S. & LORRAIN Dessamae
1968 Bonfire Shelter: A Stratified Bison Kill Site, Val Verde County, Texas, *Miscellaneous Papers*, Bd. 1, (Texas Memorial Museum, The University of Texas at Austin).
DIBBLE David S. & PREWITT Elton R.
1967 Survey and Test Excavations at Amistad Reservoir, 1964–65, *Texas Archeological Salvage Project Survey Reports*, Bd. 3 (The University of Texas at Austin).
DILLEHAY Tom D.
1974 Late Quaternary Bison Population Changes on the Southern Plains, *Plains Anthropologist*, Bd. 19/65, S. 180–196.
DJAFARSADE I. M.
1973 *Gobustan*, Baku (Akademia Nauk).
DORN R. I. & OBERLANDER T. M.
1981 Microbial Origin of Desert Varnish, *Science*, Nr. 213, S. 1245–1247.
DUNN Frederick L.
1968 Epidemiological Factors; Health and Disease in Hunter-Gatherers, in: R. B. Lee & I. DeVore (Hgg.), *Man the Hunter*, Chicago (Aldine), S. 221–228.
ELIADE Mircea
1969 *The Quest-History and Meaning of Religion*, Chicago (University of Chicago Press). Ital. Ausgabe 1973, *La nostalgia delle origini*, Brescia (Morcelliana).
1979 *La creatività dello spirito*, Milano (Jaca Book).
EPSTEIN Jeremiah F.
1963 Centipede and Damp Caves: Excavations in Val Verde County, Texas, 1958, *Bulletin of the Texas Archeological Society*, Bd. 33/62, S. 1–130.
EVANS-PRITCHARD E. E.
1965 *The Position of Women in Primite Societies and Other Essays in Social Anthropology*, London (Faber & Faber).
FEREMBACH D. (ed.)
1981 *Les Processus de l'Hominisation*, Paris (CNRS).
FLOOD Josephine
1984 *Archaeology of the Dreamtime*, Sydney & London (Collins).
FOBES James L. & E. KING James (ed.)
1982 *Primate Behavior*, New York (Academic Press).

FOCK J. & D.
1984 *Felsbilder in Südafrika*, Bd. II. Kinderdam und Kalahari, Fundamenta, Bd. A/12/II, Köln/Wien (Böhlau Verlag).
FÖLDES-PAPP Károly
1985 *Dai graffiti all'alfabeto*, Milano (Jaca Book).
FRANKFORT Henry
1959 *Before Philosophy*, Baltimore (Penguin).
FRAZER James G.
1969 *Mythes sur l'origine du Feu*, Paris (Payot).
FREDSJO Å., JANSON S. & MOBERG C.-A.
1969 *Hällristingar*, Oskarshamn (AB Primo).
FREEMAN L. F.
1976 *Les structures d'habitat au Paléolithique Moyen*, Nice (Colloque UISPP).
FRITZ Carole & PINÇON Geneviève
1989 L'art mobilier paléolithique, valeur d'instants, de la création a la destruction, in: J.-P. Mohen (Hg.), *Le temps de la préhistoire*, Paris (Edition Archeologia), Bd. 2, S. 161–163.
FROBENIUS Leo
1963 *Die afrikanischen Felsbilder. Ekade Ektab*, Graz (Akademische Druck).
FROLOV Boris A.
1970 Aspects mathématiques dans l'art préhistorique, in: E. Anati (Hg.), *Valcamonica Symposium*, Actes du Symposium International d'Art Préhistorique, S. 475–478.
1983 Les bases cognitives de l'art Paléolithique, in: E. Anati (Hg.), *Valcamonica Symposium 1979*, S. 295–298.
FUCKS Stephen
1963 *The Origin of Man and his Culture*, Bombay (Asia Publishing House).
FURST Peter T. & FURST Jill L.
1982 *American Indian Art*, New York (Rizzoli).
1986 Shamanism, the Extatic Experience and Lower Pecos Art, in: Shaffer (Hg.), *Ancient Texans*, S. 210–225.
GALLUS A.
1977 Schematisation and symboling, in: P. J. Ucko (Hg.), *Form in Indigenous Art*, S. 370–386.
GANS Eric
1981 *The Origin of Language*, Berkeley (University of California Press).
GARTH SAMPSON C.
1974 *The Stone Age Archaeology of Southern Africa*, New York (Academic Press).
GAURST G. F. C. & NOBRECK E.
1978 *Ideas of Culture: Sources and Uses.*
GEBHARD David
1960 Prehistoric Paintings of the Diablo Region of Western Texas, *Publications in Art and Science*, Bd. 3, Roswell, NM (Roswell Museum and Art Center).
1961 The Diablo Cave Paintings, *The Art Journal*, Bd. 20/2, S. 79–82.
GIDEON S.
1965 *L'eterno presente: le origini dell'arte*, Milano (Feltrinelli).
GOMBRICH E. H., HOCHBERG J. & BLACK M.
1980 *Art, Perception, and Reality*, Baltimore and London (John Hopkins University Press), 3. Aufl.
GONZALEZ ECHEGARAY J. & FREEMAN I. G.
1980 La Mascara del santuario de la Cueva del Juyo, *Altamira Symposium*, S. 251–265.
GOODALL E., COOKE C. K. & DESMOND CLARK J.
1959 *Prehistoric Rock Art of the Federation of Rhodesia and Nyasaland*, Salisbury (National Publication Trust of Rhodesia and Nyasaland).
GRANT Campbell
1983 *L'arte rupestre degli Indiani nord-americani*, Milano (Jaca Book).
1986 Prehistoric Indian Rock Art in California, *BCSP*, Bd. 23, S. 109–122.
GRAZIOSI Paolo
1960 *Paleolithic Art*, New York, Toronto & London (McGraw-Hill).
1970 Discorso inaugurale, in: E. Anati (Hg.), *Valcamonica Symposium*, Actes du Symposium International d'Art Préhistorique, S. 51–54.
1987 *L'arte dell'antica età della Pietra*, Firenze (Le Lettere).
GRIEDER Terence
1965 Report on a Study of the Pictographs in Satan Canyon, Val Verde County, Texas, *Texas Archaeological Salvage Project Miscellaneous Papers*, Bd. 2 (The University of Texas at Austin).
1966 Periods in Pecos Style Pictographs, *American Antiquity*, Bd. 31/5, S. 710–720.
GUIDON N.
1975 *Peintures rupestres de Varzea grande Piaui (Brasil)*, Cahiers d'Archéologie d'Amérique du Sud, Bd. 3, Paris, S. 1–174.
1984 *L'Aire archéologique du Sud-Est du Piaui (Brasil). I. Le milieu et les sites*, Synthèse, Bd. 16, Paris (Editions Recherche sur les Civilisations).

GUIRAUD Pierre
1975 *Semiology*, London, Henley and Boston (Routledge & Kegan Paul).
GUNN R. G.
1992 Bulajang-A reappraisal of the archaeology of an aboriginal religious cult, *State of the Art*, Melbourne (1° AURA Congress, Darwin 1988), Bd. 6, S. 174–194.
HAMMOND Peter B.
1971 *An Introduction to Cultural and Social Anthropology*, New York (MacMillan).
HARROD James
1983 The Bow: an expression of the Mesolithic mind, in: E. Anati (Hg.), *Valcamonica Symposium 1979*, S. 299–308.
HASKOVEC Ivan P.
1992 Northern running figures of Kakadu National Park: a study of a regional style, *State of the Art*, Melbourne (1a AURA Congress, Darwin 1988), Bd. 6, S. 148–158.
HATCH E.
1973 *Theories of Man and Culture*, New York (Columbia University Press).
HAYNES C. Vance
1980 The Clovis Culture, *Canadian Journal of Anthropology*, Bd. I/1, S. 115–121.
1983 Late Paleo-Indian Occupation at Baker Cave, Southern Texas, *Bulletin of the Texas Archaeological Society*, Bd. 53, S. 101–119.
HESTER Thomas R.
1980 *Digging into South Texas Prehistory*, San Antonio, TX (Corona Publishing Company).
HIATT L. R.
1968 Ownership and Use of Land among the Australian Aborigines, in: R. B. Lee & I. DeVore (Hgg.), *Man the Hunter*, Chicago (Aldine), S. 99–102.
HILL Beth and Ray
1974 *Indian petroglyphes*, Saanichton, B. C., Canada (Hancock House).
HINDE R. A.
1974 *Biological Bases of Human Social Behavior*, New York (McGraw Hill). Ital. Ausgabe 1979, *Le basi biologiche del comportamento sociale umano*, Bologna (Zanichelli).
HOLDEN W. C.
1937 Excavation of Murrah Cave, *Bulletin of the Texas Archeological and Paleontological Society*, Bd. 9, S. 48–73, Abilene.
HUGOT H.-J.
1974 *Le Sahara avant le Désert*, Argenteuil (Hespérides).
HULTKRANTZ Åke
1975 The Religio-Ecological Method in the Research on Prehistoric Religion, in: E. Anati (Hg.), *Les religions de la préhistoire*, Valcamonica Symposium 1972, S. 519–528.
HUXLEY Sir Julian et al.
1966 *A Discussion on Ritualization of Behavior in Animal and Man*, Philosophical Transactions of the Royal Society of London, Series B, Nr. 772, Bd. 251, S. 247–526, London (Royal Society).
ISAAC Glynn L.
1968 Traces of Pleistocene Hunters; An East African Example, in: R. B. Lee & I. DeVore (Hgg.), *Man the Hunter*, Chicago (Aldine), S. 253–261.
JACKSON A. T.
1938 Picture Writing of Texas Indians, *The University of Texas Publications*, Bd. 3809, Austin.
JAMES E. O.
1961 *Comparative Religion*, University Paperbacks, London (Methuen).
JOHNSON LeRoy Jr.
1961 The Devil's Mouth Site: A River Terrace Midden, Diablo Reservoir, Texas, *Bulletin of the Texas Archeological Society*, Bd. 30, S. 253–285.
1964 The Devil's Mouth Site: A Stratified Campsite at Amistad Reservoir, Val Verde County, Texas, *Archeology Series*, Bd. 6 (Department of Anthropology, The University of Texas at Austin).
1967 Toward a Statistical Overview of the Archaic Cultures of Central and Southwestern Texas, *Bulletin*, Bd. 12 (Texas Memorial Museum, The University of Texas at Austin).
KAPLAN David & MANNERS Robert A.
1972 *Culture Theory*, Englewood Cliffs, NJ (Prentice-Hall).
KELLEY J. Charles
1952 Some Geologic and Cultural Factors Involved in Mexican-Southeastern Contacts, in: Sol Tax (Hg.), *Indian Tribes of Aboriginal America*, Selected Papers of the XXIXth International Congress of Americanists, 1949, S. 139–144, Chicago (University of Chicago Press).
1959 The Desert Cultures and the Balcones Phase: Archaic Manifestations in the Southwest and Texas, *American Antiquity*, Bd. 24/3, S. 276–288.
KENYON Kathleen M.
1957 *Digging up Jericho*, London (Benn).

KIRKLAND Forrest
1937a A Comparison of Texas Indian Pictographs with Paleolithic Paintings in Europe, *Central Texas Archeologist*, Bd. 3, S. 9–26.
1937b A Study of Indian Pictures in Texas, *Bulletin of the Texas Archeological and Paleontological Society*, Bd. 9, S. 89–111, Abilene.
1938 A Description of Texas Pictographs, *Bulletin of the Texas Archeological and Paleontological Society*, Bd. 10, S. 11–40, Abilene.
1939 Indian Pictures in the Dry Shelters of Val Verde County, Texas, *Bulletin of the Texas Archeological and Paleontological Society*, Bd. 11, S. 47–76, Abilene.
KIRKLAND Forrest & NEWCOMB W. W. Jr.
1967 *The Rock Art of Texas Indians*, Austin-London (University of Texas Press).
KLIMA B.
1954 Palaeolithic Huts at Dolni Vestonice, *Antiquity*, Nr. 109, S. 4–14.
KOCHEL R. Craig & BAKER Victor R.
1982 Paleoflood Hydrology, *Science*, Bd. 215/4315, S. 353–361.
KÖHLER Wolfgang
1957 *The Mentality of Apes*, Harmondsworth (Penguin Books), 2., rev. Aufl.
KROEBER Alfred L.
1952 *The Nature of Culture*, Chicago (Univ. of Chicago Press). Ital. Ausgabe 1974, *La natura della cultura*, Bologna (Il Mulino).
KROEBER A. L. & KLUCKHOHN C.
1963 *Culture: a Critical Review of Concepts and Definitions*, New York (Vintage).
KUBAREV B.D.
1988 *Drevnie Rosnisi Karakola*, Novosibirsk (Nauka).
KUMMER H.
1971 *Primate Societies*, Arlington Heights, IL (Ahm Publishing Corporation).
LA BARNE Weston
1972 *The Human Animal*, Chicago (University of Chicago Press).
LAGUNA Frederica, de
1933 Pintures rupestres Eskimo, *Journal de la Société des Américanistes*, N. F. Bd. 25, S. 17–30.
LAMING-EMPERARIE A.
1962 *La signification de l'art rupestre paléolithique*, Paris (Picard).
1975 *Grottes et abris de la Région de Lagoa Santa (Minas Gerais)*, Cahiers d'Archéologie d'Amérique du Sud, Bd. 1, Paris, S. 1–185.
LAPORTE L. F. et al.
1982 *The Fossil Record and Evolution*, San Francisco, CA (W. H. Freeman & Co.).
LAUGHLIN William S.
1968 Hunting: An Integrating Biobehavior System and Its Evolutionary Importance, in: R. B. Lee & I. DeVore (Hgg.), *Man the Hunter*, Chicago (Aldine), S. 304–320.
LAVILLE H. & RENAULT-MISKOVSKY J.
1977 *Approche écologique de l'homme fossile*, Paris (Université Pierre et Marie Curie).
LAYTON Robert
1977 Naturalism and cultural relativity in art, in: P. J. Ucko (Hg.), *Form in Indigenous Art*, S. 33–43.
1981 *The Anthropology of Art*, London (Granada Publishing).
LEACH Edmund
1981 *Culture and Communication*, Cambridge (Cambridge University Press).
LEAKEY L. S. B.
1953 *Adam's Ancestors*, London (Mathuen).
LEAKEY L. S. B. & GOODALL V. M.
1973 *La scoperta delle Origini dell'uomo*, Milano (Feltrinelli).
LEAKEY M.
1983 *Africa's vanishing art*, New York e Melbourne (Cambridge University Press).
LEAKEY M. D.
1971 *Olduvai Gorge*, Bd. 3: *Excavations in beds I and II, 1960–1963*, Cambridge (Cambridge University Press).
LEAKEY Richard E.
1981 *The Making of Mankind*, London (Michael Joseph).
LEAKEY R. E. & LEWIN R.
1947 *Origins*, London (MacDonald & Jane's).
LEE Georgia
1986 *Easter Island Rock Art: ideological symbols as evidence of socio-political change*, Ann Arbor, Michigan, USA (University Microfilms International).
1992 *The Rock Art of Easter Island*, Los Angeles, California (UCLA Institute of Archaeology).
LEE R. B. & I. DEVORE (Hgg.)
1968 *Man the Hunter*, Chicago (Aldine).
1976 *Kalahari Hunter-Gatherers*, Cambridge, Mass. (Harvard University Press).
LE GROS CLARK W. E.
1959 *The Antecedents of Man*, University Press, Edinburgh.

1978 *The Fossil Evidence for Human Evolution*, 3. Aufl., Chicago (University of Chicago Press).
LENNEBERG Eric H.
1982 *Fondamenti biologici del linguaggio*, Torino (Boringhieri).
LEONARDI Piero
1958 Témoignages de l'Homme de Néandertal dans l'Italie du Nord, *Neandertal*, ed. du Centenaire, Utrecht, S. 231–252.
1976 Les incisions pré-leptolithiques du Riparo Tagliente (Vérone) et de Terra Amata (Nice) en relation au problème de la naissance de l'Art, *Memorie*, Bd. 13, sez. II, S. 35–104.
1989 *Sacralità, arte e grafia paleolitiche. Splendori e problemi*, Calliano, TN (Manfrini Editori).
LEROI-GOURHAN André
1965 *Préhistoire de l'art occidentale*, Paris (Mazenod).
1971 *Les religions de la préhistoire*, Paris (PUF). 1975 – Iconographie et interprétation, in: E. Anati (Hg.), *Les religions de la préhistoire*, Valcamonica Symposium 1972, S. 49–55.
1976 Interprétation esthétique et religieuse des figures et symboles dans la préhistoire, *Archives de Sciences Sociales des Religions*, Bd. 42, S. 5–15.
1981a Les signes pariétaux comme «marques» ethniques, *Altamira Symposium*, S. 289–294.
1981b *I più antichi artisti d'Europa*, Milano (Jaca Book).
1983 *Les chasseurs de la préhistoire*, Paris (A. M. Métailié).
1986 *Meccanica vivente*, Milano (Jaca Book).
LEROI-GOURHAN André et al.
1984 *L'art des cavernes*, Paris (Imprimerie Nationale).
LÉVI-STRAUSS Claude
1963–1973 *Structural Anthropology*, New York (Pelican), Bd. 1, 1963; Bd. 2, 1973.
1968 The Concept of Primitiveness, in: R. B. Lee & I. DeVore (Hgg.), *Man the Hunter*, Chicago (Aldine), S. 349–352.
1969 *Le strutture elementari della parentela*, Milano (Feltrinelli).
LEVINE Morton H.
1957 Prehistoric Art and Ideology, *American Anthropologist*, Bd. 50/6, S. 949–965.
LEVINSON D. & MALONE M. J.
1980 *Toward Understanding Human Culture*, New Haven (HRAF Press).
LEWIS Darrell
1988 *The Rock Painting of Arnhem Land*, Australia, Oxford (B.A.R.-s415).
LEWIS-WILLIAMS J. D.
1983 *The Rock Art of Southern Africa*, Cambridge (Cambridge University Press).
LEWIS-WILLIAMS J. D. & DOWSON T. A.
1988 The Signs of All Times, *Current Anthropology*, Bd. 29/2, S. 201–245.
LHOTE H.
1958 *A la decouverte des fresques du Tassili*, France (Arthaud).
1976 *Les gravures rupestres de l'Oued Djerat (Tassili-n-Ajjer)*, Alger (Société Nationale d'Edition et de Diffusion).
1982 *Les chars rupestres sahariens*, Paris (Hespérides).
LINTON Ralph
1973 *Lo studio dell'uomo*, ital. Ausgabe, Bologna (Il Mulino).
LOMMEL Andreas et Al.
1967 *The World of the Early Hunters*, London (Evelyn Adams & Mackay).
1970 Shamanism: The Beginnings of Art, *Current Anthropology*, Bd. 11/1, S. 39–48.
LORBLANCHET Michel
1977 From naturalism to abstraction in European prehistoric rock art, in: P. J. Ucko (Hg.), *Form in Indigenous Art*, S. 44–56.
1989 Art préhistorique et art ethnographique, in: J.-P. Mohen (Hg.), *Le temps de la préhistoire*, Paris (Edition Archeologia), Bd. 1, S. 60–63.
1990 The rock engravings of Gum Tree Valley and Skew Valley, Dampier, Western Australia: chronology and functions of the sites, *State of the Art*, Melbourne (1° AURA Congress, Darwin 1988), Bd. 6, S. 39–59.
LORRAIN Dessamae
1966 Bonfire Shelter Fauna, in: D. A. Story & V. M. Bryunts (Hg.), *A Preliminary Study of the Paleoecology of the Amistad Reservoir Area*, A report to the National Science Foundation (GS 667).
LUMLEY Henri de
1969 Une cabane acheuléenne dans la grotte du Lazaret, *Etudes Quaternaires*, Mémoires, Bd. 7, Paris (SPF).
1972 La grotte de l'Hortus (Valflaunès, Hérault), *Etudes Quaternaires*, Mémoires, Bd. 1, Marseille (SPF).
1973 Anténéandertaliens et Néandertaliens du bassin mediterranéen occidentale européen, *Etudes Quaternaires*, Mem. 2, Paris.
LUMLEY Henri de (ed.)
1982 *Origine et evolution de l'Homme*, Paris (Lab. de Préhistoire du Musée de l'Homme, Musée National d'Histoire Naturelle).
LUMSDEN C. J. &WILSON E. O.
1981 *Genes, Mind and Culture*, Cambridge (Harvard University Press).
LUQUET G.-H.
1926 *L'art et la religion des hommes fossiles*, Paris (Masson).

1927 Le réalisme intellectuel dans l'art primitif, *Journal de Psychologie*, Bd. XXIV/9, S. 765–797, 888–927.
LYNOTT Mark J.
1979 Prehistoric Bison Populations of Northcentral Texas, *Bulletin of the Texas Archeological Society*, Bd. 50, S. 89–101.
MALLERY Garrick
1893 *Picture-Writing of the American Indians*, 2 Bde., New York (Dover). [EA: Washington (Government Printing Office), 1893.]
MANZON Suzane
1987 *L'Art rupestre Sud-Americaine*, Monaco (Le Rocher).
MARMADUKE Wiliam & WHITSETT Hayden
1975 An Archeological Reconnaissance in the Devil's River-Dolan Falls Area, in: Don Kennard (Hg.), Devil's River, *Natural Area Survey*, Bd. 4, S. 76–109 (The University of Texas at Austin).
MARSHACK Alexander
1970 New Techniques in the analysis and interpretation of Mesolithic Notations and symbolic art, in: E. Anati (Hg.), *Valcamonica Symposium 1968*, S. 445–478.
1972 Cognitive Aspects of Upper Paleolithic Engraving, *Current Anthropology*, Bd. 13/3–4, S. 445–478.
1972 *The Roots of Civilization*, New York (McGraw-Hill).
MARTIN George C.
1933 Archeological Exploration of the Shumla Caves, *Bulletin*, Bd. 3, San Antonio, TX (Witte Memorial Museum).
MASON Revil
1969 *Prehistory of the Transvaal*, Johannesburg (Witwatersrand University Press).
MASSET Claude
1989 La démographie préhistorique, in: J.-P. Mohen (Hg.), *Le temps de la préhistoire*, Paris (Edition Archeologia), Bd. 2, S. 30–32.
McNATT Logan
1981 An Archeological Reconnaissance of the Lower Pecos River, Crockett, Terrell and Val Verde Counties, Texas, in: Five Archeological Investigations in the Trans-Pecos Region of Texas, *Texas Antiquities Committee Permit Series*, Bd. 6, S. 115–167.
MEGGITT M. J.
1968 «Marriage Classes» and Demography in Central Australia, in: Lee R. B. & I. DeVore (Hgg.), *Man the Hunter*, Chicago (Aldine), S. 176–184.
MELLAART J.
1967 *Çatal Hüyük: A Neolithic Town in Anatolia*, London (Thames & Hudson).
MESSERI Patrizia
1983 La reazione degli animali di fronte alla morte, *Valcamonica Symposium 1979*, S. 51–54.
MILNE Lorus & Margery
1965 *The Senses of Animals and Men*, Harmondswoth (Penguin Books).
MOHEN Jean-Pierre (ed.)
1989 *Le temps de la préhistoire*, Paris (Edition Archeologia).
MOORE W. E.
1983 Archaeological Investigation at Musk Hog Canyon, Crockett County, Texas, *Bulletin of the Texas Archaeological Society*, Bd. 53, S. 13–82.
MORI Fabrizio
1970 Proposition d'une chronologie absolue de l'art rupestre du Sahara d'après les fouilles du Tadrart Acacus (Sahara Libyen), in: E. Anati (Hg.), *Valcamonica Symposium 1968*, Actes du Symposium International d'Art Préhistorique, S. 345–356.
MOSS E.
1983 *The functional analysis of flint implements. Pincevent and Pont d'Ambon: two case studies from the French Final Palaeolithic*, Oxford (BAR).
MOUNTFORD Charles P.
1956 *Art, Myth and Symbolism*, Records of the American-Australian Scientific Exploration to Arnhem Land, Bd. 1, Carlton (Melbourne University Press).
MOURE Alfonso
1984 *La cueva de Tito Bustillo*, Oviedo (Fundación Pública de Cuevas y Yacimientos Prehistóricos de Asturias).
MOVIUS H. J.
1949 The Lower Palaeolithic Cultures of Southern and Eastern Asia, *Trans. of the Amer. Philos. Soc.*, N. F. Bd. 38, S. 329–420.
MULVANEY D. J. & GOLSON J.
1971 *Aboriginal Man and Environment in Australia*, Australian National University, Canberra.
MURDOCK George Peter
1968 The Current Status of the World's Hunting and Gathering Peoples, in: Lee R. B. & I. DeVore (Hgg.), *Man the Hunter*, Chicago (Aldine), S. 13–20.
1983 *Outline of World Culture*, New Haven (Human Relations Area File).
NEUVILLE R.
1931 L'Acheuléen supérieur de la grotte d'Oumm Qatafa, *L'Anthropologie*, Bd. 41, S. 13–51; 249–263.
NEWCOMB W. W. Jr.
1976 Pecos River Pictographs: The Development of an Art form, in: C. E. Cleland (Hg.), *Cultural Change and Continuity: Essays in Honor of James Bennett Griffin*, New York (Academic Press).

NÚÑEZ JIMÉNEZ A.
1986 *Petroglifos del Peru*, Ciudad de La Habana, Cuba (Editorial Científico-Técnica).
NUNLEY John P., DUFFIELD Lathel F. & N. JELKS Edward
1965 Excavations at Amistad Reservoir, 1962 Season, *Miscellaneous Papers*, Bd. 3, Texas Archeological Salvage Project, Austin, TX (The University of Texas at Austin).
OAKLEY K. P.
1954 Evidence of Fire in South African Cave Deposits, *Nature*, Bd. 174, S. 261.
1955 Fire as a Palaeolithic Tool and Weapon, *PPS*, Bd. 21, S. 36–47.
1958 Use of Fire by Neanderthal Man and his Precursors, *Neanderthal*, ed. Centenaire, Utrecht.
1961 On Man's Use of Fire with Comments on Tool-Making and Hunting, in: S. Washburn (Hg.), *Social Life of Early Man*, Viking Funds Publications in Anthropology, Bd. 31, S. 176–193.
OKLADNIKOV A. P.
1959 *Lenskie Pisannzui*, Mosca-Leningrad (Akademii Nauk, SSSR).
1969 *Petroglifui za Baikalia*, Leningrad (Nauka).
1971 *Petroglifui Nijego Amura*, Leningrad (Nauka).
1979 *Petroglifui dolini reki Elangash*, Novosibirsk (Nauka).
1981 *Petroglifui Mongolii*, Leningrad (Nauka).
PARSONS Mark
1965 Test Excavations at Fate Bell Shelter, Amistad Reservoir, *Miscellaneous Papers*, Bd. 4, Texas Archeological Salvage Project, Austin, TX (The University of Texas at Austin).
PASSINGHAM R. E.
1982 *The Human Primate*, Oxford and San Francisco, CA (W. H. Freeman).
PATOU Marylène
1989 La chasse au Paléolithique, in: J.-P. Mohen (Hg.), *Le temps de la préhistoire*, Paris (Edition Archeologia), Bd. 2, S. 66–68.
PATTERSON Patience E.
1980 Relocation and Restoration of a Baking Oven (Site 41VV588) in Val Verde County, Texas, *Publications in Archeology*, Bd. 18, Austin (Texas State Department of Public Transportation and Highway Design).
PATTERSON-RUDOLPH Carol
1990 *Petroglyphs & pueblo myths of the Rio Grande*, Albuquerque, New Mexico (Avanyu Publishing Inc.).
PATTON Peter C. & DIBBLE David S.
1982 Archeologic and Geomorphic Evidence for the Paleohydrologic Record of the Pecos River in West Texas, *American Journal of Science*, Bd. 282, S. 97–121, Yale.
PEARCE J. E. & JACKSON A. T.
1933 A Prehistoric Rock Shelter in Val Verde County, Texas, *Anthropological Papers*, Bd. 6, Austin (Bureau of Research in the Social Sciences Study, The University of Texas Bulletin, Nr. 3327).
PENTIKÄINEN Juha
1975 The Pre-Literate Stage of Religious Tradition, in: E. Anati (Hg.), *Les religions de la préhistoire*, Valcamonica Symposium 1972, S. 551–565.
PERLÈS Catherine
1977 *Préhistoire du feu*, Paris (Masson).
1989 L'apparition du feu, in: J.-P. Mohen (Hg.), *Le temps de la préhistoire*, Paris (Edition Archeologia), Bd. 2, S. 110–112.
PEYRONY D.
1934 La Ferrassie, *Préhistoire*, Bd. 3, S. 1–92.
PFEIFFER John E.
1971 *La nascita dell'uomo*, Milano (Arnoldo Mondadori).
1982 *The Creative Explosion*, New York (Harper & Row).
PIETTE E. & DE LAPORTERIE J.
1897 Etudes d'Ethnographie Préhistorique. Fouilles a Brassempouy, *L'Anthropologie*, Bd. IX, S. 531–555.
PREWITT Elton R.
1966 A Preliminary Report on the Devil's Rockshelter Site, Val Verde County, Texas, *Texas Journal of Sciences*, Bd. 18/2, S. 206–224.
1970 The Piedra Del Diablo Site, Val Verde County, Texas, and Notes on Some Trans-Pecos Archeological Materials at the Smithsonian Institution, Washington D.C., *Archeological Report*, Bd. 18, Austin (Texas Historical Survey Committee).
1981 A Cultural Chronology for Central Texas, *Bulletin of the Texas Archeological Society*, Bd. 52, S. 65–89.
PREWITT Elton R. & DIBBLE David S.
1974 The San Felipe Creek Watershed Project, Val Verde County, Texas: An Archeological Survey, *Research Report*, Bd. 40, Austin (Texas Archeological Survey, The University of Texas at Austin).
RAPHAEL Max
1986 *L'art pariétal Paléolithique*, Paris (Kronos).
RAUN Gerald G.
1966 Vertebrate Paleofauna of Amistad Reservoir, in: D. A. Story & V. M. Bryants (Hgg.), *A Preliminary Study of the Paleoecology of the Amistad Reservoir Area*, A report to the National Science Foundation (GS 667).

RAY Cyrus E.
1935 The Pottery Complex Artifacts of the Abilene Region, *Bulletin of the Texas Archeological and Paleontological Society*, Bd. 7, S. 70–88, Abilene.
RESCH W.
1967 *Die Felsbilder Nubiens. Eine Dokumentation der ostägyptischen und nubischen Petroglyphen*, Graz (Akademische Druck- und Verlagsanstalt).
REYNOLDS P. C.
1981 *On the Evolution of Human Behaviour*, Los Angeles (Univ. of California).
RICHARDS Graham
1987 *Human Evolution. An Introduction for the Behavioural Sciences*, London (Routledge & Kegan Paul).
RIES Julien
1983 Le Mythe et son message dans le comportement de l'homme des sociétés archaïques, in: E. Anati (Hg.), *Prehistoric Art and Religion*, Valcamonica Symposium 1979, S. 139–149.
RIES J. (ed.)
1989 *Le origini e il problema dell'Homo Religiosus*, Milano (Jaca Book).
RIGAUD Jacques
1975 *La Culture pour vivre*, Paris (Gallimard).
RIPOLL PERELLO Eduardo & RIPOLL LOPEZ Sergio
1989 L'art paléolithique dans la péninsule ibérique, in: J.-P. Mohen (Hg.), *Le temps de la préhistoire*, Paris (Edition Archeologia), Bd. 1, S. 328–331.
RITTER Dale W.
1970 Sympathetic Magic of the Hunt as suggested by Petroglyphs and Pictographs of the Western United States, in: E. Anati (Hg.), *Valcamonica Symposium 1968*, S. 397–422.
ROE David
1992 Rock art of north-west Guadalcanal, Solomon Island, *State of the Art*, Melbourne (1° AURA Congress, Darwin 1988), Bd. 6, S. 107–127.
ROSE Frederick G. G.
1968 Australian Marriage, Land-Owning Groups, and Initiations, in: Lee R. B. & I. DeVore (Hgg.), *Man the Hunter*, Chicago (Aldine), S. 200–208.
ROSNY Ainé J. H.
1972 *La guerre du feu*, Paris (Plon).
ROSS Eric B. (ed.)
1980 *Beyond the Myths of Culture*, New York (Academic Press).
ROSS Richard E.
1965 The Archeology of Eagle Cave, *Papers of the Texas Archeological Salvage Project*, Bd. 7, Austin (Univ. of Texas at Austin).
ROSSI Ino (ed.)
1982 *The Logic of Culture*, London (Tavistock).
SAMORINI G.
1989 Etnomicologia nell'arte rupestre sahariana (Periodo delle «Teste Rotonde»), BCN, Bd. VI/2, S. 18–22.
SCHERZ R. Ernst
1970 *Felsbilder in Südwest-Afrika*, Bd. I. Die Gravierungen in Südwest-Afrika ohne den Nordwesten des Landes, Fondamenta, Bd. A/7, Köln-Wien (Böhlau Verlag).
SCHMANDT-BESSERAT Denise
1982 The Earliest Precursor of Writing, *Human Communications. Language and Its Psychobiological Bases*, Readings from «Scientific American», S. 81–90.
SCHOBINGER J. & GRADIN C. J.
1985 *L'arte delle Ande e della Patagonia*. Pitture rupestri dei cacciatori della Patagonia e degli agricoltori Andini, Milano (Jaca Book); *Arte rupestre de la Argentina. Cazadores de la Patagonia y agricultores andinos*, Madrid (Ediciones Encuentro).
SCHRIRE Carmel (ed.)
1984 *Past and Present in Hunter Gatherer Studies*, Orlando, FL (Academic Press).
SCHUETZ Mardith K.
1956 An Analysis of Val Verde County Cave Material, *Bulletin of the Texas Archeological Society*, Bd. 27, S. 129–160.
1961 An Analysis of Val Verde County Cave Material: Teil II, *Bulletin of the Texas Archeological Society*, Bd. 31, S. 167–205.
1963 An Analysis of Val Verde County Cave Material: Teil III, *Bulletin of the Texas Archeological Society*, Bd. 33, S. 131–165.
SCHUSKY Ernest L. & CULBERT T. Patrick
1967 *Introducing Culture*, Englewood Cliffs, NJ (Prentice-Hall).
SETZLER Frank M.
1932 A Prehistoric Cave in Texas, in *Explorations and Fieldwork of the Smithsonian Institute in 1931*, S. 133–140.
1933 Prehistoric Cave Dwellers of Texas, in: *Explorations and Fieldwork of the Smithsonian Institute in 1932*, S. 53–56.
1934 Cave Burials in Southwestern Texas, in: *Explorations and Fieldwork of the Smithsonian Institute in 1933*, S. 35–37.
1935 A Prehistoric Cave Culture in Southwestern Texas, *American Anthropologist*, Bd. 37/1, S. 104–110.
1939 Exploring a Cave in Southwestern Texas, in: *Explorations and Fieldwork of the Smithsonian Institute in 1938*, S. 75–78.

SHAFER Harry J.
1963 Test Excavations at the Youngsport Site in Bell County, Texas, *Bulletin of the Texas Archeological Society*, Bd. 34, S. 57–81.
1975 Clay Figurines from the Lower Pecos Region, Texas, *American Antiquity*, Bd. 40/2, S. 148–158.
1976 Defining the Archaic: an Example from the Lower Pecos Area of Texas, in: T. R. Hester, The Texas Archaic: A Symposium, *Special Report*, Bd. 2, S. 1–9, San Antonio, TX (Center for Archeological Research, University of Texas at San Antonio).
1977 Art and Territoriality in the Lower Pecos Archaic, *Plains Anthropologist*, Bd. 19, S. 228–230.
1980 Functional Interpretation of the Lower Pecos Archaic Art, in: J. F. Epstein, T. R. Hester & C. Graves (Hgg.), Papers on the Prehistory of Northeastern Mexico and Adjacent Texas, *Special Report*, Bd. 9, San Antonio, TX (Center for Archeological Research, University of Texas at San Antonio).
1981 The Adaptive Technology of the Prehistoric Inhabitants of Southwest Texas, *Plains Anthropologist*, Bd. 26/92, S. 129–138.
1986 *Ancient Texas. Rock Art and Lifeways Along the Lower Pecos*, San Antonio (Wilte Museum).
SHAFER Harry J. & BRYANT Vaughn M. Jr.
1977 Archeological and Botanical Studies at Hinds Cave, Val Verde County, Texas, *Special Series*, Bd. 1, College Station, TX (Texas A & M University).
SHAFER Harry J., DERING Phil, WILLIAMS-DEAN Glenna & BRYANT Vaughn M. Jr.
1975 A Preliminary Report of Hinds Cave, Val Verde County, Texas, *Report*, Bd. 8, College Station, TX (Texas A & M University).
SHARPS Joseph A. & FREEMAN Val. L.
1965 Geological Map of the Mouth of the Pecos and Feely Quadrangles, Val Verde County, Texas, *Miscellaneous Geologic Investigations*, Map I–440 (US Geological Survey, Department of the Interior).
SHER JA. A.
1980 *Petroglifvi Sredniei i Zentralnoi Asii*, Mosca (Nauka).
SILVER Constance S.
1985 *The Rock Art of Semenole Canyon State Historical Park Deterioration and Prospects for Conservation*, A report on file at the Texas Parks and Wildlife Department, Austin.
SIMPSON G. G.
1978 *The Meaning of Evolution*, New Haven and London (Yale University Press), 10. Aufl.
SLACK Lina M.
1962 *Rock Engravings from Driekops Eiland and other sites South-West of Johannesburg*, London (Centaur Press Ltd).
SMITH Victor J.
1942 Evidence of European Influence in the Pictographs of West Texas, *Bulletin of the Texas Archeological and Paleontological Society*, Bd. 14, S. 38–47, Abilene.
1946 Evidence of European Influence in the Pictographs of West Texas, *Bulletin of the Texas Archeological and Paleontological Society*, Bd. 17, S. 48–62, Abilene.
SOLECKI R. S.
1964 Shanidar Cave, a Late Pleistocene Site in Northern Iraq, *Report of the VIth International Congress on Quaternary*, Warsaw 1961, Bd. IV, S. 413–423.
1971 *Shanidar, the First Flower People*, New York (A. A. Knopf).
SORROW William B.
1968 The Devil's Mouth Site: The Third Season-1967, *Papers of the Texas Archeological Salvage Project*, Bd. 14, Austin (The Univ. of Texas at Austin).
SORROW William B., SHAFER Harry J. & ROSS Richard E.
1967 Excavations at Stillhouse Hollow Reservoir, *Papers of the Texas Archeological Salvage Project*, Bd. 11, Austin (The University of Texas at Austin).
SREJOVICH D.
1969 *Lepenski Vir*, Beograd (Srpska Knjizevna Sadruga).
STEKELIS M.
1960 The Palaeolithic deposits of Jirs Banat Yaqub, *Bull. of the Research Council for Israel*, Bd. 9G/2–3.
STEWARD Julian H.
1938 Basin-Plateau Aboriginal Sociopolitical Groups, *Bulletin*, Bd. 120, S. 1–346, Washington D.C. (Bureau of American Ethnology).
STORY DeeAnn & BRYANT Vaughn M. Jr. (Hgg.)
1966 *A Preliminary Study of the Paleoecology of the Amistad Reservoir Area*, A report to the National Science Foundation (GS 667) (The University of Texas at Austin).
SUHM DeeAnn & JELKS Edward B. (ed.)
1962 Handbook of Texas Archeology: Type Descriptions, *Special Publications*, Bd. 1, Texas Archeological Society, *Bulletin*, Bd. 4, Austin (Texas Memorial Museum, The University of Texas at Austin).
TAMERS M. A., PEARSON F. J. Jr. & DAVIS Mott
1964 *TX-82, Radiocarbon*, Bd. 6, S. 63, The University of Texas Radiocarbon Dates, II.
TAYLOR Herbert C., Jr.
1949a Tentative Cultural Sequence for the Area About the Mouth of the Pecos, *Bulletin of the Texas Archeological and Paleontological Society*, Bd. 20, S. 73–88, Texas Archeological Society, *Bulletin*, Bd. 4, Austin (Texas Memorial Museum, The University of Texas at Austin).
1970b *Radiocarbon*, Bd. 12, S. 617–639 (The University of Texas at Austin Radiocarbon Dates, VIII).

TEILHARD DE CHARDIN P. & PEI W. C.
1932 The Lithic industry of the «Sinanthropus» deposits in Coukoutien, *Bull. of the Geol. Soc. of China*, Bd. 11/4, S. 315–358.
THOMSON Robert
1958 *The Psychology of Thinking*, Harmondswoth (Penguin Books).
TILLIERE Marie & VANDERMEERSCH Bernard
1989 La question néandertalienne, in: J.-P. Mohen (Hg.), *Le temps de la préhistoire*, Paris (Edition Archeologia), Bd. 2, S. 22–25.
TOBIAS V. Phillip
1981 *Evolution of Human Brain, Intellect and Spirit*, Adelaide (Univ. of South Australia).
TYRRELL G. N. M.
1947 *The Personality of Man*, West Drayton (Penguin Books).
UCKO Peter J. (ed.)
1977 *Form in Indigenous Art*, Canberra (Australian Institute of Aboriginal Studies).
VALASTRO S., DAVIS E. Mott & VARELA A. C.
1977 *Radiocarbon*, Bd. 19, S. 308–309 (The University of Texas at Austin Radiocarbon Dates, XV).
VANDERMEERSCH B. (ed.)
1976 *Les sépultures néanderthaliennes*, Nice (Colloque UISPP).
VAN TILBURG Jo Anne (ed.)
1983 *Ancient Images on Stone*, Rock Art of the Californias, Los Angeles, CA (The Institute of Archaeology, UCLA).
VERNON M.D.
1973 *The Psychology of Perception*, Harmondsworth (Penguin Books), 2. Aufl., Rep.
VIALOU Denis
1989 L'art pariétal magdalénien, in: J.-P. Mohen (Hg.), *Le temps de la préhistoire*, Paris (Edition Archeologia), Bd. 2, S. 180–183.
WAKANKAR V. S.
1983 The Dawn of Indian Art, *Valcamonica Symposium 1979*, S. 497–502.
WASHBURN SHERWOOD L. (ed.)
1971 *Vita sociale dell'uomo preistorico*, Milano (Rizzoli).
WATANABE Hitoshi
1968 Subsistence and Ecology of Northern Food Gatherers with Special Reference to the Ainu, in: Lee R. B. & I. DeVore (Hgg.), *Man the Hunter*, Chicago (Aldine), S. 69–77.
WELCH David
1990 The bichrome art period in the Kimberley, Australia, *Rock Art Research*, Melbourne, Bd. 7, Nr. 2, S. 110–123.
1993 The early rock art of the Kimberley, Australia: developing a chronology, *Time and Space*, Melbourne (2° AURA Congress, Cairns 1992), Bd. 8, S. 13–21.
WENDT Wolfgang E.
1974 «Art Mobilier» aus der Apollo-11-Grotte in Südwest-Afrika, *Acta Praehistorica et Archaeologica*, Bd. 5, S. 1–42.
1976 «Art mobilier» from the Apollo 11 Cave, South West Africa: Africa's oldest dated works of art, *South African Archaeological Bulletin*, Bd. 31, S. 5–11.
WILLIAMS B. J.
1968 The Birhor of India and Some Comments on Band Organization, in: R.B Lee. & I. DeVore (Hgg.), *Man the Hunter*, Chicago (Aldine), S. 126–131.
WILLCOX A. R.
1987 Some artistic ability: how far innate? *Suid-Afrikaanse Tydskrif vir Wetenskap*, Bd. 83, S. 200–203.
WILSON Peter J.
1980 *Man, the Promising Primate*, New Haven (Yale University Press).
WINKLER H. A.
1938 *Rock-drawings of Southern Upper Egypt*, London (The Egyptian Exploration Society), Bd. I.
1939 *Rock-drawings of Southern Upper Egypt*, London (The Egyptian Exploration Society), Bd. II.
WOODBURN James
1968 An Introduction to Hadza Ecology, in: R. B. Lee & I. DeVore (Hgg.), *Man the Hunter*, Chicago (Aldine), S. 49–55.
1968 Stability and Flexibility in Hadza Residential Groupings, in: R. B. Lee & I. DeVore (Hgg.), *Man the Hunter*, Chicago (Aldine), S. 103–110.
ZHAO-FU Chen
1988 *Cina. L'arte rupestre preistorica*, Milano (Jaca Book).